国家社会科学基金项目：

媒介融合背景下提升我国财经媒体传播影响力策略研究（11BXW008）

文澜学术文库

Research on
the Influence of Financial Media
Communication

财经媒体
传播影响力研究

吴玉兰 等 著

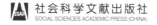
社会科学文献出版社
SOCIAL SCIENCES ACADEMIC PRESS (CHINA)

总　序

　　中南财经政法大学新闻与文化传播学院建院虽然只有十余年，但院内新闻系、中文系和艺术系所辖学科专业都是学校前身中原大学 1948 年建校之初就开办的，后因院系调整中断，但从首任校长范文澜先生出版《文心雕龙讲疏》开始其学者生涯，到当代学者古远清教授影响遍及海内外的台港文学研究，本校人文学科的研究可谓薪火相传、积淀丰赡。

　　1997 年，学校重新开办新闻学专业，创建新闻系，相关学科专业建设开始步入新的发展阶段。2004 年，新闻与文化传播学院组建。近年来，在学校建设"高水平、有特色的人文社科类研究型大学"的发展目标的指引下，中文系和艺术系相继在 2007 年和 2008 年成立，人文学科迅速得到恢复和发展。

　　为了检阅本院各学科研究工作的实绩，进一步推动研究的深入和学科的发展，我们将继续编辑出版本院教师系列学术论著"文澜学术文库"丛书。

　　丛书以"文澜"命名，一是表达我们对老校长范文澜先生的景仰和怀念，二是希望以范文澜先生的道德文章、治学精神为楷模自律自勉。

　　范文澜先生曾在书斋悬挂一副对联："板凳要坐十年冷，文章不写一句空。"这种做学问的自律精神在今天更显得宝贵和具有现实意义。《文心雕龙讲疏》是范文澜先生而立之年根据在南开大学的讲稿整理完成的第一部学术著作，国学大师梁启超为之作序："展卷诵读，知其征证详核，考据精审，于训诂义理，皆多所发明，荟萃通人之说而折衷之，使义无不明，句无不达。是非特嘉惠于今世学子，而实大有勋劳于舍人也。"学术研究之意义与价值，贵在传承文明、承前启后、继往开来、推陈出新。范文澜先生之《文心雕龙讲疏》后又经多次修订，改名《文心雕龙注》以传世，作者有着严谨的学风、精益求精的精神，实为吾辈楷模。正因如此，其著作乃成为《文心雕龙》研究史上集旧注之大成、开新世纪之先河的里程碑式的巨著。

先贤已逝，风范长存。高山仰止，景行行止。虽不能至，然心向往之。

是为序。

胡德才

2015 年 7 月 6 日于武汉

序

作为以生产和传播财经信息为主的财经媒体，不仅为社会提供市场交易双方所需的信息，而且借助议程设置引导社会舆论，影响社会经济的走向。因此，其健康发展对社会经济正常运行起到重要作用。近年来，伴随着我国经济的迅猛发展，海内外对我国经济状况的关注度越来越高，对财经、金融、产业等专业信息的需求越来越大，对信息传递的质量要求也越来越高；与此同时，随着个人财富的积累，大众的资讯、数据和交易需求增多，用户需要财经媒体精准解读和传播中国经济发展动态，精确捕捉和剖析海外市场热点，专业、优质的财经媒体越来越受到用户青睐。

当下传媒新技术突飞猛进，传播的载体、传播的内容、传播的形式、用户的需求均发生了极大改变，颠覆了传统媒体的组织形式和生产方式，传媒业正在经历一场全产业链的变革。媒介融合既是媒体顺应时代发展所需，也是国家发展战略所需。2014年8月，中央全面深化改革领导小组第四次会议审议通过了《关于推动传统媒体和新兴媒体融合发展的指导意见》。习近平在会上强调："要推动传统媒体和新兴媒体在内容、渠道、平台、经营、管理等方面的深度融合，着力打造一批形态多样、手段先进、具有竞争力的新型主流媒体，建成几家拥有强大实力和传播力、公信力、影响力的新型媒体集团，形成立体多样、融合发展的现代传播体系。"

在中国经济日益影响世界的今天，尽快做大做强财经媒体，提升其传播力、公信力、影响力，是抢占全球经济话语权的战略需要。财经媒体必须清醒地认识目前的生存环境，主动地适应媒介生态环境的变化，科学、周全、长远地布局发展战略，在激烈的竞争中健康快速发展。

本书系吴玉兰教授主持的国家社科基金项目"媒介融合背景下提升我国财经媒体传播影响力策略研究"的结项成果，也是一部系统研究媒介融合背景下财经媒体传播影响力的学术专著。该研究以传播影响力相关理论为视角，分析在媒介融合背景下我国财经媒体在传播定位、传播内容、传播渠道等方面做出的新成绩与努力以及存在的问题，即从国家经济发展与全球影响的战略高度全面审视评估我国财经媒体在传播影响力层面的现状、成绩与不足，并提出改进建议，以此打造强势财经媒体，参与国际传媒市场的竞争与合作，既确保中国的舆论安全与主权，也使我国财经媒体参与国际话语权的争夺，以更好地促进中国经济与全球经济的互联互通，同时更好地布局我国财经媒体的发展战略，促进财经媒体适应媒介生态的变化，在激烈的竞争中健康快速地发展。

该研究对当前我国财经媒体相关栏目、版面及其报道做了全面系统的梳理、分析与概括，注重为我国财经媒体问诊把脉，研究内容丰富、视角新颖。研究创造性地提出了"提升财经媒体传播影响力内容是关键"等观点，并开拓性地对鲜有研究的《经济日报》区域经济版以及《与老板对话》《角落里的中国》等栏目展开研究，同时紧跟媒介变化步伐，对@财新网微博、腾讯财经频道微信公众平台、《吴晓波频道》等网络财经媒体和财经自媒体展开研究，研究对象视野开阔，具有前瞻性和开拓性。研究中大量案例分析与量化研究、调查与访谈方法的运用使研究结论具有较强的说服力，能够为我国财经媒体传播影响力的提升与发展提供有益的借鉴。

吴玉兰教授曾在20世纪90年代末到21世纪初，在我的名下攻读了硕士、博士学位。她勤于学习、刻苦自觉、好思喜究、永不止步，给我留下了极为深刻的印象。学习期间，她根据自身的兴趣和所供职的中南财经政法大学学科建设的需要，选择了财经新闻和财经媒体作为自己的学术研究方向。近20年来，她不仅一直辛勤地在这一领域里耕耘，先后撰写、发表了数十篇有独特思考的学术论文，还出版了多部专著、教材，这部专著便是她近年来在该领域研究的又一成果。我真诚地希望，这部专著的出版能引起新闻业界和学界对财经媒体传播影响力问题的关注，促进我国财经媒

体的发展和财经媒体传播影响力研究的深入。同时，我期待着吴玉兰教授
在我国财经媒体与财经新闻研究中有更多更好的研究成果。

罗以澄

2020 年 6 月 29 日于武昌

目　录

引　论

一　研究的目的和意义

财经媒体是以生产和传播财经新闻为主的媒体，作为经济环境中传播财经信息的重要载体，其不但提供市场交易双方所需要的信息，还可以通过议程设置引导社会舆论，促进社会经济的发展，因此，其健康发展对社会经济正常运行起到重要作用。

本研究以传播影响力相关理论为视角，分析在媒介融合背景下我国财经媒体在传播定位、传播内容、传播渠道等方面做出的新成绩与努力以及存在的问题，即从国家经济发展与全球影响的战略高度全面审视评估我国财经媒体发展在传播影响力层面的现状、成绩与不足，并提出改进建议，以此打造强势财经媒体，参与国际传媒市场的竞争与合作，既确保中国的舆论安全与主权，也使我国财经媒体参与国际话语权的争夺，以更好地促进中国经济与全球经济的互联互通，同时更好地布局我国财经媒体的发展战略，促进财经媒体适应媒介生态的变化，在激烈的竞争中健康快速地发展。

本课题的研究意义既表现在对我国财经媒体的发展具有理论层面的指导作用和操作层面的应用价值；同时对我国财经媒体的报道内容、产业运作、公共关系的开展均有着重要的促进作用，对发挥财经媒体的功能、提升我国财经媒体的国际化水平有重要的指导意义；此外，能够丰富媒介融合背景下具有中国特色的新闻基础理论与新闻业务理论，促进我国媒介的和谐发展和新闻学科的发展。

二　研究的主要内容和方法

（一）研究的主要内容

本研究引论部分阐述了研究的目的与意义、研究方法及创新点，对媒介融合与传播影响力进行了详尽的文献综述，为本课题的开展提供了较好的理论框架与研究目标。

第一章，对我国财经媒体的发展背景及现状进行了阐释，概括出我国财经媒体发展所处的三大背景为媒介生态环境发生极大改变、媒体融合成为时代发展趋势、国家发展需要做强财经媒体；财经媒体发展的四大现状为传统财经媒体开始数字化转型、垂直财经媒体获得极大发展、财经自媒体开创内容创业时代、媒体资源重组开始深度融合，且从报纸、广播电视、财经网站和两微一端四个层面梳理了我国财经媒体的发展格局，为全书提供了一个较好的研究起点。

第二章到第十二章，选取我国电视、报纸、网站、财经自媒体、国外财经媒体等有代表性的财经媒体的知名栏目、特色报道、特色版面作为具体研究对象，从微观层面探讨财经媒体传播影响力的现状、问题及对策：选取《经济日报》的《蹲点笔记》栏目探讨新闻报道策划与传播影响力的提升；选取《经济日报》区域版探讨中观经济新闻报道传播影响力的提升；选取《第一财经日报》的《财商》周刊探讨理财新闻传播影响力的提升。同时选取新财经报纸的典范栏目如《中国经营报》的《与老板对话》和《能源化工》、《21世纪经济报道》的《角落里的中国》、央视财经频道《环球财经连线》和《经济半小时》、网络财经媒体腾讯财经频道微信公众号、财经自媒体《吴晓波频道》，以及外媒《哈佛商业评论》等，结合传播影响力相关理论，从媒体定位、传播内容、传播渠道、传播效果等多个维度探讨其传播影响力的呈现和存在的问题，透视我国财经媒体传播影响力的具体表现和影响传播影响力发挥的各种因素，通过相关调查与分析，进而提出提升财经媒体传播影响力的策略。结语从宏观层面提出了提升财经媒体传播影响力的对策思考。

本研究以媒介融合为切入点，将对传播影响力的打造纳入媒体生存与发展的层面加以探讨，对当前我国财经媒体相关栏目、版面的报道做了全面系统的梳理、分析与概括，集中为我国财经媒体问诊把脉，研究内容丰富，视角新颖。

（二）研究的主要内容方法

本研究主要运用了以下研究方法。

1. 规范研究法

本研究综合运用新闻学、传播学、政治学、经济学、社会学和公共关系学等学科的理论与知识，在马克思主义思想与方法的指导下，对我国财经媒体在媒介融合背景下传播影响力发挥与提升的制约因素、表现及趋势、应对策略，加以解释与论证。

2. 内容分析法

内容分析法通过将非定量的文本材料转化为定量的数据，并据此对文献内容做出定量分析和相应的判断和推论。为解决本课题研究中的重点和难点问题，提高研究结果的可信度，本研究选取典型财经媒体的专栏、财经媒体中的典型案例进行深度分析，通过建立传播影响力的相关指标，考量其传播影响力的实现，为研究提供扎实的支撑。

3. 问卷调查法

问卷调查法是通过严格设计的问题或表格向研究对象搜集资料和数据的方法。本研究从媒体管理层、财经媒体及受众等多个层面进行问卷调查、文献数据分析，以获取研究所需的第一手资料。

4. 访谈法

访谈法是由研究者针对相应的研究问题与受访者进行自由交谈，从中获取信息的方法。本研究通过赴上海、北京、广州等地对不同类型的财经媒体的从业人员进行访问，收集我国财经类媒体从业人员的相关材料与数据，获取大量相关研究资料。

5. 个案研究法

鉴于之前学者对传播影响力的研究宏观层次多、微观层次少的问题，本研究打破传播影响力研究的整体现状，从较小的切口出发，选取财经媒体的典范栏目、经典版面，结合目前我国传播影响力研究较具代表性的基础理论，解剖麻雀，提出切实可行的建议。

6. 实证研究

本研究根据调查问卷的结果，利用 SPSS 19.0 中的因子分析法尝试性地构建相关报道传播影响力的评价模型，并选取相关媒体报道对构建模型的普适性和准确性进行了初步的检验。

本研究方法的创新体现在对以上多种研究方法的综合运用，由此体现出本课题的宏观研究与微观研究相结合、定性研究与定量研究相结合、现状分析与对策提供相结合的特点。

三　媒介融合、传播影响力相关研究综述

媒介融合和传播影响力相关研究都兴起于 20 世纪末，西方国家研究较早，国内相关学者借鉴相关概念将其本土化。21 世纪以来，国内学界对传播影响力、媒介融合展开大量研究，目前已有相关研究成果。

（一）媒介融合相关研究综述

关于媒介融合的研究最早要追溯到西方国家。20 世纪 70 年代，"数字技术"的概念由美国麻省理工学院教授、媒体实验室创办人尼古拉·尼葛洛庞蒂在其著作《数字化生存》中提出，他提出了"媒体融合"的设想，并阐述了"数字技术"的概念、趋势和价值，以及数字化对人们生活的影响，利用图例的演示，从三个相互交叉的圆环趋于重叠的融合过程中，体现出了对电脑业、印刷出版业以及广播电影业趋于"融合"的理论构想。[1] 20 世纪 80 年代，美国麻省理工学院的伊契尔·索勒·普尔在其著作《自由的科技》一书中提出了"传播形态的融合"[2]，实现了传媒的融合由初步构想向现实的转变，并随着数字化技术的发展逐步成为一种势不可挡的趋势。

---

[1]　宋昭勋：《新闻传播学中 Convergence 一词溯源及内涵》，《现代传播》（中国传媒大学学报）2006 年第 1 期。

[2]　宋昭勋：《新闻传播学中 Convergence 一词溯源及内涵》，《现代传播》（中国传媒大学学报）2006 年第 1 期。

　　媒介生态的快速转变以及不同媒介多元价值的呈现使得西方学者逐步重视媒介融合，并开始对"融合新闻"或"融合媒介"做出界定。美国南加州大学安利伯格传播学院 Larry Pryor 教授认为，"在媒体新闻编辑部中，新闻采编从业人员共同进行内容生产，为多媒体平台生产多样化的内容产品，并以互动性的产品服务大众，这样的新闻生产方式称作融合新闻"。① 美国新闻学会媒介研究中心主任安德鲁·纳奇森将"融合媒介"定义为："融合媒介为印刷媒介、音频媒介、视频媒介、互动性数字组织之间有战略性的媒体联盟，形成多样化的融合性媒介。"② 普尔强调的是媒介平台的"功能"，注重基础性的开发和扩展，而纳奇森强调的是媒介之间的"合作"，这种合作模式应该是融合媒介最值得关注的，并不是单纯地去理解媒介的操作平台。③ 顺应新媒体技术的发展，传统媒介互相分割的产业模式应该得到改变。新媒体产业随着新媒体技术的发展而产生，报纸、广播电视与新媒体融合发展，界限越来越模糊，发挥各自优势成为可能。新兴媒体与传统媒体的融合不仅仅是业务上的互相交叉，更是媒介功能、媒体形态、资本所有权、组织要素的融合。

　　国内对于媒介融合的研究是在借鉴西方的基础上进行的。综合相关文献数据我们可以发现，"媒介融合"的研究始于 1999 年，开始时间比较早，但早期的研究成果较少；2001 年到 2006 年，研究成果数量呈现平稳上升趋势；2007 年出现爆发态势，并持续至今。这样的变化与近年来我国新媒体的发展趋势相吻合。比如，2006 年被称为"新媒体年"，2010 年被称为"微博元年"，在这些年份前后，各种"媒介融合"现象出现在学者和公众面前，因而，关于"媒介融合"的研究极大丰富。

　　从近几年来看，我国学者也对"媒介融合"做了更为深入的研究。如，傅玉辉从电信产业和传媒业融合交叉的角度，探讨了二者合作发展的关系。④

① 蔡雯：《从"超级记者"到"超级团队"——西方媒体"融合新闻"的实践和理论》，《中国记者》2007 年第 1 期。
② 蔡雯：《新闻传播的变化融合了什么——从美国新闻传播的变化谈起》，《中国记者》2005 年第 9 期。
③ 黄建友：《论媒介融合的内涵及其演进路径》，《当代传播》2009 年第 5 期。
④ 傅玉辉：《大媒体产业：从媒介融合到产业融合——中美电信业和传媒业关系研究》，中国广播电视出版社，2008。

许颖从媒介融合的轨迹出发，分析了从媒介互动到媒介整合再到媒介大融合各个阶段中信息的采集与新闻报道，以及如何在融合背景下进行信息的开发与整合，在著作中通过大量的国内外媒体融合实战案例，对媒介融合各个阶段的策略技巧做了前瞻性分析。[①] 王润钰以产业经济学为理论基础，对产业融合趋势下影响中国传媒产业发展的因素进行分析，并进一步思考中国传媒产业的发展方向和可选择的发展路径，具有较为重要的理论和现实意义。[②] 马胜荣认为无论是在国外还是在国内发生的突发重要新闻事件，当前国际上大媒体都运用现代化的传播手段，用立体的报道方式，全景式地报道事件的进程。[③] 这是新闻媒介融合过程中的一种现象。"媒介融合"和"媒介整合"不是同一概念，最主要的差别是推动力的不同，融合的推动力来自内部，整合的推动力来自外部。

目前，对于媒介融合的研究，学界主要集中在媒介融合内涵界定、媒介融合发展历程和产生的问题与对策这三个层面上，也有大量研究把媒介融合当作大背景来探讨新闻传播实务。

1. 关于媒介融合的内涵

我国最早借鉴西方"融合新闻"概念的是中国人民大学蔡雯教授，她从新闻传播的运作方式、编辑部生产作用、新闻编辑与策划以及新闻从业者技能创新等方面对"媒介融合"这一核心概念进行深度研究。她指出："在媒体集团集中和融合的过程中，不同的媒体通过一些流程来控制实现资源重整，比如，电视台帮衬报纸、报纸联动网站、网站呼应广播电视，它们利用各自的介质差异，在新闻信息传播上实现资源共享而又产品各异，联手做大区域市场，并且在这一市场上占据垄断地位。"[④] 随后，蔡雯连续关注媒介融合，把握我国媒介融合的趋势，从中发现我国传媒在媒介融合进程中出现的问题，并提出相应的策略。

黄旦从理论的角度来阐释媒介融合。他认为，在网络社会理论的视角下，媒介组织以数字技术为基础，把数字技术当作融合平台，数字技术引

① 许颖：《媒介融合的轨迹》，中国人民大学出版社，2011。
② 王润钰：《产业融合趋势下的中国传媒产业发展研究》，中国书籍出版社，2011。
③ 马胜荣：《新闻媒介的融合与管理：一种业界视角》，重庆大学出版社，2010。
④ 蔡雯：《融合：新闻传播正在发生重大变革》，《新闻战线》2009 年第 6 期。

起媒介形态的变化，以数字媒体为元技术平台背景，将不同维度和不同性质的媒体重新结合起来，形成一个相互关联的社会网络，而媒介组织就是社会网络当中的一个节点。① 他从理论框架视角去观测媒介融合，并以网络技术为核心对媒介融合进行界定，把媒介组织放在社会网络的关系中去认识。周鸿铎等②认为媒介融合体现为四个层面："跨媒介融合""跨区域融合""媒介资本融合""媒介集团化融合"。其系统地阐述了"媒介融合"的内涵并对其进行详细的界定，从媒介形态、媒介区域、媒介资本等多个角度对媒介融合进行定义。另外，不少学者通过大量的文献研究，得出了自己对于"媒介融合"的理解，比如，有学者给出了媒介融合的狭义与广义的定义；有学者将"媒介融合"置于超媒体或全媒体的语境下给出了自己的定义，认为媒介融合是超媒体时代的显著标志。

郝希汉③认为，"媒介融合"产生的背景是产业融合，这一概念最早由美国麻省理工学院的普尔教授提出，其本意是指各种媒介呈现多功能一体化的趋势，关于它的想象更多的集中于将电视、报刊等传统媒体融合在一起。显然，这种简单浅显的界定缺乏有力的理论深度和多维的视角。辛欣④对媒介融合的内涵界定，具有狭义和广义之分，狭义的媒介融合是指传媒业界内部不同形态之间媒介进行组合，并以此组建超大型的传媒集团，比如默多克的传媒帝国；广义的媒介融合是指媒介与其他一切有关要素的汇聚与融合，包括媒介形态、媒介功能、传播手段、资本所有权、组织结构等要素的融合。简而言之，按照她对媒介融合这一概念做出的理解，从狭义上看，媒介融合就是媒介形态的融合；广义上看，媒介融合包含了媒介属性形态、媒介资本运营、媒介结构功能这三种融合，这样的认识符合当今媒介融合发展的趋势，是一个较为全面的界定。

南长森和石义彬⑤认为，媒介融合作为全球一体化发展的必然趋势，看

---

① 黄旦、李暄：《从业态转向社会形态：媒介融合再理解》，《现代传播》（中国传媒大学学报）2016 年第 1 期。

② 周鸿铎、陈鹏：《周鸿铎：传媒业的结构调整与政策护航》，《传媒》2009 年第 6 期。

③ 郝希汉：《报业集团与媒介融合的探索》，《新闻爱好者》2012 年第 6 期。

④ 辛欣：《论传统媒体与新媒体的业务融合》，《新闻爱好者》2012 年第 8 期。

⑤ 南长森、石义彬：《媒介融合的中国释义及其本土化致思与评骘》，《陕西师范大学学报》（哲学社会科学版）2012 年第 3 期。

起来是一种新闻生产的新理念、一种新方式呈现的拟态行为；但其实质是一些市场化运作程度高的传媒企业利用跨国企业进行全球扩张以寻求传媒企业新闻生产最大利润和传播效果的良好愿望；其诱因是新闻竞争的加剧和新媒体技术传受互动、网主天下规则的改变。按照事物发展的内在逻辑，媒介融合不是新的传播方式和新的业态淘汰传统的传播方式和通用业态，而是吸纳优长，共体同生。

从大部分学者对媒介融合的内涵界定来看，媒介融合从媒介形态的融合中演变而来，是多种媒介形式的相互融合发展，但随着媒介融合的深入，媒介融合呈现形态、资本、经营管理、内容、手段、形式等多个层次的融合，由此看来，对于"媒介融合"这一核心概念的界定也伴随着媒体融合发展的进程而不断深化丰富。

2. 媒介融合的发展历程

在媒介融合的发展过程中，媒介融合的发展模式与路径呈现了"阶段性"的特征。这种分阶段、分步骤的过程也是不断完善和深化的。

王溦[1]从媒介运营模式的角度来认识我国媒介融合发展的阶段，将我国媒介融合的递进阶段概括为"媒介互动—媒介整合—媒介融合"的过程。媒介互动是媒介在进行竞争时为营造良好的竞争关系而采取的一种战术；媒介整合是指媒介组织在经营模式上的调整，其试图建立完善、科学、合理的运营模式来提升媒介竞争力，表现出媒介融合的形式化；媒介融合是在多媒体数字技术的基础上实现媒介组织内容和形式上的融合，增加了定量的新闻服务和内容的可视性。他从媒介竞争需要互动到网络技术发展要求媒介实现融合的角度来看待媒介融合的发展，这样的观点揭示出媒介融合的最初动因，也就是媒体的相互竞争导致媒介互动，这是有一定道理的。但他的观点没有完整揭示出媒介融合的各阶段特点，也没有清晰的划分界限。

党东耀[2]通过对互联网技术进化路径的分析，归纳出媒介融合所经历的"以传者为核心的融合模式—以个体为主导的融合模式—以数据为核心的融

---

① 王溦：《以媒体融合发展模式探索传媒产业新型发展之路》，《中国报业》2014年第4期。
② 党东耀：《互联网进化路径与媒介融合模式的变迁》，《编辑之友》2015年第11期。

合模式—传者和受者双主体的模式"的发展阶段，并且认为媒介融合的最终追求是传受融合。他从互联网技术导致传者和受者关系的角度出发来认识媒介融合，这种全新的视角跳出了媒介技术和媒介形态的圈子，但脱离了媒介融合的主体。

崔保国[①]论述了媒介变革的显著特征：媒介的相互融合与渗透以及媒介的融合与裂变、信息传播技术的不断发展与创新是产生这一系列变革的根本原因。媒介变革的过程与规律对大众媒介产生了极大的影响，对人类社会生活的各方面具有重大意义。他认识到了媒介融合产生的新结果，即融合导致新媒介的产生，从媒介变革的特征来把握媒介融合的阶段，是一种新的认识切入点。

贺嘉[②]根据数字技术的发展来对媒介融合的阶段进行划分，对媒介融合在不同的历史发展时期所表现出来的不同特点进行了分析，将媒介融合的发展历程分为准融合阶段、融合阶段以及深入融合阶段这三个时期。王书怡[③]也根据数字技术演进的过程把媒介融合的发展分为准备阶段、融合阶段和深度融合阶段。这一类学者从媒介技术的角度切入，也是最典型的认识框架，根据数字技术发展的角度把媒介融合分为三个阶段，但是三个阶段的划分有点过于简单，没有明确地体现各阶段的特点。

此外，有大量的硕博士论文对媒介融合的发展阶段进行了概述，如张中雷《媒介融合的发展维度、阶段与路径探析》（山东师范大学，2015）；吴晓珍《媒介融合与中国传媒产业发展研究》（湖南师范大学，2009）；鲍立泉《数字传播技术与媒介融合演进》（华中科技大学，2010）；等等。

关于媒介融合发展阶段的讨论，目前尚没有公认的划分标准和明确的阶段划分。媒介融合的趋势正快速加强，所以阶段的划分有待深入研究。就目前的划分来看，其大多把媒介技术的发展作为媒介形态的变化的诱发因素，但是大多数研究都没明显体现出各阶段的特点，也没有标志性事件或特征来作为界限。因此，对于媒介融合发展阶段的划分，我们需要深刻把握趋势，认清其在媒介形态、技术、内容、资本、管理等各方面表现出的特点。

---

① 崔保国：《技术创新与媒介变革》，《当代传播》1999 年第 6 期。
② 贺嘉：《数字传播技术发展与媒介融合演进》，《科技传播》2014 年第 22 期。
③ 王书怡：《数字传播技术发展与媒介融合演进》，《科技传播》2016 年第 18 期。

3. 媒介融合问题与对策

目前，媒体正在经历媒介融合的变革，在媒介融合发展的路径中，产生了一些问题。就媒介融合的状况来看，学界主要从媒介融合的广度和深度进行探讨，认为媒介融合的深度和广度不够，媒介融合实践难以深入。大多数的研究把媒介融合产生的问题聚焦在体制僵化上，对我国媒介体制改革做了较多探讨。

宋丹丹[1]认为媒介融合背景下传统媒体面临的问题慢慢凸显，尤其是纸媒，其生存和发展面临着巨大的挑战。尹连根和刘晓燕[2]认为，我国现在的媒介融合还停留在表层的融合，也是认知和文化意识的冲突，并没有进行本质上的融合。但是，这种观点忽略了媒介融合是一个过程，要实现实质上的融合，在一定的时间内不断变革现有管理体制和运营方式，才能有质的飞跃。

蔡雯[3]对我国媒介融合问题做了较为全面的探讨。一是观念的转变，换汤不换药的传统思路难以根本解决新问题；二是规章制度的改变和完善，加强媒介监督权和新闻内容产权之间的法律和制度建设；三是深化体制和机制改革，废除"双轨制"的限制；四是内容生产与媒体运营的矛盾，即怎样去平衡主流媒体宣传价值与媒介自身经济收益运营宣传；五是人才的培养与素质提升。这为我们探讨传统媒体与新兴媒体的融合路径提供了很好的启发。蔡雯较为全面地概括了我国媒介融合发展中的问题，她主要侧重于从体制、观念、权利、经营等方面对媒介融合发展提出问题，并在后期的论文中有针对性地给出了一些策略建议。

周鸿铎等[4]认为金融危机使媒介传统体制的弊端进一步暴露，所以媒介的融合还是要侧重于经济视角的融合，并从区域融合、资本融合、集团化融合等几个层面提出了实现结构调整和改革深化的决策。这种观点过于简单地归结了媒介融合的原因，没有看到媒介融合的真正内涵。

① 宋丹丹：《媒介融合情境下传统媒体的转型和升级——以〈新闻晚报〉休刊和〈东方早报〉新媒体项目招聘为例》，《新闻爱好者》2014 年第 9 期。
② 尹连根、刘晓燕：《"姿态性融合"：中国报业转型的实证研究》，《新闻与传播研究》2013年第 2 期。
③ 蔡雯：《媒体融合：面对国家战略布局的机遇及问题》，《当代传播》2014 年第 6 期。
④ 周鸿铎、陈鹏：《周鸿铎：传媒业的结构调整与政策护航》，《传媒》2009 年第 6 期。

申凡、谢亮辉[1]以《广州日报》滚动新闻部为例，探讨了我国媒介融合进程中遇到的问题并提出对策，认为媒体发展中存在管理构架不明确、缺少与网民的互动、新闻版权维护困难等问题，需要不断地探索和解决。其中大部分研究是以案例来透析我国媒介融合发展的问题，但是最终得出的结论都主要归结于管理体制。

除此之外，还有部分研究以媒介融合为背景来探讨某类型媒体该如何进行融合发展。如庞井君、王雷[2]探讨在媒介融合的背景下广播电视品牌建设问题。他们认为随着信息时代、网络数字技术的飞速发展，媒介融合趋势越来越明显，广播电视与视听新媒体等多种媒体的边界也越来越模糊，在视听市场激烈的竞争中，原来具有优势的广播电视品牌也正在受到严峻挑战，并对此提出相关建议。刘铮[3]认为，报纸网站尤其是省报网站正面临着来自门户网站、省级地方重点新闻网站的挑战，受到移动互联网、自身编辑素质、盈利模式不明确等带来的限制。未来，省报网站可以通过与地方重点新闻网站合并、注重本地信息、打造本地个人信息门户、开发移动客户端、对数字报收费等措施提高竞争力，为建设网络强国添砖加瓦。

2014 年 8 月 18 日，中共中央召开全面深化改革领导小组第四次会议，会议审议并通过了《关于推动传统媒体和新兴媒体融合发展的指导意见》。此次会议对新形势下如何推动媒体融合发展提出了一系列明确要求，并做出了具体部署。会议指出，要把推动传统媒体和新兴媒体融合发展作为落实中央全面深化改革部署、推进宣传文化领域改革创新的一项重要任务，这是适应媒体格局深刻变化，提升主流媒体传播力、公信力、影响力的重要举措。

（二）传播影响力相关研究综述

对于传播影响力理论的研究，国内外关注的起始时间、研究重点都不尽相同。总的来说，国外关注这一理论比我国学界更早，由传播效果开始，

---

① 申凡、谢亮辉：《我国媒介融合发展的问题与对策——以〈广州日报〉滚动新闻部为例》，《新闻前哨》2009 年第 4 期。

② 庞井君、王雷：《媒介融合背景下广播电视品牌建设的问题与对策》，《电视研究》2012 年第 8 期。

③ 刘铮：《媒介融合下省报网站发展中的问题与对策》，《新闻界》2014 年第 20 期。

展开了相关理论的研究。而我国理论界在国外传播效果研究的基础上，又在"传播力"和"媒介影响力"上进行了大量的探索，并引出了"传播影响力"这一概念。

国外对于"传播影响力"的研究源于对媒体传播效果的探索，自媒体出现以来，传播效果的研究从未终止，并且在发展过程中不断地融入其他领域的理论，从而更好地研究传播行为在受传者身上产生的各种效果。对于传播影响力的研究主要可以分为两大类：对传播效果的研究；对传播影响力的研究。

传播效果是传播过程的后期阶段，是指信息通过传者发出经过媒介传播到受者从而引起受者认知、态度、行为层面的变化。而"影响力"一般是指改变他人思想和行为的能力。现今对"影响力"的研究多出于实用层面，学者试图通过提高影响力为受众带来益处。罗伯特·西奥迪尼所著的《影响力》[①] 一书，就从心理学与社会学的角度分析了影响力的来源，帮助受众得到影响力与社会认同。

由 Denis McQuail 教授撰写的《大众传媒影响力和传播效果》[②] 一文详细介绍了媒体的传播影响力。除了论述在一般性质上大众传播对社会的影响，他对媒体传播影响力发展历史的追溯，于这一理论的研究是一个非常好的起点。在文章的最后，作者给出了研究结论，他认为虽然无法做出十分精确的因果联系或非常可靠的预测，但大众媒体很显然已经对社会个体、社会机构及文化等都产生了巨大的影响力。

国外对"传播影响力"的研究多从实践角度出发，将媒体的影响力与一些具体学科、事件相结合，探索媒体在社会、政治等方面的作用和能力。具体可以分为以下几个方面的研究。第一，大众传播对青少年的影响研究：Sara Krentzman Srygley 在《大众传媒对当今青少年的影响》[③] 及中泽智惠在《电视对青少年性意识形成的影响》[④] 中指出，随着大众传媒如报纸、电视、

① Robert, B., "Cialdini, Influence", *Harper Collins US*, Vol. 6 (December 2006).
② McQuail, D., *The Influence and Effects of Mass Media*, University of Southampton, 1977.
③ Srygley, S. K., "Influence of Mass Media on Today's Young People", *Mass media*, Vol. 14, No. 2 (May 1983).
④ 中泽智惠「青年期の性 (sexuality) 形成に関する研究：高校生の性知識および性意識の形成におけるマス・メディアの影響」『青年心理研究』, 2009, 177—186 頁。

网络等在社会生活中的普及，媒体已经深深地影响到了人们生活的各个方面，也对青少年的健康成长产生了一定的影响。学界认为媒体在发展过程中应当重视这一现象，与教育工作者共商解决方案。第二，大众传播对社会生产的影响：有学者通过测量发现，大众传播与某些社会生产活动产生了某种相关性。第三，大众传播对司法的影响：论著《民事诉讼新闻报道及其对司法决策的影响》① 认为，新闻媒体有可能对民事诉讼制度产生强大的影响力，媒体的报道影响决策系统中的参与者，在特殊情况下甚至会影响司法决策。

在我国，有关传播影响力的研究最早来自 1982 年，1994 年以前的有关文献主要关注的是"影响力"，尤其是个人的影响力等。1995 年之后，逐渐有学者研究新闻传播方面的影响力。第一篇有关传播影响力的论文认为② 报纸的竞争力和影响力可以互相转换，互相促进——报纸的竞争力越强，影响力越大；影响力越大，竞争力也越强。2003 年有关传播影响力的研究达到了第一个高潮，先是喻国明教授 2002 年岁末在湖南卫视举办的"千年论坛"中提出了传媒产业本质为"影响力经济"的观点，并分析了传媒影响力发生与建构所依赖的"三个环节"。喻国明有关传媒影响力的研究对日后有关研究产生了极大的影响。

此后，有关传播影响力的研究开始兴盛，有关研究学者比较著名的有喻国明③、丁和根④、何春晖⑤、郑丽勇⑥、刘建华⑦、强月新⑧等。

1. 有关传播影响力理论研究

当前我国传播影响力的研究有如下几个方向。

---

① Robbennolt, J. K. I., "News Media Reporting on Civil Litigation and Its Influence on Civil Justice Decision Making", *Law Hum Behav*, Feb 2003, 27 (1): 5 - 27.
② 罗建华：《报纸竞争力与传播影响力的有效转换》，《中国记者》2002 年第 5 期。
③ 喻国明：《关于传媒影响力的诠释——对传媒产业本质的一种探讨》，《国际新闻界》2003 年第 2 期。
④ 丁和根：《传媒竞争力评价指标体系研究》，《新闻界》2005 年第 2 期。
⑤ 何春晖、毛佳瑜：《媒体影响力的量化指标》，《新闻实践》2006 年第 10 期。
⑥ 郑丽勇、郑丹妮、赵纯：《媒体影响力评价指标体系研究》，《新闻大学》2010 年第 1 期。
⑦ 刘建华：《全媒体传播的发展趋势及传播力指标体系构建》，《传媒》2013 年第 11 期。
⑧ 强月新、陈星、张明新：《我国主流媒体的传播力现状考察——基于对广东、湖北、贵州三省民众的问卷调查》，《新闻记者》2016 年第 5 期。

（1）传播影响力内涵界定

在"传播影响力"这一概念被提出之前，学界最早出现的有关媒介传播效果的概念是"传播力"，这是由刘建明提出的，他认为，"媒介传播力简称传播力，指媒介自身能力以及媒介信息检索、新闻报道，乃至对社会产生影响的能力"。[1] 刘建明把传播力的影响因素概括为媒体规模、人员素质，传播的信息量、速度、覆盖率及社会效果，社会效果即传播效果是传播力最主要的外在表现。[2]

郭明全在其著作《传播力》中指出，传播力是媒体将所要传达的信息通过各种传播渠道的组合，扩散至受众，尽可能产生较好传播效果的能力。媒体的传播力受传播的信息量、传播速度与准确度、信息的覆盖面以及影响效果等多方面制约。[3]

北京大学陈刚认为，传播力实质就是媒体实现信息有效传播的能力。传播力可通过制定一定的衡量价值标准来评测有效传播效果。评测一个媒体的传播力，可以按照受众范围、阅读量、转发量、影响力等多种指标进行。[4]

对于影响力的研究，周志懿认为，学界对传媒行业的效果理论研究过渡到了"影响力"。影响力是指媒体所传播的信息被受众接收并接受，进而改变其认知、态度和行为，产生对传播主体积极的力量。[5]

后来，我国许多学者对"传播影响力"予以关注。张春华通过梳理"传播影响力"的概念，根据传播主体对两类研究进行了分类：一种是大众传媒；一种是社会组织。大众传媒的传播影响力是其功能体现，社会组织的传播影响力有经济利益的驱使，也有信息传播的需要。[6] 本书研究的是大众传媒的传播影响力，故对于社会组织的传播影响力研究不做过多关注。

俞虹认为，传播影响力是指传播内容经过媒介到达受众的能力及媒介效果释放的能力，是接收者接收节目后对个人与社会实际产生的影响力度，

① 刘建明：《当代新闻学原理》，清华大学出版社，2003，第37页。
② 刘建明等：《新闻学概论》，中国传媒大学出版社，2007，第40页。
③ 郭明全：《传播力·企业传媒攻略》，南京大学出版社，2006，第15页。
④ 张姝、周志懿：《陈刚：打造不可替代的传播力》，《传媒》2006年第9期。
⑤ 周志懿：《媒体竞争：传播力制胜》，《传媒》2006年第9期。
⑥ 张春华：《传播力：一个概念的界定与解析》，《求索》2011年第11期。

传播影响力的形成步骤包括：媒介传播→个体接收→接受影响→影响再传播→社会影响力。[①] 这一观点是国内学界普遍认同的观点。

喻国明认为，传播影响力首先通过受众接触媒介和媒介内容，引起受众注意，进而产生认知、情感、意志行为等受动性改变，本质在于，媒体作为传播渠道可以在受众身上打上影响其认知、判断、行为、决策的烙印。[②]

欧阳国忠认为，媒体只有将传播平台、传播内容、传播人和传播渠道优化组合后，才能达到有效传播的目标。在以上四种因素中，内容为王，内容直接影响受众的数量和质量。[③]

国外学者同样对于传播影响力这一概念有所研究。

美国学者 Graham Williamson 认为，传播影响力是传者和受者作为传播过程的两头，进行信息编码和解码的能力。[④]

西班牙学者 Manuel Castells 指出，随着传播技术的革新，大众传媒在政治经济中占有重要地位，大众传媒要想在政治经济中发挥重要作用，取得胜利，就应该善于知晓和利用媒体的传播影响力。[⑤]

综上，俞虹和喻国明的观点较为完整地揭示了传播影响力的形成过程，传播影响力是在媒体本身具有如何到达受众的传播力和到达受众后产生什么效果的影响力的基础上形成的。本课题组对传播影响力的定义也基于此。

（2）对传播影响力的宏观解读

此类研究主要包括对传播影响力的定义、本质、分类、构成要素、发生机制、评价指标体系等方面的概述性研究。对传播影响力相关概念的研究比较多，比较著名的如喻国明[⑥]认为传播影响力由"吸引注意"＋"引起合目的的变化"两个基本部分构成。其本质在于它作为资讯传播渠道对其

---

① 俞虹：《分众时代电视社会影响力分析》，《中国广播电视学刊》2004 年第 1 期。

② 喻国明：《关于传媒影响力的诠释——对传媒产业本质的一种探讨》，《新闻战线》2003 年第 6 期。

③ 欧阳国忠：《有效传播　媒体的核心竞争力》，《传媒》2006 年第 8 期。

④ Williamson, G., "Communication Capacity", www.speech-therapy-information-and-resourcescom, 2004.

⑤ Castells, M., "The Rise of the Network Society: The Information Age", *Economy*, *Society*, *and Culture*, Volume 1, 2009.

⑥ 喻国明：《关于传媒影响力的诠释——对传媒产业本质的一种探讨》，《国际新闻界》2003 年第 2 期。

受众所打上的属于自己的"渠道烙印"。文章认为传媒作为产业的本质就是"影响力经济"。文章提出了传播影响力的发生机制，在媒介接触环节，传播力以优秀的传播内容和形式体现；在保持环节，应该构筑受众之于传媒的行为忠诚度和情感忠诚度；此外，还应该从内容制作、市场定位、目标受众三个方面来提升自身的传播影响力。郑丽勇[1]认为媒介影响力是指媒介改变受众的态度和行为的能力。他认为媒介影响力本质上是传播影响力，包括社会影响力和市场影响力两大呈现效果。此外，唐朝[2]、李海颖[3]等也对定义进行了分析。

有关传播影响力的分类和构成要素以华文[4]的研究最为著名。该研究提出媒介影响力的构成要素为：规模、时间、内容、方向和效果；对其进行了分类，把传播影响力分为社会影响力和市场影响力，并阐述了两者之间的关系；总结归纳了传播影响力的整合、交流、导向等功能特征，还总结了传播影响力的评价标准，分别是：受众规模和层次、内容、传播效果、经济实力、科技实力、可持续等。

有关传播影响力发生机制以喻国明[5]的"接触、保持、提升"三个环节说影响力最大，后来很多研究均参照了这一发生机制，或在此基础上进行修改。就评价指标体系而言，许多学者从不同的角度提出了评价指标，如郑丽勇等[6]提出了一套比较完整的媒介影响力乘法指数评价体系，他将媒介影响力的形成过程解构为接触、接受、保持和提升环节，并提出了广度、深度、强度、效度四个因子的四维评价指标体系。何春晖、毛佳瑜[7]从员工、受众、广告主、同行、学术界的角度提出了四个部分的量化指标。

现有研究对传播影响力的定义、分类等达成了较为一致的意见，对发生机制的研究也相对统一，有关评价指标体系的研究分歧较大，学者从不

① 郑丽勇：《提高媒介影响力的四个着力点》，《编辑学刊》2012年第1期。
② 唐朝：《传播学视野中的媒介影响力》，《郑州大学学报》（哲学社会科学版）2005年第1期。
③ 李海颖：《电视节目传播影响力与收视率、满意度的关系》，《青海师范大学学院》（自然科学版）2010年第2期。
④ 华文：《媒介影响力经济探析》，《国际新闻界》2003年第1期。
⑤ 喻国明：《关于传媒影响力的诠释——对传媒产业本质的一种探讨》，《国际新闻界》2003年第2期。
⑥ 郑丽勇、郑丹妮、赵纯：《媒介影响力评价指标体系研究》，《新闻大学》2010年第1期。
⑦ 何春晖、毛佳瑜：《媒体影响力的量化指标》，《新闻实践》2006年第10期。

同的角度提出了相应的评价指标体系，但是经过梳理后发现，不同的评价指标体系均存在一定的缺陷和不足。传播影响力评价机制体系是本课题的研究重点，故本节将在第二部分重点阐述相关研究现状。

（3）对某一类媒体或领域传播影响力的研究

此类研究范围较广，包括对电视、主流媒体、地方媒体、区域电视、传统电视节目等的传播影响力研究，这类研究大多从宏观视角进行系统分析。如郑丹妮[①]分析了党的主流媒体影响力的现状和存在的问题，并就此提出了建议。郑丽勇、郑春艳[②]分析了电视在当前媒介生态格局中的位置，电视传媒业内部影响力分布状况以及不同级别、不同内容的电视传媒各自发展状况。汪维诺[③]则分析了地方新闻门户网站的媒介影响力。罗雪[④]以佛山电视集团为例，分析了区域电视的传播影响力。涂雯丹、周建青[⑤]探讨了利用网台联动提升电视节目传播影响力的途径。

（4）对特定媒体和栏目的传播影响力研究

此类研究相对丰富，研究范围也极为广泛，主要有以下几类。第一，对电视栏目传播影响力的研究，如杨琳、李亦宁[⑥]以《百家讲坛》为例，分析电视文化节目的传播影响力；景皓丹[⑦]分析央视新闻频道《新春走基层》的传播影响力；等等。第二，以某项活动为例，分析媒体报道的传播影响力。如牛鸿英[⑧]以2008年CCTV"中国经济年度人物评选"为例，分析金融危机情境中媒体"议程设置"的传播影响力；李红秀[⑨]以"双百"评选活动为例，分析媒体"议程设置"及其传播影响力。第三，对比分析国

① 郑丹妮：《党的主流媒体影响力问题研究》，南京大学2011年硕士学位论文。

② 郑丽勇、郑春艳：《当前中国电视传媒影响力研究报告》，《中国广播电视学刊》2011年第8期。

③ 汪维诺：《地方新闻门户网站媒介影响力的公关策略研究》，浙江大学2010年硕士学位论文。

④ 罗雪：《区域电视传播影响力研究——以佛山电视集团为例》，《新闻窗》2012年第6期。

⑤ 周建青：《媒体报道聚合现象探析》，《现代传播》（中国传媒大学学报）2013年第5期。

⑥ 杨琳、李亦宁：《电视文化节目的传播影响力分析——以〈百家讲坛〉为案例》，《新闻知识》2007年第11期。

⑦ 景皓丹：《央视新闻频道〈新春走基层〉传播影响力研究》，《今传媒》2012年第9期。

⑧ 牛鸿英：《金融危机情境中媒体"议程设置"的传播影响力分析——以2008CCTV中国经济年度人物评选活动为例》，《中国广播电视学刊》2009年第4期。

⑨ 李红秀：《媒体议程设置及其传播影响力：以"双百"评选活动为例》，《重庆社会科学》2009年第12期。

内外报纸的传播影响力，如高红玲、董璐①以《人民日报》《中国日报》《纽约时报》为例，分析中美报纸的传播影响力。

就研究现状来看，除了本课题主持人吴玉兰教授对财经类报纸或栏目有一定研究外，学界尚没有其他学者专门对财经媒体进行研究。吴玉兰教授等前期已经对财经媒体或栏目有一定的研究积累，主要以特定的财经媒体或栏目为例，来探讨该类媒体或栏目的传播影响力，如吴玉兰、张玉洁②对《新世纪》周刊《逝者》栏目的分析；吴玉兰、邢春燕③对《长江地理》栏目以及《财经郎眼》栏目的分析；吴玉兰、肖青④对《21世纪经济报道》评论专版"星期六评论"的分析；吴玉兰、商跻雯⑤对《21世纪经济报道》地产版的分析；吴玉兰、张祝彬⑥对《经济日报》的分析；等等。在本课题中，课题组将选取具有代表性的相关媒体和栏目，覆盖各类媒介形态，对特定的财经媒体传播影响力进行研究，并提出相关策略。

（5）对提升传播影响力策略的研究

此类研究既通过分析案例来探讨传播影响力，也从理论层面来分析，还有对提升国际传播影响力的探讨。如胡智峰、刘俊⑦在探讨如何提高中国传媒的国际传播力时，认为应该从主体、诉求、渠道和类型四个维度来切入。李希光、郭晓科⑧等人也提出主流媒体打造国际传播力、保持国际话语权的策略。庞华⑨以《朝闻天下》为例，提出了三点启示：创新发展，寻求

---

① 高红玲、董璐：《中美传播影响力比较研究——以〈人民日报〉、〈中国日报〉、〈纽约时报〉为例》，《国际关系学院学报》2007年第6期。

② 吴玉兰、张玉洁：《我国财经杂志讣闻报道研究——以〈新世纪〉周刊"逝者"专栏为例》，《新闻大学》2012年第1期。

③ 吴玉兰、邢春燕：《〈财经郎眼〉节目特色及发展对策》，《当代传播》2012年第2期。

④ 吴玉兰、肖青：《提升财经新闻评论传播影响力的策略思考——以〈21世纪经济报道〉评论专版"星期六评论"为例》，《文化与传播》2012年第2期。

⑤ 吴玉兰、商跻雯：《信息链视角下提升房地产新闻报道传播影响力策略探析——以〈21世纪经济报道〉地产版为例》，《新闻大学》2013年第3期。

⑥ 吴玉兰、张祝彬：《〈经济日报〉传播影响力产生机制及提升策略研究》，《新闻界》2013年第8期。

⑦ 胡智峰、刘俊：《主体·诉求·渠道·类型：四重维度论如何提高中国传媒的国际传播力》，《新闻与传播研究》2013年第4期。

⑧ 李希光、郭晓科：《主流媒体的国际传播力及提升路径》，《重庆社会科学》2012年第8期。

⑨ 庞华：《早间新闻节目的传播影响力透析——以央视〈朝闻天下〉为例》，《新闻爱好者》2010年第9期。

本土化；亮出栏目整体独特风格；延伸触角，加强互动。张超①从内容创新、手段创新、品牌创新、人才创新四个方面进行阐述，探讨主流媒体如何以创新为动力，扩大影响力。赵树清②从国际传播影响力的视角提出了五点建议：打造有国际影响力的文化品牌活动，精心打造独具审美品格的艺术盛典；加强动态编排，提升文艺节目的可看性和吸引力；扩大名人效应；加大原创力度，形成自己的特色和风格。曹坤、王钰③在媒介融合的语境下，提出城市电视台的文化传播影响力构建策略。

本书通过对文献进行研究后发现，目前国内有关传播影响力方面的研究，主要有以下几个特点。第一，有关研究正逐步增多，不过以单篇论文居多，系统、全面地对传播影响力进行综合性研究的论著过于缺乏。第二，现有研究多是以某一类型的媒体或栏目为出发点，着眼点各不相同；而且从具体内容来看，有的是从媒介经营管理层面，有的是从新闻业务领域，较少有对传播影响力进行全面解读的研究。第三，目前对传播影响力的内涵、分类等达成了一定的共识，而对传播影响力的评价指标，各自从不同的出发点进行划分，尚未形成一套公认、科学的评价指标体系。第四，研究方法正逐渐完善，从定量角度进行的研究逐渐增多。不过目前的研究方法仍然存在较为粗糙的嫌疑，定量研究的评价标准如何确定，这有待进一步研究和探讨。

2. 有关传播影响力评价体系研究

目前，对于传播影响力的评价体系尚未形成一套公认的评价机制，罗建华、华文、俞虹、喻国明、何春晖、郑丽勇等都构建过相关评价体系。

罗建华④认为报纸的竞争力和影响力可以互相转换，并且探讨了竞争力的基本要素和转换成影响力的主要途径：新闻传播速度，抢占市场先机；信息发布厚度，获取规模覆盖；产品适用效度，实现价值提升；社会干预力度，扩大舆论影响；创新开发频度，推动持续发展。这应该是对传播影

---

① 张超：《创新与主流媒体影响力》，《新闻前哨》2010 年第 4 期。
② 赵树清：《外宣电视文艺节目的创新与提高——兼谈提升央视国际传播影响力的策略》，《电视研究》2007 年第 6 期。
③ 曹坤、王珏：《媒介融合语境下城市电视台的文化传播影响力构建》，《现代传播》（中国传媒大学学报）2013 年第 9 期。
④ 罗建华：《报纸竞争力与传播影响力的有效转换》，《中国记者》2002 年第 5 期。

响力评价指标的初步探讨，不过，这个指标更多的是从定性的角度来设定，这样的评价指标在衡量的时候，还有很多缺点，不足以全面展示出媒体的传播影响力。

华文①是第一个将传播影响力从量化的角度来考察的人，他将媒介影响力的构成要素分为规模、时间、内容、方向和效果，有社会影响力和市场影响力之分，并提出了衡量媒介市场影响力的评价标准：受众规模、质量、传播效果、媒介经济实力、科技实力、可持续发展。值得注意的是，华文的评价指标主要关注市场影响力，而怎么衡量社会影响力，作者并未说明，此外，衡量市场影响力中的有些指标可操作性不强，如可持续发展标准就较难科学界定。

喻国明②则主要从接触、保持和提升三个环节研究传媒影响力的发生机制，这个指标从理论高度对传媒影响力进行了确定，后来不少学者的研究正是基于这个发生机制进行分析，将接触环节用受众获取信息的渠道来衡量，保持环节则用受众获取信息的频率来衡量，提升环节则用受众对媒体开展与读者互动活动的评价以及对创新推广、策划能力的评价来衡量。

俞虹③并未提出有关评价指标，不过他对电视收视率及传播影响力的关系进行了阐述，提出了高收视率不等于强影响力、低收视率也不等于弱影响力的观点，这个观点对后来学者分析建立评价指标具有很大的启发和影响。作者还就传播影响力的形成过程，从意见领袖群体（小众）、意见领袖散体（中众）、意见领袖总体（大众）三个不同的层次分析了传播影响力的可能模式，认为受众的差异决定了社会影响力的强弱，传播影响力是小众、中众和大众三方合力的结果。

段鹏④在此基础上进行了补充，认为应该客观地对待收视率和满意度，更加合理地对其加以使用。

① 华文：《媒介影响力经济探析》，《国际新闻界》2003 年第 1 期。
② 喻国明：《关于传媒影响力的诠释——对传媒产业本质的一种探讨》，《国际新闻界》2003年第 2 期。
③ 俞虹：《分众时代电视社会影响力分析》，《中国广播电视学刊》2004 年第 1 期。
④ 段鹏：《收视率与满意度的博弈——刍议电视节目传播影响力与收视率、满意度的关系》，《现代传播》（中国传媒大学学报）2007 年第 6 期。

　　何春晖、毛佳瑜①从接受者身上体现出的影响力结果来形成一定的媒体影响力量化指标，将这个指标分为四个作用对象，分别为对内部员工、对外部受众、对广告主和对同行及学术界的量化指标。这个指标体系是根据不同接受者来建立的，看上去十分全面，不过对员工的影响应该是组织管理而非媒介影响力范畴。此外，媒体对广告主及同行、学术界的影响力应该建立在对受众的影响力基础之上，后者是因，前者是果，这其中有些指标存在重复情况。

　　"对外传播效果研究"课题组高红玲、董璐②在分析中美媒体的传播影响力时，主要从媒体报道本身提出了四个评价指标：报道内容、报道形式、表达方式和报纸语言。这四个指标对于分析报道本身具有一定的参考价值，不过这四个评价指标缺乏对受众层面的考虑，也缺乏对受众反应的考察。

　　郑丽勇③在现有研究的基础上以广度、深度、强度、效度四个因子建立了一套比较完整的媒介影响力评价指标体系。其中，衡量广度的指标为受众规模；衡量深度的指标为受众平均接触时间；衡量强度的指标为内容影响因子（包括满足受众需要的程度和媒介内容质量的优劣两个指标）和媒介品牌影响因子（包括品牌形象、品牌体验和品牌忠诚度三个指标）；衡量效度的指标为主流人群占整体受众比例，并提出媒介影响力指数 $MII=$ 广度因子 $WF+$ 深度因子 $DF+$ 强度因子 $SF+$ 效度因子 EF。这套指标体系可以算目前最完整的评价指标体系，也具有较强的可操作性。对各因子进行权重赋值，是这套指标体系的一大创新之处。不过这套指标体系仍然具有一定的缺陷，首先是这些权重的确定并没有统一的标准；其次是各个因子之间应该存在内在逻辑关系，这套指标体系通过权重赋值的方式将这种关联割裂了。郑丽勇后来也意识到了这套指标体系的缺陷，并通过构建一个新的指数模型来解决这些问题。在补充的这个模型中，郑丽勇从受众规模、接触时间、可信度和主流人群比例四个方面分析媒介影响力的差异，并用乘

① 何春晖、毛佳瑜：《媒体影响力的量化指标》，《新闻实践》2006 年第 10 期。
② 高红玲、董璐：《中美传播影响力比较研究——以〈人民日报〉、〈中国日报〉、〈纽约时报〉为例》，《国际关系学院学报》2007 年第 6 期。
③ 郑丽勇：《中国新闻传媒影响力研究报告》，浙江大学出版社，2011，第 62—64 页。

法模型计算媒介影响力值。郑丽勇的这套指标体系推出之后，通过发布《2010 中国新闻传媒影响力研究报告》等活动产生了较为广泛的影响。

刘建华[①]剖析了全媒体传播的三大发展趋势，并构建了评测政府全媒体传播力的评价体系，为此提出策略以提升地方政府媒体的传播影响力和政府执政能力。该体系的一级指标为信息上行力和信息下行力，二级指标为印刷媒体报道力、电子媒体报道力、数字媒体报道力以及政府组织采集力、传媒组织采集力，三级指标为报纸报道力、电视报道力等十个。其通过三级指标的形式，对地方政府全媒体传播力进行评测。

强月新等[②]综合前人对传播影响力的研究，构建了主流媒体影响力的评测体系。他们将影响力确定为对受众的影响，试图从受众的视角来构建主流媒体影响力乘法模型，他们认为，媒体影响力 = 用户接触频率 × 用户单次接触时长 × 媒体内容的重要性 × 媒体内容的价值导向。他通过把各指标细化、操作化的方法调查来湖北、广东、贵州几家主流媒体，对其影响力进行了评测。

分析发现，目前尚没有公认的比较成熟的评价指标体系，不同学者在进行研究时，虽然会参照和借鉴已有研究，不过均有自成一套的评价标准，呈现"各自为政"的状态。当然，不同的媒体形态，由于其特性，用统一的评价指标体系来衡量其传播影响力并不科学，应该根据不同媒体的特点建立相应的评价指标。喻国明提出的发生机制对于弄清传播影响力的形成过程具有极大的理论指导价值，这是建立完整、科学评价指标的基础和前提。郑丽勇提出的评价指标体系相对而言属于目前最完整的，且有相关实证检验，对于后人具有较大的参考价值，有些媒体甚至可以直接参照这一指标进行衡量，不过其权重比的设置是否合适，还应根据媒体或栏目具体分析。

综合目前学界的主要观点，本课题组比较认同俞虹和喻国明对传播影响力的界定。传播影响力首先需要有传播力，需要到达受众，其次受众在接收信息后产生改变，才能具有影响力。所以本课题组对传播影响力做出

① 刘建华：《全媒体传播的发展趋势及传播力指标体系构建》，《传媒》2013 年第 11 期。
② 强月新、夏忠敏：《当前我国主流媒体影响力的调研与分析》，《新闻记者》2016 年第 11 期。

如下界定：传播影响力是媒介通过各种传播渠道的组合，借助新技术手段，将所传播的内容达到最大传播效果的能力。这一能力的衡量有几项指标，包括媒介定位、传播内容、传播渠道、传播效果。因此，我们将媒介定位、传播内容、传播渠道、传播效果作为评测传播影响力的四大指标，但是在具体操作的过程中，我们根据不同财经媒体的特点给予不同指标不同的权重。此外，我们也结合郑丽勇提出的广度、深度、强度、效度四个因子来评价财经媒体传播影响力，力求针对不同财经媒体的特点，设定符合该媒体特点的传播影响力评价体系，以期真实反映其传播影响力。

四　本研究的创新点

本研究以媒介融合为切入点，将对传播影响力的打造纳入媒体生存与发展的层面加以探讨，对当前我国财经媒体相关栏目、版面的报道做了全面系统的梳理、分析与概括，集中为我国财经媒体问诊把脉，研究内容丰富、视角新颖。研究中所采用的统计学因子分析方法构建的模型对传播影响力的综合评估具有一定的参考价值，突破了对新闻报道传播影响力定性分析的局限性，同时也为国际贸易等财经新闻报道传播影响力的综合评估提供了一个新视角，研究方法有突破；创造性地提出了"提升财经媒体传播影响力内容是关键"的观点，并通过《经济日报》区域经济版报道进行了详尽的阐述；借鉴说服传播"ELM模型"，认为财经报道传播影响力的形成主要源于对报道信息加工中枢路径的积极探索，拓展了传播影响力研究的视角与维度。

本研究开拓性地对《经济日报》区域经济版、《与老板对话》栏目、《角落里的中国》等鲜有研究的栏目展开研究，同时也紧跟媒介变化步伐，对@财新网微博、腾讯财经频道微信公众平台、《吴晓波频道》等网络财经媒体和财经自媒体展开研究，研究对象视野开阔，具有前瞻性和开拓性。研究中大量案例分析与量化研究、调查与访谈方法的运用，使研究结论具有较强的说服力，能够为我国财经媒体传播影响力的提升与发展提供有益的借鉴。本课题创新色彩突出，学术价值较高。

本研究从宏观层面提出的提升财经国内媒体传播影响力的四条对策具

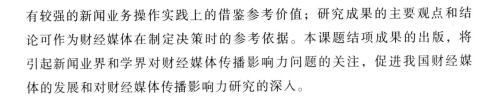

有较强的新闻业务操作实践上的借鉴参考价值；研究成果的主要观点和结论可作为财经媒体在制定决策时的参考依据。本课题结项成果的出版，将引起新闻业界和学界对财经媒体传播影响力问题的关注，促进我国财经媒体的发展和对财经媒体传播影响力研究的深入。

第一章

媒介融合时代我国财经媒体发展概述

21世纪初，我国社会主义市场经济体制不断完善，经济不断深化发展，加入WTO后带来的经济全球化格局越趋深入，人们更加关注经济发展和重视经济生活。因此，我国从20世纪末迅猛发展起来的财经媒体，更是承担起为受众的经济生活提供信息与服务、为国家的经济发展指点迷津的功能。随着我国媒介生态的变化，媒介融合已成为大势所趋，媒体在内容生产、传播渠道、技术形态、经营方式等方面都逐步实现融合，财经媒体也在这样的态势下发展，财经类报纸杂志、财经类广播电视、财经网站、财经新媒体等多类媒介形态既有自身发展特点，同时又呈现融合的格局。

第一节　媒介融合时代财经媒体的发展背景

随着媒介技术的革新带来媒介生态的巨大变化，媒介融合趋势越趋加强，媒体的传播方式由传统的大众传播媒介扩展为移动智能终端，实现实时传播，传播内容兼含专业媒体生产内容和用户个性化生产内容，传播形式更加适应用户需求，实现多元化。在媒介融合的背景下，我国财经媒体获得较大发展，从内容渠道、平台资源、经营管理等方面逐步深度融合，同时国家的发展也离不开财经媒体。在这样的趋势下，我们更需要做强做大财经媒体。

一　媒介生态环境发生极大改变

随着传媒新技术的发展，媒体的传播载体、传播时效、传播内容、传播形式等发生了极大变化，颠覆了媒体的组织形式和生产方式，传媒业正在经历一场全产业链的变革。因此，财经媒体必须能够满足市场需求，适应媒介生态环境的变化。

在传播载体方面，传统的大众传媒报纸、广播、电视已经不是用户接收信息的主体，用户更多地以手机、电脑等智能产品为信息接收终端。智能家电、可穿戴设备等正进入人们的生活，这些智能硬件产品都可以成为信息发送和接收的载体，多屏跨界正在成为媒体发展的现实。

在传播时效方面，从固定时间进行的滞后传播，转变为随时随地获得即时信息。传统媒体的信息获取受时间、地域的限制，时效性、便捷性较差，但是随着技术的发展，人们可以通过智能终端获取实时信息，更加快捷、方便。

在传播内容方面，从以专业媒体生产内容为主，转变为同用户原创内容并存。传统媒体时代，内容的生产、分发主要依靠专业媒体机构，目前，微信、微博、直播平台上的自媒体成为内容生产的新兴力量。

在传播形式方面，为了适应用户需求，其变得更加多样、有趣、活泼。传统媒体的传播形式以文字、图片、音视频为主，随着用户需求的多元化和个性化，内容的传播方式变得更加活泼、多样，例如，网络段子、GIF 动图、表情包等方兴未艾。

二　媒体融合成为时代发展趋势

随着媒介融合的趋势逐步加强，媒介生态的变化要求媒介不得不寻求融合发展道路，国家也高度重视媒介的融合发展。因此，2014 年中央全面深化改革领导小组发布《关于推动传统媒体和新兴媒体融合发展的指导意见》（以下简称《意见》），《意见》提出要推动传统媒体和新兴媒体多方面实现深度融合，习近平强调，"传统媒体和新兴媒体要在内容、平台、渠道、管理、经营等各方面相互融合发展，要改善主流媒体，打造形式多样、手段先进、具有竞争力的新型主流媒体，同时要根据受众需求，建成有强大传播力、影响力、公信力的新型媒体集团，形成立体多样、融合发展的现代传播体系"。① 自此，媒体融合发展正式上升到国家战略层面。

在内容和渠道方面，传统媒体有成熟的运作模式、专业的采编生产、优质的内容输出，可信度、公信力、权威性高，但传播形式比较单一，传播效果较弱。新媒体传播速度快，覆盖用户范围广，但标题党现象严重、假新闻不断，并且还涉及新闻版权问题。因此，媒体融合发展，一方面可以规范新闻转载机制，激励原创内容生产；另一方面可以拓展内容分发渠道，增加用户数量。

在平台和资源方面，传统媒体基本都具有新闻采编的牌照和资质，拥有时政新闻、上市公司信息、重大项目的官方采访权、信息披露权，和政府官员、专家学者、企业高层等有长期合作关系。这正是新媒体所欠缺的，新兴媒体通过和传统媒体进行合作，可以抢占重大新闻传播的时间风口，获得信息资源。

在经营和管理方面，传统媒体发行成本较高，广告业务萎缩，面临经营困境，同时管理方式和组织架构已经不能协调配合媒体发展，传统媒体需要与新兴媒体融合发展，重新规划媒体组织架构，精简人员，改变原有商业模式，探索融合发展路径，实现资源优化配置。因此，媒体融合不仅为国家发展战略所需，更是时代发展趋势。

三　国家发展需要做强财经媒体

海内外对我国经济发展的关注度越来越高，用户对于财经金融信息的需求量越来越多，并且更加注重信息的质量和效果。但是，目前的财经媒体在内容与规模上难以满足市场的需求，需要财经媒体提供高质量的经济信息产品。

同时，中国在全球经济治理中的作用越来越重要，中国经济与世界其

---

① 刘奇葆：《加快推动传统媒体和新兴媒体融合发展》，《人民日报》2014年4月23日，第6版。

他国家经济已经成为命运共同体，中国经济的变化可以随时影响到全球经济。在提升中国国际话语权的过程中，中国媒体应该起到积极推动作用，打造强势财经媒体，参与国际传媒市场的竞争与合作，确保中国在国际经济市场上的舆论安全和主权，同时要争取更多的经济话语权，提升中国经济地位，以更好地促进中国经济与全球经济的互联互通。

随着个人财富的积累，大众的资讯、数据和交易需求增多，财经媒体具有传递信息的重要功能，用户需要财经媒体精准解读和传播中国经济发展动态，精确捕捉和剖析海外市场热点。

中国经济不断发展壮大并与世界经济形成共同体，对全球经济发展的影响越来越大。在这样的经济发展态势下，尽快做大做强财经媒体是抢占全球经济话语权的战略需要。财经媒体必须清楚地认识目前的生存环境，主动适应媒介生态环境的变化，长远布局发展战略，在激烈的竞争中健康快速发展。

第二节　媒介融合时代财经媒体形态的演化

随着媒体在传播载体、传播时效、传播内容、传播形式等方面的发展，媒介融合导致媒介生态发生巨大变化，我国财经媒体形态也随之变化发展：传统媒体开始数字化转型，垂直财经媒体获得较大发展，财经自媒体开创内容创业时代，媒体资源重组开始深度融合。媒介融合时代财经媒体的发展顺势而为，实现了大跨度的变化。

一　传统财经媒体开始数字化转型

在媒介融合的初级阶段，各大报社将旗下的纸质报纸"搬家"到网上，尝试"一报一网"战略。1995 年《中国贸易报》创办了我国传统媒体的第一份电子版日报，标志着中国报纸数字化转型的开始，但"一报一网"的模式没有整合互联网优势，收效甚微。

在"一报一网"未取得良好成效时，传统财经媒体开始从集团层面整合资源，打破旗下媒体品牌的界限，形成以核心媒体内容为基础的综合性网站，传统财经媒体的信息聚合功能加强。例如，2009年21经济网站开始改版进行"去报纸化"，强化对21世纪报系的深度整合、包装与传播。

随着媒体融合进程的加快，全媒体战略成为媒体转型的必然选择。2010年，南方都市报提出"南都，无处不在"的口号，着手构建"南都全媒体集群"。而此时，得益于前期战略的布局，第一财经比其他媒体更早完成了全媒体的布局，形成了覆盖电视、广播、报纸、网站、杂志、论坛六大传播渠道的媒体平台。

但是，总体而言，传统媒体的转型效果不尽如人意，互联网财经媒体却迅猛发展并抢占了先机，财经网站信息的准确、及时实现了用户的注意力从传统媒体到新媒体的转移。

二 垂直财经媒体的井喷式发展

在传统媒体日渐式微的背景下，众多财经媒体人开始辞职，创办顺应时代发展、满足用户需求的专业垂直财经网站，这些传统财经媒体人创业平台的出现深刻改变了财经媒体的格局。

例如，2008年8月，《中国企业家》杂志总编辑牛文文辞职创办《创业家》杂志，后转型为帮助早期创业者的服务机构、服务平台。2010年3月，方三文创立雪球，从最早偏重资讯生产的网站，发展成迥异于传统媒体的移动互联网财经平台。同月，中央电视台制片人王利芬离职创业，打造了宣称"为创业者服务"的商业视频学习交流平台"优米网"。

2010年6月，名为"极客公园"的创新者社区成立，由《IT经理世界》和《商业价值》杂志的张鹏创立，旨在打造聚焦互联网产品的线下沙龙及线上社区。同年11月，《21世纪经济报道》派驻纽约的记者吴晓鹏创立了金融资讯提供商"华尔街见闻"。同年12月，《中国企业家》社长刘东华辞职，创办"中国高端商界人士分享信息和打造价值人脉"的"正和岛"。[1] 2012年5月，《中国企业家》前执行总编李岷创立了个性化商业资

---

[1] 秦朔：《新时期中国财经媒体回顾与启示》，《第一财经日报》2015年8月27日，第15版。

讯网站"虎嗅网"。2012 年 12 月,赵何娟创办了"钛媒体",转型为专为职场公司人打造的一站式服务平台。[①]

同时,大量垂直财经媒体的数量和质量都在不断提高,例如,金融街网站、东方财富网、证券之星等。传统门户网站也开始进行垂直领域的深耕,其财经频道开始品牌化运作,为用户提供更加全面、深入的财经信息,例如,新浪网、腾讯网、网易网三家门户网站分别专设财经频道。

财经资讯的传播不再仅仅局限于媒体平台,炒股票、大智慧、同花顺等网上股票证券交易分析软件以及各类金融终端相继出现。另外,还发展出一大批商业、财经领域信息服务公司,专门提供垂直领域的信息搜集、交易等服务。[②]

三 财经自媒体开创内容创业时代

微博、微信等社会化媒体的广泛使用为个体的内容生产创造了良好环境,以传统媒体为主流的传播形态已经被打破,越来越多的企业、个人和机构主动介入内容生产和传播的过程中。

例如,2014 年,财经作家吴晓波创办微信公众号"吴晓波频道",以财经作家的独特视角来挖掘财经事件背后的故事和商界财经人物故事。2015 年,《第一财经日报》总编辑秦朔创办自媒体品牌"秦朔朋友圈",依托互联网来打造社群,为用户提供商业投资、经济管理服务。

财经媒体人在自媒体平台开通公号的案例也非常多,例如《华夏时报》总编辑水皮,开通微信公众号"水皮 More";《黄金游戏》等畅销书作者占豪,其微信公众号拥有超过 100 万粉丝;原《21 世纪经济报道》新闻总监王玉德,创办"无冕财经"公众号,关注传统产业与资本的转型、新思维下的创业与投资、财经传播的批判与应用。

伴随自媒体的发展,新闻资讯聚合产品为自媒体提供了更广阔的平台,也为用户提供了更精准的推荐内容。2016 年 3 月,新浪财经头条上线,依

---

① 秦朔:《新时期中国财经媒体回顾与启示》,《第一财经日报》2015 年 8 月 27 日,第 15 版。
② 秦朔:《财经媒体发展的六个里程碑》,《新媒体与社会》2014 年第 3 期。

托智能推荐引擎技术，在大数据分析的基础上进行内容聚合，引入专业投资领域自媒体原创内容，改变传统的财经信息内容分发模式，满足个性化的财经资讯阅读。腾讯、新浪、网易、百度等互联网公司均推出自媒体平台服务，例如"新浪财经头条""网易号""百度百家""今日头条""天天快报""一点资讯"等智能推荐产品也推出自媒体专栏。

与此同时，传统媒体也纷纷在自媒体平台上开通公号，凭借优质的内容为受众提供有价值的财经资讯，例如"21世纪经济报道"微信公众号。另外，众多具有非官方背景的机构，也开始在垂直财经领域深耕细作，如"A股那些事""P2P观察""财经记者圈""财经早餐""功夫财经""越女读财"等。

四　媒体资源重组开始深度融合

面对新兴媒体的冲击，传统媒体发生了根本性的变革，一方面搭建全新的传播平台，以崭新的面目满足用户需求；另一方面入驻"两微一端"等平台，布局互联网的传播渠道，尽可能覆盖更多的用户。

传统媒体开始通过开发移动客户端，在各大新媒体平台开通公号，凭借优质内容为受众提供有价值的资讯信息。例如，财新传媒旗下的移动客户端"财新＋"，随时随地为用户提供财经新闻资讯和服务，满足移动互联网时代的用户需求。"两微一端"能够实现多维的用户互动，增强媒体活跃度，拓宽内容来源渠道，降低信息采集成本，增强用户的忠诚度，例如@第一财经日报通过组织参与微访谈、微投票和转发接力等微博活动与受众互动。

2014年《关于推动传统媒体和新兴媒体融合发展的指导意见》发布后，各大媒体集团更加主动进行资源整合，加快和增加媒介融合的速度和深度，跨界发展、多元发展、深度融合发展成为趋势。

2016年11月17日，南方财经全媒体集团正式成立，它以南方报业传媒集团和广东广播电视台的财经媒体资源为基础，进行资源的优化整合，运用报刊、网站、广播频率、新闻客户端、社会化媒体等多重媒体形态，改变商业管理模式，突出以"数据""媒体""交易"为核心的业务，打造多元的财经媒体群。[①]

2017 年 1 月 19 日，新华社对中国证券报、上海证券报、经济参考报、新华出版社等多家媒体进行资源整合，组建中国财富传媒集团，意图打造权威的财经信息旗舰机构，形成以媒体为纽带、以数据交易为特色、以金融服务为支撑的业务新格局。

这一系列组织结构调整，是媒体顺应时代发展潮流，进行深度媒介融合的表现，表明我国财经媒体发展进入了新的阶段。

第三节　我国财经媒体的分类和格局

在媒介融合时代，各类财经媒体逐步走向融合发展，但也各具其特点。专业财经报纸依然占主流，财经类广播电视在转型中寻找新方向，财经网站成为财经资讯新的传播平台，"两微一端"成为财经信息的高效传播渠道。从我国现有财经媒体的种类出发，探讨我国财经媒体的分类与格局，能够透视当下我国财经媒体的发展现状。

一　报纸杂志：专业财经纸媒占主流

我国财经媒体内容的主要传播渠道为报纸、杂志、广播、电视、互联网、手机移动端等。目前，互联网和手机移动端等新兴媒体在市场使用率上已经超过传统媒体。在媒介融合的推动下，绝大多数财经媒体都已经实现了全媒体渠道的覆盖，但在不同渠道上，其传播影响力仍有所差异。

（一）报纸：财经媒体内容的原始生产者

在报纸这一分发渠道上，我国的财经媒体可以细分为四种类型：综合报纸经济专版，例如《人民日报》经济版；综合经济报纸，例如《经济日

---

① 戴春晨：《南方财经全媒体集团今日揭牌 融合发展再掀新篇》，《21 世纪经济报道》2016 年 11 月 17 日，第 1 版。

报》；专业财经报纸，例如《第一财经日报》；行业依托报纸，例如《中国
证券报》（见表 1 - 1）。

表 1 - 1　我国主流财经报纸分类举例

序号	综合报纸经济专版	综合经济报纸	专业财经报纸	行业依托报纸
1	《人民日报》	《经济日报》	《第一财经日报》	《中国证券报》
2	《光明日报》	《每日经济新闻》	《21 世纪经济报道》	《中国消费报》
3	《中国日报》	《中国经营报》	《华尔街见闻》	《中国贸易报》
4	《北京商报》	《经济观察报》	《投资者报》	《中国企业报》
5	《新京报》	《经济参考报》	《国际金融报》	《中国产经新闻》
6	《南方都市报》	《上海经济报》	《金融时报》	《中国能源报》
7	《南方周末》	《中国财经报》	《华夏时报》	《上海金融报》
8	《北京青年报》	《中华工商时报》	《上海证券报》	《中国质量报》
9	《南方日报》	《中国经济导报》	《证券时报》	《中国信息报》
10	《环球时报》	《中国经济时报》	《证券日报》	《中国税务报》

据人民网研究院发布的《2016 年中国媒体融合传播指数报告》，2016
年报纸融合传播百强榜中，涉及经济领域的有 10 家媒体：经济日报（排名
第 10）、每日经济新闻（排名第 15）、中国经营报（排名第 39）、信息时报
（排名第 44）、楚天金报（排名第 73）、21 世纪经济报道（排名第 76）、经
济观察报（排名第 78）、信息日报（排名第 79）、经济参考报（排名第
87）、中国税务报（排名第 100）。①

（二）杂志：打造高品质的深度财经报道

目前，我国的财经杂志根据报道范围和内容可以分为四类：报道资本
市场和资本运作动态的财经资讯类杂志，例如《财经》《证券市场周刊》
等；传授个人投资及家庭理财知识的投资理财类杂志，例如《理财周刊》
《投资与理财》；聚焦企业家和企业经营管理策略的企业管理类杂志，例如

---

① 人民网研究院：《2016 年中国媒体融合传播指数报告》，http://media.people.com.cn/n1/
2016/1219/c120837 - 28960751. html，2017 年 2 月 19 日。

《中国企业家》《经理人》；以评论为主的商业研究类杂志，例如《清华管理评论》《商界评论》（见表1－2）。

其中，较为引人注目的是《财经》，自从2000年推出"基金黑幕""银广夏陷阱"等系列重磅报道，《财经》获得了市场认同并创立了良好的品牌形象，成为我国财经杂志的一面旗帜。《中国企业家》等则依托经济日报报业集团的资源，凝聚了一批专家学者和顶级企业领袖，形成了品牌影响力。《商界》和《销售与市场》则凭借市场定位的精准和发行渠道的优势抢占市场，拥有了大量读者。

表1－2　我国主流财经杂志分类举例

序号	财经资讯类	投资理财类	企业管理类	商业研究类
1	《财经》	《证券市场红周刊》	《中国企业家》	《清华管理评论》
2	《财新》	《融资中国》	《经理人》	《哈佛商业评论》
3	《财经国家周刊》	《投资与理财》	《市场营销》	《21世纪商业评论》
4	《中国经济周刊》	《中国投资》	《创业家》	《商业文化》
5	《中国新闻周刊》	《华夏理财》	《IT经理世界》	《商界》
6	《第一财经周刊》	《理财周刊》	《销售与市场》	《商业评论》
7	《证券市场周刊》	《中国风险投资》	《竞争力》	《商界评论》
8	《凤凰周刊》	《Value价值》	《财务研究》	《北大商业评论》
9	《中国证券期货》	《新理财》	《财经界》	《商学院》
10	《新周刊》	《新财富》	《中国金融家》	《中国商界》

二　广播电视：转型中找到新方向

由于电波频率覆盖范围有限，传统电台的传播范围受到限制，同时广播声音具有转瞬即逝的特点。但是，网络广播能够摆脱地域限制，为用户提供点播等服务，使广播节目的传播形态和方式更加丰富。在移动互联网的发展趋势下，传统广播借助网络传播开始了媒体融合发展之路，在内容、渠道、平台建设等方面开始了新的探索。

（一）广播：互联网电台让财经广播重获新生

据人民网研究院发布的《2016 年中国媒体融合传播指数报告》，在广播电台融合传播百强榜中，经济类广播上榜 7 家，分别为：中央人民广播电台经济之声（排名第 3）、山东经济广播（排名第 20）、第一财经广播（排名第 24）、浙江经济广播（排名第 63）、辽宁经济广播（排名第 80）、哈尔滨经济广播（排名第 88）、山西经济广播（排名第 91）。[①]

目前，从音频传播的平台分类来看，我国的经济类广播可以分为四类：第一类，传统经济广播频率，例如第一财经广播 FM97.7，山东经济广播 FM98.6；第二类，广播电台自办的移动客户端，例如中央人民广播电台的"央广云电台"，山东经济广播的"鲸彩"；第三类是各类网络广播工具，可以收听到各个频道的广播内容，例如龙卷风收音机；第四类是入驻的互联网点播平台，例如喜马拉雅 FM（见表 1 - 3）。

表 1 - 3　我国经济广播分类举例

序号	传统经济广播频率	广播电台自办的移动客户端	网络广播工具	入驻的互联网点播平台
1	第一财经广播	央广云电台	龙卷风收音机	考拉 FM 电台
2	经济之声	中国广播	FM 电台收音机	豆瓣 FM
3	浦江之声	北京广播在线	调频收音机	喜马拉雅 FM
4	天津经济广播	凤凰 FM	全球英文广播	企鹅 FM
5	重庆经济广播	交通广播	听说交通	荔枝 FM 直播
6	广东股市广播	鲸彩（山东经济广播）	网上广播	蜻蜓 FM
7	福建经济广播	广播云采编	广播中国	悦听 FM
8	甘肃经济广播	无锡经济广播	智能广播	爱上 Radio
9	安徽经济广播	贵州经济广播	网络收音机	多听 FM
10	广东股市广播	辽宁广播电视台	联想收音机	阿基米德 FM

---

① 人民网研究院：《2016 年中国媒体融合传播指数报告》，http://media.people.com.cn/n1/2016/1219/c120837 - 28960751.html，2017 年 2 月 19 日。

（二）电视：优质财经视频内容的制作商

据人民网研究院发布的《2016 年中国媒体融合传播指数报告》，一直稳居收视冠军的中央电视台全天收视人口超过了 4200 万人，而其他电视台的全天收视人口均不足千万人，近半数电视台全天收视人口不足百万人。在移动新媒体的冲击下，传统的电视收视端传播力大大减弱，新的移动智能终端成为主要收视端，推进媒体融合成为迫切的现实问题。[①]

目前，根据财经类节目的播出类型，可以将其分为四类：第一类是综合频道财经节目，例如广东卫视《财经郎眼》、凤凰卫视的《财经今日谈》；第二类是专门的电视经济频道，例如第一财经频道、CCTV2 - 财经频道；第三类是视频网站财经频道或者专业的财经视频网站，例如和讯视频、优酷财经；第四类是财经类直播平台，例如股票直播室、直播新三板（见表 1 - 4）。

表 1 - 4　我国主流财经视频分类举例

序号	综合频道财经节目	专门的电视经济频道	视频网站财经频道或者专业的财经视频网站	财经类直播平台
1	凤凰卫视《财经今日谈》	第一财经频道	第一财经网	股票直播室
2	北京电视台《天下财经》	CCTV2 - 财经频道	和讯视频	金股直播
3	广东卫视《财经郎眼》	CDTV2 - 经济资讯频道	优酷财经	实盘直播
4	甘肃卫视《投资论道》	SCTV3 - 经济频道	新浪视频财经频道	直播新三板
5	湖北卫视《天生我财》	南方电视台经济频道	呱呱财经	快手
6	凤凰卫视《石述大财经》	河北电视台经济频道	炎黄财经视频	花椒直播
7	宁夏卫视《波士堂》	辽宁电视台经济频道	东方财富网视频	一直播
8	第一财经《中国经营者》	湖北电视台经济频道	财新网视频频道	熊猫 TV
9	贵州卫视《论道》	广州电视台经济频道	正点财经	映客
10	宁夏卫视《财经夜行线》	甘肃电视台经济频道	乐视财经频道	斗鱼

---

① 人民网研究院：《2016 年中国媒体融合传播指数报告》，http://media.people.com.cn/n1/2016/1219/c120837 - 28960751.html，2017 年 2 月 19 日。

三　财经网站：财经资讯的传播平台

在移动互联网趋势下，垂直专业化成为媒体的发展方向，财经类垂直网站的定位更加清晰，用户的精准细分十分有效，网站的数量和质量都在提升。目前，我国的财经信息网站可以分为五类：第一类是综合性新闻媒体的专业财经频道，例如新浪财经、人民网等；第二类是财经媒体的官方网站，例如财经网、21 世纪纪；第三类是提供财经资讯的垂直网站或财经新媒体，例如东方财富网、蓝鲸财经；第四类是提供额外交易、社交服务的财经服务商，例如大智慧、雪球；第五类是发布权威数据、公告的机构官网，例如上海证券交易所、证监会官网。

四　两微一端：重要的新兴传播渠道

《2015 微博财经白皮书》数据显示，2015 年上半年，微博财经类话题参与讨论用户达到 2752.5 万人，环比增长 10.4%，日均话题参与人数接近 40 万人，充分说明微博在财经信息的传播中扮演着重要角色。[①]

（一）微博：发表评论的公共舆论场

《2015 微博财经白皮书》数据显示，2015 年上半年微博博文统计中，有关经济类的博文有 1.2 亿条，以财经类身份进行认证的订阅账号超过 2 亿人次，以银行为代表的蓝 V 账号、分析师等行业专业人员的橙 V 账号最受网民关注。就蓝 V 账号看来，银行服务类账号的订阅用户最多，部分保险及金融理财产品也颇受关注；就橙 V 账号来看，商界名人及行业高管最多，媒体作家及行业分析师也颇受关注（见表 1-5）。[②]

近年来，财经类微博账号保持增长态势，2015 年财经类微博认证账

---

① 新浪微博数据中心：《2015 微博财经白皮书》，http://www.askci.com/news/chanye/2015/11/09/105942ll in.shtml，2017 年 3 月 9 日。

② 新浪微博数据中心：《2015 微博财经白皮书》，http://www.askci.com/news/chanye/2015/11/09/105942ll in.shtml，2017 年 3 月 9 日。

号已达 12.4 万人，覆盖财经各领域。在财经微博中，通过评测微博内容、活跃度、订阅用户和粉丝关注度发现，用户较为关注理财师、行业分析师等专业金融人员的微博，财经类个人账号在信息传播方面较企业官方账号拥有更好的传播效果，专业财经个人微博具有更强的传播影响力。

表 1-5　2015 年上半年订阅用户最多的财经类微博账号排名

单位：人次

2015 年上半年订阅用户最多的财经类蓝 V 账号			2015 年上半年订阅用户最多的财经类橙 V 账号		
1	建信基金	2919783	1	李迅雷	823675
2	中国银行电子银行	2695053	2	花荣	482281
3	兴业银行信用卡中心	2397048	3	飞扬看市 168	434343
4	中国工商银行电子银行	2236154	4	现货黄金白银 TD 纸原油	257609
5	人保财险江苏	2023194	5	叶荣添	217358
6	民生银行手机银行	1874351	6	白银一刀	187520
7	建行电子银行	1840251	7	时节好雨股票分析	167263
8	广发电子银行	1835923	8	白银孙老师	162302
9	ATG 美亚安全行	1778647	9	占豪	159795
10	四川农行电子银行	1621586	10	股锋的微博	155812

（二）微信公众号：财经资讯的个性化定制

《2015 微博财经白皮书》数据显示，微信日活跃用户高达 6.5 亿，每天登录微信的用户率为 90% 以上，50% 的用户每天使用微信超过 1 小时。[①] 无论用户整体使用频率还是时长，微信都表现出了强大的用户黏性。

根据新榜与《中国广告》杂志联合发布的《2016 年第三季度新媒体品牌价值榜（微信公众号）》财经类媒体品牌价值榜，央视财经的微信公众号居于榜首，吴晓波等众多意见领袖自媒体也不在少数（见表 1-6）。

---

① 企鹅智酷和中国信息通信研究院产业与规划研究所：《"微信"影响力报告》，http://tech. qq. com/a/20160321/007049. htm#p = 1，2017 年 3 月 21 日。

表1-6　2016年第三季度新媒体品牌价值榜（微信公众号）

1. 央视财经	11. 凤凰财经	21. 十点策大盘	31. 每日涨停板复盘	41. 午评
2. 吴晓波频道	12. Wind 资讯	22. 老铁股道	32. 第一财经资讯	42. 凤凰证券
3. 功夫财经	13. 时寒冰	23. 菜鸟理财	33. 财经连环话	43. 经济日报
4. 每日经济新闻	14. 德林社	24. 跑赢大盘的王者	34. 金大师	44. 郎 club
5. 21世纪经济报道	15. 港股那点事	25. 水皮 More	35. 经济观察报	45. 腾讯财经
6. 券商中国	16. 股社区	26. 天天说钱	36. 股市大事件分析	46. 凯恩斯
7. 光远看经济	17. 揭幕者	27. 黄生看金融	37. 新浪财经	47. 中金在线
8. 叶檀财经	18. 雪球	28. 范德依彪	38. 财经记者圈	48. 中国经营报
9. 中国企业家杂志	19. 爱股票 APP	29. 财务第一教室	39. 中国经济网	49. 博闻财经
10. 第一财经周刊	20. 政经纵横谈	30. 新财富杂志	40. 股票早餐	50. 东方财富网

（三）移动客户端：获取资讯的最便捷通道

在急速扩大的网民规模中，移动终端用户占了绝大多数。中国更加注重移动互联网的基础设施建设，中国进入高速发展的移动互联网时代，移动互联网用户已超越互联网用户规模，成为互联网的主要消费人群。

目前，我国的财经移动客户端大致可以分为权威专业的传统财经媒体客户端、用户量多的门户新闻客户端、搜索与信息推荐结合的浏览器类客户端、智能推荐类的聚合资讯类客户端、财经垂直领域服务商客户端。

第二章

新闻报道策划与传播影响力提升

从 20 世纪 90 年代开始，无论是在学术领域还是实务领域，"新闻策划"这一概念在业内一直备受争论，但得到统一认可的是，新闻策划是报道形式的策划，通过在新闻事实的基础上，有效发挥新闻工作者主观能动性，达到一定的传播目标，而不是"创造新闻、编造新闻"。策划是一个过程，根据相关的信息和事物发展的规律，有选择性地确定资源配置的方式和实现途径，以此来达到一定的目标。

新闻报道策划作为新闻实务研究的热点之一，要想进一步深挖，需要从学理上探究新闻传播策划的深层含义。典型报道作为中国新闻报道的特有产物，其实就是一种议题设置。中国新闻媒体的议题设置在内容选取和报道方式上呈现典型的中国特色，充分体现出中国社会的性质及本质属性。我们分析的是作为本土语境下传播的新闻策划现象，其主要来源于议程设置理论。20 世纪中叶在美国兴起了议程设置理论，新闻的选择、编辑和发布是一个"把关"的过程，如何选择议题、选择什么样的议题、议题对公众会有什么影响都是议程设置理论的研究范畴。在这一过程中，媒介只需截取某几个或某一个事件进行集中报道，并忽视对其他事实的报道，就能产生舆论影响，实质上这是新闻媒介报道策划的过程，也是新闻报道策划要达到的传播效果。

从新闻报道策划的内容形式出发，新闻报道策划分为事件性策划和活动性策划，这两种策划生成模式各有不同。

事件性策划生成模式：隐藏事实—媒体加工—显性事实

新闻策划的事实不是媒体编造出的事实，而是隐藏在社会之中已发生的既定事实。媒体在一定时期内，会通过选择和组织信息使一些无形态的事实显现为有形态的事实。媒体只是催生了一个新闻事实，以此来达到一定的传播效果。事件性新闻策划的主体是新闻事实，而不是媒体。

活动性策划生成模式：媒体活动—采集事实—话题事件

有人说：现代媒体的竞争，就是策划的竞争、眼光的竞争。做好策划不仅能产生一定的社会舆论，还可以扩大媒体的影响力，塑造媒体的公信力。因此，很多媒体开始有意识地开展新闻策划活动。媒体自主策划活动，自主创造新闻点，在不违背事物发展规律的前提下，预测性地展望未来，对将要发生的新闻事实，了解背景、明确报道重点、厘清采访思路。策划型的活动首先就是要确定主题，在整个社会宏观背景的条件下，有目的有选择性地采集事实，用事实基础去巩固主题观念，以此来形成新的话题事件，产生新的社会影响。

目前，扩大传播影响力已经成为所有媒体研究的重大课题。在新兴媒体层出不穷的年代，要想在竞争中取得胜利，必须提升媒体形象，塑造媒体品牌。从新闻策划的基本概念和生成模式出发，探究新闻媒体策划的基本路径，是稳步提升媒体影响力的有效途径。2011年，根据中宣部等五个部门的要求和部署，新闻战线广泛深入地开展了"走基层、转作风、改文风"（简称"走、转、改"）活动。各媒体新闻工作者以"走、转、改"为基本要求，深入基层，深入群众，给新闻战线带来了一股清新务实之风，受到广泛好评。《经济日报》作为传统经济报纸的龙头，推出《蹲点笔记》专栏。本章节选取该专栏2011年8月23日到2012年1月8日的115篇报道作为研究对象，对《经济日报》新闻策划特别是重大新闻报道策划进行分析总结，并以此为样本，分析策划对媒体构建传播影响力的重要意义。

第一节　新闻报道策划与传播影响力关系分析

媒介在长期发展中慢慢积累形成传播影响力。作为资讯传播渠道将对其受众的社会认知、社会判断、社会决策和社会行为打上属于自己的烙印，这就是传播影响力的本质内涵。但传播影响力既然是一种力度，就有一定的衡量标准，主要表现为具有稳定的读者群体、报道内容具有权威性和公信力、关注社会热点问题等。新闻报道策划有助于传播影响力各个环节的构建，从受众、传播内容、传播效果出发，构建新闻媒体的传播影响力。

一 策划有利于扩大受众规模

受众作为信息接收端，种类繁杂，除新闻媒体外，电影、书籍的观众和读者也是受众。从宏观上看，受众是一个集合概念，从微观上看，受众是社会上独立的个体。对媒体而言，受众是服务对象，也是信息传播的接收对象。媒体影响力的大小取决于受众规模的大小以及受众对媒体的态度和看法。传播影响力大的媒体，受众群体规模大，社会影响力广。在衡量传播影响力的受众基础时，受众的数量是一方面，受众的层次也是十分重要的。在大众传播过程中，部分行业和领域的领袖人物会对普通群众产生一定的影响力，这部分人群对信息的过滤、传递和扩散起着重要作用。因此，当受众群体中出现各种意见领袖时，媒体也会获得成倍的社会影响力。

新闻报道策划一般针对社会上的热点关注问题，从各个角度对社会问题进行深刻剖析。这些深度报道往往能够吸引社会高知分子和各个行业决策者的注意力，通过对他们的观点的形成和影响，形成多米诺骨牌效应，产生连锁反应。尤其在市场经济体制下，掌握社会发展方向的群体往往是手握经济决策权的人，他们通过媒体来看目前社会聚焦的热点，再透过群众的反应来看决策的反馈效果。因此，媒体做好新闻报道策划不仅能够吸引高端受众群，还能在此基础上扩大媒体的社会影响力。

当然，不同的媒体面向不同的目标受众，例如《经济日报》作为传统的政经大报，把中国政经界和关心我国经济发展的重要人士作为基本受众群体，所以先前的报道多是政策性解读报道，难免枯燥乏味。即使很多政府、企事业单位把《经济日报》作为固定的订阅对象，也没有真正地接受报纸传播的信息和观点，这种传播过程导致的结果是无效的，根本没有产生预期的影响力。媒体开始逐渐意识到，受众才是新闻报道的主角，必须从受众的角度出发，树立自觉服务人民的群众观点，才能做出好的新闻，形成广泛的影响力。

二　策划有利于丰富传播内容

新闻媒体每天的工作任务就是为广大受众提供世界各地的资讯及观点，也可以说媒体是社会信息的传递者。当然，媒体不是简单的信息搬运工，在接触到第一手资料后，媒体工作者要有目的地挑选信息，加工信息，同时融入自己的观点，再把成果传递给受众。所以，传播内容是载体，是传播影响力形成的基础，决定了媒体的地位和层次，媒体要在众多竞争者之中脱颖而出，必须为受众提供高质量的传播内容，只有这样才能取得良好的传播效果，达到预期的社会影响力。对受众来说，评价一个媒介的好坏都是通过报道内容是否优质来衡量的，报道内容的品质决定媒介对受众影响力的大小。

策划有利于提升报道的广度和深度。在重大新闻事件的报道中多采用新闻策划的方式，媒体确定新闻主题，安排各部门的记者从不同方面进行统一规划，一起研讨报道对策，发动集体的力量去思考，不仅能看到眼前发生的事实，还能够结合过去的经历分析现状，从而科学地判断未来，找出一定的普适规律，形成一个完整的过程，有框架有结构，还能填充很多事实依据，使得整个新闻报道指向明确，内容饱满。

这种策划行为往往密切联系社会实际，而且与百姓的生活息息相关。选取的事件通过媒体的加工，不仅可以增加报道内容的可读性，还能形成新的舆论焦点，既满足了受众对新闻尤其是热点新闻的需求，也扩大了报道此新闻的媒体知名度，树立了"铁肩担道义"的良好形象，从而为媒体赢得了美誉，获得了社会认同。在"走、转、改"的活动中，所有媒体都在强调深入基层这个观点，深入基层，面向实际，这才是创作的源泉。媒体在这项活动中进行了大量的策划，深入体察民情，真诚服务群众，为新闻报道提供了大量的题材，扩展了新闻报道的视野。在下基层中，记者有了切身体验，发现了很多以前尚未发现的问题。在多种利益诉求中，为群众解决实际困难，也是这个活动策划的宗旨之一。新闻媒体做到从国家利益出发，为群众造福，无形之中就树立了良好的社会形象，为媒体影响力的构建添加了重要的一笔。

三　策划有利于提高传播效应

在传播学研究领域，"传播效果"这个概念具有双重含义。第一，它指带有说服动机的传播行为在受传者身上引起的心理、态度和行为的变化。这里的传播效果，通常意味着传播活动在多大程度上实现了传播者的意图或目的。第二，它指传播活动，尤其是报刊、广播、电视等大众传播媒介的活动对受传者和社会所产生的一切影响和结果的总体，不管这些影响是有意的还是无意的，直接的还是间接的，显现的还是潜在的。[①] 新闻竞争日趋激烈，抢到独家新闻事件已经不大可能。虽然事件不能独家，但报道形式可以有创新空间。这一过程就需要策划。对某个已经发生的新闻事实，甚至是其他媒介已经报道的情况下，媒体仍然可以通过策划，从新的报道视角和新的思想观点出发，对同一新闻事件做出解析报道。这就是策划对事实的多重挖掘，对事件分析越透彻，越接近事实真相，越容易吸引受众，达到传播效果。

同时，如今社会发展日新月异，新闻报道必须紧贴社会现实，及时反映社会生活中的新事物、新观念和新问题，尤其是经济新闻报道，更要时时贴近社会，这些从根本上决定了新闻报道工作必须创新。在信息通用的情况下，媒体通过策划来达到创新的要求，通过事前精心谋划和安排，找到每件新闻独特的报道视角，从编辑排版到个性化语言都树立自己的特色，融入媒体的精神和思想，紧紧抓住受众的注意力，以此来达到良好的传播效果。

"走、转、改"活动开展以来，呈现最直观的结果就是文风的改变。走基层、转作风体现在新闻从业人员的工作要求和实际工作过程中，读者无法直接体会到，只有通过报道和版面才能看出新闻报道的改革和变化。在这次活动的影响下，《经济日报》转变以往的写作风格，拉近与百姓的距离。如果只是跑机关、跑会议，文风呆板，只会离生活、离实际越来越远，

---

① 华文：《媒介影响力经济探析》，《国际新闻界》2003 年第 1 期。

不仅得不到群众的支持和喜爱，更达不到传播效果。因此，通过《蹲点笔记》专栏，大量采编透着具有生活气息的真情实感的新闻报道，语言平实，文风清新，能够让读者在报道中体会现实冷暖，让新闻报道具有打动人心的力量。

四　策划优化配置传播资源

新闻媒体作为一种生产信息产品的机构，其生产过程离不开资源的支持，而且都是资源相互配合、相互组合的结果。经济学把为了创造物质财富而投入生产活动中的一切要素都统称为资源。我国的一些信息产业研究者指出，信息是一种重要资源和巨大财富，信息生产是指人们在利用一定信息资源及物质资源的基础上，通过脑力和体力劳动创造信息产品的活动。[①] 因此，对信息产业而言，能够被利用生产出新闻的所有信息资源、物质资源以及人力资源都被称为传播资源。将这些资源充分利用起来，通过合理的组合配置可以达到最优的传播效果。

信息资源包括消息来源、新闻稿件、新闻背景等，是传播内容的重要组成部分，相当于基础生产资料。发现和占有这类资源是媒介产品生产的基础，充分利用这部分资源，既能提高工作效率，又能达到传播效果。对经济新闻而言，挖掘信息的隐含价值具有重大意义。策划不是对新闻报道活动的某一环节的谋划、运作，而是贯穿于整个新闻报道过程，从全局的角度出发，综合性、系统性地操作新闻报道的每一个环节。在策划中首先要了解媒体目前拥有哪些资源，在这些资源的基础上，再通过合理的配置和组合实现传播效果的最大化，往往能取得事半功倍的效果。因此，通过新闻策划，媒体有限的传播资源可得到最优的配置，进而提升信息本身的价值，扩大媒体的传播影响力。

实践表明，"走、转、改"是提高热点、难点引导能力的有效途径。为了贴近群众生活，深入社会基层，"走、转、改"的报道基本围绕群众关注的热点难点，派记者前往全国各地，长时间驻守基层，再有组织有目的地

---

① 　申凡：《论传播资源》，《现代传播－北京广播学院学报》1998 年第 2 期。

核实调研，尽可能地在统一思想的情况下充分发挥记者的才智。同时，后续报道直面问题、不回避矛盾，精心设计话题，巧妙选取角度，主动引导、深入引导、有效引导，分阶段、有步骤地完成整个新闻策划过程，在众声喧哗的舆论场所中，取得有影响力的话语权。

第二节　《经济日报》《蹲点笔记》栏目策划解析

为促进新闻工作者将群众路线落实到新闻工作实践中，推动新闻单位深入基层，由中宣部等部门统一部署，在全国新闻战线组织开展"走、转、改"的活动，是新闻工作坚持"三贴近"的重要体现。这次活动引起了全国新闻战线的积极响应，《经济日报》作为传统经济报纸的龙头，立即对"走基层、转作风、改文风"的活动进行了动员部署，把记者派往全国各地，深入基层，了解不同城市的经济、生活状况和不同行业的发展情况。从 2011 年 8 月 23 日起，推出《蹲点笔记》专栏，此次活动培养锻炼了记者队伍，既改进了新闻作风、文风，又反映了人民心声，传达了社情民意。该专栏报道揭示了经济发展中的问题，反映了城乡基层的变化，对经济建设具有指向和参考意义。

一　《蹲点笔记》专栏策划选题分析

《经济日报》是党中央、国务院指导全国经济工作的重要舆论阵地，始终从宏观的视野、政治的高度去分析当前的经济现象，解读经济政策。为响应中宣部开展的"走基层、转作风、改文风"活动，《经济日报》推出《蹲点笔记》专栏，意为"蹲下身子，融入群众"，从 2011 年 8 月 23 日到 2012 年 1 月 8 日共推出 115 篇报道，以记者基层见闻为专栏报道内容。

（一）选题内容：以农业发展、农村建设为主体

为响应此次活动推行的核心——"走基层"，《经济日报》从报道内容上进行变革，真正做到深入基层，并以此推动作风、文风的改革。115 篇报

道选题呈现如下分布（见表2－1）。

表2－1　《经济日报》115篇报道选题分类

单位：篇，%

指标	农业发展	农村及边疆建设	企业发展	城市建设	科技能源
篇数	32	33	12	31	7
比例	28	29	10	27	6

在这115篇报道中，题材按照比例大小依次是：涉及农村及边疆建设的所占比例为29%，农业发展为28%，城市建设为27%，企业发展为10%，科技能源为6%。关于农业发展和农村及边疆建设的报道占总体报道比例的57%，说明《蹲点笔记》专栏的报道内容以农业发展和农村及边疆建设为主体。

长期的人为划分城乡居民两种身份体制，形成了不同的教育制度和就业制度等制度上的不平衡，同时，良好的教育、完备的医疗、公共设施等资源都集中在城市，这些因素直接导致巨大的城乡差异。在中国人口比重中，农村人口的比例高达60%。虽然中国经济飞速发展，很多城市居民生活已经达到小康水平，但农村居民生活水平的提高才能代表中国整体经济发展程度的提升。不论按照什么参照系数进行比较，国内外经济学界都把城乡居民收入合理比定在2以下；而中国目前的城乡居民收入差在5以上（超过合理比1.5倍）是不容置疑的事实。[①] 城乡居民收入差距日益扩大，造成社会不稳定因素，作为一个农业大国，重视农业发展和促进农村居民收入增加是当务之急。

因此，《蹲点笔记》深入基层，从我国基本国情出发，以农业发展和农村及边疆建设为主体，解决社会基本矛盾，顺应社会客观发展规律。其中关于农业发展的报道主要包括粮食种植、畜牧养殖、农产品销售和农村商业资源开发。在《"北大仓"探秋粮》（2011年9月13日）的报道里，记者做了充分的准备和采访，用短短一周的时间，奔波3000多公里，通过深入黑龙江省的农场、田间、农户，从东北"北大仓"的农间生活和劳作中

---

① 吴光炳：《中国转轨的经济学分析》，中国财政经济出版社，2004，第139页。

探访当年的粮情，搜罗种粮故事，探寻农民的丰收之路，探讨"北大仓"如何实现农业发展等问题，最后整理数篇日记成稿，表明记者真正走入了田间地头。农村建设主要包括基层民主建设和生态环境建设。《西源村印象》（2011 年 8 月 24 日）这篇报道反映的是困扰各地的农村环境卫生的问题，以西源村为例，其通过垃圾分类等方法很好地解决了农村环境脏乱差的现状，其中描述的具体实施措施，对于其他地区农村环境的改善有很好的启迪意义。

（二）选题关注领域：以节能环保、新型经济为主

2012 年公布的"十二五"规划纲要明确提出，要大力发展节能环保产业，实现经济的可持续性发展。《经济日报》是一份以推广政府经济政策为宗旨的综合性报刊①，是党中央、国务院指导经济工作的舆论阵地。因此，《经济日报》紧跟国家推行经济可持续发展的步伐，将关注领域转移到以节能环保、新型经济为主。

专栏中涉及节能环保、新型经济的报道，见表 2 - 2。

表 2 - 2　涉及节能环保、新型经济的报道

序号	时间	标题
1	2011 年 8 月 23 日	水务村里话水务
2	2011 年 8 月 24 日	西源村印象
3	2011 年 8 月 28 日	笑看风起电能来
4	2011 年 8 月 29 日	自主创新的动力之源
5	2011 年 9 月 1 日	上寮村的"绿色"转变
6	2011 年 9 月 4 日	潍坊为啥不见小广告
7	2011 年 9 月 11 日	清泉润民心
8	2011 年 9 月 11 日	转型惠农家
9	2011 年 9 月 12 日	北芹村的蔬菜不愁卖
10	2011 年 9 月 13 日	"北大仓"探秋粮
11	2011 年 9 月 15 日	大荒地村的集约化之路

---

① 吴雨蓉：《新版〈经济日报〉报道特色》，《记者摇篮》2011 年第 2 期。

续表

序号	时间	标题
12	2011 年 9 月 29 日	徐述铎的喜与忧
13	2011 年 10 月 4 日	华西村里话转型
14	2011 年 10 月 5 日	让净水滋润人间
15	2011 年 10 月 11 日	治沟造地增农田 再造陕北南泥湾
16	2011 年 10 月 11 日	顺应自然以人为本
17	2011 年 10 月 22 日	畜禽"集中圈养"带来了什么
18	2011 年 10 月 25 日	老翟的信心
19	2011 年 10 月 30 日	垃圾分类 贵在坚持
20	2011 年 10 月 31 日	"争气机"的底气哪里来
21	2011 年 11 月 1 日	区域间能耗量交易换来什么
22	2011 年 11 月 1 日	逼出来的好办法
23	2011 年 11 月 6 日	北大荒里"访"好米
24	2011 年 11 月 6 日	保粮创效的"稳定增值器"
25	2011 年 11 月 8 日	茶乡富民路越走越宽广
26	2011 年 11 月 19 日	徐顶峰的新高度
27	2011 年 11 月 20 日	甘肃风电的"硬通道"与"软支撑"
28	2011 年 11 月 27 日	看沂源农业的新"定语"
29	2011 年 12 月 2 日	种出特色,就会有市场
30	2011 年 12 月 3 日	乌恰:戈壁生长的"绿色希望"
31	2011 年 12 月 9 日	为了蓝天白云
32	2011 年 12 月 18 日	边陲遍种"树"和"草"

从表 2-2 可以看出,在《蹲点笔记》专栏中,涉及节能环保经济的报道共有 32 篇,占总体比重的 28%。报道内容包括水循环利用节约水资源、垃圾分类保护环境、节能减排等,其中对新能源的开发利用是重头戏。在中国进行全面改革前,人们对资源环境问题的认识还停留在"肤浅"的阶段,只是认识到对资源过度开发、滥用的问题。《笑看风起电能来》(2011 年 8 月 28 日)这篇报道主要介绍近年来西北地区风电开发的状况,指出在资源匮乏的今天,对新能源的开发利用是中国目前经济发展的出路。

1992 年联合国召开环境与发展大会以后,可持续发展成为全世界普遍认同的一个经济社会发展的基本方略和指导思想。① 发展中的中国拥有众多人口，与之相比，资源相对短缺，经济基础和技术条件都相对薄弱，如何在又好又快发展的压力下，解决好资源与环境的矛盾，对目前的中国而言是一个重大挑战。比如《水务村里话水务》（2011 年 8 月 23 日）的报道描述了北郎中村实施的循环水务工程，包括雨洪利用工程、景观绿化工程和企业节水工程，通过技术革新，发展低碳经济，节约自然资源。所以，发展节能环保经济是日后经济发展趋势。《经济日报》在就此活动进行专栏策划时，从宏观上把握了我国实行资源可持续发展的政策，积极引导舆论，宣传节能环保的思想，对我国经济健康发展有良好的指导作用，在报道中实现了经济新闻的价值。

（三）选题理念：身体先行、情感贴近

"转作风"是新闻工作者对党执政理念的响应，目的是写出更有意义、更具影响力的报道。"以人为本，执政为民"是我们党的核心价值追求和执政理念，在新闻报道领域同样如此。这就要求新闻工作者在实践中，真正做到从读者的角度出发，真心实意为民报道。

1. 低下去，心贴心

这次中宣部开展的"走基层、转作风、改文风"活动，正是要求记者沉下身子去接"地气"，深入社会基层，走近人民群众，从普通百姓的视角去挖掘有价值的新闻，通达社会民情，既体现党的主张，又反映百姓心声。发挥求真务实的工作作风，真正沉下身子深入一线，而不是在办公室里"想新闻"，在网络论坛中"凑新闻"。在 2011 年 10 月 2 日的一系列人物报道中，《边检战士"枕轨而眠"》《渔船巡查保平安》《友谊桥上边检忙》分别报道了边检战士、渔船巡警、边防检查人员的工作、生活，他们虽然身处气候环境恶劣的祖国边界，但依然坚守在平凡的岗位上，做着对祖国意义重大的事情。如果记者没有真正深入前线，没有亲身体验他们的工作和生活，就不会感同身受地体会他们的艰难与困苦，也不会有笔下那些感人肺腑的文字。

在深入基层时，身体先行更重要的是情感深入。报道新闻、反映实情

---

① 白永秀、徐波：《中国经济改革 30 年》（资源环境卷），重庆大学出版社，2008，第 15 页。

是新闻工作者的职责所在，分内之事，但如果记者只是把它当作一项"任务"，来到基层，走马观花，写的文章也多是"虚情假意"。只有真正地站在老百姓的立场上，才能做到真正意义上的"转作风"，更有针对性地去挖掘新闻，用真情实感去叙写新闻。寒冷的冬季，群众十分关心的问题就是房屋供暖。2011年11月16日，北方正式进入供暖期，《经济日报》在这一天一共推出了9篇系列报道，包括《把供暖工作做成"暖心"工程》《为了千家万户的温暖》《北京：冬季"暖意融融"》《哈尔滨：室内暖户外净》《沈阳：今冬供暖不一样》《天津：早准备保运行》《秦皇岛：低保户取暖享补贴》《玉林小区里的"热"传递》《百姓心声：供暖起止期可否调控》，其中涉及五个城市，分别为北京、哈尔滨、沈阳、天津、秦皇岛，对各城市供暖情况做了详细报道。深入社区，走进老百姓家庭，反映群众对供暖的新需求，以便有关部门对供暖工作做出调整，及时解决问题，温暖了房屋的同时，温暖了群众的心。

2. 起共鸣，善引导

单纯的成就报道很难吸引普通群众的目光，从老百姓的角度出发，从生活中的点点滴滴看当今的经济建设成就，才能获得读者的关注，引发读者的感触。《公益书屋惠乡亲》（2011年10月18日）等一系列报道就是从生活的点滴细节出发，书屋的建设在城市很普遍，可是在农村出现意味着巨大的飞跃。从十六届五中全会提出"建设社会主义新农村"开始，社会开始普遍关注新农村建设，既要重视物质文明建设，还需加强精神文明建设。提高村民的知识水平、丰富村民的精神生活，是精神文明建设的保障，也是当前工作的重心。从这篇报道中我们可以看出，农村精神文化建设取得了一定的成就，农村经济变好了，乡民不再满足于日常劳作的生活，开始寻求业余的文化生活，从书屋的建成到戏剧舞台的搭建等，都反映了当今新农村的精神面貌。

《经济日报》作为党舆论宣传的重要阵地，不仅要满足读者的需要，还要传达党的经济政策，报道当前经济的宏观形势。因此，在人们思想观点发生深刻变化的情况下，积极引导舆论具有十分重要的现实意义。记者在深入基层时，不用"高姿态"，在新闻报道里，不用"俯视"的态度，以免引起读者的抵触反感情绪，从读者熟悉的百姓身边的故事说起，以"小"

事情为切入口，表达出"大"道理，让读者自己从文章中体会出其中的含义。《垃圾分类　贵在坚持》（2011年10月30日）一文报道了北京一个普通社区垃圾分类处理的情况，该小区形成了一个垃圾分类回收再利用的完整链条，既环保又有经济效益。从垃圾分类的小事情引出环保的大话题，能够引导人们在日常生活中进行环保，从身边的点滴小事做起。

二　栏目报道策划特色分析

（一）走基层：策划视角亲民

在新闻报道策划中，最重要的就是创新。在新闻报道策划时，选取新颖独特的视角，是一个成功的新闻报道策划的开端。经济新闻往往以专业化闻名，严肃有余，生动活泼不足，受众必须具备一定的经济学理论知识才能读懂。随着市场经济的蓬勃发展，家庭及个人经济能力增强，理财概念广泛普及，社会个体在日常生活中也需要做出大量经济决策，而这些经济决策对于非经济学专业知识背景的人群而言，需要大量的有效信息来辅助。因此经济新闻报道策划也应转变视角，无论是报道方式还是报道内容，都要从普通群众的立场出发，选择亲民化的策划视角，这不仅突破了经济新闻以往的刻板印象，还可以吸引更多的受众眼球。

在《蹲点笔记》专栏中，主要是记者深入基层，采访报道工人、农民等基层干部群众，而不是以往的政策宣传和宏观经济分析。将经济与人联系起来，从普通人的视角出发报道新闻，使得经济新闻具有亲和力，并且从读者角度出发，给予读者专业性的分析和建议，让经济新闻完成告知功能的同时，还发挥引导作用。比如《美丽渔村　幸福生活》（2011年8月25日）就生动描绘了展现海草房新生活的三幅场景，从三个具体人物的普通生活中，展现城乡一体化后，村民的住房、养老、就业等情况。这篇通讯报道贴近普通群众的日常生活，反映普通群众的真实生活，以群众的眼光去发现问题，真正做到了"三贴近"，做到了联系群众。

（二）转作风：全员参与下基层

《经济日报》是由国务院主办、中宣部领导和管理的中央级党报，是党中央、国务院指导全国经济工作的重要舆论阵地。在此次"走、转、改"活动中,《经济日报》在全国范围内展开了蹲点调研活动。报社内部资料显示,9月8日至11日、12月5日至7日,徐如俊社长先后带领采访组赴江苏省东海县、河北省唐山市蹲点采访,围绕秋粮生产、转变经济发展方式等题目展开专题调研。8月24日至28日、9月22日至27日、11月4日至10日,张小影总编辑先后三次带队分赴山东潍坊、浙江诸暨、河南兰考等地调研。除此之外,其还赴安徽芜湖、辽宁大连、陕西西安、山东青岛、黑龙江哈尔滨等地蹲点调研,均策划出了优秀的新闻报道。据不完全统计,截至2011年底,报社编辑部已先后派出编辑记者400多人次到各地基层联系点开展蹲点调研活动,基本做到了全员覆盖。

由此可以看出,《蹲点笔记》专栏策划几乎是全员发动、规模庞大,而且在稿件和版面处理方面,也是按照"重点倾斜、突出处理"的要求,把策划的相关报道安排在重点版面、重要位置刊出。如此高度重视,在近几年的策划活动中实属罕见。

(三) 改文风:策划突出文风改革

在1942年延安整风运动中,毛泽东同志为了改变党八股的现状,提出了整顿文风的要求,作为党和群众沟通与联系的有效载体,文风的好坏直接关系着党与群众密切联系的程度。[1] 十六大以后,党中央提出宣传战线把"贴近实际、贴近生活、贴近群众"作为改进和加强自身工作的一条重要指导原则,新闻媒体在报道时同样也需要遵循这个原则。这两次文风改革都强调了报道与群众贴近的原则,从群众中来,到群众中去,才能真正反映现实、服务现实。

承袭传统,《经济日报》在这次策划中,力求转变以往的文风,打破受众对经济新闻报道固有的观点。在以往的经济新闻报道中,通篇报道都是深奥的专业术语和难懂的语言表达,数字、数据经常出现在经济新闻报道中,作为非专业人员的普通百姓很难看懂,也没有兴趣去看这些经济报道。

---

[1]　杨洪、赵喜军:《延安整风运动与马克思主义中国化》,《毛泽东邓小平理论研究》2008年第7期。

《蹲点笔记》专栏为了改变这种现状，力求增强新闻语言的可读性，避免语言的晦涩难懂，把专业的财经词汇通过通俗的语言表达出来，通过事例来解读信息，给读者传达简洁准确的财经信息，实现新闻告知功能。运用生动、形象的语言表述普通的经济现象，浅显易懂，吸引读者在鲜活的语言中了解经济现象，掌握经济发展规律，做到通俗而不庸俗，浅显中蕴含深刻。《种出充满信心的未来》（2011 年 8 月 30 日）这篇报道从标题就可以看出比其他经济报道更为直接、平实、易懂。这篇报道主要通过采访大棚种草莓的技术顾问颜志贞来了解西藏地区的大棚种植情况，生动形象地描写了颜志贞在大棚中种植的场景，对细节的描述、对直接引语的采用，让读者有身临其境之感。

第三节 《经济日报》《蹲点笔记》专栏 传播影响力分析

自 2011 年 8 月 23 日在头版运用消息、通讯、特写、评论、照片、图片、导读等形式，在头版头条的位置刊发了《水务村里话水务》，用半个版面图文并茂推出《蹲点笔记》专栏以来，《经济日报》连续每天均在头版刊出相应的专题报道，并保持报道数量、篇幅、质量的稳定性。报道密度之强、版面投入之大、版面位置之重，在近几年《经济日报》重大主题活动宣传报道中实属罕见。伴随着全国范围内推行的"走、转、改"活动，《经济日报》的《蹲点笔记》专栏也形成了一定的传播影响力。

一 《蹲点笔记》传播影响力的形成

（一）通过议程设置，形成舆论导向

我国新闻传播策划特别是以舆论导向为目标的专栏策划，从议程设置理论的研究中可以得到启示。议程设置理论认为，传播媒介是从事"环境再构成作业"的机构，也就是说，传播媒介对外部世界的报道不是直接反

映，而是一种有目的的取舍选择活动。[①] 新闻媒介为公众提供的不是世界的本来面目，而是新闻媒介的议题。

媒介突出强调某些事件、人物等，使这些事件和人物在无数客观事实中凸显，吸引公众的注意，从而成为公众关注的焦点。如表 2-1 所述，涉及农村经济生活的报道占总体比重的 57%，可以明显看出农村是此次"走、转、改"专栏策划的重点。我国是农业大国，农业在国民经济中的地位举足轻重，同时，作为拥有 9 亿农民的人口大国，农民的经济收入和生活状况是国家关心的重要问题，对于社会稳定发展起着决定作用。

在如今全球气候异常、环境污染严重的情况下，我国也充分认识到环境问题的严重性，开始走可持续发展道路。为了引导经济健康有序地发展，在社会上形成良好的社会舆论，此次专栏报道主要从绿色低碳、节能环保的经济转型角度出发，通过媒体的宣传引导，用更加长远的目光去看待经济发展问题，在全社会形成落实科学发展观的良好舆论氛围。当今新闻媒体还肩负着舆论监督的重要责任，把当前人们关注的、亟待解决的问题作为舆论监督的重要内容，以现实为依据，实事求是，反复核实，充分发挥媒体的舆论导向和监督功能，维护社会稳定和谐，促进经济发展进步。

（二）满足受众需求，提升媒介影响力

选题是整个策划中至关重要的一个环节。受众对报道选题是否关注，对报道内容是否感兴趣，是检验报道策划成功与否的重要依据。媒体在选择议题时通常以社会热点为主，而社会热点由受众的关注焦点决定，媒介的议题影响受众的选择，受众的需求又影响媒介的议题。因此，从受众的需求出发，才能更好地表达意见，使受众易于接受意见。作为党中央、国务院指导全国经济工作的重要舆论阵地，《经济日报》善于从宏观的角度出发，从一定的政治高度对国家经济政策进行解析，对经济现象进行解释。但是，随着经济发展，百姓对财经信息的需求越来越大，特别是对微观经济信息和产业信息的需求与日俱增，所以，《经济日报》要在相关经济政策和媒体方针的指导下提供满足人们需求的经济信息，捕捉宣传中与群众利

---

① 郭庆光：《传播学教程》，中国人民大学出版社，1999，第 215 页。

益的结合点。

新闻传播策划可以提升信息品质，树立品牌形象。及时、准确报道新闻、专业化办报是媒体能够持续发展的关键因素之一，客观地对事实进行报道是树立媒体品牌形象的保证。《蹲点笔记》专栏充分遵守了这一原则，例如《美丽渔村　幸福生活》（2011 年 8 月 25 日）、《自主创新的动力之源》（2011 年 8 月 29 日）等报道都是以事实为依据，真正做到用事实说话，不仅提高了媒体的公信力，还使媒体形成了良好的品牌形象。

同时，新闻传播策划可以提高媒体参与竞争的能力。"走基层、转作风、改文风"是中宣部在媒体中掀起的一次改革浪潮，只有通过具体的实施才能真正将政策贯彻融入日常工作中。《经济日报》策划的《蹲点笔记》专栏让编辑记者深入田间地头、走进基层，在真刀实枪中打磨记者的专业技能和职业素养，使媒体在市场经济的竞争中立于不败之地。

（三）把握时代脉动，联系党群关系

新闻媒体还承载着另外一个重大使命：反映社情民意，成为人民群众的"发声筒"。媒体要在舆论格局中发出响亮的声音，说出有分量的话，才能立于不败之地。要想做到这一点，必须把握住时代的脉搏，关注社会生活，才能在这个基础上建立媒体的公信力和影响力。

权益诉求的分化使赢得共识的努力变得更加困难。当前利益结构的深刻调整，已经清晰而直观地反映到人们对各类新闻事件的判断上。[①] 不同群体基于自己的利益，对新闻事件都有不同的判断和不同的理解。随着我国民主法治进程的推进，公民权利意识增强，权利与权利之间，权利与权力之间，也时常会有冲突。媒体成为使党群关系密切的重要手段和工具。例如，当今保障房是人们关注的一个重要话题，也是国家重点建设的一部分。《经济日报》副总编辑围绕老百姓关注的热点——保障房的故事，在陕西省西安市基层调研点蹲点调研，实地采访了保障房住户、工程建设者、政策制定者、资格审核者等一线工作人员，用生动的笔触，使读者从文字中看

---

① 人民日报社新闻协调部课题组：《"走转改"活动的时代定位与现实意义》，《"走基层转作风改文风"活动优秀理论文章选辑》，学习出版社，2012，第 79—85 页。

到一个个活灵活现的人物，仿佛听他们娓娓诉说。报道既传达了政府关于保障房的一系列政策，也兼顾了老百姓的利益诉求。

二　《蹲点笔记》传播影响力构建意义

传播影响力的构建虽然是媒体的经营课题，但其产生的意义广泛而又深远。本章主要从媒体、受众、社会三个方面来阐释传播影响力形成的意义。

（一）提升媒体形象，塑造媒体品牌

目前，提升传播影响力已经成为所有媒体的重大课题。在新兴媒体层出不穷的今天，要想在竞争中取得胜利，必须提升媒体形象，塑造媒体品牌。

传播影响力的形成往往伴随着"权威性""公信力"的诞生，一旦媒体建立了一定的传播影响力，必然会在受众心中形成良好的媒体形象和品牌意识。与普通报纸相比，具有品牌的报纸在读者头脑中有清晰的品牌形象。这种形象的建立首先有助于吸引读者，形成对品牌报纸的忠诚意识，并且有利于媒体做进一步的推广；其次是提升媒体质量，在受众心中成为有分量、值得信赖的媒体。广告客户势必会青睐这个媒体，广告增多，媒体资金充足，可以为进一步改革更新提供后备支援。由此形成了良好的循环经营模式，对媒体的未来发展具有重要意义。

（二）了解经济脉动，把握市场趋势

只有了解准确的经济信息才能掌握当前的经济脉动和市场趋势，做出正确的投资决策。但在资讯泛滥的年代，受众要挑选出于己有益的信息并非易事。因此只有有传播影响力的媒体才能打破媒介同质化，在思辨的基础上解读事实，探析新闻本质，为读者提供有益的参考。

《经济日报》作为党中央和国家宣传经济政策的重要阵地，受众通过其报道了解国家的经济政策和建设的重点项目。从《蹲点笔记》中可以看到国家对农业建设和新兴产业建设的重视，这都预示着这些行业未来的发展

趋势、发展方向，为读者经济决策提供理性依据。

（三）全方位社会监督，促进经济发展

社会发展需要不断地提出问题和解决问题。当媒体形成一定传播影响力时，就具备了一种社会责任感，对社会的不良经济现象起到警示、监督的作用。当前随着我国社会经济体制改革的越加深入，各种社会矛盾显露，新闻媒体需要自觉发挥舆论监督的作用，发现社会经济的问题，揭露社会经济的矛盾，提出相应经济治理对策，这对构建社会主义和谐社会、促进社会主义市场经济发展具有重大意义。

一个具有传播影响力的媒体，一个具备社会责任心的媒体，是一个国家设置议程、讨论问题、交流信息的重要平台，必然起到沟通上下、统一意见、凝聚人心的作用。在现代化的过程中，没有传媒对改革和发展议程的不断设置、讨论、深化和统一，就难以形成民族国家对发展问题的具有倾向性的主流认识，也无法形成推动国家前进的民族合力。[1] 因此，只有具有传播影响力的媒体，才能对经济社会的发展具有良好的调节和推动作用。

第四节　《蹲点笔记》传播影响力构建问题及对策

一　《蹲点笔记》传播影响力构建问题分析

传播影响力的构建主要由三个方面组成：传播内容、传播过程以及传播效果。需要结合《蹲点笔记》中的报道分析媒体在构建传播影响力时容易出现的问题，并在此基础上总结提升传播影响力的对策。

（一）报道对象与受众契合度不高

《蹲点笔记》响应国家"走基层"的政策，深入全国各地基层地区，从

---

① 喻国明、焦中栋：《中国传媒软实力发展报告》，北京日报报业集团、同心出版社，2009，第 22 页。

农村到工厂，从田间到地头，反映生产第一线的实际情况，报道内容真实、贴近民生。然而，《经济日报》作为中央级别的经济报纸，受众多是社会中处于管理阶层的人员。这意味着，《经济日报》要贴近群众却没有贴近最重要的群众——受众，报道内容与真正读报群众的实际生活脱轨，必将导致不良后果。首先，会降低读者阅读的积极性，报纸反映的内容与实际生活直接关联性不大，读者容易丧失阅读兴趣；其次，会影响读者的理解程度，报道生产一线的新闻，由于多数读者没有过切身体会，很难深刻理解报道的意义。报道对象与受众契合度不高必然会影响媒体传播影响力的构建，信息在传递的过程中就受到阻碍，势必会影响后期传播力的形成。

所有媒体尤其是财经类新闻媒体应该具备服务意识和责任感，如果传达的信息不能影响受众，很难产生舆论引导的作用。例如，在《蹲点笔记》中，《忙措村里致富忙》（2011 年 8 月 26 日）、《千里之外不荒田》（2011 年 9 月 9 日）、《千里赴疆摘棉忙》（2011 年 9 月 10 日）等一系列文章，描写了田间地头，千里之外，基层农耕繁忙的景象，身在城市里的读者无法感同身受地体会到真正基层的生活，记者表现基层生活并拉近经济大报和读者之间的距离的报道目的很难实现。

（二）报道栏目持久性不够

《蹲点笔记》栏目从 2011 年 8 月推出后，于 2012 年 1 月份结束，持续了 5 个月左右的时间。《人民日报》的"走、转、改"专栏从响应新闻战线的"走、转、改"活动开始，一直持续。相比较而言，《经济日报》推出的《蹲点笔记》专栏持久性不够，这不利于传播影响力的形成。"走、转、改"不是一句空喊的口号，而是要持续贯彻实行的新闻政策，《经济日报》推出的《蹲点笔记》也不应是应时性的专栏，而要作为精品打造的品牌性栏目持续推广下去，这样才能延续甚至增强已经形成的传播影响力。

媒体构建传播影响力的过程就是进行新闻策划的过程。前期新闻报道形成影响力之后，后续报道要继续跟进，才能达到一定的传播效果。《蹲点笔记》栏目中，鲜少看见各地区的连续性报道，大多新闻都是单篇独立存在的，联动性报道也偏少。栏目报道主要以非事件性新闻为主，缺少趣味性和贴近性，也不利于传播影响力的实现。

（三）传播效果不显著

如果媒体忽视受众对传播内容的反馈，不利于传播效果的形成，更谈不上媒体传播影响力的构建。

纵观《经济日报》的《蹲点笔记》栏目几个月的报道，几乎没有看到关于先前报道内容的读者意见，以及报道后有何政策性的措施实行。反馈环节的缺失，使我们不能看到报道是否对现实产生了具体影响。

二　提升《蹲点笔记》策划传播影响力的对策

（一）统筹协调，深入持续

构建传播影响力是一个系统性工程，在前期策划、采访写作、后期编辑等一系列过程中，需要整合各类资源，充分调动编辑记者的主观能动性，除了有一个全盘性规划以外，还需要落实到各个环节。

《经济日报》决定开展"走、转、改"活动时，社长徐如俊亲自主持多个选题策划会，并协助进行采访，与记者编辑一起想选题、入采访、拟题目、改稿件、助发行。随后派采访小组深入选取的基层点，围绕经济发展方式转变、经济结构调整、自主创新、人才队伍建设等内容开展调研活动，将政策诉求点、地方工作亮点和社会关注热点结合起来。

在"走基层、转作风、改文风"宣传报道中，坚持以正面宣传为主，积极报道党和政府的政策，了解人民的诉求，把各地各部门的工作亮点、需求点和社会舆论的关注点融合起来，统筹协调，提高报道的吸引力、感染力，构建积极健康向上的舆论。如8月29日刊发的《自主创新的动力之源》，记者围绕"到底怎样才能吸引人才""到底什么才是自主创新"等问题深入采访调研，对潍柴集团依靠不断创新成为行业翘楚的事例进行了深入剖析。这篇报道既是对中央反复强调加快转变经济发展方式重要意义做出的生动阐释，也是对潍柴集团坚持自主创新、实现跨越式发展成绩的全面展示，还是对那些不愿不敢不会转型升级企业的重要启示。

（二）科学谋划，凸显特色

《经济日报》以科学发展观为统领，紧抓社会经济焦点问题，结合自身特色，形成消息、评论、通讯、深度报道、特写、新闻图片、数据图表等多种报道手段，科学策划出了一批特色鲜明的经济专栏，推出了一批主题突出、针对性强的新闻作品。

中国人民大学新闻学院蔡雯教授认为，新闻工作者不仅要运用时间能力和新闻价值判断能力及时发现、甄别和获取客观存在的新闻信息资源，而且还要根据受众需要和媒介自身的定位、功能和特点，循着实物发生、发展的自身规律进行更深层次的调查研究，以个性化的角度和方法揭示新闻事实的本质和内涵，从而赋予新闻信息更明确的针对性和更高的使用价值。[①]《经济日报》的《蹲点笔记》专栏主要针对当前经济社会发展过程中较为突出的热点、重点、难点问题，提前策划、提前设计，让记者带着目标到基层、带着问题到一线，使报道进一步提高了现实针对性。

（三）透析政策，注重实效

进行新闻报道策划的重要目的之一就是提升新闻价值，扩大传播影响力。尤其对于经济新闻报道，在当前经济体制下，经济的发展与政策息息相关，新闻工作者在进行经济新闻报道策划时，必须了解掌握我国当前的政策走向，才能有预见性地做出相应的准确、科学、有效策划，使报道对现实生活、对社会经济发展产生实际的效果。

这次"走、转、改"活动就是重在联系实际、贵在取得实效，通过组织动员、加强学习等方式，使编辑记者正确理解这项活动的目标任务，真正深入群众，贴近实际，注重实效，而不是走过场，从而把握原则要求，抓住重点，找准着力点，确保在整个过程中真正转变作风，改变文风。通过总编点评、完善考核奖励机制等方式，有针对性地解决稿件冗长空洞、言之无物的问题，鼓励多写言简意赅的新闻，多写生动活泼和信息量大的新闻，能够提升报道的吸引力、感染力，使"走基层、转作风、改文风"活动全面深入推进。

---

① 吴玉兰：《经济新闻报道》，武汉大学出版社，2009，第 132 页。

本章小结

在新闻竞争日趋激烈的今天，"独家新闻"已成为过去，力争"独家报道"成为栏目策划中不得不思考的问题。提升新闻报道策划的能力，推出精品栏目，不仅能提高媒体的传播影响力，还能树立媒体品牌，使媒体在竞争中立于不败之地。

在"走基层、转作风、改文风"活动中，《经济日报》推出的《蹲点笔记》栏目，紧随改革步伐，扎实贯彻执行这三点要求，为全国新闻战线做出了表率，但不能仅仅满足于在专栏中推广这三大改革，还要从根本上形成意识，进行深层次的改革，形成《经济日报》的特色，既宣传党中央的政策，又能顺应市场需求服务经济生活。

除此之外，对其他财经类报纸同样如此，加强媒体策划能力，积极引导市场经济，既能充分发挥新闻媒体的能动性，又能树立良好的媒体形象，提升媒体传播影响力。

第三章

《经济日报》区域版传播影响力研究

区域经济是指"以大中城市为核心，以交通运输为纽带，以地区专门化部门为特征的经济地域"。[①] 20 世纪 80 年代，地方经济的繁荣和城镇化的发展使得受众日益形成了一种新的内生需求：其关注的重点不再局限于一个个单线产业、单一经济结构，取而代之的是块状地区、经济带或经济圈的整体发展动态。在此基础上区域经济新闻报道应运而生。

作为一种新的划分形式，区域经济新闻报道在实践领域的探索和尝试大大早于学术领域。截至目前，学界对区域经济新闻的概念并没有达成共识，尚缺乏权威的界定。综合整体研究成果来看，方琦提出区域经济新闻报道关注的核心问题是地方经济如何实现快速发展，经济不平衡如何改善和协调，应对策略可分为三个方向：一是配合各项规划和政策要求，及时实现区域经济发展的阶段性目标；二是为区域经济定位提供理论指导和信息服务；三是寻求地方经济增长的新路径。[②] 这也是目前区域经济新闻报道领域较为系统、引用量最高的提法。陈峣等认为区域经济新闻报道传递的是"块状信息"，它是新闻采编人员对单个或多个地域进行深入观察、探访、了解和体验之后表达出的声音，同时也是党报打造自身核心竞争力、稳定并扩大市场占有量的关键所在。相比"条线新闻"，其区域视野更宽、经济触及面更广、层次更为丰富、报道内容也更加深刻。[③] 陈颂清表示，区

---

① 朱传耿等：《区域经济学》，中国社会科学出版社，2001，第4—5页。
② 方琦：《经济新闻实务》，西南财经大学出版社，2009，第94页。
③ 陈宗安、陈峣：《信息领域的"集成电路板"——采写区域新闻的实践与思考》，《新闻战线》2009 年第 1 期。

别于其他报道类型，区域经济新闻的报道具有一定的特殊性，它主要关注并报道的是各省份地方经济的特色及创新之处，还包括各区域间的利益往来和各类联系等。① 综合前人的观点，笔者对区域经济新闻报道的概念理解如下：作为中观经济报道的构成要素之一，区域经济新闻报道是一种主要依托区域经济学相关理论，以各地特色、差异及其互动关系为报道对象，主要研究区域要素的流动和整合，具体探索特定区域经济增长的途径和措施以及如何在发挥各地区优势的基础上借鉴有效经验，进一步实现资源优化配置，从而提高区域整体经济效益的报道形式。

第一节　《经济日报》区域版传播影响力分析

传播力指"传播者和受众成功地对信息进行编码和解码的能力"。② 相关研究论述主要突出的是媒体自身实力。影响力指"传媒作为资讯传播渠道对其受众的社会认知、社会判断、社会决策和社会行为所打上的属于自己的那种渠道烙印"。③ 目前研究视角主要侧重于报道对受众所产生的影响。传播影响力的概念在二者基础之上提出，研究领域主要聚焦于大众传媒，以电视和报纸为主，以微博、微信和网站等新媒体为辅。由于不同媒介的特色及功能不同，对传播影响力的研究也延伸出了不同的传播路径及度量指标。具体以下列提法较为典型。俞虹提出，在分众时代下，传播影响力是传播内容到达后的效果及其再释放能力和结果，是接收者完成收视行为后，节目对个人与社会实际生成的影响力度。④ 段鹏表示，媒体影响力的发生有赖于大众传播渠道与人际传播渠道的连接，具体表现为："传播媒介→意见领袖（小众）→大众→传播影响力。"华文认为，传播影响力即为了达到某种传播效果，而借助某种传播手段向受众传递某种信息而对社会所发

① 陈颂清：《经济一体化给新闻报道带来什么》，《中国记者》2003年第10期。
② Graham Williamson, "Communication Capacity", www. speech therapy information and-resources. com, 2004.
③ 喻国明：《关于传媒影响力的诠释——对传媒产业本质的一种探讨》，《国际新闻界》2003年第2期。
④ 俞虹：《分众时代电视社会影响力分析》，《中国广播电视学刊》2004年第1期。

生作用的力度。[①] 王斌提出，媒体影响力指的是媒体借由其物质技术属性和社会能动属性，对受众打上的"物质技术烙印"以及对受众认知、社会判断和社会行为的影响。[②]

综合上述提法可知：目前，对传播影响力的概念理解因媒介形态差异而有所不同，但均认可传播影响力的发挥需要以内容为基础，以技术为手段，以效果为目的。除此之外，部分提法还进一步扩展了其概念的外延，引入了衡量传播影响力的具体度量指标等内容。因此，本章将传播影响力的概念界定为：不同媒介形态，以传播内容为出发点，综合利用各种传播渠道及技术手段，使内容能动作用于个人和社会，最终助推传播效果实现最大化。结合上述定义来看，传播影响力是在传播媒介、传播内容、传播渠道和传播受众四个因素的基础上发展而来，以本章所选样本纸媒为例，其传播影响力形成过程大致如图 3-1 所示。

图 3-1　纸媒传播影响力形成过程

第一，从媒介介质层面来看，在以上传媒渠道中，内容资源始终位于上位圈。一方面，纸质媒体属于单向传播，在传播的末端，很难准确地测定出传播效果。因此，强大的内容是传播影响力发生的起点，内容生产和认知能力是传播影响力的源泉。另一方面，借助优质的内容资源，"从传媒渠道的上游至下游扩张的过程有利于增加其附加值、扩大盈利的同时还能降低内容推广风险"。[③] 因此，内容是出发点和落脚点，纸媒只有做好内容才能在媒介介质中获得相对有利的议价能力。

第二，从内容产制层面来看，媒介融合背景下，传统媒体的力量配比出现新的变化，即逐步将有限的生产资源分别投入平台建设、运营维护及品牌宣传等多个领域，专注做内容的生产格局受到冲击，媒介人员生产动力和激情不足。伴随而来的将是报道内容的低品质、同质化、浅层次发展。

---

①　华文：《媒介影响力经济探析》，《国际新闻界》2003 年第 1 期。

②　王斌：《媒体融合语境下电视媒体影响力评价新论——兼对"郑丽勇指标体系"的补充与发展》，《中国广播电视学刊》2016 年第 4 期。

③　杨继红：《内容与渠道：谁也不是王者》，《中国数字电视》2007 年第 11 期。

显然，就报纸而言，"在内容本身尚未做强就将注意力转移到其他新领域实属舍本逐末之举"。① 尤其是在传播影响力的视角下，内容产制将处于更有利的地位，作用不可忽视。

第三，从渠道建设层面来看，目前的客观形势是：无论是媒介融合还是互联网思维，纸媒作为传统媒体在渠道竞争中都不占优势。由于内容终究是价值的保障，与其盲目地招兵买马、扩大规模，不如在内容上精耕细作，这样的风险更小，把握更大。② 除此之外，从媒体发展的长远路径来看，当平台技术等发展成熟之后，伴随着盈利空间的进一步缩小，内容依旧会是媒体最为核心的竞争力。因此，以做好传播内容为基础，打造其核心传播影响力，是当前纸媒应对新媒体挑战的理性选择。

第四，从受众需求层面来看，不管当前的传播技术和方式经历怎样的变革，受众接触媒介的主要目的都是获取自身所需要的有效信息。这也是媒体报道的社会功能之所在。传播影响力的进一步发挥在于用好的内容对受众产生影响。面对新形势下纷繁复杂的经济形势和浩如烟海的平台信息，受众需要媒体在呈现真实客观建设图景的同时进行有效指导，帮助其厘清事物本质。因此，纸媒作为经验的管理者，从做好内容的角度出发，有助于受众信息处理能力的提高。

综合以上传播过程的四个要素可知，纸媒传播影响力的最终形成离不开高质量的内容产制。也就是说，依据本章所选的样本纸媒《经济日报》进一步研究其区域经济新闻报道并提升传播影响力，关键仍在于做好传播内容。这也是本章的逻辑起点和论述重点所在。本章现将《经济日报》区域版内容评价指标的建构归纳为以下三个维度。一是报道的内容建构，结合区域经济学的分类，具体分析纸媒的区域经济新闻的消息来源、报道主题、报道视角和区域覆盖，回答报道什么，是否与区域发展规划契合的问题。二是报道的呈现方式，主要突出读图时代背景下纸媒在版面排布、图文报道以及报道体裁方面的创新探索。三是报道的具体策划，围绕纸媒报道如何实现从"解读新闻→总结经验→发现问题→舆论引导"的策划路

---

① 高贵武、刘娟：《内容依旧为王：融合背景下的媒体发展之道》，《电视研究》2015 年第 4 期。
② 崔光红：《媒体融合下，再说内容为王》，《青年记者》2014 年第 24 期。

径展开。

一 内容建构

内容建构是打造报道传播影响力的重要一环，本章选取了《经济日报》2015 年度 200 版的 1297 篇区域经济新闻的相关报道作为研究对象，其内容建构主要可以分为以下四点。

(一) 消息来源

消息来源重点指当事人、目击者、学者专家提供的新闻素材，文件资料也是消息来源的一种。德国学者贝尔恩斯认为：消息来源对新闻媒体的影响力极大，不但能决定哪些话题重要，更能影响新闻报道的内容。[①] 区域经济新闻报道的消息来源可归纳为：政府、企业家、专家、公众和记者等方面。大部分消息来自相关部门的主要领导和理论权威。他们对相关工作有较深的了解，是具有说服力的信源。而企业家与一线市场联系紧密，对于产业发展的总结和预测对同行具有较大的参考价值和借鉴意义。此外，专家对政策的解读、归纳总结以及百姓对政策实施过程的具体反馈等消息源也都是值得挖掘的报道素材。如图 3－2 所示，根据引用消息的来源分布可知，《经济日报》区域版消息主要来源于政府，占比达整体报道的一半以上。其次是记者、专家和企业家，分别占比为 17%、8% 和 7%。由此可见，区域版新闻报道的信息源分布较为广泛，意见层次多元。

首先，政府成为《经济日报》区域版报道的主要消息来源。这与其权威性和严肃性密不可分。一旦中央出台对一定地区范围内的社会经济发展和建设所进行的总体部署，《经济日报》区域版往往能第一时间担负起党媒的职责，抢占先机，有效发声，及时做好政策的报道和解读工作，帮助区域受众厘清政治经济形势，进而做出合理的生产生活安排。相关报道不仅数量众多，且专门刊载于《时讯》栏目。《广西柳州实施企业融资行动》

[①] 杨朝娇:《财经新闻消息来源偏向研究——〈第一财经日报〉个案分析》,暨南大学 2012 年硕士学位论文。

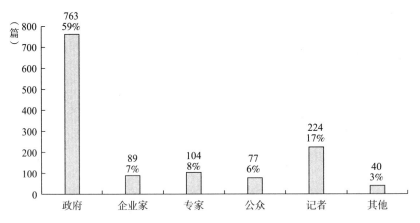

图 3－2　2015 年度区域版消息来源统计

（2015 年 5 月 13 日）、《福建出台水污染防治计划》（2015 年 6 月 8 日）、《厦门启用跨境电商直购进口模式》（2015 年 7 月 22 日）、《重庆大力化解产能过剩见成效 上半年五大重点行业运行正常》（2015 年 8 月 13 日）等大批量报道不间断地追踪呈现区域经济政策和形势的变化，体现了政府对区域建设的重视程度。

其次，记者在消息源中的地位也不可忽视。《经济日报》区域版目前有 17% 的报道都来自记者实地探访，新闻采写自主性较强。配合阶段性经济形势的变化，记者逐渐成为挖掘大政策环境下区域建设典型及问题的主力军。来自一线记者的采访手记及相关人物、事件的通讯等能让区域经济报道内容贴近受众需求，接地气、冒热气。例如，为响应产业建设，区域版记者深入一线，从安徽潜山县的《小刷子成就富民大产业》（2015 年 2 月 27 日）到广西昭平的《给茶业插上"科技翅膀"》（2015 年 3 月 2 日）再到重庆垫江的《"小萝头"催生"大商机"》（2015 年 5 月 25 日），专门的采写报道呈现了基层风貌，让产业建设焕发出了别样的活力与生机。除此之外，2014 年《经济日报》将"区域经济"版更名为"区域"版后，随之变化的还有报道力量的配置，武自然、魏劲松等众多经济一线骨干记者被抽调到区域报道团队，大批高质量的报道随之屡见报端。

区域专家作为消息源通常以"连线""延伸"等形式出现。以《长三角城市群，要走出"国际范儿"》（2015 年 1 月 28 日）为例，《经济日报》连线采访了上海社会科学院部门经济研究所副所长郁鸿胜，报道中他一语道破了问题的关键，点明"长三角"要想进一步拓宽发展空间不能一味单打独斗，需要协调布局创新，做好联动规划，从而提升其发展能级。专家发言有利于展开报道层面，强化报道深度。除此之外，企业家、公众等也开始有意识地融入区域建设的大潮流，主动为区域健康发展贡献自己的力量。多元化的消息来源有利于打造区域经济新闻报道传播内容的不可替代性，在提升其市场竞争力的同时形成良好的社会影响力。

（二）报道主题

作为报道构思、选材、表达和用语的依据，主题的地位不可忽视。对新闻主题类型进行分析可以直观体现报道是否全方位覆盖了区域经济领域，是否从多层次延展了区域信息层次，是否具有社会人文意义上的针对性，还有是否能满足区域受众的信息需求等问题。如图3-3所示，通过对样本内容的统计分析可知，2015年度《经济日报》区域版报道主题主要分为资源集聚共享、区域环境保护、经济创新发展、资源节约转型、区域宣传科普、其他六大类，但各类主题空间分布的占比和数据差异较大。其中，居于前三位的分别是：资源集聚共享、经济创新发展和区域环境保护，占比依次为：34.5%、28.5%和14.6%，总体占比达70%以上。

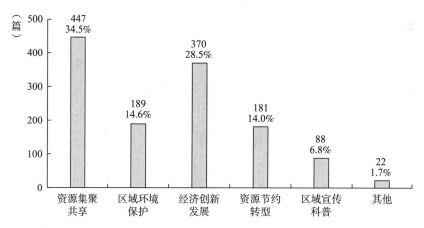

图3-3 2015年度区域版报道主题数据统计

由于各地区位条件大有不同，《经济日报》区域版重点突出"资源集聚共享"的主题有利于提升整体优势，打造区域特色产业高地。因此，作为新经济常态下区域经济的必然选择，"资源集聚共享"自然顺势成了媒体报道的大热主题。相关报道力度和密度很大，如《渤海新区：港产城互动集聚要素》（2015年5月12日）、《"串珠成链"构筑中原城市经济隆起带》（2015年7月28日）、《重庆发展三大战略性新兴产业集群 构建和完善配套服务体系》（2015年8月12日）、《呼包鄂城市群建设"草原硅谷"》（2015年9月29日）等447篇报道均大力鼓励区域汇聚内外要素，实现资源集聚共享，以此推动形成宣传声势，进而营造适合区域经济发展的良好舆论氛围。具体以"节约资源，降低成本"为切入点，以"引入外部经济，扩大市场容量"为目标，鼓励强强联合或优势互补，从而使得各区域能在规模经济中不断集聚专业知识和职业技能，为迸发创新活力打下坚实的基础。

除此之外，"经济创新发展"也是整版报道主题的重中之重。在经济转型升级的大背景下，《经济日报》区域版报道将镜头对准了企业改革，主张区域各地积极采取措施推行创新驱动、促进就业，在激发市场活力的同时尽可能多地增强区域经济创造实力。以"东北振兴再出发中"的典型报道《白山黑水涌动创新创业潮》（2016年5月14日）为例，为营造更好的创新环境，推动经济转型发展，东三省各级政府具体分三路布局：《黑龙江：搭新台 拓宽路》掀起大众创业、万众创新热潮；《辽宁：勤援助 后劲足》为老工业基地注入发展活力；《吉林：政策扶 典型带》以典型示范拉动就业。一系列举措的成功施行让东北的战略意义得到重塑并焕发出了新的市场活力。

"区域环境保护"和"资源节约转型"等也是区域经济新闻报道的重要主题。尤其是近几年来，环境问题日益显著并进一步成为制约区域经济健康可持续发展的软肋。对此，《经济日报》区域版坚持立场，呼吁环境保护：一是政府及时颁布"清洁空气计划"等政策要求主动作为；二是污染企业有效配合，及时退出、停产、不产；三是区域民众积极响应，实施有效监督。多力配合，三位一体，确保切除城市"病灶"。例如《北京上半年淘汰185家污染企业》（2015年7月21日）就客观阐述了政府"零准入"的各项指标，指出了下一步企业"组团转移""智能制造业"等突围路径，同时也有效帮助受众厘清了区域环境的治理进程，从而使其更好地行使职权，担负起城市建设的使命。

（三）报道视角

报道视角的选取对区域经济新闻而言意义重大。结合区域版内容来看，目前《经济日报》报道视角具体可以分为政府视角、专业视角及百姓视角三个层面。政府视角作为媒体首选承担了报道经济事实、启发深层思考和引导受众行为的功能；专业视角呼应了受众需求，以全面客观、深入透彻的专业剖析来揭示动态经济背后的发展规律及未来趋势；百姓视角则是将释疑解惑和贴近受众两大需求有效结合在一起，以备受关注的重难点问题为切入点，以通俗化、生活化的叙述为表现形式，得到区域受众的关注及认可。如图 3-4 所示，2015 年度《经济日报》区域版在报道视角的选取上存在较大差异。结合样本的数据统计结果可知：首先是政府视角，以 640 篇排名第一，几乎占据整体报道的 50%；其次是专业视角，共计 362 篇，占比 27.9%；百姓视角则相对较少，仅有 252 篇，占比 19.4%。

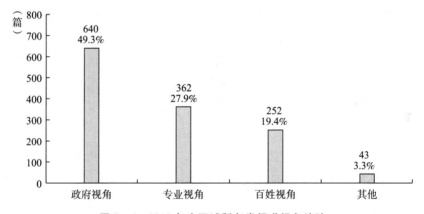

图 3-4 2015 年度区域版各类报道视角统计

区域经济新闻报道的政府视角主要表现为从政府处破题，政府成为各类经济事件的中心和主角。以《精准扶贫要敢"破"善"立"》（2015 年 12 月 3 日）报道为例。当前，扶贫已进入啃"硬骨头"的攻坚时期，此时，探索出扶贫新路径的湖南省石门县脱颖而出并迅速成为报道典型。结合报道内容来看，"破消极心态，立进取意识" + "破基础瓶颈，立兴业平台" + "破效益困境，立富民产业" + "破软弱涣散，立坚强堡垒" + "破思维定式，立脱贫新路"五个分论点均从区县全局出发：一方面，详尽解读了政策出台的背景意义，打通了政府与民众之间的壁垒，突出了扶贫建设的阶段性成果以鼓舞区域发展的信心和热情；另一方面，办正事、办好事、办实事的报道风气使得县区政府的扶贫引导和成就宣传充满人文关怀，在上情下达的同时展现出了服务型政府的良好形象。

区域经济新闻报道的专业视角通过专业的经济解读来体现。以《如何疏解北京非首都功能？》（2015年3月17日）报道为例，北京作为特大型城市，其非首都功能必然需要得到疏解，但这其中还有诸多的问题需要得到解决。对此，《经济日报》邀请到了来自国家发改委国土开发与地区经济研究所及国务院发展研究中心资源与环境政策研究所的专家们，报道首先从"哪些城市功能需要疏解"入手，指出文化功能和科技创新功能并非北京独有。其次展开描述"疏解非首都功能的必要性"，表示此举为破除城市病灶、实现协同发展的必然选择。再次点出目前一味"禁、关、控、转、调"的局限性和副作用。最后成功过渡到"疏解非首都功能的具体策略"：一是制定系统规划；二是建立协调机制和动力机制；三是发展周边城市群的承接功能。三管齐下，全面、深入、专业地解读了这一区域经济事件。

区域经济新闻报道的百姓视角主张将民生民情作为报道的出发点和落脚点，最终逐步让发展成果更多、更公平地惠及区域民众。以《共建共享填鸿沟》（2015年9月24日）报道为例，教育配套、异地高考和医疗报销等问题与区域受众息息相关，对此，《经济日报》有针对性地选取了各层面代表性人物，结合其具体生活体验来反映政策的利好及疏漏之处，如百捷电子科技公司经理因事业需求从北京到秦皇岛发展，却一直为孩子上学的问题纠结；香蕉批发大户樊先生从北京外迁到河北面临落户和孩子异地高考难的困扰；廊坊燕郊的刘女士被确诊为"前交通动脉瘤"，随时都有生命危险，而治疗过程中却无法避免地涉及异地转院成本和医保报销问题……随着区域政策的不断完善，北京交通大学海滨学院、北京朝阳医院与燕郊燕达医院等众多民生项目的火热推进将逐步使得公共服务鸿沟得到有序填补、消弭。在此背景下，区域版报道从"在'家门口'上学就业" + "区域大商贸呼之欲出" + "医疗资源协同配置" + "人才流向悄然改变"四个方面组稿，配合记者采访札记揭示公共服务要均衡更要精准的利益诉求，读来使人印象深刻，备受区域受众好评。

（四）区域覆盖

作为全国性媒体，《经济日报》区域的覆盖情况与版面定位、各地经济发展实况以及媒体阶段性的报道策略等分不开。区域版面从全局性出发，报道对象遍及全国。其中，被优先关注的地方往往先导性和示范性显著，随后登上版面的区域也不乏特色和创新。总之，各地区均有机会作为典型见诸报端，进而推动区域整体经济的加速发展。通过对《经济日报》区域版报道样本的研读可知，区域经济新闻报道涉及了诸多不同的地域，且覆盖率差异较大。根据统计结果可知，如图3-5所示，2015年度《经济日报》区域版覆盖率排名前五的地区分别是：北京共计280篇，总占比达21.5%；河北共计166篇，总占比达12.8%；广东共计140篇，总占比达10.8%；湖北共计132篇，总占比达10.2%；广西共计124篇，总占比达9.5%。

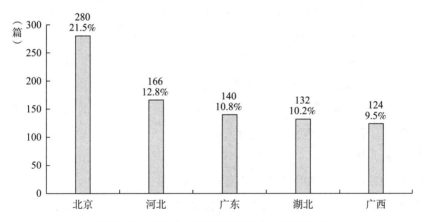

图3-5 2015年度区域版地域分布情况统计

首先，北京和河北位于《经济日报》区域关注排名的前列与国家发展战略密不可分。尤其是2015年，作为京津冀一体化全面发展的关键时间节点，此时媒体关注热度自然高居不下。就北京而言，作为全国政治经济文化中心，首都地位自然得天独厚。媒体报道也一直都很重视，尤其是总部地处北京的《经济日报》，往往能第一时间发布各类信息。从地缘上看，河北作为北京疏解非首都功能的重要承接省份之一，正处于加快"反磁力中心"的阶段，即通过打造更便捷的交通、更完善的设施、更美好的环境和更繁荣的经济来形成地域名片，增强吸引力的同时吸引北京的人口和产业自动转移集聚。在此背景下，各产业的动态发展趋势、经济背后的环境问题、人员要素的流动情况……可挖掘的素材众多，报道资源异常丰富。

其次，地处珠三角的广东，既是我国参与经济全球化的重要区域之一，同时也以其联外通内的门户作用在海上丝绸之路中不可替代，经济地位显著。伴随着众多改革试点工程的推行，区域整体经济创新步伐不断加快。因此，媒体报道时时聚焦。

再次，作为长江中游代表性城市群之一，2015年度湖北发展势头迅猛，见报频率较高。从政策环境上看，国务院批复《长江中游城市群发展规划》对长江中游城市群发展的独特环境和巨大潜力寄予厚望；从区位优势上看，湖北九省通衢构筑的中部战略支点意义显著；从实践现状看，湖北省工业经济效益利润增速稳居中部第一位，经济拉动作用显著。

最后，广西在"一带一路"倡议蓝图中与东盟国家山海相连，优势得天独厚。除此之外，中央还批准实施珠江—西江经济带发展规划、广西北部湾经济区发展规划修编，进一步实现了国家战略规划对广西的全覆盖。此时的广西也顺势成为《经济日报》关注的焦点：一方面，报道关注广西本区，主推挖掘自身潜能、强化内生动力；另一方面，利用资源优势，围绕释放"海"的潜力，激发"江"的活力，做好"边"的文章，构建沿海、沿江、沿边"三区统筹"格局，培育壮大广西经济发展新增长极等方向做文章。

综合以上分析可知，《经济日报》区域版报道在内容建构的消息来源及报道主题两方面做得较为全面，即消息来源广泛，意见层次多元化；报道主题丰富，聚焦区域热点。而在报道视角选取及区域覆盖问题的处理上则存在一定的改进和提升空间，具体表现为百姓视角较为缺失以及区域覆盖围绕经济做文章的问题。尤其是区域布局，在当今媒体资源高效整合的大背景下，《经济日报》区域版报道理应加强重视并予以改进。

二 呈现形式

读图时代在一定程度上冲击了传统媒体受众的信息获取形式。在此背景下，纸媒传播内容中图文等要素的呈现方式值得进一步研究。具体可以分为以下三个层次。

（一）版面分布

就区域经济新闻报道而言，《经济日报》整组报道中区域版面的编排及动态呈现情况将客观反映出媒体对该类型报道的稳定性和重视程度。除此之外，相对稳定的版面建设将为后续区域经济新闻报道的进一步发展提供充足的空间及展示平台。根据研究样本的数据统计结果可知，2015年度《经济日报》区域版整体分布时段是每周一至周五，其中每月推出量又有一定差异。如图3-6所示，月版面数中频率最高的月份是7月，累计推出21个版次；数量最少的月份是2—3月，版面量分别为12个。经统计，整体报道版面平均月推出量约为16个。

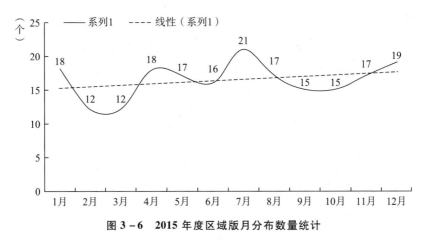

图3-6 2015年度区域版月分布数量统计

结合图3-6的高峰及波谷，具体分时段来看，作为全国性经济类报纸，《经济日报》区域版同样需要配合国家整体的宣传策略，因此各时段报道重点各有不同。其中，2月份，由于经济日报社主力推出多版年度总结报道及新春走基层等系列报道，一方面系统回顾过去一年的建设成果，积极总结反思，不断探索改进策略；另一方面不断贴近基层受众，突出平凡坚守的力量，反映群众呼声。此时，区域版面分布空间受到一定程度的挤压，但仍有12个版面。

除此之外，2015年3月3日到3月15日，第十二届全国人民代表大会第三次会议和政协第十二届全国委员会第三次会议在北京开幕。作为主流党报，这一时段《经济日报》及时承担起舆论宣传的重任，相关版面设置重点转向跟进"两会特别报道"，仅日推版面数最多达 7 个，占版面总数的 64%。因此，区域版这一时段数量也相对较少。

结合波动趋势线性来看，如图 3-6 所示，基本上除开特殊时代的战略性宣传安排，2015 年度区域版月均推出数量波动幅度不大，整体较为平衡。这反映了《经济日报》对区域版建设的重视程度，也为日后推出更多优质报道打下了坚实的版面基础。

(二) 图文配合

在读图时代的大背景下，传播内容的生产对象不是限于文本，而是更多地转向视觉符号，并更大程度上依赖生动的新闻图片来扩充版面，提升报道生动性的同时也将有助于扩大影响。《经济日报》作为主流严肃性媒体，为更加全面、生动地反映一线建设动态，图文配合成了区域版最为常见且有力的报道形式，这有利于进一步丰富版面内容，吸引受众关注。如表 3-1 所示，"区域"版报道主要采用文字形式，占总报道篇数的 77%，符合《经济日报》作为主流严肃性经济报纸的定位。其余部分由"图片"以及"图片 + 文字"的形式构成，二者相辅相成。图文并茂的传播方式能够有效地引导受众从本能的观看到主动追求和接受视觉信息的传达，不仅提高了信息的丰富性、感染力，还提升了传播的效率，实际上也是其自身影响力逐步加深的过程。

表 3-1   2015 年度区域版报道信息形式统计

单位：篇

信息形式	1 月	2 月	3 月	4 月	5 月	6 月	7 月	8 月	9 月	10 月	11 月	12 月	总计
文字报道	96	67	53	107	94	79	105	98	32	69	89	111	1000
图片新闻	2	4	8	14	10	10	12	13	3	7	11	14	108
文字 + 图片	17	18	13	19	13	13	13	15	11	14	19	19	189

以"京津冀协同发展"中率先取得进展的交通报道为例。作为惠及地方的民生工程，《经济日报》区域版从航空、铁路、公路三线出发，报道

《京津冀民航"三地一体化"全面提速》（2014 年 9 月 12 日）、《轨道上的京津冀破题》（2015 年 2 月 27 日）、《推进京津冀形成"一小时交通圈"》（2015 年 10 月 9 日）、《清华大学交通研究所所长：京津冀一体化一张图绘就一路通》（2015 年 12 月 9 日）等交通建设的最新进展和趋势，为关心交通的广大受众解渴。图文搭配的报道形式将区域经济报道中翔实的数据、生动的图表和动人的新闻人物图片整合起来，对区域发展中的具体问题进行全面解读，给广大区域受众留下了非常深刻的印象。

具体结合图片类型来看，如图 3 - 7 所示，所选样本统计数据结果显示，2015 年度区域版图片类型丰富多样，增强了报道的直观性和生动性。根据呈现对象的不同，本章现将图片类型主要分为基层人物肖像、区域建设成果展示、一线作业现场风貌及数据可视化制图、其他五大类别。其中，基层人物肖像主要反映的是区域政策落实后受众崭新的精神风貌；区域建设成果展示则主要涉及已经建成的区域现实图景；一线作业现场风貌主张真实还原现场；数据可视化制图的画面主体是数据或图表等信息形式。经统计，首先，区域建设成果展示数量最多，达 102 篇，占比 34.3%。其次，一线作业现场风貌 96 篇，占比 32.3%。数据可视化制图和基层人物肖像占比相对较少，仅分别为 14.5% 和 10.8%。

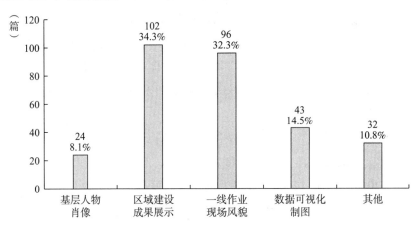

图 3 - 7 2015 年度区域版图片类型统计

首先，就区域版图片报道而言，展示区域建设成果是最为直观的表现形式，有利于受众直接通过版面了解区域建设的发展方向和目前的工作进展。以《重庆布局长江上游现代化港口群》（2015 年 1 月 5 日）报道为例，要在区域内 679 公里的长江黄金水道上建设现代化港口群本是一个宏观的经济问题，离受众的日常生活距离较远，但采用区域建设成果展示的形式，最大化地呈现了港口码头的作业工程及目前区域的建设风貌：堆放有序的集装箱、来来往往的运输车辆等都显示了区域建设的斐然成果。

其次，区域建设汇聚了众多来自一线工作人员的努力，以《锦绣华章正起笔》（2015 年 9 月 21 日）报道为例，两幅新闻配图分别是"固安航天产业园的航天振邦公司车间调试人员在做日常检查"及"北汽集团（黄骅）汽车产业基地的工人正在校验仪器设备"。人物及现场搭配出现最大化地还原了一线工作人员的工作环境，增强了报道的生动性，也大大拉近了与受众之间的距离。

数据可视化制图也是《经济日报》区域版图片类型的一大亮点。众多数据经过可视化图表的呈现能让受众更容易理解、接受和认同。以《"三关四港"共促环北部湾经济一体化》（2015 年 1 月 7 日）报道为例，结合图文要素具体来看：右上文字部分点明了报道对象湛江、广西及海南的战略地位；左上环状制图表示的是 2014 年前 11 个月三地进出口总额的整体变化情况，其中深色部分及浅色部分分别对应出口、进口的同比增长率；右下环状制图则进一步解释了在上述进出口总额中，海上丝路对进出口的贡献率，突出其在贸易中的地位；左下侧的轮船标识则直接与"海上丝绸之路"及海关、港口的报道形象相呼应。总之，作为一带一路的重点工程之一，数据可视化报道形式让"三关四港"所涉及的庞大数据不再让人望而生畏，相反，清晰的环状制图和相应的文字解析、百分比显示、年度对比图等让报道愈发生动形象。

区域版图片报道类型还包括基层的人物肖像。作为区域基层经济建设者的缩影，让报道更富有贴近性和人情味。以《武铁开行免费农民工动车专列》（2015 年 2 月 12 日）报道为例，作为城市的基层建设者，农民工回家问题一直牵动着社会各界的心，因此"免费爱心专列"是每年底媒体都会关注的一大热点。在这之中，《经济日报》区域版选取了图文搭配的报道形式，所刊照片中每位乘车的农民工都戴上了由武铁发放的御寒红围巾；堆满置物架的年货琳琅满目；对着镜头齐齐挥动的双手；农民工乘客脸上绽放的笑容；最具仪式感的平安福挂件……区别于单一的文字报道，以上图片中种种意象的背后不仅年味十足、人情味十足，同时也有助于拉近与基层群众之间的距离，进而赢得他们的支持与喜爱。

（三）报道体裁

分析不同体裁的选用频次可以有效反映报纸的风格定位、报道的内容特色及相关的媒介资源组成等。多种体裁相互配合可以产生积极的互补效应，恰当调动、巧妙运用有助于其影响力的进一步提升。如图3-8所示，总的来看，2015年度区域各类报道体裁覆盖面较广，共包含消息、通讯、深度报道及述评、政府报告及资料文件、其他六大类。区别于其他媒体，《经济日报》中的通讯报道是一大亮点，主要以人物及事件通讯还原区域经济建设一线的酸甜苦辣，受众关注度较高，这里将单独作为一种报道类型加以分析。其余深度报道则主要以区域专家访谈和评论、区域经济调查等报道形式出现。总的来看，《经济日报》区域版体裁构成多样，表现出多元化分布的态势。按占比分布情况来看，前三位依次是消息（42.7%）、深度报道（18.1%）、通讯（14.1%）。

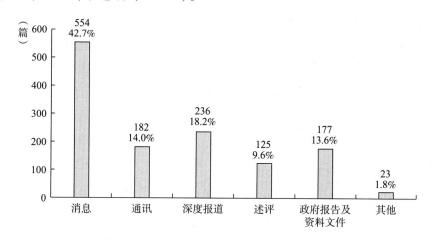

图3-8　2015年度区域版各类报道体裁统计

消息成为《经济日报》区域版的主要构成体裁，以554篇的统计量位居第一。这与其自身特性密不可分。首先，从内容上看，消息篇幅一般较短，叙述简单扼要，因此在区域单位版面内能有效承载更大的信息量；其次，从形式上看，消息往往采取"一事一报"的形式，力争短、平、快地完成传递工作，因此有利于及时为区域受众解渴，帮助其在短时间内尽可能多地获取所需要的信息。具体而言，《经济日报》区域版消息分布集中的领域主要是：实时更新区域政策规划动态，帮助企业受众科学合理安排生产生活。除此之外，还包括部分简要的描述区域风貌及介绍区域阶段性建设成果等内容。

深度报道在《经济日报》区域版整体报道中也占据了相当大的篇幅。内容上主要采用数据分析区域经济景气状况或者深层剖析区域企业、典型经济事件和建设图景等，特点是深度、前沿、专业，具体表现形式为典型报道、系列报道和连续报道。以"国家级新区建设报道"为例，9月9日国家发改委发布了我国首个《国家级新区发展报告（2015）》（以下简称《报告》），由此，媒体有关国家级新区建设的报道开始不断深入。从一定意义上说，国家级新区建设很大程度上体现为国家意志，而非市场取向，因此具体的行政措施将是媒体关注和报道的焦点。从宣传策略上，一般经济报道的模式是首先详尽地报道《报告》出台的经过、意义，从舆论上形成集中优势，然后具体到国家政策的内容、新区建设的具体做法和取得的显著成果。但《经济日报》区域版打破了这一固有模式，采用深度报道的形式，理性冷静地按照经济规律解读经济现象，并从"新区设立为何加速？""未来发展要补上短板""新区新定位"等多角度组稿：首先解读政策出台的背景和意义，预言"多核引擎"效应，其次客观剖析其竞争力不强、集约度不高等问题和不足，最后点明新区的突围路径，显示出较强的号召力和说服力。

另外，通讯也是其体裁形式的重要组成部分，报道篇幅达182篇，以事件通讯和工作通讯为主，最为典型的是9月21日至9月24日推出的4期区域特刊，即《锦绣华章正起笔》、《谋定思变舞正酣》、《守护生命共同体》及《共建共享填鸿沟》。以上报道内容均结合一线工作人员的切身感悟及记者在采写过程中的心路历程，具体反映区域建设中意义重大的、振奋人心的典型事件。最后述评及政府的报告及资料文件等也契合了《经济日报》权威性及严肃性的定位，是区域经济新闻报道体裁类型的有益补充。

综合以上分析可知，《经济日报》区域版报道在呈现形式的版面分布及图文配合两方面优势明显，即版面空间均衡且稳定，图文配合生动且富有影响力。具体到报道体裁的选取上，尽管深度报道在数量上位列第二，但报道研究性还有进一步提升的空间。除此之外，深度报道背后民生化解读的短板不可忽视，后续改进策略应着重突出信息服务意识。

三 报道策划

2015 年度《经济日报》区域版就系列报道策划进行了诸多有益尝试，典型案例众多，主要分以下三个方面。

（一）政策解读策划

区域经济离不开宏观的政策规划，尤其是结合当前我们所处的经济体制来考量，可以发现区域经济信息体量十分宏大，此时新闻报道及时有效地发挥引导作用就显得尤为重要。尤其是对于中央对区域各类热点、难点及重点问题的战略部署，媒体往往需要主动担责，以策划为手段，深入区域经济建设中及时推出独家新闻，发挥释疑解惑的功能。

2015 年是"一带一路"倡议进入全面推进之年。在此背景下，中央及各省份的政策方针及战略部署、各项规划的启动及落实情况等热点、难点问题迅速成了各方关注的重点。其中，基础设施覆盖率是"一带一路"建设进程的主要评价指标之一。"设施联通"理所当然地成了媒体报道区域发展的先导领域。据此，经济日报社通过精心组织策划，特别制作推出了规模厚重、体量宏大的报道议程。相关策划力求打破以往平面化、刻板化的政策解读模式，取而代之的是：结合《经济日报》本身的特色，时时解读相关规划政策，立体化呈现区域发展动态，进而帮助受众厘清现状，做出合理的经济活动和生产安排。

作为一项系统、复杂的大工程，"一带一路"倡议凝结了中央领导层的决策智慧。为了进一步缩短其与各区域受众之间的距离，提升沿线区域参与建设的热情。一场针对"一带一路"倡议政策解读的策划报道战役势在必行。为了更加客观详尽、更加形象生动地反映沿线各地的经济形态、观念差异及合作商机，证明发展"一带一路"倡议的必要性和可行性，经济日报社设立了不断创新报道视角、努力提升报道质量、打造新闻精品的战略目标，积极调动区域核心采访力量深入甘肃、黑龙江、陕西、广西、内蒙古等地进行实地采访，最终成功开辟了《关注"一带一路"》及《"一带一路"在行动》两大栏目，推出报道共计 81 篇。"设施联通"方面，具体结合中央圈定的 18 个重点省份，以突出各地的开放态势并明确各自定位及对外合作为重点采写方向，打开政策解读报道的思路，以具体区域的代表性事件为依托，展开集"见闻手记、人物专访、影音材料、图文风貌"于一体的规模化报道。《甘肃启动交通突破行动——只为"丝路"变坦途》（2015 年 4 月 27 日）→《黑龙江省构筑向北开放大通道》（2015 年 4 月 30日）→《陕西：下好贯通东西"先手棋"》（2015 年 5 月 4 号）→《广西：畅通北上南下国际大通道》（2015 年 5 月 6 日）→《内蒙古打造中俄蒙国际经济合作走廊》（2015 年 5 月 11 日）→《宁波着力开拓中东欧市场》（2015 年 5 月 14 日）等，一方面，把握政策基调导向，传播丝路建设精神，突出共同建设和发展的理念，积极宣传引导"互信之路"；另一方面，从构建现代化交通网络系统工程的角度出发，在阐述政策的同时立体化呈现"一带一路"倡议的建设图景。

报道刊发后，区域各地反响强烈。不仅被《经济日报》提及的省市县乡建设热情空前高涨，更有地方将其报道作为范本资料加以学习和研读。除此之外，一股区域建设"看看本地，比比他地"的理性参与意识和良性竞争意识也随之不断提高。总之，该系列报道通过策划，不仅及时阐述了"一带一路"倡议的政策规划，同时持续有力地传播了各地基础设施"互联互通"建设的典型案例和生动实践，有力地团结了全社会协同的力量。除此之外，还有助于消除建设过程中国际的顾虑，赢得了各国人民的理解和尊重。

（二）重大活动策划

重大活动策划主要包括全局性的重大工程、重要改革试点等类型。当前，立足区域资源、抓住历史机遇、实现跨越式发展，是国家区域经济发展的战略部署对全国性及地方性媒体舆论宣传提出的新课题。媒体策划宣传有利于深化区域经济报道主题，摆脱对活动的固化报道模式，进一步发掘区域新闻价值，从而满足区域受众需求，提升区域经济新闻报道的渗透力、影响力。

2016 年 1 月 1 日，《经济日报》梳理总结了 2015 年中国经济十大热词，以"京津冀协同发展"为代表的区域经济强势上榜。为适应当前经济发展的新常态，京津冀目前已形成"产业＋交通＋生态环保＋公共服务"四位一体的发展路径，在建设成果突出的同时环境问题也日益显著。2015年4月22日，环保部发布了74个城市有关空气质量的排名榜单，至此，区域的空气污染问题便顺势成为媒体关注及报道的热点，引起社会各方的关注颇多。通常情况下，空气污染指数为 $50 < API < 100$，则说明整体空气质量较为不错。但受承接地政策环境、经济发展规划及地理位置等因素的影响，京津冀地区所涉及的六大城市在榜单中的位置不尽如人意，均位列倒数前十。显然，京津冀地区经济发展背后的空气污染问题日益显著，一定程度上阻碍了当地的可持续发展。

环境保护一直都是媒体关注的热点议题，尤其是就承接北京功能区转移的京津冀地区而言，则更是热点中的热点。对此，根据中央及京津冀三地联合开展的系列控霾、防霾和治霾行动，经济日报社积极策划实施了众多优质的报道行动：一是及时追踪中央有关区域的政策安排，搭建平台让业内资深的专家、学者及政府相关人员齐聚一堂，共同来为解决环境问题建言献策，相关报道数量众多，如《六省区市协同治理大气污染》（2015年5月29日）、《京津冀及周边地区共治机动车污染》（2015年6月8日）、《全方位呵护生态环境》（2015年6月10日）等；二是抽调报社内部精英记者组成采访小分队，分别前往污染重镇，在亲身深入各行各业的基础上调查取样，确保真实地揭示和反映区域政绩背后环境污染的"软肋"。

同年9月底，《经济日报》以区域特刊的形式整合了记者的采访札记及见闻，专版《守护生命共同体》（2015年9月23日）一经推出便引起了社会公众及有关当局的重视。12月4日，京津冀三地的环保厅局齐聚一堂，对外签订了《京津冀区域环境保护率先突破合作框架协议》，宣布即将实现环保联防联控，在共同改善区域生态环境质量的道路上又前进了实质性的一步。12月30日，国家发改委和环保部也开始集中采取治霾行动，主要会同有关部门发布《京津冀协同发展生态环境保护规划》，提出了阶段性治理目标：2020年京津冀区域的PM2.5浓度要比2013年下降40%左右，力求助力污染地区及时走出雾霾的困境，拥抱"绿色新时代"。显然，《经济日报》区域版对控霾、防霾和治霾行动的有效策划起到了舆论的宣传、引导和监督的三重作用，一方面，推出系列报道理性而深刻地揭示了区域发展背后的环境污染问题，引发区域受众的关注和热议；另一方面，从解决问题的角度出发，主张经济效益和社会效益相结合，积极倡导健康的区域发展观。最终，在媒介议程、公众议程及政策议程三者同化与统一的作用下，扩大了整体区域经济系列报道的传播影响力。

（三）品牌栏目策划

在媒介市场竞争日益加剧的背景下，打造品牌栏目逐渐成为媒体报道的突围路径之一。区域经济新闻报道同样需要品牌栏目，其作用主要是以高质量的、连续推出的内容帮助受众养成阅读习惯。

当前我国区域建设正处于不断探索的攻坚时期。作为经济发展新的内生动力，区域建设的概况不仅关系到地方民众的自身利益和社会福祉，同时也将关系到国家整体经济的长效可持续发展。在此背景下，媒体对区域报道的热度不减。区域经济新闻报道由于具有流动性和跨地域性，因此对媒体报道整合新闻资源、鉴别信息的有效性和无效性、报道素材的一般性与特殊性等提出了更高的要求。如实跟进反映区域现象是民众利益至上的集中体现，为了客观呈现各区域发展的动态水平，《经济日报》整合全国性、权威性和及时性三方优势，推出了《时讯》专栏，报道视野覆盖全国范围，日均报道量为2—4篇，不仅成为整个区域版一张靓丽的名片，同时还有助于受众形成阅读习惯，进而强化内容的传播影响力。

具体而言，《经济日报》区域版《时讯》栏目主要以贴近区域文化、贴近时代特色、贴近区域受众为出发点和落脚点，以富有人情味的短篇连续性报道为手段，有规律地推出受众喜闻乐见的每日报道，力求生动形象地展示区域发展的各项风貌。整个《时讯》栏目与区域民众的生活息息相关。例如《河北涞水野三坡盛装迎客》（2015年4月7日）精心选取了游客在香雪园拍照留念的生动图景，还原了黄河故道森林公园香雪园千亩梨花竞相绽放的盛况，也为区域内其他民众踏青提供了一个好去处；又如《山东德州"招才引智"见成效》（2015年4月10日），记者将镜头对准了科委茶场上辛勤劳作的茶花女，山歌环绕的背后是科技的有效转化和茶叶产业的增收致富。作为"贵州茶叶大县"，雷山成为区域经济发展致富、不断向前的缩影。

除此之外，《经济日报》区域版策划报道中有关"中部崛起"的内容也同样不可忽视。2008 年，中央提出了中部崛起战略，经济日报社整合权威、主流及公信力，独家推出了 5 篇系列报道，时间跨度从 10 月 7 日到 12 月 4 日，分别是《聚焦综合配套改革试验区》、《成长中的城市群》、《看海港如何拉动经济发展》、《聚焦灾后重建》及《成长中的产业集群》。报道一经推出社会反响热烈，中宣部《新闻阅评》单独阅评 4 次，区域版面获得了经济日报社"年度新闻精品"，《成长中的产业集群》更获得了第 19 届中国新闻奖。区域版策划实力，由此可见一斑。

作为全国性媒体的《经济日报》不仅有义务积极配合国家政策，做好政策宣传和推广工作，同时更应该在把握全局的基础上，不断加强政策报道策划、活动报道策划和品牌栏目报道策划，从而深入探索区域经济发展的路径。尤其是在视觉经济时代，通过精心策划打造报道的规模"战役"是当前媒体报道普遍认可的一种经济手法。诸多媒体集中报道有利于壮大报道声势，打开"区域开发，舆论先行"的局面，进一步指导、助推地方的经济规划和经济建设工作，探索区域经济健康发展的新思路。

综合以上分析可知，《经济日报》区域版报道在政策解读策划及重大活动的策划上可圈可点的案例众多，传播效果显著，但涉及品牌栏目的策划则单靠《时讯》发力，整体传播影响力较为有限，理应列为改进的重点突破方向之一。

第二节 影响《经济日报》区域版传播影响力的因素

《经济日报》的《区域》专版是我国区域经济报道中较为典型的范例，其报道经验值得借鉴。但与此同时，我们还应当对其进行辩证地分析，去发掘以《区域》版为落脚点的《经济日报》的相关报道在其传播影响力的形成中存在的问题。

一 内容建构：区域布局不均 平衡发展受限

"区域平衡发展"理论主要针对的是区域产业的布局问题，它强调区域与区域之间、区域内部各地区大致上齐头并进，保持着同步或者相对平衡的发展步调。值得一提的是，区域的"平衡发展理论"还倡导区域各个产业间有效发挥互联互通、关联互补的作用，在此基础上对区域内外协调、平衡安排生产力，从而实现经济整体平衡发展的战略目标。[1] 作为社会生态的重要子系统，媒体资源已经成为推动区域经济不断向前发展的重要因素之一。与此同时，它还是评估地方发展综合实力与竞争力的具象化指标。[2]因此，面对新形势下的各种机遇与挑战，区域各地的"发展权"理应是均衡的，媒体报道的力量配置也同样如此。

作为全国性媒体，《经济日报》区域版服务于中央政策，报道应该尽最大可能营造区域均衡发展的平台和环境，在此基础上激发各区域自主发展的积极性和创造性，进而帮助各地走出一条具有高度区域特色，同时也契合自身发展脉络的经济成长之路，最终实现改善各区域间民众生活质量及缩小地区经济实力差距的目标。结合《经济日报》区域版报道实践现状来看，区域覆盖率居于前五位的城市整体位于经济较发达地区，如图 3-9 和图 3-10 所示，布局不均衡的问题不可忽视，主要表现在两个方面：一是报道地域分布差异显著；二是四大产业布局不均。

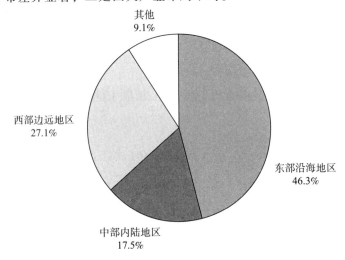

图 3-9　2015 年区域版地区分布统计

① 厉以宁：《区域发展新思路》，经济日报出版社，2000，第 3 页。
② 陈东晨：《媒体：区域经济发展的重要资源》，《辽宁经济》2007 年第 8 期。

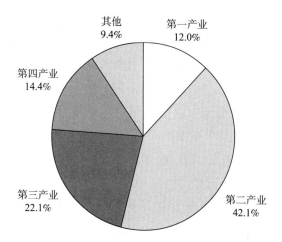

图 3 - 10　2015 年区域版产业分布统计

(一) 地域分布失衡

我国地域广袤，经济多样性强。各地资源禀赋差异很大，因此，区域经济发展不平衡的问题对我国整体经济实力造成的冲击不容忽视。结合媒体报道来看，各区域的媒体实力与其经济发展水平关系密切。通常情况下经济比较落后的地区往往新闻传播也相对不够发达。因此，媒体报道也就逐渐陷入一个怪圈：越是经济发达的地区越报道，越是经济落后的地区越不报道。

从图 3 - 9 可知，经济带划分后相关统计数据显示：区域版报道中东部沿海地区、中部内陆地区及西部边远地区占比分别为 46.3%、17.5% 及 27.1%。《经济日报》区域版新闻报道的关注点集中在东部沿海地区，数量几乎占报道总量的一半；而对中部及西部地区的报道力度明显不足，17.5% 和 27.1% 的占比也与前文政策梳理中中央的各项政策及经济发展的整体导向不符。除此之外，在媒体报道力量配比不均的背景下，不仅各地均衡发展的机会得不到切实保障，一定程度上也将阻碍中西部各地的进一步发展。

(二) 产业布局不均

产业结构失衡一直都是伴随我国经济高速发展长期存在的"老大难"问题，这是我国的基本国情。媒体报道也在一定程度上折射出了产业结构

"失衡"的痛点，具体表现手法往往是以净利润率为标准，以总资产规模来"排资论辈"。对于经济效益好的企业和单位多报道；反之，则报道较少。

从图 3-10 可知，《经济日报》区域版所涉及的产业主要集中在第二产业（以传统制造业为主），相关报道共计 546 篇，占比达 42.1%。报道对象背后折射出了产业发展的现状，整体制造产业体量巨大但综合实力不强，因此在全国价值链中居于中低端的位置，缺乏竞争力的同时也无法满足当前经济市场的需求变化；其次是第三产业（以服务业为主），占比为22.1%，报道对象中缺乏有影响力的产品和品牌，对第一产业和第二产业支撑力不足；其他产业（以农业为主）成为报道"洼地"，关注力度较为不足，仅有 156 篇，占比 9.4%，既脱离了基层受众，又与农业的基础性定位不符。除此之外，第四产业（以信息产业为主）报道仅为 187 篇，占比14.4%，显然，科技创新型尤其是战略新兴的产业报道力量配置较为薄弱，区域创新活力还有待进一步释放。

二　呈现形式：民生化解读较少　服务意识缺失

在经济新闻领域，报道的服务意识主要通过大众化和平民化解读来实现，具体包括三个层面：一是释疑解惑，提供贴近受众的有效信息；二是搭建互动平台，增强受众参与性；三是推出后续反馈报道，提升双方互动性。[1] 随着经济形势的不断变化，区域经济在国民经济中的地位日益提升，区域经济本身与民众日常工作和生活的联系也越来越密切。在此背景下，区域经济新闻报道的服务意识显得尤为重要。结合《经济日报》区域版实践现状来看，其呈现形式主要以深度报道为主，民生化解读较少，服务意识缺失，具体表现在以下两个方面。

（一）就经济说经济，缺乏民生化解读

目前《经济日报》已经完成了从"各区域信息的简要集纳"阶段到"区域组合报道"阶段的过渡。但结合整体内容来看，其区域版报道较为被

---

① 朱润等：《提高新闻报道服务性意识谈》，《声屏世界》2006 年第 4 期。

动，多为灌输式、结果式呈现。此类"就经济说经济"的思维模式使得报道脱离区域受众，少有从民生角度破题，因此逐渐成为各组织部门的工作"进度表"。

以《"西部农交会"释放品牌效应》（2015 年 1 月 19 日）报道为例。从2002 年开始举办至今，"西部农交会"不仅规模和辐射面不断扩大，而且在促进西部农产品流通、推动农业招商引资方面发挥了积极作用。但结合报道内容来看，在这类民生话题的报道操作上，《经济日报》区域版选择站在企业的角度，就经济说经济，重点报道参与企业的数量、质量以及具体的日均成单量和产品交易额。而具体到"品牌效应"的背后，对相关省份民众生产生活上的变化情况、展会产品的供给与市民需求的对应情况、产品的安全及质量问题以及区域市民后续对"西部农交会"的反馈等民生类话题则少有涉及。作为惠农的利好政策，对"西部农交会"的报道必然不能离开"人"的主题，单方面为企业利益背书极容易导致区域经济新闻报道陷入"由谁来写就由谁来看，报道对象是谁谁就关注"的怪圈。

相比地方性报道，作为全国性媒体，《经济日报》的区域版报道在开掘区域热点、难点，维护和拉近受众距离等方面存在天然的劣势，而目前单纯就经济说经济、缺乏民生化解读的报道手法则一定程度上加剧了这一问题。

（二）分域意识不足，传播模式单一

作为全国性报纸，《经济日报》最终将面向全国各省市进行传播。结合区域版的报道现状来看，《经济日报》并没有因为报道选题所涉及区域的不同而及时调整传播模式，因而传播效果较为有限。

以针对《北京市新增产业的禁止和限制目录》所做报道为例，这是一个典型的区域性政策，但实际上，其波及范围不只有北京本地的投资者。因为地方政策的差异性，北京"关门"将促使很多目录开外的企业家到邻近的天津、河北等地投产，这就直接波及了其他地区的产业结构安排，并反过来影响北京本地的产业管理制度，牵动北京对周边地区产业禁止和限制政策的调整。面对这一选题，三个报道思路可以丰富其文本内容：一是从北京本地出发，报道目前北京经济行业分类的比例数据，具体有多少家企业未能"出生"，北京企业家如何钻政策的空子，合理减少政策限制对投产的影响，本地人生产和生活是否受到影响；二是从天津、河北等地出发，报道有多少未能达标的产业落户北京周边，给当地的经济带来的经济利益和治理难题，区域民众的反应如何；三是从产业规划政策的差异分析统一经济圈内不同城市所采取的对抗性措施给当地民众带来的种种社会问题，并进一步探求各区域间如何在市场利益和生态安全上博弈，以及如何平衡城市建设和受众利益。

而《经济日报》区域版并没有系统展开，单篇报道《北京：打好有序疏解非首都功能攻坚战》（2015 年 10 月 20 日）仅从首都的角度谈这一政策，尽管"'加减乘除'实现'控'与'疏'" + "'两手'用力'转'出良性互动" + "同步推进补齐发展短板"的组合报道使其能高屋建瓴，多维度、深入地分析政策的利好性，但具体跟区域民众的生活距离较远，无法产生贴近性，从而制约其传播影响力的进一步发挥。

三 报道策划：报道深度不足 研究性有待增强

研究型报道最早是央视财经频道内部提出的一种栏目理念，是将新闻价值、财经研究的实地调研以及工作调研报告干预现实的企图结合在一起的一种深度报道形式。[①] 与事件型报道不同的地方在于，区域经济新闻报道所强调的研究性主要通过策划来实现，它是当前媒体打造核心竞争力的重要手段之一，具体表现为：以前瞻性、延续性和建设性为内核，以提供事实、发现问题和解决问题为依据，以启发思考、参考借鉴和实施指导为目的。作为全国性媒体，《经济日报》区域版要增强报道深度、做好研究型报道离不开策划和品牌栏目。一方面，经过策划的经济新闻报道往往能揭示新思路、新看法和新动态，表现出立意深远、视角独特和影响力大等特点；另一方面，品牌栏目是优质内容的载体，有助于强化版面竞争力并帮助受众形成阅读习惯。但结合区域版栏目实践现状来看，内容策划不力和品牌栏目缺失已成为其长远发展的两大短板。

---

① 郭振玺：《财经风暴眼》，红旗出版社，2012，第 87 页。

（一）特色策划缺失

根据对所选样本的数据统计可知，从报道类型上看，如图3－11所示，《经济日报》区域版报道主要以阐述事实的客观中立报道为主，总占比达83.0%。更多的主张客观呈现了区域经济动态，主要是针对已经发生的区域经济事件、战略决策等进行跟踪及连续报道。前瞻性和预警性报道则相对较少，分别占比16.0%和1.1%。具体结合内容来看，可以分为以下两点。

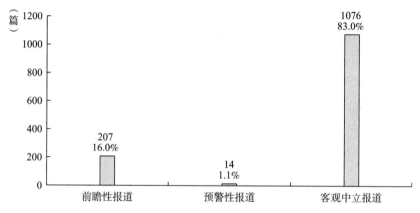

图3－11　2015年度区域版报道类型统计

一方面，对于横向拓展报道选题，延伸区域经济触角、关涉多样化利益主体的报道类型数量相对不足；另一方面，纵向开掘新闻素材，对区域发展的未来走势及市场趋势做出展望与预测的报道类型也相对较少。如《全力打造国际电子商务中心城市》（2015年7月28日）中地方领导专家就直接指出，加快打造国家电子商务强市和国际电子商务中心城市、助推港口经济圈建设和城市国际化是宁波加快经济社会转型发展和谋求中高速增长、迈向中高端水平的现实选择，而实践证明这一前景的预估确实符合经济发展的客观规律，但《经济日报》并没有对该选题进行横向拓展，报道在专家评论过后再无其他跟进，且由于缺乏满足受众心理诉求的贴近性，因此不能及时的为区域领导决策和受众投资理财及生产等经济行为提供建议和参考。区域经济新闻报道的内容策划水平还有待进一步提高。

（二）品牌栏目缺失

从报道内容上看，《经济日报》区域版覆盖面十分广泛，如表 3－2 所示，其中策划选题分为 18 类，相关报道共计 798 篇，占 2015 年度报道整体的 61.53％。报道数量最多的五类为："一带一路"在行动（145 篇）、区域产业（104 篇）、聚焦长江经济带（102 篇）、京津冀一体化进行时（98 篇）和发现（96 篇）。区别于地方性媒体，《经济日报》区域版打破了"域"的限制，报道对象遍布全国各省区市，相关策划案例众多，但缺乏打造品牌栏目的意识。整个 2015 年度《经济日报》区域版有且仅有一档品牌栏目，即《时讯》栏目。具体来看，《时讯》栏目固定出现在报纸版面的左侧边框内，在每日新闻中以区域经济政策等变化为报道对象不断更新，以满足受众的信息需求。尽管一定程度上给《经济日报》带来了积极的品牌效应，但在区域整版内容传播影响力的打造中作用十分有限。品牌栏目的辐射带动作用还有待进一步加强。

表 3－2　2015 年度区域版策划选题统计

单位：篇

名称	内容简介	数量
新作为·新亮点	总结区域内外的建设亮点，分享建设经验	5
视线	报道区域建设一线的具体风貌	9
区域产业	报道全国范围内代表性区域产业的发展概况	104
发现	具体报道区域创新特色产业	96
开发区动向	以开发区为导向，重点反馈地区开发进程	13
自贸区新动向	以自贸区为轴心，重点关注自贸区新动向	12
聚焦自贸区	关注自贸区建设的利好举措和经济动向	8
聚焦长江经济带	时时聚焦长江经济带的建设情况	102
关注长江中游城市群	关注长江中游城市群建设成果	5
关注"一带一路"	关注"一带一路"的阶段性进展	86
"一带一路"在行动	重点报道"一带一路"中的重要举措	145
京津冀一体化进行时	全面报道京津冀一体化的实施进程	98
东北振兴再出发	具体跟进东北为振兴老工业基地的种种探索	24
资源枯竭型城市转型	分享全国各类资源大省的转型尝试	36

续表

名称	内容简介	数量
地区（市）领导谈	分享领导对地区建设的指导意见	23
推进城市群建设	以长三角城市群、长江中游城市群和成渝城市群为代表	3
经济增长新力量	区域转型后的经济发展的新路径	25
一带一路·港口群	以港口群为切入点报道一带一路建设情况	4

事实上，《经济日报》的品牌栏目众多，本身具备打造整体性合力的基础。以其 2016 年度关注版的《视点》栏目为例，作为第二十六届中国新闻奖新闻名专栏的获奖栏目之一，《视点》始终坚持"主流、权威、公信力"，及时解读重大政策，深入解析改革热点，积极回应社会关切。报道内容时时聚焦经济社会领域关注度最高、时效性最强、利益牵涉面最广的话题，如《高通被罚 60.88 亿元释放什么信号》（2015 年 2 月 11 日）、《"红顶中介"摘帽这次动真格了》（2015 年 7 月 9 日）以及《减少的外储都去哪儿了?》（2015 年 9 月 8 日）等报道通过对政策制定者、执行者和利益攸关方以及业内专家学者的权威访谈、独家评论，厘清重大政策的历史脉络，回应有关各方的重点关切，研判相关领域的发展大势，进而为全面深化改革营造良好的舆论氛围。显然，相比其他版面，《经济日报》区域版在当前仅靠《时讯》一档栏目吸睛，品牌栏目意识还较为单薄。

第三节　提升《经济日报》区域版传播影响力策略

新经济常态下，区域发展已经成为拉动经济增长的新引擎，因此，做好区域经济报道并提升其传播影响力意义重大。本节将结合上文对《经济日报》区域版报道存在的问题探究来进行进一步的总结与分析。本节具体将结合区域经济新闻报道要求，提出具有针对性的改进策略，以期为同类型报道提供一定借鉴作用。

一　内容建构：突出全局意识 合理配置媒介资源

就目前来看，区域各大报业与其经济态势互动良好。媒体资源已经成为区域经济发展的重要资源，同时也是考察量化区域综合竞争力的重要指标，它直接关系着区域发展规模的制定和战略走向的选择。① 各区域及各产业只有充分利用好媒体的力量，才能把握住发展的主动权。因此，作为全国性媒体，《经济日报》要提升其区域经济新闻报道影响力就应该突出全局意识，合理配置媒介资源。

（一）平衡报道地域分布

如前所述，改革步子大、结构调整起步早、经济形势好的地区往往能赢得媒体报道的主动和先机。个别地区长期见报势必给受众带来这样的阅读体验：发稿量大的地区，区域建设进程进展良好。反之，发稿量较少的地区，区域建设情况可能并不尽如人意。尤其是全国性媒体，作为指引区域经济建设的风向标，《经济日报》报道地域失衡的严重后果还包括：一些不被关注或关注较少的地区甚至有可能产生备受忽略和冷落的情绪，区域建设热情受挫，开展各项工作的积极性不胜以往。因此，《经济日报》要做好区域经济报道就应该承担起社会责任，平衡报道地域分布。

事实上，差距越大的地区往往发展潜力也就越大，因此，《经济日报》区域版报道应该坚守办报宗旨，既要有对经济发达地区的关注，做突出宣传典型的"锦上添花"报道，也少不了聚焦经济落后地区，做注重问题解决的"雪中送炭"报道。具体做法可以是：一方面，明确区域"先进"和"落后"的概念是相对的，积极打造与之相适应的动态平衡报道战略；另一方面，打开区域视野，延伸报道触角，尽可能多的将视线平衡分散到中西部区域，深入挖掘其经济建设的热点、重点和闪光点。

（二）协调报道产业布局

作为评价城市竞争力的高低的重要指标，产业布局及其发展规模和集聚水平一直都是《经济日报》关注的热点。但截至目前，区域版实践现状表明：产业布局报道呈"二八法则"，即经济上强势的产业，如第二产业被分配的媒介资源和话语权较多，无论是转型还是升级，相关媒体报道都异

---

① 陈东晨：《媒体：区域经济发展的重要资源》，《辽宁经济》2007 年第 8 期。

常活跃；反之创造经济效益相对较少的产业，如第一产业则发声较少。区域报道产业布局的不均将加剧结构调整的难度，同时也与我国区域统筹发展的目标出入较大。

因此，作为全国性媒体，《经济日报》做区域经济报道更应该承担起社会责任，均衡配置媒介资源，协调报道产业布局。具体实现路径可以是：一方面，《经济日报》主动深入各区域，从源头处破题，发掘具有经济潜力及特色的产业典型；另一方面，各区域也积极响应，对接国家战略、发挥自身优势，发展新产品、新技术、新业态和新模式，促进新动力加快转换，进而推动区域经济的健康发展。

二 呈现形式：重视服务意识 不断贴近区域民生

由于媒介具有强烈的地域性，不同性质新闻媒体在进行区域经济报道时，往往各有各的特色。尽管地市报因其所处地域、环境的局限而无法像全国性报纸那样拥有广泛而丰富的新闻资源，但也正是其地域的独特性，使得其在特定区域范围内具有相当规模和较强生产能力、较高市场占有率和影响力。因此，作为全国性媒体，《经济日报》要想使其区域版获得受众关注就必须在报道的民生化和服务性上下功夫。具体可以分为以下两个方面。

（一）主张以经济反映民生，促进信息"增值"

具体到跳出"就经济说经济的旧模式"，《经济日报》区域版可以从以下三个方面着手。一是及时转变报道方式，从以"区域经济建设为主"逐步过渡到"区域生产和生活并重"，打破过去单一的发声模式，取而代之的是传达贴近公众议程、传递公众的声音，维护公众利益以推进社会发展。二是积极调整报道思想，确立区域受众本位意识，把人的发展与区域经济的腾飞有机地结合在一起，用他们的具体生活现状来观照整个地区经济的总体态势。一方面，关注区域受众的利益福祉，及时报道他们最为关心的问题；另一方面，在区域新闻报道视野中挖掘普通受众容易接受的、乐于传播的内容，凸显经济报道的人文关怀。三是区域新闻要针对各区域不同的选题特性，具体实施"分众传播＋分时传播"的组合型博弈战略，采用"时新性政策＋典型性案例＋生动性解读"的模式操作，从而提升区域经济新闻报道的可读性和感染力，进而使其服务性和贴近性得到有效落地。

（二）实行分域传播策略，增强区域号召力

在全新的传媒生态体系中，长期经营使得区域媒体拥有了在细分区域的绝对传播影响力，也形成了其他传统媒体及互联网新媒体无法短时间冲击影响的核心传播价值。因此，《经济日报》作为全国性报纸，其区域版要想突破地方资源垄断和媒介分隔的短板，关键就在于实行分域传播策略，增强区域号召力。

目前，随着政府从中观经济市场和微观企业运营管理中逐步脱离出来，区域经济发展的自主性已大大提升。此时，对区域经济发展进行有效的整合和拓展就成了区域经济类媒体的重要战略使命。对《经济日报》区域版报道而言，要想切实通过分域传播策略增强区域号召力，就应该从行政划分上突破区域限制，做好区域经济的内行人，充分利用好当地优势资源，突出区域特色。《经济日报》区域版新闻报道理应采取的是一种"中观"的视角，既不能因太宏观而脱离受众，也不能因太微观而背离立场，它应该以聚焦区域性话题和社会关注度高的经济事件为目标，以兼具权威性和专业性的财经视角为突破点，进而为受众提供全新的解读，如此才能增强区域经济新闻报道的号召力。

三　报道策划：以策划树立品牌理念 增强报道深度

作为全国性媒体，在充分认知区域经济发展的态势下，破除策划不力和品牌栏目缺失的短板，做好、做活区域经济新闻报道，鼓劲头增信心，从而进行积极有效的舆论引导，是经济发展特定时期《经济日报》作为"党政喉舌"与"社会公器"的必然要求与重要体现。

（一）拓展选题广度，打造品牌栏目

从区域受众的层面来看，品牌是相对固定化、标识化的存在，也是一种具备吸引力、感染力和号召力的共同认知；从新闻传播的角度看，媒体报道策划的品牌是栏目定位和特色的象征。对《经济日报》区域版而言，要实现拓展选题广度、打造品牌栏目的目标就需要在切实把握新闻发展规律和栏目运作规律的基础上，一方面，有意识地集聚区域版报道的优质内容资源，将其进行系统的归类、整合，打造特色、精品栏目；另一方面，精心策划，求真务实，不断创新，努力策划一批有广泛影响力的品牌栏目。

具体到选题操作领域，区域经济新闻报道对选题的确定可以依据报道主体的不同分为三个层面：首先是政府层面，其作为突破阻挡要素流动的壁垒，应建立协调发展机制；其次是市场层面，聚焦各类生产要素的信息流走向，研究其运行规律；最后是社会层面，经济区不只局限在经济层面，在社会层面加强共同的认同感也十分重要。其主要表现为突破地域限制，加深文化交流，夯实情感基础。相应的，《经济日报》要做大做全做深报道选题，打造品牌栏目也可以从以下三个角度出发。

首先，对于政府作为，《经济日报》区域版要充分利用其全国性媒体的平台和资源优势，补足地方性报道深度、广度及厚度上的缺失：一方面，要抢区域独家和首发新闻，壮大声势，先声夺人；另一方面，要打开全局性视野，从区域整体出发，以"大特稿""大纪实"为特色，对区域各类经济事件进行全景式报道。其次，对于市场动态，《经济日报》区域版应在翔实数据和内容的支撑作用下及时归纳总结、分析预测，及时安排报道方案和后续并组织实施，从而揭示经济行为背后的本质，切实为区域内企业和领导提供决策依据。对于社会文化，作为全国性媒体，《经济日报》区域版也应在做好区域经济的内行人上下功夫，通过寻求文化贴近性来丰富报道选题，进而破除区域化定位和受众本土化需求之间的矛盾，吸引受众的注意并引发其归属感和认同感。

（二）延伸内容深度，突出研究特性

如前所述，区域经济新闻报道的研究性主要通过策划来实现，具体到选取特定的经济现象，提炼具有全局性和前瞻性的观点，使区域经济新闻报道既能契合市场经济的发展规律和价值取向，又能顺势打造区域经济看点。延伸内容深度可以提供一定的突围思路。

提升《经济日报》区域经济新闻报道的研究性，不仅是新闻报道实践和新闻理论研究的必然趋势，对发挥经济报道的服务功能、实用功能等更具有重要的现实指导意义。具体可从以下三方面出发。第一，直面区域经济的重点、难点及热点，积极主动回应社会关切。《经济日报》区域版应该客观呈现利益攸关方的理性诉求，切实为不同阶层发声提供合理的表达渠道和宽松的平台，以京津冀为例，面对"棚户区改造""拆迁热""进京证""断头路""地方最低工资标准"等问题，区域版较少涉及，但报道空间很大。第二，提供解决问题的方法或思路。经济新闻报道关注经济现象，提出问题、分析问题，归根结底是为了解决问题。类似政策出台背景、区域形势变迁、市场经济动向及受众具体反馈等都是值得深入关注、思考和挖掘、报道的优势资源，对此，《经济日报》区域版应该坚持在深入分析的基础上提出"对新业态有新思路"的解决之道，使受众眼前一亮。第三，精心组织评论，发现问题、直言分歧恰恰是解决问题的契机，也是各行业长期健康可持续发展的重要保障。《经济日报》区域经济新闻报道只有不带预设立场，不充当个别区域的代言人，尊重不同利益主体，才能得到受众及相关部门的认可和支持，真正起到中央媒体理性和建设性的双重作用。

本章小结

当前，中国经济正步入新的发展阶段，区域经济发展也表现出一系列"新常态"现象。随着区域发展战略和政策体系的不断完善，在"四大板块"空间布局的规划上，党中央审时度势，进一步提出了"三个支撑带"战略，区域经济发展由此呈现出新的态势。逐步推行的"三个支撑带"战略、京津冀协同发展战略、长江中游城市群崛起战略……引起了国内外的热烈反响。从区内产业链对接和融合到区外经济的良性竞合，区域经济发展势头良好，新闻报道空间极大。相应的报道在完善区域政治、推动经济效益增长以及打造文化实力的过程中也起着越来越举足轻重的作用。区域各方面的进步与整个新闻传播事业的联结愈发紧密。

但与此同时，互联网的兴盛和媒介融合的进一步加速对传统新闻报道市场形成的冲击不可小觑。在此机遇与风险面前，媒体如何保持定力、科学地判断形势、主动确立与之相适应的报道思维，对于引领各地区发展具有重要的意义。结合时下情况来看，各区域正不断调整发展战略，积极寻求新的经济破题路径。此时，探讨媒体报道如何将眼光投向当地经济生活，创新区域经济新闻报道思维，以提高当地政府、企业及受众的建设积极性，应该成为区域经济领域中每一个从业者认真思考的课题。

目前，作为全国性报纸，《经济日报》区域版已经从报道的内容建构、呈现方式及报道策划和价值取向等方面做出了诸多有益的探索与积极的尝试，对其他区域经济新闻报道而言，参考和借鉴意义显著。除此之外，地方性媒体同样应该肩负起自身的传播责任，积极投身区域经济新闻报道的"战役"，多方合力，壮大报道声势，探索出提升报道传播影响力的有效策略。简而言之，在区域新棋局面前，媒体任重道远，不仅大有可为，同样也应该大有作为。只有以改革创新为动力，以转型升级为主线，不断构筑新优势，实现区域发展新跨越，才能真正做好区域经济新闻报道，切实提升其传播影响力。

第四章

"能源化工"版传播影响力研究

长期以来，我国的能源报道传播在国家总体政策布局中扮演了多重角色，比如振奋民族精神、传递能源信息、宣传节能观念，甚至争夺国际能源话语权。2014 年 6 月中旬，在中央财经领导小组会议上，能源革命再次成为焦点，习近平主席提出了"四个革命"和"一个合作"，旨在实现从消费、供给、技术、体制及国际合作五方面的自我突破。在我国经济步入新常态的大背景下，能源问题更凸显其战略意义，能源报道传播也呈现新的特点。2014 年 6 月 23 日，《中国经营报》开设"能源化工"版，关注能源化工产业、企业的战略转型升级，为中国能源革命鼓与呼，成为迄今为止最早以"能源"命名设置的版面。

第一节 能源报道传播影响力评价体系

在传播学中，"传播"常被强调为"共享"，人的社会化过程是个体与群体价值共享的过程，作为专业化的社会信息传播工具，传媒要为社会之价值共享贡献力量。因此，复旦大学朱春阳教授提出"传播力"的概念即传媒实现社会价值共享的能力。① 从宏观上看，传播影响力就是指传播到达、受众共享之后形成的最大影响力，传播包括第一次传播和再传播。从微观角度看，传播影响力最终体现为传播对受众认知、态度、行为

---

① 朱春阳：《传播力 传媒价值竞争回归的原点》，《传媒》2006 年第 8 期。

的影响。[①] 而态度的改变路径可以细分为说服传播的 ELM 模型[②]的中枢路径和边缘路径，由于受众的个体思考能力、知识储备、信息的相关性等不确定因素，在 ELM 视角下解读信息质量或者边缘线索，进而解构媒体新闻报道的内容和形式，将有利于寻找改变受众态度的最佳路径组合，构建报道传播影响力的评价体系。

一 能源报道内涵及特点

能源作为基础性的资源，一方面要提供动力，或直接或间接转为电力；另一方面则是作为化工原料，生产出社会各部门生产经营活动得以运行的原材料，是整个国民经济的重要物质基础。随着全球能源趋向紧张、社会生产技术进步及生活水平的提高，能源的生产、利用和消费量成为各国制定政策时必须考虑的因素。鉴于能源的重要性，媒体对能源的关注自然也不会少。虽然学界并未对能源报道进行定义，但是业界人士一般认为能源报道是一种行业新闻报道，是针对能源问题进行的新闻报道。

能源问题的报道大概分为六类：能源市场、能源安全、能源管理、新能源开发、能源与环境保护的矛盾、能源与可持续。由于能源与经济有着必然联系，在大众媒体中，能源报道多属于产业新闻或财经新闻，同时，由于能源与公共利益、国家利益密切相关，能源报道又可属于民生新闻、时政新闻。总之，随着世界范围的能源紧缺，能源报道越来越成为媒体竞相追逐、提升影响力的重要报道品种。能源报道主要有以下三个特点。

（一）专业性强

这种专业性体现在内容上：一方面是报道面集中；另一方面是报道内容难度较高。这使得能源报道的受众群面相对狭窄，一般是针对此行业相

---

① 吴玉兰、张楠：《研究型报道的传播影响力——以央视财经频道"聚焦物流顽症"为例》，《当代传播》2015 年第 2 期。

② 即精细加工可能性模型（Elaboration Likelihood Model of Persuasion，ELM），该模型于 20 世纪 80 年代由美国心理学家理查德·佩蒂（Richard E. Petty）和约翰·卡西欧珀（John T. Cacioppo）提出。

对了解和关注的专业人士。比如，在《中核呼吁核工业重归大一统 被指返潮流倒行逆施》（2014 年 9 月 1 日）一文中，《中国经营报》分析中核集团倡导核工业重归"大一统"、反对分业竞争目的是为自身赢得发展时间，在分析中核集团这一策略的真实原因时，第三代核电技术、AP1000 技术、核燃料循环等核工业中的专业名词依次出现，记者只有对这些专业知识有所储备，才能理性判断中核集团支持垄断的原因——中核集团垄断了核燃料循环领域。

（二）兼顾具体和抽象

能源报道可以很具体，从自然资源到成品的整个产业链，其中的每个环节都是它的报道对象。同时，它也可以很抽象，涉及国家政策、发展战略甚至全球政治、军事和外交。"能源化工"版的能源报道既有对上游石油勘探开采的内容，又有下游销售端的竞争态势，还有对石油储备短缺、煤化工产业定位、能源体系改革等问题的研究。微观具体可以为受众提供细节信息，宏观策略可以为受众提供战略思考。

（三）与生态环境紧密联系

当下环境问题日益突出，甚至成为影响人类可持续发展的关键因素。作为国际社会关注的焦点问题，未来能源的每一步发展都离不开对环境的考量。因此，能源报道中环境是必不可少的部分，并且随着对环境的日益重视，这部分的比重将不断增加。目前，我国经济要改变依靠资源的粗放型方式，但是以往的环境污染成为经济转型的障碍，影响企业重组，甚至导致群体性事件。比如，在《大唐多伦煤化工被指"三废"重灾区 或危及重组交易》（2014 年 7 月 14 日）一文中，大唐多伦煤化工处于舆论旋涡中，《中国经营报》直指"三废"问题或危及重组交易。在《榆林中能榆阳煤矿深陷群众利益危机》（2015 年 5 月 6 日）一文中，《中国经营报》报道了榆林中能榆阳煤矿与当地村民因环境污染和利益纠纷爆发的群众"堵路"事件。

二 我国能源报道发展历程

能源报道从 20 世纪 90 年代初萌芽，最初只是新闻产品中的新生代，甚至稀缺产品，随着能源开发、能源利用、能源交易、能源节约活动的日趋频繁，能源报道已经成为相当独特的开垦区和待垦区。其中重要的分水岭是2009年12月召开的哥本哈根会议，这次会议改变了媒体对能源的很多认识。

（一）萌芽期：20世纪90年代—2008年

20世纪90年代，我国的社会经济已经发展到了一个新的高度，但随之而来的资源枯竭、环境污染等一系列社会问题日益凸显，可持续发展的相关命题开始成为社会关注的热点。同时，《21世纪议程》成为全球可持续发展的行动蓝图，中国紧跟世界能源形势，将可持续发展纳入能源政策制定中。但是，当时的大多数媒体仍是日复一日地机械报道能源领域的"春种秋收"，比如煤炭、石油、电力这几个行业掌握着国民经济的命脉，但是相关报道之间几乎没有相关度，煤炭领域充斥着对脱困、改革、安全的呼吁，电力也只有干巴巴地不断突破，重大事故更是鲜有所闻。[①] 能源报道还停留在一个比较浅层的阶段——就事论事。

21世纪初，中国经济一跃而上，能源消费强度也随之增强，煤炭、钢铁、铜等消费位居世界第一，石油、电力消费位居世界第二。同时，我国主要能源和初级产品的供需局面发生了较大变化，因资源而兴或衰的地区或城市发展差距越来越大。从长三角的"电荒"到涉及东中部地区的"煤荒""油荒"，人们开始正视能源危机、能源战略等一系列重大问题，而世界也开始更加关注中国的能源问题。2005年，建设资源节约型社会成为国家战略命题，涉及资源节约的观念、主题、制度等诸多方面。同时，纸媒受到信息技术冲击走进"寒冬"，需要细分报道领域，吸引人们的注意力。

在这样的综合背景下，一方面，传统大众媒体和财经媒体纷纷设立专刊、专版，开始集中争夺能源行业市场，而有先见之明的新华社，于2004年1月5日已创办了《经济参考报·能源专刊》，以"展望能源业界风云，

---

① 刘军：《从"热炒作"到"冷思考"——一个能源记者的十年感悟》，《中国记者》2005年第3期。

为经济决策提供参考"为办刊理念。另一方面，有的传统能源企业所属媒体改制后开始走向市场，如2008年国家电网报社和国家电网旗下的电力出版社整合，成立了英大传媒集团，相继创立《亮报》等新锐媒体，开始逐渐拓展对能源报道的深度和广度，在宏观经济、区域经济、社会民生等报道中也不断出现能源的身影。与此同时，大众媒体承担起了宣传资源节约观念、引领公众行为方式的义务。

（二）成长期：2009年至今

为应对全球金融危机和气候变化，绿色政治、绿色经济不断成为世界发达国家提振经济或转型的新亮点。2009年12月7—18日，哥本哈根气候会议举行，在会议上，时任国务院总理温家宝做出承诺——中国将在2005年基础上，到2020年将万元GDP碳排放量减少40%—45%。中国政府不仅关注以生产降耗为主的减排，而且把全民减排纳入整个减排计划中，以此构建全方位的低碳经济和低碳社会。

哥本哈根会议的召开促使媒体对能源有了更深的认识，这一时期，媒体对于新能源、节能环保、低碳经济领域进行了大量报道。其中，环境问题为能源报道拓宽了报道领域，将环境与科技进步、企业社会责任、个人幸福度结合起来。不仅让能源这类行业性报道更具可读性，而且提升了媒体公信力，摆脱了其长期以来专业性有余而关怀性不足的尴尬。哥本哈根会议以后，南方报业集团旗下媒体纷纷开辟绿色或者低碳版，积极探索绿色文明。《南方周末》在2009年10月8日最早开辟《绿色》版，主要关注环保、低碳经济和其他可持续发展领域新闻。次年，统一集团下的《21世纪经济报道》开辟《低碳周刊》，内容以"碳"为核心，从政治、经济、技术、生活方面为受众解读。随后，《南方日报》率先全方位启动绿色战略——开辟《绿》版、举办绿色战略论坛、开发低碳指数。

与此同时，大批能源综合类媒体涌现，如《能源》杂志、《中国能源报》等，同时在细分领域涌现了诸如《中国新能源》《新能源汽车》《风能》《光伏》等媒体。此外，人民网、新华网等中央媒体网站，以及各大商业网站、财经类网站也开设了专门的能源频道，加上中国能源网等专业网，能源媒体的不断涌现从侧面说明能源报道已经逐渐成为媒体竞争的重要新闻产品。但是，较其他新闻品种而言，能源报道显得稚嫩而不成熟，主要存在三大问题，即碎片化关注、片面式理解、公关式议题。2011年日本福岛核泄漏事件以及国内媒体最初对PX项目的"妖魔化"处理更暴露出了中国能源报道存在的巨大问题，即能源专业性不足，一方面，专业能源记者缺乏，无论企业类还是社会类媒体，采编人员大多是记者出身，其长处在于有很高的新闻敏感度，缺点在于关于能源问题缺乏阅历、资源、技术、心智，难以解释能源问题的复杂性；另一方面，在媒体组织层面上，能源案例积累极度缺乏。2015年两会期间，柴静的《穹顶之下》将"雾霾"再次带入公众视野，能源问题再次成为舆论焦点，能源报道大战再次掀开。未来，能源报道如何保持"专业性和大众性"发展将成为媒体不断努力的重要方向。

三 ELM视角下的传播影响力

根据已有研究，传播影响力的形成分为五个步骤，即"媒介传播→个体接收→接受影响→影响再传播→社会影响力"。[1]

由于受众个体间存在差异，传播行为对受众的影响也有所不同，正是这份不同使得个体在接受层面的影响也有所不同，其认知、态度、行为有可能发生不同程度的改变，最终汇聚成社会影响力。由上述推理可知，传播影响力的形成最重要的两个因素分别是"个体接收"与"接受影响"。

最能代表"个体接收"和"接受影响"的是受众态度是否改变，该部分内容可以借鉴说服传播的ELM模型，即精细加工可能性模型，该模型是由20世纪80年代美国心理学家理查德·佩蒂（Richard E. Petty）和约翰·卡西欧珀（John T. Cacioppo）提出的，在ELM模型中，受众的精细加工水平[2]是参差不齐的，受众的动机、能力等变量决定着个人思考的可能性，这些变量可以从不同的心理加工路径（中枢路径、边缘路径）作用于态

---

[1] 段鹏：《收视率与满意度的博弈——刍议电视节目传播影响力与收视率、满意度的关系》，《现代传播》（中国传媒大学学报）2007年第6期。

[2] 所谓精细加工（Elaboration），指的是一个人对一条信息里所包含的与话题相关的论据的思考程度。

度改变。动机和能力决定着个体对信息精细加工的可能性，前者主要指的是信息与受众自身的相关性、了解的需要，后者则包括知识储备、信息的重复和干扰刺激。具体而言，面对同一信息，受众个体思考能力越强，越容易注重证据的说服力，对证据搜集和对信息进行加工的路径就是中枢路径，而个体思考能力差，注重边缘线索搜集的信息加工方式是边缘路径。研究显示，通过中枢路径进行信息加工，态度的改变相对而言更加持久，甚至可以预测未来行为，而边缘路径对受众态度的改变更多是暂时的，而且态度的改变是不稳定的。[①] 因此，在 ELM 视角下提升传播影响力的关键在于引发受众思考、促进受众主动参与，强调要从受众需求角度进行传播。

在 ELM 视角下，传播影响力形成的路径有两条，即中枢路径和边缘路径（见图 4－1）。中枢路径即在受众信息处理能力和动机较高时，媒介信息质量越高，与受众相关度越高，受众对信息加工会产生一种正反馈效应，媒介传播对受众的态度和行为影响更加持久，其传播影响力越大；边缘路径，即当受众信息处理能力和动机较低时，媒介传播情景中的边缘线索，如传播者的权威性等，可能对受众态度产生短暂的影响，由此产生的传播影响力较弱。

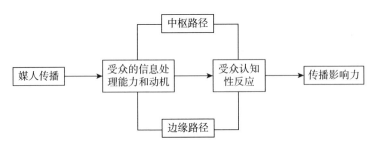

图 4－1　传播影响力的形成

由传播影响力的形成机制可知，受众处理信息的能力和动机是精细加工的前提条件，也是传播影响力强弱的先决条件，因此，在信息传播中，对受众能力、动机的分析十分重要。当受众群体一定时，信息质量或者边

---

① 蒋晓丽、张放：《中国文化国际传播影响力提升的 AMO 分析——以大众传播渠道为例》，《新闻与传播研究》2009 年第 5 期。

缘线索将成为决定传播影响力大小的因素。

综上,对报道传播影响力的分析可以从中枢路径和边缘路径两方面进行。前者可以对报道选题和报道方式进行分析,因为新闻报道选题的好坏直接影响着受众主动思考、参与话题讨论的积极性,同时,不同的报道方式可以满足不同层次受众的信息需求。据已有研究表明,在受众动机和能力不足的情况下,信源是一种边缘线索。因此,对报道传播影响力边缘路径的分析可以从信源的专业性和权威性入手。

第二节 "能源化工"版传播影响力分析

《中国经营报》"能源化工"版自 2014 年 6 月初设,每周有 1—3 个版面,属于"营商环境"组,定位"关注能源化工领域最新动向和热点焦点话题,聚焦重点企业发展战略、转型升级路径,为行业发展建言献策,为能源革命鼓与呼,以引领能源化工行业转型发展"。此外,《中国经营报》"能源化工"版以深度报道为主,以访谈为辅,其中,2015 年 3 月 20 日开辟《能人源见》栏目,其目的是使能源各行业能够发出自己的声音。直至 2015 年 5 月 4 日已经有 65 个版面,共 137 篇符合条件的能源报道。

一 中枢路径:选题广而全

对于企业的经营管理者,他们需要了解外部环境的变化并调整经济决策以利于生存和发展,因此,提供实用信息,帮助受众透视环境、决策经济[1]是提高能源报道传播影响力的中枢途径。2014 年 6 月初,习近平提出的"四个革命,一个合作"成为中国能源革命的指导方针,《中国经营报》随即推出"能源化工"版。

---

[1] 吴玉兰:《经济新闻报道》,武汉大学出版社,2009,第 95 页。

（一）传统能源行业以转型升级为主

2014 年 6 月 7 日，国务院办公厅公布《能源发展战略行动计划（2014—2020 年)》，其中，优化能源结构是未来能源发展的主要任务之一，即改变以煤炭消费为主的能源消费结构，开发清洁能源，形成多元化的能源结构。我国的化石能源消费占比偏高，非化石能源消费仅占 9.8%，并且单位 GDP 能耗高于发达国家，电力、钢铁、建材、化工是四大用煤大户，现在的能源消费相关政策是设置 2020 年能源消费总量目标、减少煤炭消费总量，加强能源节约、控制各领域的碳排放，改变粗放型的生产和消费方式。前者需要发展节能环保产业，后者则需发展核电、风电等非化石能源产业。按照能源分类标准，"能源化工"版能源报道可以分为煤炭、石油、天然气、电力、新能源，其中，为了研究方便，分别将煤化工、石油化工归于煤炭、石油，其他包括钢铁、铝业，具体见表 4 - 1。

表 4 - 1 各能源类型的报道数量分布

单位：篇，%

指标	煤炭	石油	天然气	电力	新能源	其他	总计
数量	46	31	7	14	23	16	137
占比	33.58	22.63	5.11	10.21	16.79	11.68	100

传统能源与新能源的激烈竞争直接反映在报道数量上。《中国经营报》"能源化工"版对煤炭行业的报道最多，其次是石油行业、新能源行业，再次是电力行业，几乎囊括了能源的所有行业，但是对于天然气等的报道较少。以煤炭、石油为主的能源占比 56.21%，仍是能源报道最重要、最基础的领域，而核电、光伏、页岩气等新能源报道占比 16.79%。可见，《中国经营报》"能源化工"版仍然以煤炭、石油等传统能源行业为主要报道对象，对煤化工、石油石化等行业现状及存在的问题进行分析，揭露传统能源行业转型升级的艰难之路。以煤炭行业为例，由于存在煤价下行压力，石油对外依存度过高，该行业出现了"逢煤必化"的现象，造成煤化工产能过剩的局面。然而，从 2014 年 7 月起，由于煤化工的政策趋于保守，行业生存环境恶劣，《中国经营报》"能源化工"版中煤化工报道高达 32 篇，

报道了一大批违规项目、污染项目，煤企甚至电力企业因为煤化工报道债台高筑，资产重组、融资寻路、谋求政策支持成为煤化工行业转型的普遍措施。同时，这不禁令人深思，国家对煤化工的定位是否准确，其高耗能、高污染的特点到底如何实现煤炭的清洁利用。

在新能源报道中，光伏发电、风电、核电、生物质电共计23篇，围绕着新能源行业发生的最新动态进行报道，比如，光伏电站建设新增规模规定、海润光伏高转送套利、晶科发展光伏电站的下游战略及用工荒难题、英利的巨额亏损、华锐风电的生存问题、核电重启最新进展、生物质电补贴救济，这一系列新能源报道关注国家政策、资本市场，持续不断地在第一时间发布行业有价值的信息，对市场产生了积极影响。[①] 但是，这种报道格局与国家能源革命是不匹配的，第三次能源革命（转型）的核心是将可再生能源作为未来能源发展的重点，与此同时，整个能源行业和企业要为清洁、高效、绿色和可持续的目标而努力。仅仅几家企业或者行业报道无法真正展现可再生能源存在的问题。

（二）企业话语权分析

能源行业是自然垄断行业，在资源开发利用上不仅需要大量资本，而且要考虑公共利益。世界各国的能源行业都曾经历过或者仍是一家独大或几家独大的局面，我国能源垄断的特点非常突出，比如，煤炭行业的神华集团、中国中煤能源集团、大同煤矿集团有限责任公司，石油领域的"三巨头"，以及五大发电集团和两网。这客观上决定了能源报道中国企居多的报道格局。《中国经营报》"能源化工"对国企的报道远超过民企和外企，占比75.23%（见表4-2）。

表4-2 "能源化工"对国企、民企、外企的报道分布

单位：篇，%

指标	国企	民企	外企	总计
数量	79	15	11	105

---

① 龚维松：《从证券市场看新能源产业发展及其报道》，《中国记者》2011年第S1期。

指标	国企	民企	外企	总计
占比	75.23	14.29	10.48	100

　　超大型能源企业的一举一动甚至会影响到整个行业。比如，在国内煤炭企业中，神华集团可谓"煤炭巨人"，不仅实现了规模化、现代化，而且是世界上最大的煤炭经销商，其下调煤炭价格可以直接影响整个煤炭市场，在《一月六降价 神华集团"抗击"山西救市》（2014 年 8 月 4 日）一文中，在煤炭价格下行的背景下，除了几大行业"大佬"之外，几乎所有煤炭企业都处于盈亏边缘甚至亏损边缘，而神华大打价格战已经影响到了整个煤炭市场的价格体系，山西出台各种救市政策也难以应对。这不仅是由于神华集团资产规模大，而且是因为其在煤炭行业是全产业链企业，产业上游的亏损可以由其他部分来弥补。

　　又如，国企的混合所有制改革有利于释放制度红利，民间资本动向、进入能源领域的难度、获利及影响是媒体关注的重点。以《中石化混改：放开 30% 限制要看前期效果》（2014 年 9 月 22 日）报道为例，2014 年 9 月 15 日，中石化混改走出了重要一步，25 家境外投资者持千亿资金入股中石化。报道首先对中石化下一步混改方向进行定性——渐进式混改，"30% 的底线短时间内不会突破"；其次从未来新成立的销售公司董事名额、25 家公司产业战略投资者的身份，指明了社会和民间资本在这次混改中仍然是配角，获利有限，这也是市场对中石化混改信心不足的原因；最后，未入围加油站经营者对"加油站 + 便利店"商业模式的质疑及中石化新闻发言人的回答，说明中石化销售端利润空间足够未来拓展非油业务。《中国经营报》这种中立客观的报道方式，抓住了混改中最具争议的点——民企到底获利多少，较为全面地呈现了各方对于此次中石化混改的态度，以供读者对此次混改及市场变动进行独立判断。

　　对民企的关注主要集中于新能源领域中的明星企业，比如，光伏行业中的英利、晶澳、天合，风电行业中的华锐，对传统能源中民企能源的报道较少。因此，对国企的大量报道在一定程度上反映了行业中的重大变动、能源领域中存在的重点问题，对于受众而言，时刻关注国企动向在一定程度上代表行业动向，但是如此易导致报道模式及题材的单一性，适当增加民企报道，给民企更多话语权，有利于呈现完整的能源行业现状。

（三）能源热点话题分析

中国经济发展进入新常态，经济的高速增长转换为中高速增长，转变经济发展方式，实现经济结构的优化升级已成为必然趋势，创新将取代要素，投资将成为新的经济动力。与此同时，能源生产和消费方式也在发生改变，为能源报道提供了更多的新闻素材。新闻选题实际上是把关事实，会引导从业者思考报道的方向、目的和意义，决定着新闻的质量。对本章121篇报道（排除访谈及约稿16篇）进行分析，可以发现报道选题提供了多层次的信息。"能源化工"版能源话题可以分为五大类：能源政策、能源企业、能源合作、能源生态、能源金融，具体分布见表4-3。其中，能源政策报道数量最多，占比35.53%；其次是能源企业报道，占比33.88%。对于经营者而言，能源政策报道、能源企业报道都会提供更多实用信息。

表4-3 "能源化工"版能源话题分类数量统计

单位：篇，%

指标	能源政策	能源企业	能源合作	能源生态	能源金融	总计
数量	43	41	21	11	5	121
占比	35.54	33.88	17.36	9.09	4.13	100

能源政策报道主要包括法律法规、产业政策、改革意见等的内容解读或对能源行业的影响，其在解读过程中，揭露行业存在的种种问题。该类报道中有39.53%（17篇）与环保问题相关，或直接反映环保处罚下的"坚持违规生产"，或反思煤化工示范项目意义何在，或者揭露环保背后的利益博弈，比如，《危及水源遭抵制 神华鄂尔多斯煤矿项目被叫停》（2014年8月30日）首先揭示了该项目被环保部叫停的原因——哈头才当水源地与梅林庙井田存在大面积的压覆关系，项目排污将影响居民的生活用水，但是采访并未到此为止，结合2014年8月18日鄂尔多斯市政府发布的《鄂尔多斯市煤炭资源配置清理工作方案》，地方政府要重新配置资源，或可称为"以资源换项目"，报道揭露了项目被叫停的"另因"——神华必须上转

化项目才可以获得煤炭资源。这篇报道不仅揭示了日趋紧张的环保压力带来的风险，而且将地方政府和企业之间的博弈微妙地揭露出来。另外，补贴和消费税等经济政策对于能源行业发展的影响也是报道的重点，比如《生物质发电"退潮" 政府补贴成"裸泳者"救命稻草》（2014年10月20日）反映了生物质发电行业因国家长期政策扶持忽视市场规律和技术开发，最终出现行业性亏损的问题。《"嘉兴模式"遭炮轰 光伏业"高补贴"样本调查》（2015年2月2日）揭露了层层补贴不利于光伏业探索发电技术、创新盈利模式的弊端。

能源企业主要从市场角度看企业人事调整、战略转型、资本运作等，比如油价狙击背景下的煤化工企业的决策，石油领域中反腐、混改进程，电力改革进展，光伏企业巨亏背后的原因及战略调整。能源合作尤其是核电、特高压、石油等"走出去"，不仅为受众提供最新的能源发展现状信息，而且营造一种积极向上的氛围，更容易刺激受众接受信息，此外，由于国家政策、企业战略等多方面因素的影响，能源合作的具体项目充满了变数，在变化中往往可以寻找更多的新闻线索。能源生态则一定程度上说明环境是未来能源发展必须要考虑的因素，能源污染甚至会导致群体性事件，其中的利益纠葛需要认真地梳理解决。能源金融报道数量最少说明我国能源作为商品的性质仍然不足，价格大多被行政垄断，金融产品自然不够发达。

二 中枢路径：分众化传播

由于能源行业的专业性较高，相比其他领域，能源领域较专业。目前，专业性、行业性、特殊性致使能源报道成为小众新闻而非大众新闻，因此丧失了应有的舆论影响力。受众关注度是检验新闻价值和影响力的重要指标，能源报道必须接受受众的检验。《中国经营报》受众超过七成是企业管理人士，相对于经营管理知识，对能源领域专业知识储备还是有些不足。"能源化工"的能源报道更多从能源与经济的关系入手，一方面通过深度解读能源企业或者能源行业问题，如解读数字或者动态背后的动机及意义，把握能源行业现状；另一方面通过访谈形式，对能源重要或有争议的专业问题进行解读，满足专业知识层次更高人的需求。不同程度地对能源信息进行编码，尽可能地引起受众对能源报道的思考，能够提升能源报道的传播影响力。

（一）报道的深度解读

《中国经营报》"能源化工"以深度报道为主，以访谈为辅（见表4-4），通过持续关注，将个案研究与"以点带面"结合来解读能源现象。其中，为了使能源业界人士各抒己见，2015年3月20日开辟《能人源见》栏目，以访谈形式出现；约稿数量极少，更加专业。

表4-4 "能源化工"报道形式分布

单位：篇

指标	深度报道	访谈	约稿
数量	121	15	1

在"能源化工"的深度报道中，记者在了解国际形势变化及国内大政方针的基础上，深入基层进行调研，用第一手的资料来进行报道。以中国新能源全面进入光伏时代为例，2015年3月16日，国家能源局发布通知将2015年全国光伏电站新增建设规模调整为17.8GW，这一政策令光伏行业振奋，这个鼓励信号到底会不会带来新一轮的行业"大跃进"？2015年3月30日，报道以《光伏业新一轮大跃进跃然纸上》为主篇，对行业主要光伏组件商的出货量、装机规模等进行调研和分析，以此提出要警惕光伏行业的狂飙猛进，同时选取两个个案——发生大火之后被指有管理漏洞的晶科能源（《郁闷晶科：高增长难掩用工荒》）和资本玩法黑路的海润光伏（《另类海润：高送转暗藏套利悬疑》），宏观的行业分析和微观的个体分析，可以令受众对光伏行业发展现状有一个大致的判断，以此为决策依据。这种把行业判断和个案分析点面结合的组合报道方式更容易提供全面的信息，使不同层次的受众根据其知识水平阅读。

（二）访谈的多层语义

对于"能源化工"而言，引导能源化工行业转型升级才是传播影响力最大化的体现，因此，对于专业问题的讨论是十分必要的。有业界人士曾经以煤化工为例对能源报道的专业性进行解读，即"只有对煤制油项目宏观、中观和微观都了如指掌，报道才能专业。比如在宏观层面，全球煤制油项目的最新动态、国家的煤制油行业现状及政策等；在中观层面，煤制油项目投资、耗水耗能转化率等；在微观层面，相关工艺技术、煤质及催化剂情况等"。① 但是，记者在能源专业知识有限的情况下，通过访谈可以实现对专业问题的讨论。对话这种传播方式，是一个具有多重意义、开放性的、蕴含多种阐释可能的选择，能够将受众、记者、被访谈者置于同一情境下，有利于受众自己去辨别事实、构建意义。

1. "能源化工"版访谈概述

"能源化工"版有不定期栏目《圆桌》《能人源见》，访谈共有15篇，其中2015年3月20日开辟的《能人源见》栏目有3篇，具体见表4-5。这两个栏目则主要针对热议话题，逐渐从企业战略部署到能源可持续发展、雾霾等现实问题，寻找国内权威人物进行讨论，为争议话题的相关方提供发声的机会，类似电视节目的专家访谈。访谈对象逐渐多元化，由原来的国内企业管理者，逐渐增加到国外企业管理者、专家、政府官员，访谈不但拓展了能源报道话题的广度，而且有利于专家讨论发表行业意见。《能人源见》的开栏语为"希望更多能源业界人士，能够从源头清晰地发出净谏之言，独到之见，而不是随波逐流，人云亦云"。这种对话传播是在传者意识到受众差异性的前提下，寻找信息和价值观念的共同之处，从而进行沟通交流，尽可能引导受众参与话题的思考，提升报道的传播影响力。

表4-5 "能源化工"版访谈情况分布

日期	标题	行业
2014年7月21日	"能源央企长远发展要看'绿色'基因" 访中国五矿总裁周中枢	矿业
2014年8月25日	出口一个核电站相当于出口100万辆桑塔纳轿车 核电走出去：挑战在自主产权三代项目落地	核电

---

① 邓伽、胡俊超：《能源报道如何兼具专业性与大众性——以新华社部分报道为例》，《中国记者》2011年第S1期。

续表

日期	标题	行业
2014 年 10 月 27 日	延长石油转型升级："永远在路上" 访延长石油（集团）有限责任公司总经理贺久长	石油
2014 年 11 月 27 日	年均增长率超 25% 德国威能加速布局中国市场 访德国威能中国区总经理王伟东	天然气
2015 年 1 月 26 日	访内蒙古伊泰煤制油有限责任公司董事长齐亚平 "国际油价再暴跌都不怕"	煤炭、石油
2015 年 2 月 9 日	"把煤化工领域的害群之马踢出去" 访中国石化联合会副秘书长胡迁林	煤炭
2015 年 3 月 30 日	煤化工真正要解决的是煤的清洁利用问题 对话煤化工业内 专家韩保平	煤炭 能人源见
2015 年 4 月 6 日	"为什么现在是油气并购好时节" 访洲际油气董事长姜亮	石油、天然气
2015 年 4 月 13 日	GE 预言：中国将步入分布式能源新时代 对话 GE 分布式 能源业务亚洲区总裁 Paul，Corkery、GE 可再生能源业务中 国区总裁李枫	电力
2015 年 4 月 13 日	在华增速赶超中国 GDP 郑大庆：中国将成为巴斯夫更重要的阵地	石油石化
2015 年 4 月 13 日	曹湘洪：中国现有石油储备能力仍然很差	石油
2015 年 4 月 20 日	沙尘暴来袭：王文彪曾预警"不能好了伤疤忘了痛"	土地荒漠化
2015 年 4 月 20 日	化工巨头阿科玛的中国策 访阿科玛董事长兼首席执行官雷 埃纳夫	化学品生产 企业
2015 年 4 月 27 日	要想解决雾霾问题 就必须重构能源体系 对话新奥集团董 事局主席王玉锁	清洁能源 综合性企业 能人源见
2015 年 5 月 4 日	中国有条件成为全球第二大页岩气供应国 对话 BP 集团首 席经济学家戴思攀	世界上最大的 能源公司之一 能人源见

2. 专家高见

《中国经营报》"能源化工"版的访谈报道对象为能源业界的高层管理者、专家、学者，他们对于行业的发展了如指掌，对发展存在的问题也较清楚，并能提出相应的应对和解决之道，比如，从热点问题引入，围绕着石油储备、内陆核电站的安全性、煤化工的清洁利用、分布式能源等能源专业问题进行讨论。专家访谈一般需要对新闻资源进行整合、重组，新闻资源即新闻背景材料、相关的观点和意见等；围绕事件更深层次的东西进行探讨，比如新闻事件的成因、影响、意义，使受众对事件有更深的认识。这种报道方式一般可以提炼出受众感兴趣的、重要的信息，更容易引发受众对信息的精细加工。

比如，2014年国内核电重启声渐高，但仍存在治霾需求与安全风险的争议，对于经营者而言，这种争议隐藏着不确定风险，因此，理智梳理各方声音的平台很重要，而且可以锁定受众的注意力。2014年8月25日，《中国经营报》对话赵成昆、林伯强、王亦楠，三者的身份分别是中国核能行业协会副理事长、厦门大学中国能源经济研究中心主任、国务院发展研究中心资源与环境政策研究所研究员，都是能源领域的权威专家。报道通过三方圆桌访谈，得出更加有理性、指导性的结论，即在相当长的时间内争论内陆核电是没有意义的，因为民众意见主宰着核电规模的大小，现阶段核电"走出去"给核电产业链带来更多的是挑战——拥有自主知识产权和建设示范堆。又如2015年4月11日，中国工程院院士曹湘洪在访谈中指出，石油储备建设能力不足已成为我国至关重要的问题，直接导致了油价下跌而国内原油进口量不升的悖论。他随后将提升中国原油储备能力、增加原油储备对国际油价的影响、在国家层面进行能源储备建设等建议——道来。

再如，2015年4月27日，《中国经营报》对话新奥集团董事局主席王玉锁，围绕着雾霾问题进行深入访谈。王玉锁单刀直入摆明观点：传统能源体系是雾霾最直接的成因，要想彻底解决，应该构建可再生能源与气体能源融合发展的现代能源体系，未来"互联网＋分布式能源"将成为现代能源体系的两大支撑，现在京津冀的能源规划就运用了如此理念。王玉锁最终将雾霾到现代能源体系的构建归于四个革命的融合，按照一定顺序，以能源消费开始，然后供给，再就是为前两个提供支持的技术革命，最后才是体制革命。

3. 对话企业

另一种能源访谈是针对公司高层管理人，围绕热点事件、公司发展战略等问题进行访谈，涉及的企业有国内外有名的石油企业、燃气设备企业、煤化工企业、电气企业、化学品生产企业、清洁能源综合企业。不仅可以帮助企业消除疑问、稳定市场，而且可以介绍企业转型经验教训。比如，

《扩张产能至 1000 万吨 伊泰千亿煤制油迷局待解》（2014 年 12 月 22 日），先是国际油价暴跌后伊泰千亿煤制油逆势而为的消息，随后市场传"伊泰 16 万吨煤制油示范项目已经暂停生产煤制柴油"的消息，其战略方向到底是什么？这是市场和投资者十分关心的问题，于是，2015 年 1 月 24 日，《中国经营报》第一时间采访内蒙古伊泰煤制油有限责任公司董事长齐亚平，分析这 16 万吨煤制油项目的示范意义、抗击国际原油 40 美元的低价的可能性，这对于稳定市场情绪、消除谣言等有着重要作用。

又如，2014 年 4 月 13 日，《中国经营报》记者专访 GE 分布式能源业务亚洲区总裁 Paul，Corkery、GE 可再生能源业务中国区总裁李枫，访问是在 2014 年 3 月 15 日《关于进一步深化电力体制改革的若干意见》发布后一个月后进行的，此时对于该政策的解读已经充分发酵，能源业界也普遍认为"中国将有序步入分布式新能源时代"。受众关注的点开始转向中国如何才能进入"分布式新能源时代"，GE 是全球领先的分布式能源企业，根据受众需要，专访李枫对中国发展分布式能源的看法、GE 在中国分布式能源投资及未来发展战略，适时填补了意见空缺。事实上，观点的表达对于行业的纠偏、预警作用是不可取代的。因此，及时关注行业新动态，用专家访谈观点提升能源报道的前瞻性、科学性，对于未来能源行业的良性发展具有推动作用。

三 边缘路径：消息来源可信度

当受众对信息进行加工的动机、能力不足时，边缘线索会影响受众对能源问题的认知，边缘线索指的是信源和信息，包括信源专业性（媒体的权威性、消息来源的可信度）、论据数量及重复等等。与《能源》杂志等行业类媒体相比，《中国经营报》本身是一份财经报纸，关注及解读的专业性难以保证；在财经媒体中，与 2004 年就创刊的《经济参考报 能源专刊》相比，"能源化工"至 2016 年 3 月开设不足两年，在财经圈中无法称之为权威。因此，《中国经营报》能源报道的边缘路径可以根据消息来源的可信度进行分析。

（一）消息来源内涵

在已有研究中，消息来源可以是提供新闻事实的人或机构，也可以是构成新闻根据的所有新闻事实，这是比较广义的定义；现场目击者、政府等新闻事实的提供者则是狭义的消息来源。[①] 在新闻报道操作中，更多的引语更令人信服。有专家认为，引语源和引语数量会影响报道中各方话语权的平衡，甚至决定了报道事实的真实性，因为不同消息源会彼此支持和证明。由此，记者对报道选题、价值倾向保持客观中立的立场，选择多样的消息来源变得至关重要。

在新闻报道中，匿名或实名直接关系到新闻报道的客观性和真实性，在"能源化工"版报道中出现了大量的匿名消息来源，比如"一位长期关注甲醇的期货从业者""辽宁大唐内部人士透露""一位发电企业人士向记者表示""业内专家""知情人士透露"。匿名消息来源的出现是因为，这些消息提供者或出于某种原因不愿意公开自己的姓名而要求保密，或不便公开部门的名称、人物姓名和头衔。匿名消息来源在一定程度上会大大降低新闻信息的客观性和真实性。

（二）消息来源分析

根据主体类型，我们将深度报道的消息来源分为以下九类：企业、业内人士、政府、服务机构、专家学者、自律性组织、普通群众、知情人、媒体。一篇报道可能出现以上一个或多个消息源。具体分类标准如下，统计结果见表4-6，分布比例见图4-2。

（1）企业：事发企业负责人、CEO、董事长、内部人员、新闻发言人、宣传部，或行业中的中小企业（经销商、投资者），或内部消息人士。

（2）业内人士：同行业者、相关行业者、工作很多年者、退休者。

（3）政府：国家或地方环保局、发改委、水利部、统计部、地方开发区管委会等。

（4）服务机构：咨询、顾问、交易中心的分析师或研究员，律师，环

---

① 童兵：《比较新闻传播学》，中国人民大学出版社，2002，第293页。

评制作公司、环保组织。

（5）专家学者：行业权威人物、学术研究机构的专家。

（6）自律性组织：煤炭协会、中国可再生资源理事会、上海期货交易所等。

（7）普通群众：事故见证人、受害人。

（8）知情人：深度参与事件的环保人士 、项目负责人、多处信息源者。

（9）媒体：生意能源社等。

表4-6 "能源化工"版消息来源分布

单位：条

指标	企业	业内人士	政府	服务机构	专家学者	自律性组织	普通群众	知情人	媒体
数量	93	41	47	62	36	15	25	26	3

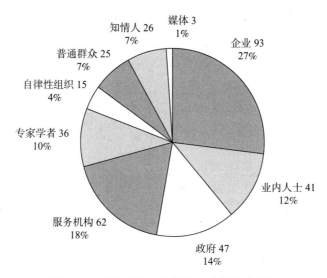

图4-2 "能源化工"版消息来源分布比例

由图4-2可知，"能源化工"能源报道消息源排在前三位的是企业、服务机构、政府，分别占比27%、18%、14%。《中国经营报》消息来源最多的是能源企业，有93条，在一定程度上与其版面定位相称。"能源化工"版主要报道能源行业政策或动态，无论是政策还是企业热点，重点在于对政策或动态的解读，事发企业负责人、CEO、董事长、内部人员、新闻发言人、宣传部，或行业中的中小企业（经销商、投资者）等都是动态背后的当事人，对他们的采访是第一手的资料，他们代表企业方面的态度。其他利益群体消息源，如业内人士、普通群众，占比 19%，在观点表达上还是过少。

服务机构消息来源有 62 条，主要是能源市场中的中介机构，对能源市场有着敏感而专业的认识，并在一定程度上保持独立性。因此，无论是咨询、交易中心的分析师或研究员，还是代理律师、环评制作公司，这些采访内容都为受众勾勒出事件客观而真实的全貌。此外，政府政策及行动极大影响着能源企业的战略部署和项目投融资，关注政府的声音可以将能源企业现实运作中遇到的问题更加凸显。通过对消息来源的身份分析，我们可知"能源化工"版更加关注能源企业这一市场主体，对于专家学者、普通群众的关注不足。

在《中电投道达尔合资煤制烯烃项目"卡壳"环评》（2015 年 4 月 20 日）一文中，为探究这一曾经被支持的合资煤制烯烃项目卡壳原因，记者首先采访了道达尔集团前 CEO 马哲睿、负责该项目前期工作的中电投蒙西项目筹建处张经理、道达尔集团中国公关经理刘慧云，对该项目合作协议、申请审批及进展进行了详细的了解，淮格尔旗大路工业园管委会发展局官员、鄂尔多斯发改委官员分别就环境指标（卡壳原因）是否可以解决、项目是否可以继续给予回答，再加上事件的政策背景材料、负责该项目环评编制的中国五环工程有限公司对外负责人的观点，为受众讲述了一个在环保压力剧增下煤化工被搁置的故事，消息源直接、多元、客观，为这篇报道的真实性加了不少分。信源的真实性和平衡性在一定程度上影响着整个报道的价值，说服人最好的方式为可靠而权威的信源、中立客观的立场，报道亦是。

此外，在"能源化工"版能源报道中，虽然记者通过各种方式获得最终消息，比如，采访相关咨询行业、证券行业分析师等真正深度参与事件的当事人，但是在实际报道中，业内人士、知情人总占比 19%，匿名消息源比例较高，受众对其身份、话语的真实性和权威性都无法核实，反而会对报道的真实客观性产生负面影响，尤其是在受众精细加工的动机和能力充足的时候。特别是在专业性强或者信息不对称的情况下，模糊的信息源不利于传播影响力的形成。

第三节 "能源化工"版报道传播影响力的不足

有媒体人士将中国能源报道媒体分为企业类和社会类，前者主要指国家电网《能源评论》，有着独特的资源和信息优势，后者主要指《中国经营报》《21 世纪经济报道》《中国能源报》等，因体制灵活而表达空间更大，但在"真问题"的挖掘和认识上有所欠缺，导致了"懂的人不会说，说的人不太懂"这样一个悖论，政府、企业、媒体、公众四者之间往往有着一条信息鸿沟，因而不免会产生抱怨。①《中国经营报》"能源化工"版能源报道也存在一些问题，不利于报道的传播效果。能源报道存在的问题大小直接影响传播影响力的大小。

一 视野狭窄 难找"真问题"

（一）报道对象单一

"能源化工"报道虽然行业覆盖面广，但是从某一行业产业链的角度看，报道涉及的行业深度不够，比如新能源产业，对核能、风能、生物质能、光伏等都有涉及，虽然不同能源行业发展进度不同，但是报道大部分是对中上游技术开发和生产制造等供给端的关注，鲜有对新兴产业应用和终端消费（居民消费）等需求端的观察。以光伏为例，8 篇报道涉及海润、英利、晶科、天威新能源四家企业，海润光伏是中国最大的晶硅太阳能电池生产企业之一，英利光伏是国内最早促进多晶硅太阳能电池产业化的企业，晶科能源是全球为数不多的拥有垂直一体化产业链的光伏制造商，天威新能源是生产经营集中在产业链中下游的光伏企业代表，四家企业都是光伏产业生产制造商，对光伏组件、光伏电站的投入是主营业务或业务拓展，企业的选择性报道必然导致对行业需求端的忽视，对需求端的报道深度不足，也就无法为受众提供全面的信息，不利于报道传播影响力的形成。

---

① 蒋志高：《一本能源杂志的十条断想》，《中国记者》2011 年第 S1 期。

同时，能源行业之间存在不同程度的行业壁垒，但行业之间只有打通壁垒才能真正实现能源的高效利用，无论光伏还是风能，其最终是要接入电力系统，对需求端进行关注才能够发现行业真问题。

又如，煤炭行业产能过剩、价格下行的寒冬，煤炭行业新的并购潮、计量税改、煤电一体化、煤化工都是煤炭行业的真问题，比如神华降价，控产降量，但是"能源化工"中的煤炭行业报道过于集中在煤化工，其他领域的报道非常少，也导致了对煤炭清洁技术、煤炭电力主方向的忽略，难以全面地看待问题，不利于能源可持续发展方面的转型。此外，能源生态和能源金融选题数量过少，侧面反映如今报道者对于创新驱动、生态保护等能源发展基本理念的认识不足，导致报道缺乏新意。

（二）民营企业重视度不足

在政策推动下，能源领域的国企报道更具有重要性和话题性。2014年十八届三中全会提出促进国企改革，其中，能源行业企业改革牵动着社会各界的神经，随后《关于2015年深化经济体制改革重点工作的意见》给出了专门的指导意见。地缘政治因素、可持续发展的需求等影响着能源价格波动和供应安全，能源行业及企业经营都遭遇了不同程度的挑战，传统能源国有企业只有改革才能更好地生存，才能在国际市场中争得一席之地，比如"走出去"做大规模、"引进民间资本"支持混合所有制。

实际上，在国企报道中也会出现民企的声音，比如类似垄断等重大议题。垄断导致市场资源配置作用失灵，并产生效率低下、能源腐败等问题，其为民企提供发言机会，丰富对问题的认识，监督能源体制改革。样本中有10篇反映了能源垄断相关问题报道，4篇央企高管腐败问题报道、3篇混改问题报道、1篇垄断诉讼案、1篇核电国企重组争论、1篇电网改革，有8篇报道涉及民营企业的声音。以《6000亿被拒门外 中石化混改：放开30%限制要看前期效果》（2014年9月22日）为例，有对中石化新闻发言人吕大鹏、券商分析师、在西安市经营多个加油站的张强的采访，对民营企业的采访实际上提出了本次混改的关键问题——中石化引入产业投资者对混改有多大的影响，实际上，外行投资者不能对成品油销售业务进行专业的经营，更无法真正实现成品油供给主体的多元化，将混改的艰难性这个问题赤裸裸地揭露了出来。

但是，一个企业只有把企业战略融入国家战略中才会有巨大的市场，才会有前途。目前，媒体对于民营企业重视度不足，报道更多关注民营企业所获得的经济利益，以及少数民营企业存在的弊端。《中国经营报》"能源化工"版能源报道的样本数量中民企报道也只有15篇（共105篇涉及企业的报道），并且集中在新能源领域，主要报道企业的发展战略、资金困局、资本运作等问题，另有对内蒙古伊泰煤制油项目逆势而为、彬长煤矿环境污染等问题。对于那些有问题的民营企业，新闻报道要深刻揭露，但是对那些社会责任感强烈的企业，要和国企一视同仁，在报道成绩之时，不应只看到企业的经济效益，还应该看到企业的社会责任和创新精神。在一个充满创新活力的社会中，对企业的排位不应看它是国企或民企，而应看它为社会创造了多少财富，分担了多少责任；看它是否站在最前沿的企业，是否生产力最活跃的因素，是否对社会发展起促进作用。

二 碎片化关注 缺乏深度解读

目前，主流媒体与市场化媒体在能源新闻报道方面没有统筹机制，整体看来，能源新闻报道缺乏系统性、专题设置缺乏固定性，难以给受众留下深刻的印象，影响了新闻传播效果的达成。碎片化关注是能源报道一大问题，有关能源报道的系列报道、主题策划都比较少，系统性、思想性不足，新闻的深度和广度不够。

（一）策划方式单一

《中国经营报》"能源化工"版能源报道"条块化分割，每个能源领域之间的报道缺乏融合，每个领域的不同也没有实现报道上的连贯性；视野局限，没能用宏观的视野来全面审视这个领域，报道相对封闭"。[1] 仅仅报道热点问题，并不能涵盖能源的各个方面，还有大量有新闻价值的好素材值得挖掘。同时，能源行业调整是一个非常复杂的艰难过程，在此过程中

---

[1] 郭立琦：《关注能源报道中的环境因素》，《中国记者》2011年第S1期。

会经历各种困难和挫折，如果只报道现象，不去挖掘背后的原因，很可能带来不好的影响，不利于能源行业的可持续发展。①

在"能源化工"版开设一年期间，能源报道有五个报道策划（见表4-7），但是，策划没有形成巨大的传播影响力，这与其新闻策划的具体方式不足有关。报道策划的模式一般采用系列报道、连续报道、组合报道和集中报道等形式，无论从运作方式还是从思维方式上看，报道策划都具有创新性、合理性、典型性和动态性等特点。在"能源化工"版已有的报道策划中，相关报道都是组合报道，即以最新政策为新闻由头展开，先进行业报道，再重点选择个案分析，一个版面约2—3篇报道，微观和宏观角度的解读更加立体全面。但是问题在于，报道题材都是深度报道，缺少消息类最新信息、评论类引导信息，单一的报道方式无法将信息进行分层，也无法满足受众多样化的阅读需求。在传播渠道上，中国经营网、新闻微博"@中国经营报"、微信"中国经营报"推送比较少，其他网络媒体如网易新闻、新浪财经、搜狐财经都有转载，但是都没有留言，可见话题参与度不高。其原因一方面为报道内容不适合在互联网传播，另一方面为单个媒体在有限的版面上无法形成报道规模。②

表4-7 "能源化工"版报道策划情况

策划	标题	形式
策划一	《油价暴跌税负窜升 煤制油项目坠入"寒冬"》《扩张产能至1000万吨 伊泰千亿煤制油迷局待解》（2014年12月22日）	行业报道+个案研究
策划二	《兖矿百万吨煤制甲醇"赌局"难料》《甲醇期货再现大合约弊端》（2014年12月29日）	编者按+个案研究+相关报道
策划三	《月亏2000万 榆能化甲醇项目沦为兖矿鸡肋》《资金承压兖矿千万吨煤制油未来难料》（2015年3月2日）	编者按+一线调查+相关报道

---

① 齐慧：《着眼大局 解惑正听——〈经济日报·能源周刊〉操作体会》，《中国记者》2011年第 S1 期。

② Alexa（亚马逊旗下的权威网站排名查询）网站排名的数据流量统计显示，在近 3 个月内，"中国经营网"在中国国内排名第 1537 位，世界排名第 20294 位。根据 2013 年 3 月 18 日的数据，网站用户到达率为 0.009%，蹦失率为 55%。

续表

策 划	标题	形 式
策划四	《光伏业新一轮大跃进跃然纸上》 《另类海润：高送转暗藏套利悬疑》 《郁闷晶科：高增长难掩用工荒》 （2015 年 3 月 30 日）	编者按 + 行业报道 + 个案研究
策划五	《左腾右挪 煤化工大省的水指标难题》 《蓄洪纾雨 陕西致力再造关中新水系》 （2015 年 4 月 27 日）	编者按 + 行业报道 + 个案研究

（二）个案解读缺乏深度

无论是能源政策话题，还是能源企业话题，个案分析的报道都非常多，能源企业话题涉及能源企业项目、投融资、兼并重组等，分析事件的来龙去脉、未来的发展趋势。以华锐风电为例，2014 年风电行业整体出现回暖迹象，但是曾经在 A 股市场呼风唤雨的华锐风电陷入资金困局中。《华锐风电经营惨淡存退市之患》（2014 年 9 月 15 日）一文报道的是华锐风电 2014 年 9 月 2 日宣布的一项债券回购计划，这项回购计划从价格上看是初始发行的 8.7 折，这个数字实际为大户投资者惨重损失奠定了基调。随后报道从债务负担、偿债来源、外部支持三个角度分析得出此次债务危机解除的方式——追讨应收账款和下半年的销售回款，否则资金枯竭将会给企业带来退市的后果。最终投资者用脚投票，回购方案遭否决，要求华锐风电追加担保，《回购方案遭否 华锐风电年底面临债务兑付危机》（2014 年 9 月 22 日）报道指出，这意味着中国债券市场历史上第一例公司债折价兑付方案宣告失败，虽然追加了担保，但是债务兑付危机仍然没有解除。随后的《遭遇大客户诉讼 华锐风电或难自救》（2014 年 10 月 22 日）、《华锐风电管理层大换血难掩败象 昔日行业老大没落》（2015 年 4 月 11 日）对华锐风电因债务带来的债务诉讼、管理层变动进行报道，最后对落败的行业老大管理层内斗、经营败绩进行了反思和总结。纵向来看，这起事件时间跨度大，报道还原了事件动态的每一个细节，微观有余但宏观不足，对风电行业启示作用不大。

仅仅停留在市场数字表面的报道，不关注行业发展的最新动向，不对新兴产业的技术、市场、政策等维度进行综合分析，报道内容难以深入。实际上，风电产业中有一条完整的欠款链条，广受诟病的风电企业"三角债"问题——风力发电商欠风电设备商、风电设备商欠零部件供应商——只是链条的一部分，源头是国家可再生能源基金对风力发电商的延迟给付。华锐风电之所以无法快速解决债券兑付危机、遭遇债务诉讼，与这条欠款链条中几大国有电商不无关系。但是，"能源化工"版对能源的报道出现的更多的是数字，风电产业链上的相关企业身影十分稀少，受众无法获得相应全面客观的信息，自然难以对报道进行思考，相关报道的传播影响力自然不足。

第四节　提升能源报道传播影响力的策略

自 2014 年 11 月份以来，社会各界热烈讨论"供给侧改革"，能源行业也不例外，这与我国经济增速放缓、产业结构调整加快的大背景息息相关，同时，也是由较低的能源利用效率水平所影响决定的。能源行业的供给侧改革如同一座新闻煤矿，为能源报道提供了新的发展契机，综合中枢路径和边缘路径，媒体应该抓紧时机打造精品能源报道品牌，弥补其能源报道传播影响力的不足，主动为媒体转型创造新契机。

一　提高研究能力，实现议题同构

媒介议程是媒体展示的可以引起重视或讨论的话题或事件；公众议程即围绕公共利益，被群众普遍关注的难题；政策议程则为政府部门在进行决策之时，向外界公布的自认为重要的议题。三种议程一般会不一致，尤其是公众议程和政策议程有所偏差，对于政府认为重要的公共事务或关注的信息，公众往往不以为然，而公众关注的话题又不能得到政府的重视，这样的报道自然很难吸引受众并有好的传播效果。为了使政府和公众更好地沟通交流，媒体往往需要成为一个中介者，一方面要通过对政策议程的宣传鼓动来引导广大公众的言行；另一方面反映公众议程，将现实问题放在聚光灯下，以此影响政策的制定。只有三种议程能够真正实现互动，媒体的舆论引导功能才可能得以实现，舆论调控的空间才可能得以保存。[①]

（一）研究能源政策

21世纪以来，全球经济进入高油价时代，气候变化催生了低碳经济的发展策略，与20世纪90年代的能源市场化浪潮相比，新世纪的能源短缺和环境问题日趋尖锐使得政府干预变得愈发重要。与此对应，政府干预和市场化变得同等重要，有关能源问题的政策讨论成为经济领域最重要的公众话题之一，同时，也成为能源报道关注的重点。对于能源行业来说，最关键、最核心的是改变能源生产和利用的方式，目前我国的能源利用方式并不好，从消费、储存到使用终端，在整个过程中大约70%的能源被浪费掉。因此，要系统解决问题，提高能效是第一位的。在"十三五"能源规划中，解决能源战略的三个关键词调整结构、改变方式、构建体系，就可以作为当前能源报道的重点。

能源政策涉及范围极广，从资源开发、运输到利用，各个环节都关系到人们的生活、经济的发展、环境保护以及国际政治关系等。通过探索能源政策，报道在选题上更加有针对性，可以逼近真问题，拓展能源报道的深度和广度。不仅可以从技术层面，而且可以从制度和机制方面追究能源问题现状及原因，使媒体、公众、政府、企业缩小信息鸿沟，达到一定共鸣。比如，电力改革一直是我国热点难点，其中涉及面最广的是电价改革，因为电力从生产到消费的一切行为都可以用价格表示，市场的资源配置作用正是通过价格来实现的，因此，电价改革可谓电力市场的核心问题。深入研究相关政策，报道选题可以更加多元化，甚至可以跨领域进行选材。2015年11月30日，国家发改委与国家能源局印发了《关于有序放开发用电计划的实施意见》等六个电力体制改革配套文件，通过梳理电力产业链、电力原因、政策内容、配套文件等，无歧视开放电网、售电放开、促进清洁能源发展等政策趋向都可以成为报道选题的来源。跨行业的选题及解读

---

① 韩运荣、卢曦：《"十一五"规划期间我国能源问题的媒介议程研究——以〈人民日报〉〈21世纪经济报道〉为例》，《现代传播》（中国传媒大学学报）2010年第11期。

更能体现其新闻价值。在促进清洁能源发展方面,"第一产业用电、第三产业中的重要事业、公益服务行业用电,以及居民生活用电优先购电","纳入规划的风能、太阳能、生物质能等可再生资源优先发电",这些政策都为需求端而定,因此,报道选题可以适当从中上游技术开发和生产制造等供给端转向对新兴产业应用和终端消费等需求端,用供需视角看待能源产业也符合我国经济供给侧改革的大趋势。

(二) 提高记者专业素质

随着我国成为世界第一能源生产和消费国,媒体在建构能源议题、议程设置上应当有新的作为,不断引领各领域形成新的能源思维方式。在生产领域,以煤炭、石油为代表的化石燃料与可再生能源协调发展的新能源供应体系、分布式能源及能源互联网等将成为未来能源发展的重点,而清洁、绿色、节能、高效的能源消费方式也将逐渐成为主流。因此,如何在发展中抓住真问题、引领能源行业将成为媒体以后要思考的问题。比如,能源行业的体制机制、国家电网和电企的关系、高耗能企业能否可持续发展问题、能源储备问题,这些都需要记者进行专业的解读,更好地找到议题同构之处。

能源报道要取得良好传播效果最终离不开专业人才。能源报道的采编人员大部分是记者出身,其优点在于有敏锐的嗅觉,短板在于甚少有阅历、技术、资源、心智去理解并描述能源问题的复杂性。从体制上看,各媒体尤其是社会媒体罕有组织层面的案例库。因此,提高记者的专业素养对于能源报道至关重要。能源行业中有大量的专业人才,媒体可以积极吸纳,对其进行新闻职业培训,使之成长为可以进行综合报道能源领域的专业的采编人员,同时,对于大多数普通记者,媒体应该定期对其进行能源领域基础知识的培训,更好地理解能源知识。

培养记者的能源政策敏感度,这是专业化的起点和关键。由于能源领域的专业性,如今媒体关于能源的报道更多着重于信息,无法从全局的角度思考问题,更无法看到现象背后的本质。要想真正解决这个问题,记者应该从与我国能源现状紧密相关的能源政策入手,不断加强对意义的生产,使能源报道传播链整体实现增值。具体而言,只有对政策进行深入了解,能源记者才能摒弃狭义的民意，在百姓利益和国家利益、短期利益和长期利益间找到平衡点，做出建设性的而不是破坏性的报道。

二　提升策划能力，实现舆论引导

专题策划是提升报道传播影响力的一种重要方式，因为就某一重要主题调动各层面的资源所形成的内容和规模是单篇报道难以比拟的。在新闻报道领域中，专题策划总是会应时应势而出，不仅会扩大报道的广度，而且会增加报道的深度，以此吸引读者更多的注意力。[①] 能源产业本身就是辐射面广、关联度高的产业，能源报道亦有此特征，能源报道不仅仅报道能源本身，还包括能源与政治、经济、环境、民生之间的关系。因此，要想系统报道能源领域，仅靠解析热点问题是不够的，财经媒体应该拓宽思路，加强策划，不断创新，逐渐拓宽报道领域，增强报道深度，丰富报道形式。通过专题策划，财经媒体为不同层次的受众提供符合其加工能力的能源报道，促进受众以中枢路径对信息进行加工，影响受众认知或态度，从而提升能源报道的传播影响力。

（一）以现代经济精神为策划宗旨

自党的十八大提出"五位一体"总体布局，生态文明建设成了能源领域的常见话题。从国内看，与中国经济增长面临的持续资源约束相关的是粗放的经济增长方式与不合理的能源消费，其已经对中国的生态造成巨大的破坏；从国外看，气候变化和温室气体排放问题成为全球共治问题。因此，未来的能源报道与环境是分不开的，环境将成为能源行业发展的重要限制因素。

主体精神、竞争精神和法治精神，被定义为现代经济精神的内涵。社会主义市场经济离不开主体精神，主体的思想和情感促进实践活动的进行；竞争精神有利于资源实现优化配置，竞争背后是公平、是双赢；法治精神则是市场经济活动中各主体的行为准则，各主体只有在契约的基础上进行交易，经济公平才能得以现实。简而言之，只有在市场交易中坚持"公平、

---

① 梁士兴：《以专题策划提升影响力》，《青年记者》2013 年第 10 期。

公正、公开"的原则，并拥有合理的动机，才能称得上秉持现代经济精神。财经媒体也只有秉持现代经济精神，"以社会责任感和成就感替代对金钱的贪欲；以踏实肯干的实业精神替代旨在投机和追求虚幻的泡沫意识；以互惠互利、实现共赢替代以邻为壑、损人利己的旧经济交换观念；以可持续的生态伦理理念来替代无节制的能源消耗观念"①，其能源报道才能更有前瞻性，才能更好地进行舆论引导。②

（二）加强舆论监督

政府事务、社会事务或者涉及公共利益的事务大都掌握在政府或权力较大的机构中，公众要想了解信息或参与，是无法离开第四种权力——媒体的，媒体可以运用舆论的力量，对相关公共事务进行监督，满足公众的知情权，促进社会向法治社会和生态社会更近一步。中国人民大学新闻学院教授郑保卫认为，"如今的能源报道应着重关注生态环境相关内容，对不符合现代经济精神的行为进行监督，或提出建设性意见，或站在客观角度还原真相，或用专业知识解读实质，以引领舆论，共同构建社会共识"。③能源环境污染，比如，2014年的三个大的能源污染事件，大唐阜新煤制气项目深陷环保门、大连中石化石油泄漏事件、兰州"4·11"自来水苯污染事件，不仅仅会给企业自身生产建设或重组带来阻碍，而且会给周边居民带来巨大人身伤害。对此，《中国经营报》发挥媒介监督功能，还原能源环境污染事件原貌，但是在环保压力骤增的当下，其背后清洁能源、低碳经济问题更值得进一步研究，在监督背后，引导受众正确认识经济发展方式的改变才更有意义。

三　建立专家库，旁证反复核实

在新闻报道中，角色的相关度与话语权密切相关。一个新闻事件与一

---

① 陈力丹：《舆论学——舆论导向研究》，中国广播电视出版社，1999，第227页。
② 陈力丹：《舆论学——舆论导向研究》，中国广播电视出版社，1999，第227—231页。
③ 郑保卫、王亚莘：《论中国能源新闻传播的战略定位与策略思考》，《现代传播》（中国传媒大学学报）2015年第7期。

种社会角色相关度越高，这类角色的话语权就越大。通过消息来源，受众一般可以判定事实的真实性。由于能源领域中国企居多，在获取第一手信息上有一定难度，此时记者就应该尽可能找到接近事实真相的其他消息源，提高消息来源的可信度，使受众即使在缺乏信息加工的能力和动机之时也能受到影响。

（一）建立专家库

这里指的专家，并不是指喜欢接受采访且什么问题都能回答的人，若是专家擅长的领域与新闻事件相关度不高，或是超出其专业知识或擅长领域，专家效应就会"失灵"，成为伪消息来源，令读者质疑说话人的权威，从而影响引语的可信性。此类专家只适合应急采访，其他时候应该远之。有些专家只在某一小领域中有出色表现，但是影响国家能源决策的制定或者参与了相关政策制定过程的专家才是记者应该采访和交流的，包括科学院、工程院院士，一些科研机构的学者等，这有赖于记者人脉的积累并建立起能源行业专家库。

（二）旁证反复核实

很多时候，记者无法第一时间出现在事发现场，甚至无法联系上事件的亲身参与者，这种时候一般选择旁证，即采访接近事实的人，他们往往能够知道确切消息，但是，由于毕竟不是当事人，对他们的话，记者要反复核实。

汤森路透集团全球新闻总编史进德在周乃菱的《国际财经新闻知识与报道》序中说道：记者往往很容易被巧舌如簧的信源所误导。记者往往找到两个信源就轻易认为自己完成了采访，而他们理应找到五个或者更多的信源来求证，能源企业，尤其是大型能源企业，对新闻发布及采访流程都有非常严格的步骤，对于很多突发事件，找企业内容的人采访到第一手消息是非常艰难的，"旁证"在此时尤为重要，记者要做的不仅仅是从这些"旁证"口中得出有价值的新闻，更重要的是对这些内容形成最清醒的认识，做出最正确的判断。[①]

---

① 杨雯、曹洁珺：《能源报道三议》，《中国记者》2011 年第 S1 期。

本章小结

2015 年 11 月，习近平总书记首次提出供给侧结构性改革："在适度扩大总需求的同时，着力加强供给侧结构性改革，着力提高供给体系质量和效率，增强经济持续增长动力。"供给侧改革亟待解决的问题之一就是工业领域中的产能过剩，而产能过剩背后粗放型的经济发展方式是高能源消耗的直接原因。《中国经营报》作为一份关注企业的报纸，发现能源企业在供给侧改革、能源革命中的"真问题"，引导能源领域舆论，提高传播影响力，将对媒体本身发展有重要意义。

本章借鉴 ELM 理论构建能源报道传播影响力的评价体系——中枢路径和边缘路径，随后对《中国经营报》"能源化工"版 137 篇能源报道进行内容分析、回顾统计，得出结论：《中国经营报》"能源化工"版能源报道传播影响力主要源于多元选题和报道方式触发受众信息加工的中枢路径，消息源触发受众信息加工的边缘路径，即"说什么"和"怎么说"，因此，未来提升其传播影响力可以从以下三个方面着手：提高研究能力，实现议题同构；加强策划能力，实现舆论引导；建立专家库，旁证反复核实。提升《中国经营报》能源报道的传播影响力不仅可以把握受众，而且其能源报道成功对其他媒体有一定的借鉴意义。

研究的局限性在于心理学意义上的态度改变测量难以呈现，在传播影响力的量化评价上有所缺失，此外，由于样本数量较多，分类没有百分之百准确的客观标准，因此，在统计时难免有一些遗漏和疏忽，但并不影响最终结论。

第五章

《财商》周刊栏目传播影响力研究

新财经报纸的崛起是经济类报纸市场化进程中竞争的必然产物，具有全新的管理运营和运作理念。它与传统经济报纸的一大区别在于，以广告商的角度来定位受众，以受众的需求定位传播内容。随着受众市场的细分，各大新财经报纸纷纷开辟理财新闻专版，以迎合越来越多的投资者的需求。《第一财经日报》《财商》周刊自 2014 年创刊以来，逐渐成为理财新闻领域，特别是新媒体理财新闻的业界代表。

第一节　理财新闻与《财商》周刊

一　理财新闻概述

理财新闻是财经报道的分支，是提供实用性的经济信息对人们日常经济生活进行指导，以实现人们资产的增值和保值的报道。与其他财经类报道相比，理财新闻更为通俗化，受众也定位于普通大众。理财新闻的关注点主要是投资领域，且多注重小规模个人或家庭的投资。各种常见的理财方式常成为理财新闻的重点内容，如股票、基金、债券、外汇、房地产、黄金、养老等方面。

（一）理财新闻的特点

1. 信息选择的实用性

理财新闻通常紧跟经济热点，力求推广理财知识，普及理财技能，通过知识讲解使受众获益，指导受众进行理财规划。《马年金银币低开高走，实铸量仅七成》（《南方都市报》2013 年 12 月 3 日 GC07 "投资理财版"）报道，马年金银纪念币备受追捧时，传出马年金银币发行量减少的消息，记者先向特许零售商证实了该消息的准确性，然后采访了广东省收藏家协会邮币卡专业委员会主任陈志军和广东省黄金协会副会长谢春，确认了马年金银纪念币的收藏价值和升值空间，最后由广东粤宝黄金销售经理叶永光向受众建议，"目前金价低，而且行情较淡，对于收藏者而言不失为一个好时机"，并透露"不排除再次发行的可能性"。报道既为受众寻找了投资机会——收藏马年纪念币，又对收藏前景做出预测性分析，受众可以根据报道选择收藏与否。

2. 新闻内容的服务性

理财新闻中的服务性，一是表现在对政策的解读上。理财新闻涉及受众的投资利益，因此对政策敏感性比其他新闻更为强烈，养老、医药、银保类理财的报道，只有将内容与当前政策紧密相连，或在政策背景下展开才是可信度高的报道。理财新闻必须解析最新政策，例如 2013 年 12 月，《关于进一步规范银行、邮政保险代理渠道销售行为的通知（征求意见稿）》刚刚发布，各大理财专刊便开始对其进行解释，12 月 9 日刊于腾讯财经的《银保转型 从理财回归保障》首先注明新规的主要内容，接着剖析了新规的更新之处，比如，要求保险公司加大力度发展风险保障型和长期储蓄型保险产品、对销售对象及犹豫期做出调整等。

二是表现在报道与受众的互动性上。《理财周刊》的《读者频道》《度身定做》等栏目，前者分享读者的理财心得、理财故事及感想等，后者重在邀请专家为读者的理财现状出谋划策；《第一财经日报》的《有财课堂》栏目向受众讲解投资、收藏等领域理财知识，向受众普及理财知识。这些栏目的设置都体现了理财类报道的服务性。

3. 写作手法的可读性

理财新闻的受众知识水平参差不齐，认识能力不等，而理财类报道内容涉及金融市场、资本市场，所分析的经济现象通常与抽象的经济信息和复杂的数据运算相关，这就要求理财类报道在写作手法上注重可读性，即通俗化的表达。目前的理财新闻在可读性与专业性的平衡上多采用故事化表现手法，或者运用时尚、娱乐元素。例如，已停刊的中国投资理财第一刊《钱经》杂志，以"专业内容，时尚表达"为特色，是我国首份寓权威性和可读性于一体，实现内容时尚、专业解读的理财刊物。善于以轻松活泼的方式提供全面专业的投资理财建议，挖掘财富增长机会，并阐释精明消费之道，使《钱经》"问题解决者"的形象深入人心。

（二）理财新闻发展脉络

国内理财新闻随着经济的发展可划分为以下三个阶段。

1. 萌芽时期

20世纪90年代，中国理财序幕随着上海证券交易所、深圳证券交易所的成立而拉开，证券的发展催生了理财新闻。1991年7月1日，由上海证券交易所创办并主管的《上海证券报》诞生，这是国内第一家理财类报纸。1993年1月，作为中国证监会指定披露上市公司信息的报纸，《中国证券报》创刊。随着我国证券市场迅猛发展，1993年11月，深圳证券交易所和《人民日报》合资创办了证券时报社，《证券时报》正式创刊发行。这三家周报并称为国内三大证券报，是中国第一批理财类报纸。这一时期理财新闻以证券为主，且多为证券分析师的文章，记者自采文章较少。

2. 发展时期

2001年至2005年，多个大型综合经济类报纸创办，如《21世纪经济报道》等开始创办理财专刊，使理财新闻更为专业化。这个时期的理财新闻多热衷于挖掘上市公司的内幕消息。此外，随着房地产市场的持续走高，房产专刊遍地开花。

这一时期理财类媒体更加多样。2001年3月，《理财周刊》在上海创刊；2002年，《广州日报》投资理财版创办，同期，《第一财经日报》设立理财专版；2004年，华商报社创办《钱经》杂志，定位为专业理财类杂志，致力于以"专业内容，时尚表达"吸引更多年轻读者和女性读者。

3. 兴盛时期

2006年后，中国进入全民理财时代。各类理财报纸、周刊、节目名目繁多，随着都市报的兴起，服务类的理财信息得到受众的广泛关注。

2007年，21世纪经济报系推出《理财周报》，定位于中产家庭专业理财，发刊语为："世界上只有两种人，理财的和不理财的；或者说，看《理财周报》的，和不看《理财周报》的。"理财类电视节目也备受关注，中央电视台二套推出的专业理财节目《理财教室》曾一度引起广泛讨论；第一财经频道推出的《理财宝典》坐拥即时、权威的理财资讯，深入解析理财产品，涵盖证券、银行、信托、保险、黄金等多样化领域，是上海第一档投资理财类电视专题栏目。除此之外，伴随网络的发展，和讯网、搜狐网的理财社区也引起广泛关注。

二 《第一财经日报》的《财商》周刊

（一）《财商》周刊由来

2004 年《第一财经日报》创刊时，并未专门设立投资理财版面，但相关投资理财资讯受到读者广泛关注，因此，2005 年 9 月 12 日，《第一财经日报》第一份理财周刊——《第一理财》应运而生，每周一出版 2 个版面。经历了 2007 年股市的大上涨，受众理财意识也增强，《第一理财》开始寻求改版。2008 年 1 月，《第一理财》扩为 12 个版面，并与 CBN《生活周刊》合为《理财生活周末》，周末出版。这次改版也促使《第一财经日报》实现了由每周五期到每周六期的日报化转变。

2010 年，《理财生活周末》再次扩版，整合为一份含 32 个小版的全投资理财刊物《财商周末》，逢周末出版。《财商周末》坚持"每个人都可以通过金融投资致富"的办刊理念，从中国与世界金融一体化的视角，对金融投资市场与产品进行分析，涵盖股票、期货、保险、银行、黄金、外汇等各领域，为家庭理财与个人投资提供趋势性判断和实操性指导。《第一财经日报》改版卷首语明确提出："我们通过财商想传递给您的情感可以用三句话来概括：'实用性才是王道'；'发现投资的快乐'；'投资是一种生活方式'。"① 这标志着理财版面趋于成熟，开始从单纯传递理财方式向传递投资观念转变，

2014 年，《财商周末》缩减为两个大版，更名为《财商》周刊，于每周五出版。《第一财经日报》理财新闻的主要阵地开始转向以移动端形态呈

① 周增军：《〈财商〉周刊浴火重生》，《第一财经日报》2010 年 1 月 9 日，第 A1 版。

现产品资讯，致力于开发 APP 平台、微信公众号及付费类投资内参等。

（二）《财商》周刊发展现状

《财商》周刊以投资案例报道和股市分析闻名，其案例报道既呈现投资成功的经验，又总结失败教训。"我们的专栏被命名为'投资者进阶'，为的是传递'授人以鱼，不如授人以渔'的理念；我们的人物报道，注重挖掘那些可以借鉴的投资规律，精彩内容还结集出版了《牛熊博弈：对话中国投资高手》和《新资本大鳄如何玩转世界》两本书。"[1]

随着新媒体时代的到来，受众的阅读习惯逐渐从纸质版转向更为便捷和多样的电脑、手机、Pad 等电子媒体形式。但理财资讯的数字化传播带来了假新闻泛滥、同质化信息过剩、软文广告推广等现象。这种情况下，更需要一份负责任、有公信力的理财类资讯。除此之外，"近几年，一些读者给我们提出的需求也促使我们要做出改变。比如'财商'单独订阅的需求、发行覆盖不到的城市读者阅读的需求、读者希望与'财商'互动的需求，等等"。[2]《财商》周刊抓住机遇，根据读者需求开始进行新媒体转型。

2013 年 8 月，《第一财经日报》的理财新闻团队推出"聪明投资者"微信，甄选优秀文章进行推送，并通过与受众互动准确把握每篇文章的评论、浏览量、转载量以及受众建议。2014 年初，又推出公众号"第一财经财商"，分"APP 导读""他山之石""投资课堂""数据选股""大佬视点"等 10 余个栏目，每日推送 3—4 条理财资讯，并加入"视频直播"板块，以多媒体融合的形式，带给受众多样化的内容体验。

现阶段，《财商》周刊将主要精力转向数字出版。迄今为止，《财商》周刊团队已精心打造了多款服务于用户投资理财、资产增值的专业实用的投资资讯产品，如第一财经《财商》APP、第一财经《财商》微信订阅号、第一财经《财商》主题投资内参、第一财经日报《财商》周刊、在线投资课堂、线下主题沙龙等，通过提供精选概念和订阅内容，给予了受众更方便的阅读体验。

---

[1] 于百程：《"财商"，向数字阅读时代出发》，《第一财经日报》2013 年 12 月 28 日，第 B1 版。
[2] 于百程：《"财商"，向数字阅读时代出发》，《第一财经日报》2013 年 12 月 28 日，第 B1 版。

第二节 《财商》周刊传播影响力表现

2014 年，《财商》周刊由单一纸质媒体向全方位立体化的多元呈现方式转变，在传统媒体式微、新媒体飞速发展的形势下，为理财新闻的发展提供了重要的参考。现以《财商》周刊 2014 年 1 月 3 日改版至 2014 年 12 月 26 日刊登于《第一财经日报》的 335 篇报道为样本，结合对第一财经财商 APP 推送内容的分析，从传播影响力角度具体分析《财商》周刊的传播定位、传播内容和传播方式。

一 定位环节：受众规模和受众定位分析

对于理财新闻来说，明确核心受众是传播效果最大化的有力保障。本章所研究的理财新闻局限于新财经报纸理财版面中，而新财经报纸的核心受众是具有经济决策能力的市场经济主流人群，其中部分受众在行业内拥有一定话语权，他们作为支撑中国经济发展的中坚力量，密切关注国家经济政策与经济运行情况，理财新闻是其进行投资决策的重要参考。

为了更好地分析《第一财经日报》《财商》周刊的受众定位和受众规模，本章将 2014 年《第一财经日报》在市场上主要的竞争对手《经济观察报》、《中国经营报》和《21 世纪经济报道》的受众数据与《第一财经日报》进行对比分析，综合考虑竞争者动向、读者的需求与自身的受众覆盖面，以为其满足受众特定需求和偏好，有效占领读者市场提供参考（见表 5 - 1）。

表 5 - 1 四家新财经报纸对比分析

对比项	《第一财经日报》	《经济观察报》	《中国经营报》	《21 世纪经济报道》
办报理念	商业改变世界	理性、建设性	经营成就价值	新闻创造价值
定位	全国性、市场化、权威、主流的财经商业	努力成为全球商业分析和资讯领域第一的华文媒体集团	国内领先的综合财经资讯供应商	国际化的商业报纸商业报纸领导者

续表

对比项		《第一财经日报》	《经济观察报》	《中国经营报》	《21世纪经济报道》
出版	刊期	周一至周六	周报	周报	一周五期
	出版时间	周一至周六	周一	周一	周一至周五
发行	发行量	83.6万份	80万份	75万份	84.3万份
	发行区域	中国三大主要经济区：上海、江浙长江三角洲一带、广州、深圳、香港、珠江三角洲一带、北京、天津环渤海一带	主要在北京、上海、广东、江苏、浙江、山东、四川、河南、安徽、福建、河北、重庆、湖北、辽宁、山西、天津、江西、山西、云南等大中城市；其中北京、上海、广东、江苏等省市的发行量约占总发行量的一半。	全国及海外地区	覆盖中国各主要城市（包括香港地区）
	发行比例	华北地区占32%，其中北京地区170000份，占21%；长三角占36%，其中上海地区188280份，占24%；华南地区占25%，其中广州地区110000份，占14%，深圳地区45000份，占6%，西南5%；其他2%	北京191735份、上海125707份、广东80599份、江苏60210份、浙江46656份、山东35055份、四川21730份、河南13933份、安徽13827份、福建13550份、河北12800份、重庆12456份、湖北12345份、辽宁12180份、山西11953份、天津10342份、江西8972份、山西8032份、云南7583份、其他31156份等	华北地区186750份，24.9%；华东地区194250份，25.9%；东北地区55500份，7.4%；华中地区44250份，5.9%；西北地区30000份，4%；华南地区186000份，24.8%；西南地区52500份，7%；海外地区750份，0.1%	华东地区312000份，37.01%；华南地区195000份，23.13%；华北地区204000份，24.20%；华中地区40000份，4.74%；西南地区51500份，6.11%；西北地区14500份，1.72%；东北地区20000份，2.37%；香港地区6000份，0.71%
读者特征	读者概述	读者主要集中在高端商务人士，大多具有高收入、高职位、高学历，同时有决策能力、高消费能力	中国新富人群，这一阶层相对年轻，经济状况较好，是目前中国社会的上升阶层	高端消费力强、品牌消费忠诚度高，注重身心健康及生活品质的企业经营管理者及商务人群	拥有一支富有决策能力、消费能力，有着高学历且极具影响力的庞大的读者群

对比项		《第一财经日报》	《经济观察报》	《中国经营报》	《21世纪经济报道》
读者特征	男女比例	64.6:35.4	70:30	71.9:28.1	67.9:32.1
	年龄构成	18—24岁4.9%；25—34岁43.7%；35—44岁45%；45—50岁6.4%	18—24岁3.1%；25—34岁43.9%；35—44岁46.3%；45—50岁6.8%	18—24岁1.9%；25—34岁43.8%；35—44岁49.9%；45—50岁4.4%	18—24岁6.9%；25—29岁31.2%；30—34岁39.3%；35—39岁15.6%；40—45岁5.5%；46—50岁1.5%
	教育程度	本科及以上51.3%	本科及以上69.8%	本科及硕士77%，博士4%	本科及以上56.1%
	收入情况	个人年平均收入16.6万元，3万—5.9万元10.6%，6万—8.9万元12.2%，9万—11.9万元11.2%，12万—19.9万元48.7%，20万元以上15.2%	个人年平均收入24.8万元，平均家庭年收入38.4万元	个人税前年平均收入为184259元，家庭年平均收入为336137元	个人年平均收入为16.3万元，其中1/5读者的个人年收入在20万元以上6万元以下5.7%，6万—10万元34.6%，10万—20万元37.9%，20万—30万元8.8%，30万—50万元7.9%，50万元或以上5.1%
	职业分布	党政机关/社团/事业单位领导干部11.3%；中高级专业技术人员17.8%；中高职称医生教师6.6%；企业/公司中高层管理人员47.5%；个体户/企业主11.1%；其他5.7%	党政机关/社团/事业单位领导干部24.6%；中高级专业技术人员15.8%；中高职称医生教师3.1%；企业/公司中高层管理人员32.1%；个体户/企业主11.3%；其他13.1%	党政机关/社团/事业单位领导干部16%；中高级专业技术人员20.5%；中高职称医生教师4.8%；企业/公司中高层管理人员37.8%；个体户/企业主13.1%；其他7.8%	政府官员、中高层管理人员、中高级专业人士以及私营业主所占比例达76.8%；政府官员6.1%；企业或公司高层管理人员10.1%；企业或公司中层管理人员22.5%；中高级专业人员24%；私营业主14.1%；其他23.3%

资料来源：第一财经网、经济观察网、中国经营网、21世纪网。

(一) 受众规模

由以上分析可知，四份报纸的发行量不相上下，但覆盖区域各有侧重。

相较于其他三份报纸广阔的覆盖面，《第一财经日报》把发行重点放在了中国的三大经济区，慧聪网权威调查数据显示，这片区域作为中国经济金融中心，集中了中国80%以上的经济类从业者，也是财经资讯最为丰富的地区。尤其在长三角地区，《第一财经日报》拥有高于其他区域的发行比例。事实上，《第一财经日报》为做与上海金融中心地位相称的财经媒体，初期的发展牢牢扎根在上海。

从战略角度上说，《第一财经日报》的这一发行策略并非追求"发行数量最大化"，而是"发行效益最优化"。随着传播媒介的多元化和中国"百万大报"时代的一去不复返，传统的印刷媒介发行量呈现整体下滑的趋势，对于新财经报纸而言，影响和改变其所倚重的核心读者层是达成传播效果的关键所在。从长远角度看，报纸有重点地选择发行区域所产生的综合效益要更高于单纯追求发行量。

《财商》周刊产生作用的核心受众群是媒介所覆盖到的核心群体，因此，《财商》周刊主要面对中国三大经济区的受众群。根据《福布斯》中文版与宜信财富联合发布的《2014中国大众富裕阶层财富白皮书》①，就富裕阶层（参照国际研究机构划分标准，指个人可投资资产为60万至600万元人民币的中国中产阶级群体和高端人士）是否进行个人资产投资而言，珠三角地区进行投资的比例是92.1%，京津地区为88.9%，长三角地区为81.9%，占据受访地区前列，可见这三个地区的人群投资意愿和热情更为强烈。这部分群体通常持有现金、存款、股票、基金、债券、保险及其他金融型理财产品等流动性资产，以及投资性房产，是理财资讯最忠实的关注者。由于共同的经济环境与理财信息的覆盖，他们对理财方式的最终选择、对投资趋势的大致判断趋同，这一阶层带动的整个社会的理财行为特点与倾向性，对于国家经济政策的制定和推行产生了较大的影响。

（二）受众定位

《第一财经日报》总编秦朔曾指出，《第一财经日报》读者定位分为两

---

① 福布斯：《2014中国大众富裕阶层财富白皮书》，http://wenku.baidu.com/link? url = hEXCf9wtjrcXtMWm7WEQ9fM1neGc – zZvJbKeZjdRrHHDYxIiFyMQTaORXFLgzsl3 – BLAGbCud- CID4eUu5PFbxDAFtQvtnodF91zuuWC1QDS，2018年9月。

个层面：一是核心读者层，包括政策制定者、企业经营管理者、经济工作管理者、金融投资专业人士；二是辅助读者层，包括对个人金融资产管理感兴趣的一般投资者、对商业社会资讯有需求的消费者、接受商业教育的学生等。这些辅助读者在经历自身的成长、发展过程后，会逐渐成为核心读者，从而逐渐扩大报纸的读者覆盖面。但在对读者群进行具体测量的过程中，我们发现，《第一财经日报》等四家新财经报纸受众群都更集中于高端投资人群，即具有经济状况普遍较好、教育程度高并具有高端消费能力的人群，他们以 25—44 岁的男性为主，年均可支配收入在 15 万元以上。其中，《第一财经日报》受众年收入为 12 万—19.9 万元的比例将近一半，说明《第一财经日报》受众更多的是中层管理人员。他们对信息的需求可大体划分为：当前国内、国际经济形势怎么样；重要的经济动态与我何干；在这种情况下我该怎么办。① 前两个需求报纸财经新闻可以满足，第三个需求就要寄希望于理财新闻。

《财商》周刊当前的核心受众主要是三大经济区、个人年收入在一二十万元、亟待投资决策的中产阶层。他们具备较为专业的经济知识，对理财，尤其是个人投资的需求很迫切。受传者的偏好决定了传播内容的选择，在具体的传播过程中，《财商》周刊精准的受众定位给读者们带来了专业严谨的阅读体验，以投资预测为主的报道内容迎合了目标受众的阅读需求，并根据受众阅读习惯大胆开辟互联网渠道传播方式，可见核心的受众定位固化了受众对《财商》周刊理财新闻的忠诚度，奠定了提升传播影响力的基础。

二　控制环节：传播内容分析

（一）报道选题

媒介可以通过设置议程影响受众对某些事物的重视程度，因此，报道传播影响力的提升有赖于有效的选题设置。笔者通过对样本的统计分析，将报道选题进行了划分（见图 5-1）。

---

① 贺宛男、佟琳、唐俊：《财经新闻专业报道概论》，复旦大学出版社，2006，第 45 页。

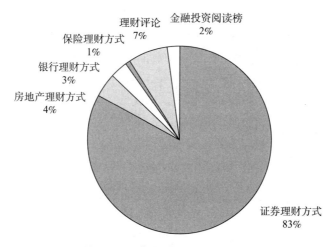

图 5 - 1 《财商》周刊选题分类

从图 5 - 1 可以看出,《财商》周刊的选题具有以下特点。

一是证券理财新闻占主流。《财商》周刊侧重于对证券理财方式的分析报道占 83% 。证券理财是投资主体为了获取预期的不确定的收益购买资本证券以形成金融资产的经济活动。[1] 选择这一理财方式的大众具有一定的理财知识基础和投资经验,他们善于分析各种理财信息,能对金融市场上各类产品的价格变动趋势做出较为正确的预测,能最大限度避免投资决策失误。这正与《财商》周刊针对的企业中层管理者定位一致。

在证券理财新闻中,《财商》周刊开辟了两个专栏:《机构动向追踪》与《投资者内参》,积极在股票市场信息、企业管理者投资经验、金融知识和操作技术层面对受众进行指导。值得注意的是,这两个专栏均在第一财经《财商》APP 上付费推行,并在纸刊上进行选择性刊登。

2014 年是国企改革元年,"国企改革"概念的上市公司得到越来越多机构的关注。截至 12 月 26 日,《财商》周刊在第一财经《财商》APP 栏目《机构动向周周追》的 8 期报道中,选刊了 6 期报道刊登于《机构动向跟踪》专栏(见表 5 - 2),其中,在《机构动向周周追》对沪港通的 3 篇报道中选取了最具时新性的一篇:《"最保守私募"星石满仓操作 四季度加紧调研 14 股》。所谓《机构动向追踪》,实际上是依托第一财经"财商"数据

---

① 杨兆廷、刘颖:《证券投资学》,合肥工业大学出版社,2014,第 32 页。

库，紧跟主要公募、私募的市场研判和操作动向。这6篇理财新闻以每周一篇的频率概括了整个第四季度的股票走势。记者共选择境外机构投资调研的股票113只、公募基金四季度以来调研的股票408只、私募基金四季度以来调研的股票14只，并挖掘出数家擅长挖掘成长股投资机会的私募机构，将这些具备公信力和吸引力的机构、股票作为选题对象，能够吸引目标受众注意力，满足受众了解重点个股的需求。

表5–2 《财商》周刊《机构动向跟踪》与第一财经《财商》
APP《机构动向周周追》对比

《财商》周刊《机构动向跟踪》	第一财经《财商》APP《机构动向周周追》
2014年11月21日 《沪港通后QFII谋换仓四季度重点调研113股》	2014年11月19日 《沪港通带动A股热点切换，私募如何布局？》
2014年11月28日 《基金四季度调研408只股票，哪些会成为布局目标？》	2014年11月20日 《私募大佬们潜伏了哪些沪港通概念股》
2014年12月5日 《"最保守私募"星石满仓操作四季度加紧调研14股》	2014年11月21日 《沪港通后QFII可能换仓哪些股票？》
2014年12月12日 《追踪三大价值派私募调研路径海康威视受追捧》	2014年11月27日 《基金四季度重点调研了哪些股票》
2014年12月19日 《风格转换在即？趋势派私募四季度频调研成长股》	2014年12月3日 《"最保守私募"星石投资满仓操作，四季度调研14股》
2014年12月26日 《"成长股联盟"瓦解？私募扎堆调研17家主板公司》	2014年12月10日 《景林、淡水泉、混沌三大重量级私募四季度调研路径》
	2014年12月17日 《尚雅投资等三大趋势派私募四季度调研了哪些股票？》
	2014年12月24日 《17只主板股票12月以来获私募调研》

　　《财商》周刊《投资者内参》从第一财经《财商》APP《投资者内参》的23期报道中选取10期（见表5–3）。这10期对APP中的报道去粗取精，每期一个主题，涉及股市、私募、机器人、电视游戏等方面，注重依托最新政策和经济形势，选取季报、持股报告中的有效信息，敏锐观察行业发展，对投资趋势深入解读、综合分析，为投资者提供经济参考。

表 5 - 3 《财商》周刊《投资者内参》与第一财经《财商》APP
《投资者内参》对比

《财商》周刊	《投资者内参》	第一财经《财商》APP《投资者内参》
2014 年 5 月 23 日《新股的 N 个规律》	2014 年 1 月 22 日《基金第四季度在重点买入哪些股票!》	2014 年 7 月 22 日《基金二季度重点买入哪些股》
2014 年 6 月 20 日《私募激辩 2000 点:"市场底"还有最后一跌?》	2014 年 2 月 21 日《数据掘金:突破箱体 + 机构增持股》	2014 年 8 月 8 日《玩转期权:必读知识及 N 种策略》
2014 年 7 月 4 日《机器人概念详解:最靠谱主题,好公司在哪?》	2014 年 3 月 7 日《智能可穿戴:和去年的手游概念媲美》	2014 年 8 月 21 日《长达 13 年的禁令解除电视游戏进入新蓝海》
2014 年 7 月 25 日《基金二季度持股报告:哪些股被真正买入》	2014 年 3 月 21 日《"两会"后 10 家私募调研》	2014 年 9 月 2 日《基金中报动向解密:2247 股中精选 10 只》
2014 年 8 月 22 日《政策解禁电视游戏再出发潜在市场 400 亿》	2014 年 4 月 2 日《基金全部持股解密:2200 支股票中寻干货》	2014 年 9 月 18 日《30 财务好公司》
2014 年 9 月 5 日《基金中报全部持股解密:四维度寻好股》	2014 年 4 月 18 日《手机屏上的蓝宝石:十问及概念股》	2014 年 10 月 10 日《鏖战房价:"9.30"狙击与 C 浪大杀跌》
2014 年 9 月 19 日《第三期 30 财务好公司:医药股持续力最强》	2014 年 4 月 23 日《基金一季度重点买入哪些股票》	2014 年 10 月 12 日《牛散二季度 10 大潜力股》
2014 年 10 月 31 日《基金三季报重仓股全曝光:三个方向寻干货》	2014 年 5 月 8 日《十大指标精选 30 只财务好公司》	2014 年 10 月 28 日《基金三季度重点买入股》
2014 年 11 月 7 日《三季度私募重仓 301 股哪些股值得买入?》	2014 年 5 月 23 日《新股非常规研究:牛股概率及独特个股》	2014 年 11 月 5 日《私募三季度 10 大潜力股》
2014 年 11 月 21 日《三季度牛散持股盘点十股仍可重点关注》	2014 年 6 月 6 日《你必须知道的国内四类主流对冲基金》	2014 年 11 月 20 日《牛散三季度 10 大潜力股》
	2014 年 6 月 20 日《2000 点大决战——2014 年下半年投资策略调研》	2014 年 12 月 2 日《2015 年上半年投资路线图》
	2014 年 7 月 4 日《"接地气"的机器人:朝阳行业下的问题与机会》	

二是选题视角敏锐。《财商》周刊理财新闻选题紧跟经济运行态势,关注热点问题,挖掘受众关注点,体现出敏锐的选题视角。例如,随着投资

界市场的逐渐成熟，"跨界""新兴领域""大数据"等成为投资界"高大上"的标签，《财商》周刊对此做了一系列报道：针对 2014 年资本市场上热度较高的机器人行业的《机器人概念详解：最靠谱主题，好公司在哪?》（2014 年 7 月 4 日），对机器人主题现状进行调研，列出机器人总表，并推荐四家值得关注的机器人公司；《上市公司蜂拥玩跨界三招甄别投资价值》（2014 年 7 月 11 日）分享了上市公司的跨界成长故事，并根据采访申银万国的王胜、东兴证券的高坤等分析师及研究其所在证券公司的数据，将跨界成长股的投资逻辑归结为两个关键点：小市值、热行业；在国内首支运用大数据的指数基金——广发基金旗下的广发中证百度百发策略 100 指数基金获批后，《财商》周刊刊发了《将大数据运用于投资，结果会如何?》（2014 年 9 月 26 日），将大数据对于股票的作用归结为投资者的"有限关注度"，详细分析了投资中大数据的作用与局限性，并经广发基金数量部总经理、百发 100 拟任基金经理陆志明之口提出大数据市场最大的担心："基金成立后一旦业绩持续走好，由于国内投资者都比较短线，恐怕会遭遇大量的赎回。"

2014 年初，国务院解除了长达 13 年之久的电视游戏机禁令，这象征着国内电视游戏市场即将开启，《财商》周刊以"投资者内参"的形式刊发了《政策解禁电视游戏再出发潜在市场 400 亿》（2014 年 8 月 22 日），分别采访证券商、游戏开发公司以及曾投身于动漫运营行业现为中投顾问文化行业研究员的蔡灵，在探讨研究出电视游戏潜在的巨大市场空间和尚不够丰富的游戏内容现状的基础上，向受众推荐了金亚科技（300028. SZ）、浙报传媒（600633. SH）、雷柏科技（002577. SZ）三只股票，具有实际指导意义。

2014 年政府工作报告对国企改革和环境问题给予了高度关注和指导。《财商》周刊紧跟两会步伐，在《国企改革想象空间很大》（2014 年 3 月 14 日）、《两会继续聚焦环保》（2014 年 3 月 14 日）中分别就两会期间国企改革和环境保护方面的政策进行了研读，通过研究与之相关的个股提出了股票投资策略。

房价一直都是百姓关注的重大问题，2014 年房市处于从限购到取消限购的临界点，《财商》周刊根据房地产走势做出一系列报道，其中，《房价有多少下跌空间?》（2014 年 8 月 22 日）结合海外房地产形势与开发商行为做出房价跌 50% 以上的大胆预测；《房地产"刚需"：一个经典的谬误》（2014 年 9 月 12 日）认为"刚需"已不再是楼市购买主力；《房价下跌大推演》（2014 年 10 月 17 日）犀利指出，"一系列恐有透支嫌疑的救市措施可能会阻碍房价的下跌或者推动反弹，但市场的意志从不因为人为而改变"。① 值得注意的是，关于房地产理财的 14 篇报道中，有 11 篇来自周刊中心副主任艾经纬之手。艾经纬自 2010 年起主持发布《第一财经日报》《财商金融投资阅读榜》，并开辟《宏观观察》《图解宏观》等专栏，拥有近十年财经媒体生涯，出版《房市大衰退》一书，对中国房市的深刻研究和独到见解，对房地产理财投资有引导价值。

三是选题维度丰富。《财商》周刊的报道选题既涵盖了股票、金融等理财产品推介，还包括了个案和书籍推介等。在《从市场的进化中掘金》（2014 年 2 月 7 日）中，《财商》周刊编辑艾经纬开篇即以"试想一下，你不必历经竞选和政治斗争成为政治家，就可以像他们一样思索世界经济形势乃至世界政治格局的演变，甚至可以打败某个中央银行，迫使愚蠢的政策回归正轨，这是不是很激动人心呢?"② 的问句击中了全球宏观对冲基金经理的工作状态，之后引经据典指出宏观对冲基金在时变、势变、思维进化的形势下面临的行业整体低迷状态，并告诫读者："保持思维的更新，而非惯性，可以更少地受到市场的惩罚。"这篇报道之后，《财商》周刊开辟了整个版面，对《章鱼阴谋——揭开金融史上最疯狂的双重骗局内幕》《投资还是投机——资本市场的沉沦与角逐》《下一个暴富点——投资大师费雪为你揭开 300 年投资史赚钱秘密》等理财类经典书籍撰写了数篇书评，概括书中精华内容，提出记者观点，引导受众思考。

由此可见，《财商》周刊以对基金市场的分析为主，通过多方面调研、采访，根据政策抑或当前经济环境，甄选出具有增长潜力的股票，推荐给受众，值得注意的是，《财商》周刊对投资者建议十分谨慎，全部是在大量调研数据或者多名行业知名人士的观点上提出的。

---

① 艾经纬：《房价下跌大推演》，《第一财经日报》2014 年 10 月 17 日，第 B2 版。

② 艾经纬：《年度十大金融投资书籍》，《第一财经日报》2014 年 2 月 7 日，第 B2 版。

（二）消息来源

经笔者统计，《财商》周刊理财新闻的消息主要来自 Wind 统计、第一财经《财商》机构动向跟踪数据库、《财商》记者统计、公司财务数据、行业相关人士等（见图 5 - 2）。

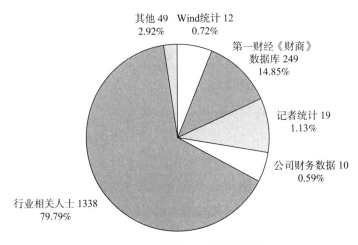

图 5 - 2　《财商》周刊消息来源

由图 5 - 2 分析，《财商》周刊消息来源主要是行业相关人士，包括行业公司管理层、相关专家、员工和部分匿名消息来源。并且，除专访及理财评论外，每篇报道的消息来源均有三个以上。《财商》周刊更倾向于选择行业先锋企业的董事长、经理等领导层人物，几乎每一篇报道都采访两位以上公司领导层。他们作为中国经济发展的探路者和实践者，通常具有决策能力和行业内的话语权，是推动经济制度变革和社会进步的中坚力量，在报道中可以形成一种感召力，构建出理财新闻的传播影响力。

例如，在股票市场中，进入 2014 年下半年后，A 股一鼓作气冲上了2200 点，股票市场一片哗然，但在年中 A 股跳水迎来"黑色一周"时，《财商》周刊曾调研了 A 股市场上 8 位私募基金经理，展望了下半年投资〔《私募激辩 2000 点："市场底"还有最后一跌?》（2014 年 6 月 20 日）〕。深圳翼虎投资总经理余定恒等 4 位私募者坚定地认为 A 股下半年将迎来上涨行情，上海鸿逸投资总经理兼投资总监张云逸还提出煤炭一类周期性行业会持续下滑、消费医药行业在高增长后会短期调整。A 股如期持续猛涨后,《财商》周刊 8 月 22 日又对话深圳龙腾资产董事长吴险峰[《强势行情有望持续机会仍在周期股》(2014 年 8 月 22 日)],以"A 股的这波上涨还能走多远"进行专访,在业内以能追涨、能杀跌、A 股 H 股通、风格犀利闻名的吴险峰表达了对这波强势行情比较看好的基本态度,认为如果市场接下来还有一波上涨,周期股必然会有所表现,并大方展示其公司目前股票布局是满仓操作,并将大部分成长股换成了周期股,这为同行业公司以及部分观望中的股民提供了有益的参考借鉴。

值得注意一提的是《财商》周刊对匿名消息来源的把握。匿名消息来源是由未透露姓名的线人提供的真实、可靠的信息。2014 年 3 月,《财商》周刊报道了东海证券重金参与金瑞科技定增并取得超高收益一事,并试图找出神秘搭桥人。10 月 24 日,《财商》周刊刊发了《深喉揭秘员工持股计划黑幕》,通过知情人士对黑幕揭露提出了疑惑:"为何一家券商的多个资产管理计划能够轻易参与某上市公司的非公开增发,并且获得了超过 200%的年化收益率,在这样一桩生意中扮演搭桥人的神秘人又是谁呢?"10 月31 日,《东海证券参与金瑞科技定增有搭桥人?》对深喉者曝光的神秘高管进行解密,猜测为同时担任金瑞科技总经理、东海证券长沙营业部总经理与现任长沙矿冶研究院有限责任公司副总经理的杜维吾。这一深度报道在近一年的调查中落下帷幕,其中,重视匿名消息来源的可信性功不可没。

第一财经《财商》数据库由第一财经研究院研究得出,研究院是第一财经的核心,它先后推出了中国第一个"商业银行理财产品数据库"、"阳光私募基金数据库"和"上市商业银行竞争力数据库",为企业高层管理者提供决策参考,包括"内参版""金融版""证券版""行业版"四个板块,数据具有较高可信性。引用率较高的 Wind 统计数据由万点资讯公司提供。万点资讯公司是一家专业从事信息咨询与商务支持服务的公司,其数据库具有强大的指标计算和图形功能,整合了海量的宏观和行业数据,是经济学家、宏观分析师、策略分析师行业研究员必备的宏观行业数据分析工具,在业内具有较高的权威。

《财商》的记者团队包括于百程带领下的黄宇、艾经纬、丁瑜、张燕、江怡曼等人。这些记者均纵横财经报道领域近十年,有丰富的理财知识储备,他们不仅精于对一手数据的援引,更擅长对大量二手数据的采集和整合。例如，《三季度牛散持股盘点 十股仍可重点关注》（2014 年 11 月 21 日）中，第一财经《财商》团队对三季度牛散所持的 167 只股票进行总结，并挑选出 10 只仍值得重点关注的牛散持股，供投资者参考。《大佬们买了啥？首批私募二季度重仓股曝光》（2014 年 8 月 8 日）经过《财商》周刊记者独家甄选，发现了 24 只股票二季度末前十大流通股股东名单中出现私募大鳄的身影。

基金的季报和年报等公司财务数据是《财商》周刊重点跟踪的数据，《财商》周刊不断完善数据选取标准，致力于更真实地还原基金的买入动作和意图。为了提供长期选股参考，2014 年《财商》周刊根据企业季报、中报等公司财务数据，在 5 月 9 日、9 月 19 日分别选取了 30 家财务好公司，选取标准主要是从公司财务稳健增长角度考虑，包括主营业绩要稳定增长，经营现金流要持续为正，考察期为 3 年。在最终结果上这个评选标准展现了科学性，譬如第一期"30 财务好公司"中的信质电机、金螳螂最终涨幅超过了 50%。

（三）报道理念

理念，是指思维活动的结果。报道理念是新闻报道针对所发生事件的报道方式和报道思想，是新闻报道行动的向导。《财商》周刊始终秉承着"以人为本"的报道理念，致力于培养受众正确的理财观念和理财技巧。

一方面，凸显普适性和亲民性。理财新闻与受众实际生活息息相关，投资理财并不是一部分受众的专利，而应渗透至受众的日常生活。《财商》周刊曾推出《孩子们喜欢的股票》（2014 年 1 月 3 日），提示消费者"不妨给小朋友一小笔资金，买入那些他们最可能感兴趣的股票"，向孩子推荐了玩具、美式快餐、零食、体育用品、电子游戏和影视出品公司等方面的股票，并根据去年涨幅和市盈率整理出 10 只孩子可能感兴趣的股票［《孩子可能感兴趣的股票》（2014 年 1 月 3 日）］。除了关注儿童，在《年轻人，你要非富不可！》（2014 年 2 月 7 日）中，《财商》周刊通过引用香港权威投资评论家曹仁超的观点鼓励年轻人投资，"如果在一个有钱景的行业，有一份高薪水，也是可以实现致富的。可是如果自己所在的行业难以具备此条件，自己又想更富有一些，那就要考虑做生意或者是做投资"。①

《财商》周刊通过推介多种理财方法，注重对受众理财技巧的培养。根据对报道内容进行分析，我们发现，《财商》周刊十分热衷于报道新兴理财方式，将其介绍给读者并分析前景。例如余额宝作为2014年最受关注的理财方式，它以不收取任何手续费、利息与银行活期存款利息相比收益更高等特点吸引了大批用户，但其年化收益率在2014年3月跌破了6%，这种理财方式开始有热度减退之势。《财商》周刊发挥其理财指导作用，以《"宝"类产品走下神坛 不妨转战短期理财》（2014年3月7日）向投资者指出"未来余额宝等货币基金很难再出现长时间那么高收益的情况了"，建议投资者转战银行在售的非结构性人民币理财产品、短期理财债基等产品，并专门撰文《三招选择短期理财产品》（2014年3月7日）分别从银行理财产品、短期理财债基的角度向投资者支招。之后，《23家公司股息率超"余额宝" 除权扣税难以吸引投资者》（2014年4月11日）统计出23家股息率超过余额宝年收益率的上市公司，提醒投资者"在关注高股息率之时，还应注意公司的成长性、股价走势、筹码分布、换手率等多重因素"。

另一方面，《财商》周刊通过罗列投资风险和收益，建议受众规避盲目追求收益最大化的心理。20世纪90年代初，股票市场开始兴起，但真正进入股票市场的人少之又少。对于当时大部分人来说，最时兴和保险的理财方式是存在银行和购买国债。随着经济的迅猛发展，我国大众的理财观念被刷新，信托、期货、保险、基金定投等理财方式开始为人们所接受。人们的收入水平逐渐提高，开始由传统的消费者转变为投资者，对于财富增值的需求也愈发旺盛，但很多人对于理财仍存在认识误区，比如将投资等同于投机，忽略高风险而片面追求高收益。理财实质上是对所拥有资产的合理配置，讲求收益性和安全性的并重，不能急于求成。理财新闻应引领受众树立理性的理财观，根据实际情况选择适合的理财方式。《财商》周刊在报道内容上偏于理性，善于多角度分析理财方式，对比同一理财方式的风险与收益，为投资者做出风险提示。

2013年下半年，众筹概念在国内火热起来，众筹平台纷纷建立，它是一

---

① 艾经纬：《年度十大金融投资书籍》，《第一财经日报》2014年2月7日，第B2版。

种小企业、艺术家或个人利用互联网和 SNS 传播的特性，通过展示创意，向网友募集项目资金援助的融资方式，具有低门槛、多样性、回报利益最大化的特点。《财商》周刊刊发《众筹投资者应该知道的五个问题》（2014 年 4 月25 日）一文，从"众筹有哪些种类""众筹的门槛如何""众筹的回报如何""参与众筹有哪些风险""众筹的法律风险"五个问题着手，向参与众筹的投资者全面解析众筹，提醒受众既要关注众筹的大收益，也要防范高风险。

长期以来，参与定向增发是金融理财取得高收益的重要手段之一，无论是公私募基金，抑或券商产品，都可以通过定向增发的手段博取高收益。定增类股票在牛市、震荡市时常有较好表现。尤其在 2013 年底，随着股票市场的复苏，一度曾陷入业绩低谷的定增产品大受投资者欢迎。《财商》周刊在 2014 年初便立即刊发《定增产品推崇"私人定制"路线高收益背后蕴含流动性风险》一文，提醒投资者"定向增发并非稳赚不赔，有业内人士就指出，投资者对于定增产品还是应该多加考察，不能盲目投资"，要求投资者不能盲目参与，要结合对市场及定增项目的判断，关注市场点位、项目质地和项目本身折扣，并建议尽量选择一些研究实力较强的公司。

三 提升环节：传播方式分析

《财商》周刊所归属的第一财经传媒公司作为中国第一家跨媒体公司，可能是中国最早尝试跨媒体整合、实现媒体融合的媒体公司之一。它拥有同一品牌的报纸、广播、电视、杂志、通讯社、研究院、新媒体中心等媒体，盈利模式包括媒体广告收入、节目发行、图书发行、会展和论坛，是产品多元组合、相互嵌入的媒体融合性全媒体公司（见图 5 - 3）。与传统媒体结构完全不同的是，第一财经传媒公司实行完全企业化的管理模式，公司管理层善于多种媒体融合性运作管理，市场推广及经营管理趋向多元化与灵活性创新。可以说，第一财经已经形成了完整的品牌价值链。

《财商》周刊依托于"第一财经"平台，参照其传统信息传播模式，理财新闻在《第一财经日报》纸质媒体刊登的同时，还会在一财网、社区、博客、微博同步推送，呈现"第一财经记者采录新闻信息——第一财经通讯社聚合平台——'财商'周刊刊出——电子媒体（电子报、微博、微信

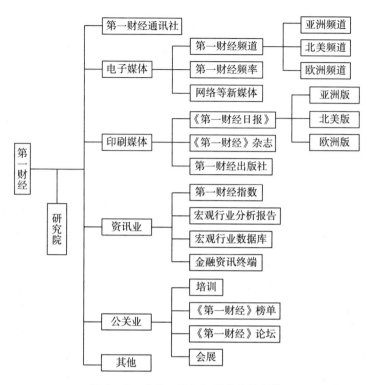

图 5 - 3　"第一财经"品牌价值链①

等）上线推送"的流程。值得注意的是，在《财商》周刊品牌栏目《投资者内参》和《机构动向追踪》刊登的文章均是节选，其全文需要关注第一财经《财商》微信公众号 caishang02 进行付费订阅。

（一）媒介融合传播

1. 原生电子作品发布

对于投资者而言，理财资讯的时效性是决定投资成败的关键因素之一。《财商》周刊与百度阅读合作推出《投资者内参》，是专业财经媒体进行原生电子作品发布的初次尝试。这种方式借助百度平台直接发布电子稿件，省去了烦冗的出版流程，实现了理财资讯在电子平台上的快速传播，取得了良好的传播效果。例如，2014 年 7 月 21 日，在 75 家公募基金披露 2014

---

① 资料来源：一财网，http://www.yicai.com/data/，2015 年 5 月。

年二季报后,《财商》周刊团队迅速反应,撰写深度报道《基金二季度重点买入哪些股》,专业解读基金最新投资动向,并通过百度阅读独家首发,在短短 3 小时内试读人数已经过万。

2. 第一财经《财商》APP

2014 年 8 月,第一财经《财商》APP 正式应用,它是一款为投资者精心打造的资讯掌中宝,是集资讯、交流和学习于一体的投资实战和修炼平台,聚焦股市、期市、债市、楼市、汇市等资产和基金、信托、P2P 等各类理财产品,并设置了投资思维成长点拨、晒股晒图互动探讨、交友拜师相互学习、用户自主投稿发布等多重功用。通过传受互动,《财商》周刊一方面以受众反馈的即时性丰富了报道内容,以无线终端设备推送信息的模式使受众更为快捷与轻松地接收资讯;另一方面,《财商》周刊为不同行业、经济背景的受众提供了一个相互交流的平台,增强了用户体验,拓宽了新闻思域。

3. "财商"微店

"财商"微店是《财商》周刊专业投资资讯产品化的初步尝试,定位于出售投资智慧的投资资讯品牌店。当前产品尚处于完善充实期,主打商品为:一年期机构追踪、一年期牛散追踪、一年期深度内参、一年期股票精选、一年期投资咨询组合套餐等,价格为 298—598 元不等。

"财商"微店的所有商品都为电子资讯产品,整个上线—发货—售后的流程都通过线上完成。订单用户须填写准确手机号和个人信息方能实现商品购买,这有利于《财商》周刊统计受众信息,进一步明确受众定位。

(二)线下活动策划

"财商"系列论坛由《财商》周刊专业采编团队与第一财经俱乐部合力出品,主要面向投资者,主题内容由富于专业精神的采编团队根据市场判断,结合合作方需求量身定制,能最有效地融合合作方品牌宣传与产品推广的需求。《财商》周刊整合优质资源,着力将其打造成专注于投资与财富管理话题的高端投资者主题聚会,并通过定制形式为合作方实现品牌联合、客户维护,最终实现放大商业价值的目的。通过品牌强强联合,"财商"系列论坛带给了合作方最高品牌美誉度与最大化的商业价值,吸引众多投资者关注。

"财商"论坛持续性地在北上广深四地及其他城市举办，频次高、辐射范围广。活动前期配备强大预告广告宣传造势；活动期间利用国内最具影响力的平面媒介、电视媒介、网络媒介整合出击，广告加报道，密集宣传；活动后期配合大篇幅深度报道，第一财经作为主流财经媒体以强大的传播力，联合各地合作媒体多渠道传播，立体化宣传"财商"系列论坛。论坛受众是中国经济中最活跃、最具购买能力的群体，是意见领袖与影响力的核心。论坛以财富管理、投资实务、市场环境分析、具体操作技术为主要内容，指点投资方向，分享投资经验与乐趣。这样的营销方式有助于《财商》周刊获得受众的忠诚度和依赖度，有效提升品牌影响力，促进内容和渠道的整合。

第三节 《财商》周刊传播影响力问题分析

2000年以来，我国经济迅猛发展，新财经报纸顺势而生，发展壮大。这类财经报纸区别于传统经济报纸受制于政治权力的运营模式，完全依托市场的力量寻求产业化运营模式。新财经报纸的理财新闻既凭借这一平台获得高端受众和多样化内容呈现方式，又面临受众规模的待拓展、内容选择的被束缚、纸质版影响力的削弱等一系列制约和挑战。

一 受众规模有待拓展

（一）受众定位局限于精英阶层

《财商》周刊始终受制于《第一财经日报》"权威、主流"的市场定位，将受众定位于中产阶级以上的投资者。因此，《财商》周刊就不得不偏向于选择精英阶层，如专家学者、企业高管等；在表述方式上，选择分析性更强、逻辑性更强的专业术语；在内容选择上，多与股票理财方式相关，适合普通百姓日常理财的新闻少之又少。从深层次上说，观念上将专业化与大众化、精英阶层与普通民众相分离，剥离了理财新闻对于普通投资者的服务功能。例如，在股票理财方式上，随着金融市场的发展和几次牛市的崛起，越来越多的投资者倾向于选择股票投资。深圳证券交易所数据显示，到2014年底我国股民数量已超过1.2亿户，大部分是投资回报甚微的中小投资者。相比一个投资决策便能引起资本市场动荡的大股东而言，这些人同样值得关注。《财商》周刊的报道多是上市公司的报表、股票宏观走势等市场分析类报道，对中小投资者的指导性信息相对较少。

因此，《财商》周刊理财新闻很容易陷入一种困境：一方面，专业市场上，各新财经报纸理财新闻受众相互重叠，受众忠诚度难以培养；另一方面，由于在定位和内容上对专业性的追求，报道内容较为艰涩，无法被大众理解，这就使其在未能巩固专业市场的同时，失去了大众市场的认同。

（二）对受众群体的差异化需求识别不清

《财商》周刊简单的"中产阶层投资者"定位，显然无法应对不同受众群体的差异化需求。随着社会经济的发展，在《第一财经日报》理财版面近十年的历程中，它所拥有的忠实受众群已成长为理财市场的中坚力量，对理财新闻产生了更高要求。早期的理财市场种类少、规模小，随着理财市场的发展创新，种类日趋多样化，市场情况也愈加复杂，这部分受众群理财压力不断增大，决策的重要性凸显，他们需要大量辅助决策的理财资讯以及时调整投资方向。对于理财市场新生代来说，他们迫切希望通过理财积累财富，更关注理财方式的推介与经济形势预测。令受众从理财新闻中受益，这应是《财商》周刊未来发展的根本目标。

同时，媒体议程作为受众议程与政治议程的衔接处，应允许受众意见的充分交流和表达，以形成公共舆论影响媒体议程与政治进程，由于理财新闻与经济、社会息息相关，这一使命尤为深重。就《财商》周刊而言，目前状况并不尽如人意。版面将受众注意力作为产品兜售给广告商和运营商，受众创造的商业价值被获得，但受众说话的权利并未被充分赋予。对于理财新闻的受众而言，他们往往拥有独立思考的能力与表达观点的意识，《财商》周刊应弥补受众反馈层面的欠缺，在议程安排上多参照受众调查的结果而非堆积理财信息或商业信息。

二 内容选择上服务性欠缺

(一) 报道选题的单一性与表达手法的偏专业性

经上文统计分析，《财商》周刊关于证券理财方式的新闻占据83%，加之《财商》周刊两个品牌栏目《机构动向追踪》和《投资者内参》皆属于证券理财新闻，可知证券新闻是《财商》周刊的报道重点。但面对专业证券报纸和新媒体的挑战，《财商》周刊存在诸多不足。一方面，证券市场行情瞬息万变，在即时性方面，网络媒体、无线终端等新媒体具有推送快、传播方式便捷等先天条件，这是纸质版《财商》周刊不可比拟的，《财商》周刊的线上推送多为收费订阅。在新闻来源方面，我国仍实行中国证券会指定上市公司信息披露模式，目前指定媒体有"三报一刊"：《中国证券报》、《上海证券报》、《证券时报》和《证券市场周刊》。它们垄断了第一手的证券信息，报道的专业性和综合性皆高于《财商》周刊，因此，《财商》周刊将证券新闻作为主打新闻并不占优势。

另一方面，就表达手法而言，《财商》周刊证券新闻数字多、术语多、图表少、分析少，例如，《融资融券标的股扩容 谁将成为多头目标?》（2014年9月26日）分"60只股票跑输大盘""15只股票MACD金叉""6只股票MACD死叉"三部分对沪深两市融资融券标的股进行列举，这些术语的堆砌无形中树立起专业壁垒，造成重理论性轻实用性的局面，专业性强而可读性弱，将股市入门投资者及其他理财方式投资者阻隔在外，难以发挥理财报道服务性的作用。

此外，就报道方式而言，除去节选自第一财经《财商》APP的两个专栏，《财商》周刊的栏目大概可分为数据选股、财务选股、投资笔记等，精品栏目和深度报道较少。在媒介融合时代，各类信息庞杂，受众并不缺乏理财信息或消息来源，他们需要的是报纸具有独创性、分析性的深度报道，譬如投资市场分析、理财产品分析等解释性报道。这类报道中的理财信息不需要独家性，而在于对信息进行处理，挖掘信息背后的价值，这种具有独创性和指导意义的理财新闻，是当前在理财版面激烈竞争中的胜出之道。

《财商》周刊对于理财新闻的独特分析较少，更多的是数据的堆砌和列表的参考。

（二）软文广告与理财新闻的混淆

《财商》周刊理财新闻的主要报道对象是股票、证券类理财，国内上市公司是其重要消息来源。随着公司间竞争的激烈化，上市公司往往采取新闻、广告等公关手段进行品牌建设和推广。这些公司一般针对媒体设立了专门的媒体公关部，这些公关人员深谙与媒体相处之道。作为企业方，他们在信息选择上具有偏向性，容易将软文广告与理财新闻相混淆。《第一财经日报》总编秦朔曾表示："我们一些记者所做的报道，基本上还是以企业自己的宣传和公关公司的一些发布为报道的切入点。而国外的公司报道，大多是以公司定期性财务发布为一个常规切入点，同时配有专家分析、各种研究和个人调查。"[1]

目前《财商》周刊的软文广告现象依然存在。例如 2014 年 1 月 3 日，《财商》周刊就刊登了一篇疑似关于中信银行的软文广告：《中信银行依托海外分支机构，力推代开美国账户业务》，报道针对中国赴美人群过境时携带资金不便这一现象，指出中信银行应开启国际美元账户业务，以实现安全便捷地管理在美资金的目的。报道引用大量中信银行相关负责人的话向受众推荐中信银行这一业务，并含有类似"业务量最大、产品品种最齐全、特色业务最多""一站式便捷服务"等广告语言。值得注意的是，在《财商》周刊刊登的广告中，中信银行的广告占了相当大比例。

（三）收益性与风险性的失衡

2014 年，国民对于股票市场已不再陌生，无论是企业还是个人，都迫切期待从股市中分得一杯羹。但受中国政治环境因素的影响，股市仍旧是资金、政策市场，流动性逐渐收紧，与证券市场配套的法律体系依然不健全，投机取巧风气日盛。在这种境况下，理财新闻本应引导树立以提倡价值投资为主的合理理财观念，但就对《财商》周刊理财新闻的分析来看，

---

① 杨朝娇：《财经新闻消息来源偏向研究》，暨南大学 2012 年硕士学位论文。

诸如《7 天年化收益率超过 6% 的短期理财债基》（2014 年 3 月 7 日）、《卖壳概念造好　毅信顺势炒上》（2014 年 5 月 9 日）等提倡股市投机的报道依然占据一定篇幅。尤其《卖壳概念造好　毅信顺势炒上》报道指出上市公司不但可在招股集资时吸收一笔资金，出让上市地位时更可获取巨额收益。并以香港教育（01082.HK）为例，其于 2012 年前上市，年后公司大股东就变相将手上股权出让，这种带来高收益的投机操纵逐渐被理财新闻炒成了股民纷纷效仿的理财明星，使机构投资者长期尝试建立的价值投资理念沦为边缘化。

三　传播渠道的多样化分流影响力

（一）纸质版《财商》周刊影响力被削弱

为拓展营销领域，《财商》周刊往往通过举办"财商"系列论坛等学术性活动树立品牌形象，但在推广过程中并未凸显《财商》周刊的价值。《财商》周刊逐渐侧重于采取数字出版、付费阅读的策略，在增加收入的同时削弱了纸刊的影响力。多元化运营模式固然可以为《财商》周刊提供全新发展领域和多样化收入，但维持多元化产业链所需的人力、物力、财力反而可能分散主营产业的资源。如果多元化的产业链分散了主营业务的资源和精力而业绩表现不佳，结果则是灾难性的。[①]

就《财商》周刊而言，目前的发展趋势俨然是报道重心逐渐转向电子出版业，这种运作模式使《财商》周刊一方面全力挺进高端市场，忽视了对大众市场的培育；另一方面，其倾力打造多元化产业链，将大部分精力放在推广 APP 应用等投资咨询产品以及开办系列论坛等品牌活动上，使理财新闻报道专业性弱化、品牌影响力不足。

当前，我国理财市场的发展还处于初级阶段，尚无法形成规模化专业市场。《财商》周刊作为理财新闻版面，对多元化媒体产业链的打造缺乏市场基础和受众基础，如果盲目进行营销推广，势必会阻碍版面整体品牌影

---

① Porter, M. E., "Form Competitive Advantage to Corporate Strategy", *Harvard Business Review*, 1987, pp. 43–59.

响力的提升。

（二）信息的重复利用造成资源浪费

在媒介融合态势下，新闻生产模式转变为"独立运行、流程完整、操作规范"。[①] 当前，《财商》周刊固然有 APP 推送、微信公众号等多种传播渠道，但仔细看来，除付费版 VIP 内容，传播内容大致趋同。这种信息的反复运用，造成作为纸质版《财商》周刊翻版的电子媒体在面对移动终端推送、专业财经网站时竞争力下降。

第四节 提升《财商》周刊传播影响力策略

目前，中国正处在增长速度换挡期、结构调整阵痛期、前期刺激政策消化期的"三期"叠加时期，这一时期又是大众对理财信息需求最为旺盛的时期。各项民生政策的不断实施、人均收入的持续提升，都将使更多的人关注各类投资理财信息，例如股票走势、房地产市场等，并进行各类投资。在这个过程中，理财新闻能否把握住机遇，集中力量突出优势，成为新闻从业者的关注重点。

一 扩大受众规模

（一）维持受众忠诚度

理财新闻传播影响力的提升离不开受众对《财商》周刊版面的忠诚度，这需要受众持续不断地接触并信赖《财商》周刊。被称为"传播学之父"的美国学者施拉姆构建出著名的施拉姆公式[②]：

$$媒体选择概率(P) = 媒体产生的功效(V)/需付出的代价(C)$$

① 蔡雯：《融合：新闻传播正在发生重大变革》，《新闻战线》2009 年第 6 期。
② 陈燕：《电视频道中运用施拉姆公式的实践研究》，《科技传播》2013 年第 22 期。

他认为，受众对媒介的忠诚度，与受众可能获得的收益和报偿成正比，与受众获得接触媒介付出的成本和费力程度成反比。理财新闻版面忠诚度的提升需要整合版面资源，在为受众提供所需求信息的同时降低受众的接触成本，包括辨识成本、选择成本、获得成本、理解成本等，与受众建立持久稳固的可靠关系。具体说来，让受众在最短时间内准确识别理财新闻版面的独特性，并通过情感等多个角度树立起对理财新闻的认知，从而赢得受众忠诚度，是提升其传播影响力的切入点。

（二）发展潜在受众

《财商》周刊创办初期，依靠占据高端受众市场，聚集专家学者、公司精英的观点指导受众进行投资决策，以权威性报道打造公信力，影响了有"影响力"的受众，成为经营管理者、经济决策者的必读刊物，不断形成、积累版面自身的影响力。但当《财商》周刊有意识地抓住理财市场的"意见领袖"时，还要使版面自身成长为意见领袖，为更广大公众提供理财信息支持以及智慧支持，这无疑是个漫长的过程。实际上，高端受众交际广泛，与媒体联系紧密，易形成固定阅读习惯和偏好刊物，并且高端受众与普通受众在一定因素下可以相互转化。当下，《财商》周刊需要在紧紧把握理财市场发展制高点的同时，逐渐放弃创办之初高端人群的受众定位，追求理财资讯的丰富化和表达方式的通俗化，关注大多数人的理财需求，积极培育潜在受众，提升理财新闻的主流地位和影响力。

二　坚持注意力为王

（一）创新新闻策划，吸引受众注意

这里的新闻策划界定为对新闻内容的策划，是指通过对新闻资源进行优化配置，追求报道选题、报道方式和报道内容的独特性，以吸引受众注意，达到传播效果最大化。

进行创新性新闻策划要求报道选题和报道方式的标新立异。面对每日更新的大量理财信息，要引起受众注意，《财商》周刊应对这些信息进行整

体筛选和整合，选择符合受众喜好的信息进行加工和发布。根据对报道选题的分析，《财商》周刊应提高前瞻性报道比重。《理财周刊》在2015年初推出了带有预测性和前瞻性的报道即《2015年金融市场十大猜想》（2015年1月5日），着重对我国的公司发展、经济走向以及金融改革等方面做了分析和预测，对2015年金融市场可能发生的变化做了比较理性的解读，报道不局限于对单一理财方式的报道，而是将各类金融类理财产品2015年的走势归结在一起。版面风格简洁大方，颇具一格。反观《财商》周刊，更多的是诸如《三季度牛散持股盘点 十股仍可重点关注》（2014年11月21日）、《7月以来17只牛散持股涨幅低于30%》（2014年10月10日）等股票信息的总结性报道。《财商》周刊作为相对比较专业的理财版面，除了始终都要关注一些诸如股票走势等信息外，还要对一些经济现象进行前瞻性报道，在解析的过程中不能人云亦云，或是对专家、企业家采访的堆砌，应突出特色，使创新性的新闻策划成为体现新财经报纸专业性和独特性的重要手段。

总体而言，创新性的新闻策划可以增加《财商》周刊内容的独特性和报道的深度。在市场经济环境下，理财新闻首先要提供的是关于理财环境和决策环境的信息，于《财商》周刊而言，其应对每篇理财新闻做好策划，努力担当起传播理财信息、树立主流理财价值观的责任。

（二）优化报道手法，提供理财服务

随着"内容为王"战略的不断推进，增强媒体内容品质、打造独家新闻、拓宽新闻渠道成为优质报纸媒体的必经之路。具体到《财商》周刊，其要高质量地为读者提供好看、实用、重要的理财信息服务，必须寻求表达方式的通俗化和报道视角的独特性。

从表达方式的通俗化来看，《财商》周刊的理财报道相对比较专业，在指导受众进行投资决策时，应尽可能多地提供背景知识和相关信息，因为一些专业理财知识，只有具备专业基础或从业经验的受众才能理解。如果在报道枯燥艰涩的理财数据时，把一篇由数据和术语堆砌而成的报道变为一篇涵盖事例和概念解析的解释性报道，或者增加一些投资理财故事、普通受众理财方式类的报道，会更容易提升受众阅读欲望，增强理财版面的

亲和力。

从报道视角的独特性来看，一方面，《财商》周刊需具备国际化的视角。在经济全球化的形势下，世界经济活动超越国界，形成全球范围的有机经济整体，商品、技术、信息、服务等生产要素实现跨国跨地区的流动。关注投资理财信息的受众视野更加开阔，关注点放在了全局性经济动态上。《财商》周刊在搜集理财信息、分析投资市场走势时，应利用《第一财经日报》各大国际记者站的优势，搜集全球理财资讯，体现国际视角。另一方面，《财商》周刊还应有体现新财经报纸版面优势的利益视角，既包括给受众带来的实际收益，也包括受众接收信息后产生的心理与情感上的满足。《财商》周刊的报道要体现利益视角和利益标准，即要让受众体会到报道是从维护其自身利益的角度切入的。

（三）杜绝软文广告，赢得受众认可

《财商》周刊已实现采编的绝对分离，但每个记者都有他们自身的条线资源，例如，经常在金融市场领域的记者熟谙金融市场内各机构、建制和职能、金融类法律条文和规章制度，知晓金融市场发展进程及走向，能够掌握国内甚至国际金融知名人士的背景和联系方式，经常采访上市公司的记者也会牢牢把握各大上市公司的背景材料和运营模式，并积累起人脉资源。但无论他们深入哪个理财市场，都应保持客观中立的立场。这一方面需要编辑对记者提交的报道内容进行质量控制，确保记者的报道切合实际与选题初衷；另一方面，《财商》周刊应建立起报道风险控制机制，从选题到报道的完成，整个流程都应公开化，尽量保持版面报道风格的统一性，使版面运行的每个环节都合乎整体版面报道定位。

（四）区分投资与投机，培育受众正确理财观

中国短期投机文化逐渐盛行，尤其在基金上。Wind 资讯显示，2014 年半年报显示，短期持有者比例要远高于长期持有者。由此可见，许多投资者在理财观念上存在误区，理财报道应培育受众正确理财观念，区分投资与投机之间的差别。在报道中应尽可能减少对于"一夜暴富"的宣传和渲染，要为受众提供多方面信息和权威预测，而非对某项投资进行鼓吹。在

遣词造句上更要注意不要给受众带来心理暗示，减少诸如"……是最值得购买的股票""一年可盈利……钱""一夜暴富的秘诀"等煽动性语言。另外，在面对热点问题时，理财新闻应发挥作为新闻把关人的作用，一方面增强专业性和预测能力，为受众提供翔实的理财分析；另一方面，要做好风险预防措施，多提供信息和建议，少下结论，对于有风险的理财方式要特别加以注明，发挥理财新闻服务性和引导性的作用，对于有误的预测信息要及时更正，勇于承担责任。

三　打造品牌效应

（一）　塑造鲜明的版面品牌形象

一是创新版面形式。一些新财经报纸版面为寻求独特形象，采取了创新型版式设计。例如《21世纪经济报道》版面采用6栏的宽式模块分割，符合版面报道内容详尽而有深度的特点，版面色调运用由墨绿向湖蓝的分层冷色调，与其理性客观的市场定位相得益彰。《经济观察报》则大胆采用橙色纸张，成功实现了形象识别的品牌策略。《财商》周刊应寻求特色的版面形象，以图文并茂的排版增加识别度。

二是打造品牌记者和品牌栏目。《财商》周刊应将品牌记者和品牌栏目作为理财版面品牌战略的有机构成部分，通过塑造知名理财新闻记者、打造品牌栏目提升版面影响力和品牌形象。从这个角度出发，《财商》周刊可以将《投资者内参》和《机构动向追踪》两个栏目设置为固定品牌栏目，将撰写这两个栏目的记者胡平平、江怡曼等人以品牌记者的形象，和品牌专栏一起转化成《财商》周刊的品牌符号。

（二）　提升品牌整合营销策略

《财商》周刊自改版后，始终借助多种平台共同发声，但要实现整合营销，必须充实、完善资料库，包括版面读者群构成、广告收入数据、版面市场调研结果等。虽然第一财经已建立起宏观行业数据库，但并不涉及此类数据。对这些科学整理的数据的掌握，可以针对潜在目标受众开展赠阅等推广活动。

"财商论坛"长期以来邀请优秀投资者、杰出的经济学家与投资研究专家和国内资深财经传媒人,共同分享投资成功的真知灼见,研讨一系列投资难题,在社会和业界形成了广泛影响力。但《财商》周刊理财新闻艰涩的专业性报道内容和固化的形象,并未引起广大受众重视。因此,应借助论坛之势,连接各方资源加强版面宣传,如采用论坛期间赠送合订刊、以报道形式实时记录论坛进展情况等方式为版面赢得知名度和美誉度,提升其影响力。

本章小结

如今,传播影响力已逐渐成为衡量传播效果和媒介价值的重要指标。随着经济的迅猛发展,我国大众的理财观念被刷新,信托、期货、保险、基金定投等理财方式开始为人们所接受。人们的收入水平逐渐提高,开始由传统的消费者转变为投资者,对于财富增值的需求也愈发旺盛。理财新闻报道作为投资理财资讯的承载者,通过为受众的理财行为和投资决策提供指导扩大传播影响力。

《财商》周刊作为第一财经旗下专业的财经资讯媒体,专注于为投资人提供客观、精简、实用的独家投资资讯。《第一财经日报》理财版面在近十年的发展基础上,已成为新财经报纸中较为成熟的理财版面,能够为受众提供实质性理财指导,拥有了一定的传播影响力。在对《财商》周刊进行分析的过程中,笔者发现版面的传播影响力主要来源于四个方面:一是对受众定位进行细分,以精确的受众定位奠定传播影响力基础;二是丰富多元的报道选题、准确权威的报道来源、创新性的报道理念,使报道内容能够有效到达目标受众,实现传播影响力的优化;三是所依附的《第一财经日报》及"第一财经"媒体品牌推动了《财商》周刊版面形象的树立和知名度的打造;四是在传播方式上,不仅拘于报纸媒介传播,还扩展到APP、微信等应用,建造起跨媒体的专业理财资讯平台。

对于《财商》周刊来说,受众定位是打造传播影响力的基础,传播内容的打造是关键，构建品牌是提升传播影响力的有效手段。虽然《财商》周刊还存在一些问题，例如，受众定位与其他理财新闻重合度较高；广告性新闻与理财产品新闻的内容有待于准确区分；理财新闻版面品牌影响力由于重心转向电子出版遭阻；等等。但作为理财新闻版面的先行者，在传媒产业链合理运作的基础上，《财商》周刊的传播影响力是不可否认的，它也正在以更加稳健的步伐努力发展创新。

只有通过提升理财新闻传播影响力和版面品牌形象，才能形成特色，拓宽发展空间。如此一来，既推动了新财经报纸传播影响力的提升，又促进了理财时代的发展。与此同时，我们也应注意到，在媒介产业化运营的浪潮下，理财新闻如何应用媒介平台在跨媒体的复合传播中占据一席之地，在移动终端技术运用中针对理财资讯传播的受众群体规模有多大，在学术界尚缺乏实证性研究，这些都期待未来能展开更深入、更全面的调查和研究。

第六章

《与老板对话》栏目传播影响力研究

在我国新财经报纸中，作为一份见证了中国市场经济发展跌宕起伏的财经周报，《中国经营报》的发展历程可谓我国财经周报一路走来的缩影：在几经浮沉的财经报纸市场中逐渐找到了自身的办报定位，在发展扩张中日益形成了自身鲜明的报道特色，在日益成熟、追求个性、细分市场的报业环境下，通过对读者群的层层过滤、锁定、占领，最终确立了自身在市场竞争中的领导地位。正是凭借着这种专业的运作手法和报道视角，2013年《中国经营报》拔得财经类报纸销量的头筹，呈现了良好的市场竞争力。①

近些年，面对新的市场需求，中国经营报社进一步明确办报宗旨和发展方向，并着手构建新的管理框架，不断探索适合自己的发展模式。其中，"智在公司"版面的《与老板对话》创办自1996年，距今已有20多年，是《中国经营报》开设时间最长的一个品牌栏目。作为《中国经营报》最长寿的栏目，《与老板对话》一直保持着较高的读者关注度，在受众定位、报道内容、传播渠道等方面逐步形成了较为独特和固定的风格，是研究财经报纸栏目传播影响力极具代表性的载体。

第一节 《与老板对话》栏目的发展历程与现状

《与老板对话》栏目在创办之初就使用人物对话式的新闻报道方式，以

---

① 晋雅芬：《财经报纸交出怎样的零售成绩单?》，《中国新闻出版报》2014年1月14日，第12版。

与财经人物的对话交锋为打造栏目品牌竞争力的核心资源，以财经人士为载体还原财经生活的生动内涵，回归栏目在传授财经能力层面的基本价值，在新闻专业主义的基础上兼具人本主义。

一 《与老板对话》栏目的推出背景

《与老板对话》栏目原名为《与100名老板对话》。当年栏目形式的创意人之一赵强先生表示，简单的问答更具表现力，尤其当发问者高屋建瓴并可以引发对抗时，更容易引起读者关注。[①]

该栏目创办初期正值改革开放发展的起步阶段，当时媒体的人物报道更多以专访形式出现，但报道很容易出现对新闻人物过度吹捧或过度批判两种倾向，《与老板对话》并未陷入窠臼，通过思想的创新性使"对话"以一种全新的面目呈现，栏目邀请成功的企业家，搜寻读者最关心的社会经济生活中的问题，与受访者进行对话。通过双方平等对话，记者和被采访者产生观点的交锋、思想的碰撞，这既是一种互动，也能在无形中营造出意见的博弈和对抗，使得记者在表达自己观点的同时，也给受访者以充分的空间和自由提出自己的看法和见解。这种完整和平等的交流方式受到了读者和企业家的一致好评。

二 《与老板对话》栏目的经营现状

从1996年开设以来，《与老板对话》通过与逾700人次国内外著名企业家的交流，跟踪了企业家这一群体在中国的出现、勃兴、沉浮和主流化进程。从某种意义上说，《与老板对话》栏目通过对企业家群体和企业家精神的聚焦，见证了20年的中国商业史。

一方面，《与老板对话》栏目通过科学合理的读者定位，有选择地关注新环境下的知名企业家，坚持实用主义的新闻操作手法，刺激读者的探索

---

① 刘元煌：《搭建成功的交流平台 我们要什么样的"对话"》，《中国经营报》2003年7月29日，第23版。

精神和财富欲望，践行着中国当下社会主流财经报纸的历史使命，成为《中国经营报》与读者沟通的关键符号。

另一方面，《与老板对话》栏目不仅邀请知名和优秀的企业家谈管理思想、说运筹经验、评成败得失、论经营方略，也通过读者调查、话题征集、网络问卷等形式与读者形成紧密的互动，增强栏目对话的代入感，刺激和培养读者对栏目的兴趣点和忠诚度。

第二节　《与老板对话》栏目传播影响力分析

随着我国步入全民理财时期，投资品种日益丰富，投资者队伍不断扩充，百姓的财经资讯需求也更加迫切。因此，"影响力经济"渐成新财经报纸在市场竞争中的核心追求。本章以 2011 年 1 月至 2013 年 12 月的《中国经营报》《与老板对话》栏目三年来共 108 篇报道为样本，从传播影响力的角度切入，具体分析栏目的受众定位、传播内容和传播方式，探讨作用于我国财经报纸品牌栏目、促使其产生传播影响力的各个因素的具体表现。

一　《与老板对话》栏目的受众定位分析

"受众是一个集合概念，最直观地体现为作为大众传媒信息接收者的社会人群，例如书籍、报纸的读者，广播的听众或电影、电视的观众等。"[1]作为媒介信息的接收者和服务对象，受众同样也是媒体传播效果的最直接检验类目。

新财经报纸要使其所传播的信息、观点具备一定的社会影响力，必须在社会上具备相当数量的、相对稳定的受众群体作为其产生影响力的基础条件。一般来说，受众的规模越大，媒体的传播影响力就相对越大，这也

---

[1] Clause, R., "The Mass Public at Grips with Mass Communication", *International Social Science Journal*, 20（4），1968，pp. 625 – 643.

是衡量一个财经媒体的社会地位与话语权的标准之一。同时，受众也是分层次的。按照社会传播学家克劳斯的观点，大众媒介的受众按照其规模可以被分为三个层次：最大规模的层次是在特定国家或地区范围内，理论上能够接触到媒体所发布信息的全部总人口；其次是对某类特定媒介或某种特定的信息保持一定的接触频率的"稳定受众"；最后是在此基础上自身的态度或行为影响和改变的"有效受众"。

对于新财经报纸而言，影响和改变其核心受众是达成传播效果的关键环节和重要表现，而新财经报纸所倚重的核心受众又必然是建构和支撑社会机器有效运转的最具社会行动能力的人群阶层，因此，如何准确、有效地在知识、技术、管理等各个领域中把脉市场经济主流人群的发展动向，在最大限度上成为其决策依据和行为参考，从而更好地为建设社会主义市场经济服务成为财经报纸工作的重点。但同时，在中国，这一随着市场经济的发展而逐渐成长起来的主流人群目前还缺少一种成型的文化体系，处于社会地位的主流化和文化话语的边缘化的尴尬处境。这个阶层代表着中国未来的社会价值，是推动中国发展的内在动力，其所需要的财经新闻不仅仅是对财富的关怀，更重要的是对财富来源渠道的关怀，对获得财富的基本社会政治经济制度的关怀。

传播影响力的构成是小众、中众、大众合力的结果，媒介传播发生作用最核心的受众即媒体本身的接收群体，即使是同一栏目所传播的同一观点，当它作用于不同的受众群时，所产生的行为反射以及由此渗透而导致的化学反应可能都截然不同。对于《与老板对话》栏目而言，企业家群体既是其对话的对象，也是其栏目的主要受众群体。为了更直观地展现该栏目受众群体的职业特征、年龄分布、收入水平，笔者以普遍意义上的市场竞争对手《21世纪经济报道》和《经济观察报》的受众数据为参考性数据进行对比分析，解码《与老板对话》栏目的受众定位，以及这一定位下聚拢的受众群体对信息的二次传播能力，以及将信息分解后反作用于社会发展的行动能力。

由图6-1可知，三份财经报纸的受众职业分布中，占比最大的都是"企业/公司中层管理人员"，这在一定程度上折射出当下推动我国社会经济运行中的行为主体和社会思考模式中的主流人群。

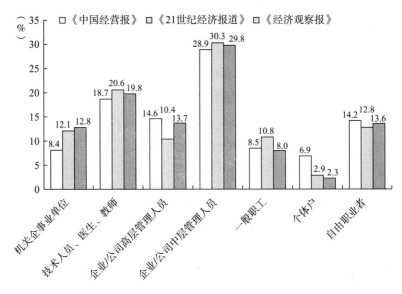

图 6-1 财经报纸读者职业分布占比

资料来源：中国经营报广告网，http://www.zgjybgg.com/fenxi/，2014 年 1 月。

同时值得注意的是，在"企业/公司高层管理人员""个体户""自由职业者"三类社会群体中，《中国经营报》的受众占比明显高于其他两份报纸，而这三类人群都是伴随着我国经济体制改革的逐步深化、经济结构与产业结构的创新性调整的过程衍生的结构性要素，其从业主体构成、经营价值理念、社会角色定位等都与社会结构及政策制度等多重因素发生紧密的相互作用。在新兴社会空间的重新整合中，"企业/公司高层管理人员""个体户""自由职业者"等需要按照经济规律，依循社会规范，对以各种形式存在的生产经营活动进行计划、组织、协调、控制，以实现一定的盈利或其他目标，因此，其需要通过各种渠道了解社会动态，充分运用和配置社会的多种资源为自身或其所在的企业服务。此时，《与老板对话》栏目作为重要的参考性信息指标，其所影响的行为决策者对中国社会经济发展的潜在反作用力也同样不容小觑。

经济基础决定上层建筑，受众的可支配预算直接决定着受众可发生的经济活动，所产生的社会消费，所做出的经济决策等。《中国经营报》、《21世纪经济报道》和《经济观察报》的受众年均可支配收入分布比例概况如图 6-2 所示。

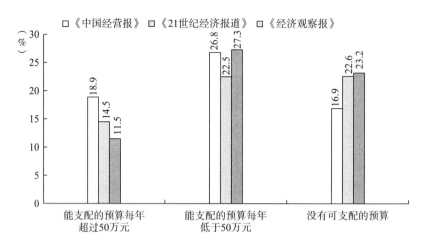

图6-2　财经报纸读者年均可支配预算占比

资料来源：中国经营报广告网，http://www.zgjybgg.com/fenxi／，2014年1月。

从图6-2可以明显看出，《中国经营报》受众主体中年均可支配预算超50万元的人群明显高于《21世纪经济报道》和《经济观察报》，而根据社会群体构成的一般规律，与高可支配预算相匹配的必然是较为核心的社会权力资源和社会文化资本，这一方面是在财富积累过程中市场化及工业化的推进，另一方面是国家政策导向性的作用，使其成为促进市场化及经济增长最有力的支持者。

值得注意的是，随着我国社会的经济分层机制越来越趋向于与市场工业化国家相一致，这部分高收入社会群体，尤其是其中的新生代成员，其行为模式、价值观念、利益追求及政治态度在逐渐趋同，其在不同的经济领域或社会议题中的指代角色越来越发挥着重要作用，这不仅体现在其本身对社会资源的占有程度上，也常常通过其对整个社会的行为特点和思维模式的影响而被不断地印证。这些高可支配预算主体存在于民主政治的探讨中，作用于市场经济的消费中，其自身负载的社会或文化属性使得这一受众群体尤其是此群体的上层对中央及各地方政府正在推进或打算实施的各项经济政策具有相当大的影响力。

因此，《与老板对话》栏目对这一类更近似于社会信息"把关人"的受众的跟踪关注，也在一定程度上有益于社会风险的控制，影响社会各个阶层资源决策者的相互沟通，缓解社会矛盾。它使财经报纸成为一个平台，实现了媒体和企业、文化体系和商业体系的良好互动,这也正是财经报纸落实社会关怀、承担社会责任的最好体现。

二 《与老板对话》栏目的传播内容分析

财经报纸品牌栏目的传播影响力建立在受众关注、接触的基础上,要产生影响力,首先必须让受众接触到信息。从使用与满足理论的角度出发,受众是媒介信息的积极主动的寻求者,要让所生产的信息到达受众并为受众所用,财经报纸中的栏目传播内容就必须能够与接受主体在心理层面形成某种契合。因此,财经报纸栏目的记者在新闻文本的创制过程中,必须深入细致地把握受众的思维方式、情感认知,从受众的价值体系出发进行信息表达和思维传导。而任何一个时代,不管环境如何变化,受众对于客观、真实、有价值的资讯需求不会变,任何信息要作用于人,并对人产生深刻影响,关键在于其内在质量,有好的内容才有好的市场。

《与老板对话》栏目作为《中国经营报》最长寿的品牌栏目,核心竞争力永远在于传播内容,其传播内容决定了栏目本身在《中国经营报》版面中及其他财经报纸品牌栏目丛生的市场竞争中的地位和层次,只有高质量的传播内容,才能使《与老板对话》栏目获得市场关注和受众支持,形成传播影响。

(一) 报道选题:以丰富维度达成对受众的广泛覆盖

一般而言,公平、利益、生存、发展是传统社会报道关注的焦点,但对于财经栏目,关注利益更是其主要任务。《与老板对话》作为一档人物专访类栏目,聚焦中国市场中的商业领袖,他们作为企业高层决策人往往关注国家经济决策的变革和行业动态,并有一定话语权。栏目报道将触角延伸至这一人群所在行业的行业动态、身处的经济环境、权衡的过程与利弊、做出的企业决策、带来的社会影响等。

笔者通过对所收集样本的统计,将受访者所属行业进行了大致划分(见图6-3)。

从图6-3可以看出,这些受访者覆盖行业十分广泛,从一定程度上反映出栏目选题丰富、多元,能够满足受众的多样需求。其中,制造业占比

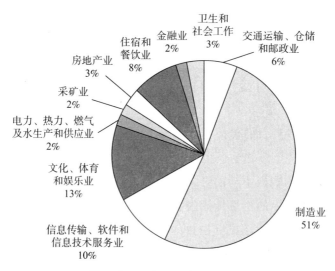

图 6 – 3 《与老板对话》栏目报道企业所属行业分类

最高（51%），其次便属文化、体育和娱乐业（13%），信息传输、软件和信息技术服务业（10%）以及住宿和餐饮业（8%）。这些行业不仅是国民经济的支柱产业，而且与人们的生活息息相关，从新闻要素的"接近性"方面来说，该类型的选题更容易引发受众共鸣和探讨。与此同时，对这些不同行业代表型企业老板的采访报道，也能从另一个维度折射出各个行业在我国国民经济的不同发展阶段所处的具体地位，分析当下影响行业发展的各种因素及其影响力度，揭示行业风向，判断投资价值，从而预测并引导各个行业在未来一定时期内的发展趋势，为广大受众主体或各组织机构提供投资依据。

例如，2011 年，随着欧债危机从希腊蔓延至欧元区的核心国家，全球金融危机步步升级，中国等新兴经济体也难以独善其身，经济复苏步履蹒跚。在这样的大趋势下，《与老板对话》栏目以《企业时刻要有危机思维》（2011 年 5 月 16 日）为题专访了富士胶片（中国）投资有限公司副总裁徐瑞馥。日本企业向来以强烈的危机意识著称，面对全球市场的冲击，徐瑞馥以"构筑新的发展战略""彻底进行结构改造""加强合并经营"为核心探讨企业如何在日常的公司运营和战略制定中时刻保持警醒，树立危机意识，弱化风险冲击，这对处于全球金融危机下的企业十分具有借鉴意义。

2012 年，行业细分进一步发展，中央和国家重要会议纷纷强调要将加快发展服务业作为中国进入后工业化时期的一项重大任务，为包括旅行、传媒、医疗保健和软件等在内的服务业拓展融资渠道、完善市场环境、深化对外合作等多方面提供政策支持。这一年，《与老板对话》栏目明显增多了关于第三产业的报道，"对话"的对象包括《减法制胜》（2012 年 3 月 5 日）中 UC 优视公司董事长兼首席执行官俞永福、《"创新是为了更好地解决问题"》（2012 年 4 月 3 日）中美团网创始人兼 CEO 王兴、《"不颠覆自己，就会被颠覆"》（2012 年 5 月 7 日）中新浪首席执行官曹国伟、《得增量者得天下》（2012 年 7 月 16 日）中快钱公司 CEO 关国光以及《进攻百度防范 360》（2012 年 8 月 27 日）中搜狗公司王小川等。

2013 年，中央各项经济工作会议一再指出要切实做好改善民生的工作，把做好就业工作摆在突出位置，作为《与老板对话》主要读者的各界企业家、经理人在中国市场的人才吸纳、就业吸收方面担负着不可推卸的艰巨责任。例如在《帮企业"诊病"，开人才"良方"》（2013 年 8 月 12 日）中，《中国经营报》就人才衡量解决方案，专访了 SHL 总裁 Robert Morgan，向其咨询如何完善企业用人机制、如何使人才得到最优配置等一系列关键性问题，为广大读者提供了切实可行的衡量标准。

（二）报道理念：深度体现财经新闻的人本主义内涵

希腊智者普罗太格拉斯说："人是万物的尺度。"这句话是"以人为本"思想的最早表达。[①]马克思在此基础上，从唯物史观的角度出发，认为人本主义就是要实现现实社会中人的价值，"人的本质并不是单个人所固有的抽象物。在其现实性上，它是一切社会关系的总和"。[②]《与老板对话》栏目在某种程度上正是对这种人本主义内涵的体现与传承，其对报道对象的选取在一定程度上见证了我国在社会主义市场经济的进程中，在社会经济制度不断得到调整与完善的过程中，对"老板"的定义和内涵的变化。《与老板对话》栏目的访谈对象为国内外知名优秀的企业家，但在中国，"企业家"

---

① 赵敦华：《西方人本主义的传统与马克思的"以人为本"思想》，《北京大学学报》（哲学社会科学版）2004 年第 6 期。

② 中共中央马克思恩格斯列宁斯大林著作编译局：《马克思恩格斯选集》（第 1 卷），人民出版社，1972，第 18 页。

是一个比较宽泛的概念，并不完全等同于西方译文中的"entrepreneur"，从某种程度来说，它更接近于一个人们日常生活中常用的概念"boss"。在改革开放初期，对中国受众而言，"老板"更多是指私营企业的业主，即私营企业的创办者。而现在，人们所说的"老板"，不仅包括企业业主，也包括经理、总裁、董事长、CEO 等企业高层决策人，他们在认准发展机遇、开发社会潜能、整合自身资源等方面通常有自身独特的观点和看法，而财富，正是一种生活智慧、生存方式的结果。以所搜集的报道样本为例，笔者将样本中受访者的职位构成进行了大致划分（见图 6 - 4）。

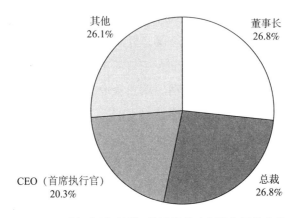

图 6 - 4　《与老板对话》栏目报道对象职位属性分类

从图 6 - 4 中，我们可以看到，《与老板对话》栏目的受访对象中公司董事长占比 26.8%，董事长一般是股份公司中控股最多者，它是股东利益的最高代表，理论上讲是公司管理层所有权力的来源；CEO（首席执行官）占比 20.3%，其主要是日常事务的负责人，而把脉公司战略发展方向的掌舵人的总裁占比 26.8%。以上三类群体共占全部受访对象的 73.9%，他们作为公司主要最高决策领导人不仅关注当下时事政治，把脉宏观经济政策、微观经济变动，同时其决策也影响着上下游产业链的供应。

中国社会"老板"内涵和外延的变化，不仅反映了随着与国际经济主体的交往逐渐深入，现代企业组织形式的不断发展，现代经济活动的丰富性和多样化，同样也反映了随着社会经济生态环境的变化，企业领袖的结构特征和领导内涵也发生着改变。这些架构下的高端财经人士是财经智慧的主要载体，他们在还原财经生活内涵、传授财经能力方面有着不可替代的作用，因而必然顺势应时成为财经节目不可缺少的主角。同样，从受众的角度来说，《与老板对话》栏目的主要读者集中在公司/企业的管理层，其工作性质和生活方式决定了他们也需要通过关注行业的外部生存环境来指导自身的企业经营行为。

此外，财经栏目区别于一般的民生新闻栏目，其竞争优势主要源自专业能力、内容线索、经营策略等资源性要素的全面比拼，专业财经栏目之间的竞争其实就是资源占比的竞争。而在众多资源里，财经生活的主角是人，人掌握着财经智慧，引导着财经专业，人才是核心资源中的核心，财经生活复杂微妙，有些内涵比较抽象，但如果将它溯源到财经事件主角为了增进自己的利益，运用财经思维和财经逻辑，做出财经决策，展开财经行动，再复杂的财经内涵也有可能变得感性生动。[①] 因此，只有始终瞄准财经人物，财经栏目才能还原财经生活本身具体、生动的内涵。《与老板对话》之所以能在众多新锐财经报纸品牌栏目中占有一席之地，除了因为其报道对象是财经事件中的核心——财经人物，更重要的是它对财经人物首先作为社会中的一个社会人的基本属性的判定与把握。它在对话中将财经人物放置于复杂的社会环境下，考量其在各种社会制度里、各种社会关系中，对各种社会身份的权衡与取舍，继而从专业的财经角度出发，窥探当下社会中，人们把握财经命运的能力，见证其实现现实价值的路径，将财经栏目的基本价值与功能回归到能力传授的层面。

例如《曹德旺：接班要靠团队的力量》（2013 年 8 月 5 日）这期报道就将话筒递向了福耀集团的创始人和董事长曹德旺。该集团作为国内规模最大的汽车玻璃生产供应商，在全球的销售量也数一数二。该报道关注的重点却并不是曹德旺本身的艰苦创业史，而是另辟蹊径，从一个父亲的角度深入挖掘受访者本身作为一个民营企业家如何看待家族二代接班人，以及与儿子之间的角色定位等问题。当记者问到"如今你在福耀集团的角色是董事长，曹晖担任总经理……你认为曹晖与你的差异主要体现在哪些方面，他现在已经具备替代你的能力了吗"等一系列问题时，曹德旺也坦言"原来我也不想让曹晖接班，管理企业太辛苦了，家里也不缺钱……在父亲眼

---

① 郭振玺:《财经风暴眼》，红旗出版社，2012，第 204 页。

里，孩子永远是孩子，即使到他 90 岁的那一天。不过，如果他当了 10 年的总经理，自然就知道怎样当老板了……作为父亲，愿意看到他强过我"。报道通过这一系列对话把专业的财经内涵和生动可感的人物紧紧结合在一起，我们看到的不仅是一个企业家的责任感与使命感，同时我们也看到了一个血肉丰满的父亲的角色，一个身为企业家的父亲对儿子的期盼与疼爱。当然，报道并非止步于此，接下来记者顺势提出一系列问题，深入挖掘企业在一代、二代交接班问题上的计划和培养路径，将身为董事长的曹德旺与总经理的曹晖之间的顺利交接作为当下我国民企交接班中的一个典型，对众多民营企业家具有更深层次的借鉴意义。财经栏目不仅仅要关照当下，更要关怀未来，这种把脉未来企业家的培养、企业家精神的传承对我国众多民营企业的平稳过渡、创新发展影响深远。

（三）报道手法：通过对话式报道实现信息交流

对话式新闻即记者通过与被采访对象以对话交流形式来阐发问题的报道方式。[①] 在财经报纸相关版面的栏目内容上，中央政策、经济行情、产业动向方面的内容是重点，因此，如何将晦涩的专业知识通过新颖的视角、独到的见解、通俗的语言表达出来，无疑是财经栏目提高影响力的有效途径之一。财经生活的真正主角是人，与人的对话更能找到传播的代入感。《与老板对话》通过"对话"形式赋予了栏目的传播实践更多理性、和谐和效率，为生长于不同价值观念体系中的人们获得了重新思考和架构认知的空间。[②]

不过，值得注意的是，《与老板对话》栏目在报道过程中并没有强行将结论灌输给受众，而是充分尊重并信任受众的判断力，以更加平等的视角进行信息的传递。其中，最具代表性的举措就是公开内容的制作权和发布权，这就真正提升了受众的参与感和互动性，受众在平等的传播关系中更加深刻体会到媒体的定位和魅力，无形之中增强了用户的黏性，大大提升了栏目报道质量与品牌的传播影响力。

---

① 赵胜利、兰英新：《对话式报道探析》，《中国广播》2005 年第 10 期。
② Scott，B. A. ，" Contemporary History of Digital Journalism"，*Television & New Media*，Vol. 19，No. 1（June 2005），pp. 89 – 126.

三　《与老板对话》栏目的传播方式分析

在市场经济条件下，全球媒介产业都不同程度地面临或经历着结构性的调整变革，新闻信息产品的营销同新闻信息产品的生产变得一样重要。新财经报纸也是如此，它不仅要生产新闻信息，更要以读者为中心进行相应的媒体结构设计和传播渠道铺排，以强化信息的传播力度，提高信息的市场覆盖率。

（一）传统传播渠道——纸质版印刷媒介

《与老板对话》栏目除了以报纸形式发行，还定期将精选部分对话实录结集成册出版，试图通过总结知名和优秀的企业家管理思想、评说运筹经验，讨论经营管理上的话题和案例，展示企业成功的理念内核，使其成为全社会共享的财富。迄今为止，企业管理出版社已出版中国经营报系列丛书《与老板对话（精选本）》7本。这种方式更便于保存与珍藏，成为见证中国改革开放以来，企业家们的成长与蜕变的珍贵史料。

（二）媒介融合传播——跨媒体强强联合

随着互联网浪潮席卷而来，《与老板对话》栏目也积极顺势而为，与新浪网联合推出企业家在线聊天活动。一方面，网络的时效性和可视性丰富了与老板对话的视听内容，网络在线聊天的形式方便网民以更为轻松、便捷的形式接收信息；另一方面，来自不同行业背景、不同专业领域的网友可以直接参与在线聊天，使原本一对一的平面报道转化为多对一的互动式交流，不仅在一定程度上弥补了主持人可能存在的对话盲区，也拓宽了交流的思域，广大受众无形中成为报社的强大智库。

例如，2002年7月10日，《中国经营报》《与老板对话》栏目的编辑和主持人刘元煌先生就曾作为特邀主持人通过新浪企业家在线聊天活动对话格兰仕副总经理俞尧昌，既谈论了能源市场、市场营销等专业领域内的话题，同时也通过网友的在线提问，关涉了俞尧昌先生对自己的职业定位和职业规划，使得人物形象更加丰富立体。

（三）线上线下互动——关联性活动策划

市场营销中有这样一种观念——"广告第二，活动第一"。报社同样也是如此，财经报纸往往会与学界或工商业界联办大型活动，不仅扩大了合作双方的知名度和影响力，更会促进业界与学界沟通，起到传播商业理念、打造商业文化的作用。

《与老板对话》作为《中国经营报》与企业家群体保持良好互动关系的一个重要平台，从意见调查、读者沙龙、经营者俱乐部以及工商学各界各类年会等角度，推出了一系列的关联性活动，与政府、企业、媒体建立了良好的合作关系，打响了栏目的品牌知名度。

1. 企业竞争力年会

《中国经营报》2003 年创办中国企业竞争力年会。作为全国性的经济论坛，其不仅是优秀企业的表彰大会，更是依托中国社会科学院的研究力量，将理论研究与经济实践紧密结合，为学界、业界沟通、交流、互动、提升搭建了一个广阔的平台，广受各方好评。2013 年，在中国企业竞争力年会十周年纪念会议上，《中国经营报》以中国经济改革创新为议题，广邀学界、业界权威人士探寻路径，讨论如何为中国经济寻求持续增长动力。

2. 卓越企业表现奖

2005 年，《中国经营报》针对国内企业竞争力推出"卓越表现评选"这一活动，评选标准主要参照我国产业经济学家金碚教授带领的竞争力研究团队与中国经营报社共同研发的"中国企业竞争力监测体系"——CBCM（China Business Competitiveness Monitor）所得出的数据和结论，以期为中国经济发展找典型、找楷模，分享成功的企业案例，为我国企业的创新提供更多思路和启示。

第三节 《与老板对话》栏目传播影响力建构的问题分析

《与老板对话》栏目历经 20 余年的发展，其本身必然有着较强的生命张力：它打破了"先有采访后有报道"的一般专访的宏观架构，最大限度地丰富了问答式的采访内涵；同时，它重新定义了栏目记者与读者在栏目报道中的地位，采访对象和被采访对象通过平等对话的方式，充分发挥受众的主观能动性，将对其真正有用的观点提炼出来并为己所用。但不可否认的是，该栏目在发展过程中也或多或少地呈现了一些短板，需要我们运用辩证的思维进行客观分析。

一 受众接受心理日益被禁锢

大众传播效果作用于受众的过程遵循着"认知—态度—行动"这一累积、深化和扩大体系。作为新闻传播流程的终端，受众能否接受及接受程度将直接影响着新闻报道中信息价值的实现。尤其是在当前嘈杂的信息传播环境下，信息传播的广度和深度不仅取决于信息发布者的权威性、信息本身的显著度，甚至还包括受众的地域性、受众对信息的再扩散能力等。因此，对受众的分析成为权衡信息影响力的重要一环。

（一）对受众中新兴上升力量的有效关注不足

在栏目创办初期，企业家群体既是其对话的对象，也是其主要受众群体，众多企业经营者将其栏目的相关报道作为比照借鉴的重要标准，栏目定位呈现窄众化特征。在上文的分析中，我们看到《与老板对话》栏目的受访对象中拥有社会组织顶级头衔［董事长、总裁、CEO（首席执行官）］的人群占比73.9%，为了迎合这部分最高决策者，栏目报道也越来越刻意固化自己的经营面貌，着力开拓高端人群，这种营运模式存在一定的风险性和不确定性。这类读者虽然具备较强的现实消费力和社会影响力，但报道内容本身无法在短时间内影响读者决策，更不用说将决策转变成现实利润了，当以逐利为主导的这部分受众一时间无法满足自身利益时，在当下各种媒介终端导致信息膨胀的时代，必然会自动分流向其他栏目。

随着中国改革开放的进程不断加快，中国的资本市场取得了长足进步，其中职位较高、收入较高、学历较高的"三高"人群作为一股新兴力量冉冉升起，其在处理财经报道时，更注重其中涵盖的利益、机会、趋势、方法，更倾向敢于判断、分析与观测的财经栏目。同时，这部分读者也存在人数众多、短期行为严重的特点，其在心理上更依赖于具有权威性和公信力的研究机构，为自己提供投资或工作的财经信息支持和技术支持。因此，以《与老板对话》为代表的新财经媒体栏目有必要凭借其规模化、专业化运作，对新形势下的读者数据库进行更有价值的获取、分析和整理，深入了解不断变化中的新兴社会力量的行为模式、资讯需求、对报道的解构框架等，从而更好地完善栏目内容与报道方式。

（二）对受众多元化价值观的解读视角不够

伴随着社会主义市场经济的发展，经济体制改革带来社会结构性变化，《与老板对话》栏目早期的受众群体也逐渐成长为当下中国社会具有相当决策能力的社会精英人士。他们生存和竞争的压力日益增大，作为在一定程度上可以影响中国未来走向的重要力量，迫切需要一种可以对自己的生存方式和世界观、价值观进行自我解释的话语工具和舆论载体，并且可以在这个阅读空间中疏导紧张情绪，获得愉悦的审美体验。

与此同时，在改革开放不断深化的历史进程中，社会价值取向、思维方式和个体需求不断更新、裂变，对新闻内容的要求也变得更加多元。对于《与老板对话》栏目的受众而言，他们需要的更多的是互相交流、表达的空间，他们将栏目作为交锋思想、表达观点的平台，而不仅仅是成功人士和业界权威的个人魅力和心路历程的展示台。

因此，栏目报道的制作者必须承认受众的异质性以及受众期待视野的变化，重视受众的参与与反馈。他们不仅希望能从栏目中看到企业经营的方法和产业趋势，同时也希望能够通过与优秀企业家的对话激起内心对生活的激情，对事业和理想的执着，获得沟通上的愉悦，产生对彼此的理解与认同。但如果发现这个栏目并没有为其提供一种可以进行价值剖析和自我认可的舆论氛围，没有提供他们所需要的针对性的信息，没有清晰地标识出自身独特性，这个受众群体逃离则是必然的。

二　人物报道固有局限的束缚

威廉·大卫·斯隆等人在编写《最佳普利策新闻奖获奖作品》时说：

"新闻之所以重要，主要有一个原因，那就是：人。它写人，影响人。而且通常只有当它对人有影响时，最无生气的题目才会显得重要。"[①]《与老板对话》栏目把握住财经事件的核心——"人"，通过与财经人物的对话把脉中国经济的发展，抓住影响社会走向的最关键神经。但同样，受制于长久以来中西历史文化政治渊源和媒体职业角色定位的差异，我国新闻工作者在进行人物报道时容易陷入历史窠臼。

（一）人物报道选题理念日渐流于形式

《与老板对话》栏目作为人物报道，其在选题的开拓性和人物报道理念的革新性方面日渐产生一些含混不清的区域。首先，栏目名为《与老板对话》，"老板"一词源自西方，"板"，在英文中译为 Board，而 Board 同时也意指董事会，就是企业的决策和管理机构，因此，旧时，老板常译指为 Chairman of the board，但随着时代的发展，"老板"的定义被不断地重构，而根据上文中笔者对栏目报道对象的分析，这里的"老板"更多地偏向于"企业家"的内涵。"企业家"是一种经济学概念，它主要指拥有管理企业的素质和能力并获得成功的人，而不是一种职务。[②]

企业家在企业中占有独特的地位，决定了企业的核心价值观，决定了企业的组织、管理创新等冒险活动，这在一定程度上是对企业家精神的一种强调。作为经营、管理企业的一种无形生产要素，"企业家精神"的凸显势必要求财经栏目在人物报道中跳出传统的二元对立认识论和浓郁的政治道德色彩，而将其还原为生产要素放到市场经济的各种利益调整和格局分化中，塑造属于中国社会价值体系下的企业家精神，并将这种企业家精神传承下去，这也是财经栏目必须承担的一种历史使命。

而纵观《与老板对话》近年来的报道选题和报道理念，受访企业的行业地位、受访者的职位头衔显然已经成为题材选取最主要的考量标准，而现代社会企业组织中最为重要的"企业家精神"却居于从属地位。我们无

---

① 叶晓：《中西媒体人物报道的比较分析》，《中国报业》2012 年第 14 期。

② 《企业家和老板的区别》，http://wenku.baidu.com/link？url=gAE_B33cNeMsuiqEOFyYB2QCr GbI21j-xp9W2J4Bf-qHh4I8m2xXOBmXyYbs3viT_1TR95FnveeEARdQL5NeprbwrfRY0pcMzDpa0uU BWPu，2014 年 1 月。

法通过栏目报道把人物放在不同社会背景的价值维度中进行思考，分析人物本身的性格养成以及这种性格、行为方式与其所从事的职业、所经营的企业间的相互影响。因此，如何通过记者本身的差异化个性解读，真实还原人性的多面性[①]，是财经记者必须重新思考的问题。

（二）人物报道原始，政治教化色彩浓厚

人物对话报道在一定程度上属于典型性人物报道的一种，典型性人物报道由于其产生时期社会的历史背景和新闻体制观念的特殊性，从产生伊始就呈现较强的主观政治说教意味和浓厚的道德观念立场的预设。《与老板对话》栏目，在访谈对象的人物选取上虽力图与当下的经济社会环境形势发生多重有效的互动关系，但仍有或多或少的政治教化色彩。

一方面，由于我国新闻传播机构的特殊属性，典型人物报道多与特定的社会政治需求相关，主观色彩浓厚；另一方面，较之更具时效性的经济消息和财经资讯，典型人物报道在时效性等新闻价值要素方面则相对较弱。而从某种角度来说，时间、信息都是市场中极为重要的生产要素，资料更新的快捷度、资本覆盖的广泛度对于经济行为主体在面对盘根错节的利益博弈时显得极为重要。此时，典型人物报道在满足现代受众的信息需求的多个层面时，影响力显得相对薄弱。

同时，《与老板对话》栏目的记者不仅仅是谈话内容的参与者，更是谈话问题的设计者、交谈方向的引导者和对话氛围的营造者。然而，受访者因其本身在相关行业领域内的权威性和其社会地位的前在性，很容易形成对双方交谈领域内话题的话语垄断，甚至在无形中通过设置种种专业壁垒及特定的话语方式来维护自己的领导者定位，从而挤压对话公共空间，对受众构成潜在的心理压力。

此时，如果栏目记者受制于自身的专业水准，无法通过转换角度揣摩和梳理人物的经历和理念来提升受众的心理位置，而只是在话题外围做一些无关痛痒的衍生和阐发，那么栏目整体所呈现的对抗性就会大大下降。这不仅会使整个交谈过程在精英化与大众化之间摇摆不定，似是而非的话

---

① 郭春敏：《重新打量每个生命》，南方日报出版社，2009，第1页。

题总结更会呈现明显的话题裂缝，变成受访者单方面的个人英雄主义传记。受众的存在感降低，自然无法找到与受访者之间的经验探讨与智慧分享。

三 传播渠道遭遇现实瓶颈

（一）传播终端的重构导致影响力被间接分流

随着新媒体技术的不断发展，各类门户网站、网络视频、微博、微信、移动终端等风生水起，传统报业长期以来安身立命的经营模式不断被分解、重构。层出不穷的新兴传播渠道通过立体化组合提供多类型、多层次、多视角的传播形态，全方位传播满足了越来越多元化受众的个性化需求。同样，《与老板对话》栏目也试图通过多渠道融合传播来实现栏目传播影响力的打造，并以举办中国企业竞争力年会、评选卓越企业表现奖等形式加强与企业家群体的交流。但栏目较为固化的形象版式和需要较高注意力阅读的大量文字信息等都使得线下活动与终端融合本身很难恰如其分地融入《与老板对话》栏目报道本身。

与此同时，融合各类媒介终端的财经谈话类节目的出现，更是凭借主持人、嘉宾、观众的多方直接参与、畅所欲言，使得谈话过程中，不同话语体系内的信息实现多向性流动，在同一空间，不同思想相互碰撞，各层面意义相互叠加、互相补充，实现传播内容的信息生发、深化乃至增殖，人物对话的"场效性"得到最大化增强。因而，这种个性、互动、实时、多形态、多层面的立体信息接收体验，注定将不断蚕食以《与老板对话》为代表的传统财经栏目的市场。

（二）信息利用率低下造成财经资源的直接浪费

媒介融合趋势下传播终端的重构在分流受众注意力的同时，也存在另一个不容忽视的隐患，即缺乏独立的内容采编权。对于新财经报纸的栏目而言，这本可以是其建立核心价值链的有力砝码，并能够融合新旧媒介，打造一种信息交叉、相互补偿的传播模式。但各类搜索引擎、门户网站对利润的分割和转移，导致财经栏目不得不在激烈的市场竞争中常常将重心错置，仅仅以翻版纸媒内容建设网络平台来对抗新型产业链中的各类移动终端、门户网站对财经报纸栏目内容的攫取、转发、整合以及价值再开发。

例如，《与老板对话》栏目网络版作为《中国经营报》官网"智在公司"板块的子栏目，除了原版报道内容的查询功能外，并没有其他提高信息利用率的内容设置，不同新闻背景下产生的新闻事件可能引发完全不同的新闻含义，财经人物作为日常生活中最为生动具体的财经资源素材，在《与老板对话》的一次沟通完成后，即结束了其作为报道素材的全部使命，既无发现的意义，更无衍生的影响，这无疑是对财经信息资源的浪费。《与老板对话》栏目在交流沟通渠道建设方面创新性和互动性的滞后，使得以《中国经营报》为代表的新财经报纸被动地扮演着处于价值链最底端的分散且可替换的内容供应商角色，在拓展传播渠道的现实瓶颈面前，显得更加无能为力。

第四节　提升《与老板对话》栏目传播影响力策略

在知识经济携手市场经济的财经传媒格局下，外部的政策环境和内部的游戏规则都迫使我国的经济新闻产业酝酿出新的结构性调整，这就考验报业经营者们如何综合运用法律、经济、行政等手段，构建合理的资本经营管理模式，在更大范围内参与和影响国际主流舆论的竞合态势。

而在这一过程中，能否充分识别变化中的机遇，从产业战略决策的高度对影响财经报纸发展的诸多趋势做前瞻性判断，将产品形态、盈利模式、资本构架、人才素质等宏观和微观层面结合起来，在最大程度上减弱冲击、控制风险，并根据产业经济发展的地理优势合理进行区域化布局，盘活存量资产，提升规模化运作的效益，集中力量打造品牌优势，是我国新财经报纸掌舵者们共同关注的重中之重。

一　打造栏目品牌 赢得受众忠诚

在当前信息爆炸的年代，受众的注意力成为稀缺产品及媒体争夺的关键所在。如何在越来越激烈的市场竞争中突破重围，成为各大媒体都在思考的重大议题。其中，品牌的打造无疑是媒体打破同质化瓶颈、实现深层价值的重要手段之一。正如国际战略品牌管理方面的权威学者凯文·莱恩·凯勒所说，品牌营销的关键在于寻求差异性。具体到财经栏目，其建立品牌的关键就在于在最短时间内通过最简单的方式让目标受众感知栏目的独特性，从而赢得受众的品牌忠诚度。

一方面，新财经报纸的市场定位的特殊性决定了其服务对象与服务水准的专业性，这种专业性将直接作用于栏目受众群。因此，《与老板对话》栏目在明确其受众定位的基础上，将信息的发布与解读与国内、国际复杂的政治、经济情势相结合，将权威性与贴近性紧密结合，根据受众的关注点调整其报道重点。

另一方面，栏目应更加明确及凸显其"对话"的内核。对话式新闻不仅是栏目的报道方式，同时也是其立足点，如何将这种新闻报道方式的优势发挥出来，真正体现出受众在其中的互动性和参与性是栏目应该思考的关键议题。从使用与满足理论来看，受众对媒介产品的选择是一个满足自身需求的过程，其中心理上的被尊重感是很重要的方面之一。"对话"不仅能够增强受众的参与度，让受众真正体会到自己从受者向传播者甚至新闻内容生产者的转变，增加用户黏性；同时还能使观点在相互碰撞和磨合的过程中焕发全新的生命力。

二 优化栏目报道 提高受众认可

随着媒体竞争的愈发激烈，尤其是新媒体覆盖范围的不断拓展，媒体想要在时效性上进一步优化已无太大进步空间，因此更应思考如何在深度方面下功夫。尤其是财经栏目的报道，因其需要反映全球范围内的经济变化情势，梳理纷繁复杂的利益链，如何将这些专业化信息用最优的形式呈现出来，以最大限度地凝聚起社会注意力资源，这需要相关从业人员的深层考量。

首先，根据图 6-3 可以看到，目前该栏目的选题角度更多是从制造业、文化、体育和娱乐业以及信息传输、软件和信息技术服务业切入，这些行业虽在某种程度上最能代表影响国民经济生活的要素，但不可否认的是，我们必须注意到市场经济活动的复杂性和多元化。因此，栏目必须要以更全面的目光审视社会政治、经济、文化、教育等方方面面，以立体的维度关照社会现实。其次，从报道手法来看，《与老板对话》栏目从开设以来便一直沿用对话式报道手法，虽然受到平面媒体传播方式的束缚，但就其对话手法放之于意见多元化当下，也不免存在一言堂的弊端。而读者对信息的需求与了解程度将直接影响资本市场的公平和效率。"高质量的信息是健康市场的血液，没有它，市场流动性将会干涸，公平有效率的市场也不复存在。"① 从这个角度出发，《与老板对话》栏目应将引入他家之言、丰富对话的信息量、提高对话对抗性等方面纳入其进一步的改进轨迹之中。

一言以蔽之，《与老板对话》栏目报道应突破行业、专业、地域的界限，在泛财经的社会格局下，透视财经人物所要传达的经营理念的内核，并从人本主义、人文关怀等社会角度探求问题的解决途径，为栏目的运营开拓更广阔的空间。

三　拓展栏目渠道　聚合受众意见

在政治、经济、文化相互交融的当今世界，文化作为国家软实力的重要组成部分，其重要性和影响力已经越来越得到国际社会的认可。传媒领域作为国家文化力量中最为直观显现和最具辐射效应的一部分，在国家综合实力中的地位已然不容小觑。而衡量一个国家传媒实力与有效性的重要指标就是其传播影响力。

全球化进程的加速大致经历了三个阶段：从19世纪末到20世纪30年代，欧洲是世界经济的中心，这个汇集1亿人口的少数人首先经历了这一范围内的经济全球化；第二次世界大战后，美国在重建中崛起，经过二三十年的发展，亚洲四小龙开始崭露头角，经历了第二轮一定意义上的全球化；冷战之后，以中国为代表的发展中国家经济高速发展，资本化浪潮席卷全球，全球化的速度和力度比以往任何时候都来得更加强烈。中国财经媒体

---

① 《年报受众调查：投资者需要什么信息》，http://finance.sina.com.cn/leadership/mroll/20090603/09036297655.shtml，2014年1月。

的传播影响与品牌价值是伴随着中国经济和中国改革开放的不断发展而加速成长的：从最初的以政策性报道为主，到逐渐开始产业、金融报道，再到目前关于政策、宏观经济、投资理财、创业管理等方方面面的泛财经类信息，中国需要更加多平台、更具权威性的能够和彭博社、路透社、道琼斯去竞争的财经媒体集团。中国的财经媒体应该有区别于国外财经媒体的成长路径，它不仅是财经信息的发布者、财经资讯的供应端，更应该是包括会议、展览、论坛等各类财经终端服务的提供商。中国经济的高速发展、中国的金融安全以及中国在国际上的地位都决定了中国需要有自己基于汉语的能够影响整个华人经济圈乃至全球经济的媒体平台。

作为财经报业传媒集团，应以集团为龙头，在印刷财经报纸的同时可以拥有本集团的出版社、相关经济类栏目网站并独立制作或积极参与开拓财经电视节目的合作渠道；并需要在此基础上，打破条块分割的大市场，积极联动各方资源优势，逐步完善规模化联通的报刊、书籍、影音制品的营销发行系统、物流配送系统和网络传输系统，实现在集团导向、资本总量、结构布局、产品质量和运营效益等方面的宏观综合调控。

在媒介融合的背景下，该栏目应依托其官方网站，通过多样化的参与方式吸引受众加入新闻的生产和传播过程。此外，栏目还可以加强"两微一端"建设，使新媒体之间形成合力，在内容分发和意见收集过程中起到相互补充和促进的作用。

本章小结

传播影响力，在某种程度上就是媒介与社会互动过程中呈现的诉求能否击中社会最紧绷的那根弦。由于新财经报纸所传递的信息往往会涉及社会财富的创造和索取、金融政策的解读和判断、工商机构的服务和运行以及购买、投资等和人们经济生活紧密相关的活动，因而对于其理性声音的传递要求就会更为强大。新财经报纸在对时代经济特点、战略、资本、市场等事物进行强调的同时，所使用的话语权也往往会择势而行，使事物的本质逐渐清晰明朗，进而影响社会舆论，改变受众行为模式。因此，财经报纸为了更好地生存和发展就必须想方设法提高其传播影响力。

社会发展的领跑者往往是产业格局中最有能力的企业和最有能力的人才。传媒产业在第一轮市场竞争中过分注重单一层面的规模化，导致整体利润规模下降，发展的透明天花板出现，因此，立足于实现长久的可持续发展，新财经报纸不论从媒体内部还是从社会、市场等外部格局来说，都应整合出一种更具优势的资源链接。其中，以创建品牌财经栏目为依托，在最大范围内带动立体化、多角度社会资源和媒介资源，无疑对于新财经报纸的品牌价值和其核心竞争力的整体提升具有至关重要的作用。

只有通过强化栏目本身的传播影响力，打造品牌优势，使财经栏目成为新财经媒体的形象代言，才能推动新财经报纸形成自身特色，开拓更大的发展空间，进而提升新财经报纸的传播影响力，推动社会经济的良性发展，达成最佳传播效果。

但同时，我们也看到目前对于新的市场空间，尤其是跨媒体的复合传播的市场空间研究还十分匮乏。复合研究汇总的重量级消费人群有多大，他们是哪些人，哪些资讯最适合以复合传播向社会传达，在复合传播过程中，不同媒介的权重比例该如何划分……对这些问题的关注和进展无疑会大大拓展新财经报纸的发展空间。

当然，财经报纸品牌栏目传播影响力的建构是一个系统性工程，本章中笔者对受众定位、传播内容和媒介渠道的分析也只是管中窥豹，难免有所疏漏。首先，传播效果是建立在受众反馈基础之上的研究方向，而由于缺乏第一手的栏目数据资料和能够覆盖一定范围、一定阶层的栏目相关受众调查，因而，本章主要建立在对文本内容的文化研究基础之上，缺乏实证定量研究的数据作为深度论证的佐证性资料；其次，由于研究时间及本人在相关理论知识储备环节的欠缺，本章对提升财经报纸品牌栏目传播影响力的纵向思考及横向对比主要集中在国内，对国外学者的相关研究成果、国外相关品牌栏目的发展现状考察不够全面，这些都期待后来者能在本研究的基础上展开更深入、更全面的调查和研究。

第七章

《角落里的中国》栏目传播影响力研究

南方报业集团下属的财经类报纸《21世纪经济报道》于2012年7月17日推出报纸专栏《角落里的中国》，在全国范围内划分43个标段，由政经版记者、编辑进行接力采访。栏目的定位为："立足于观察中国基层社会变迁，以经济学、社会学为视角，采用近乎白描式的手法，切入中国版图内那些被人忽略的部分，接触和再现不同社会阶层的真实生活，从细节处观察底层中国的政治、经济、社会、文化生态。"① 其通过接力采访，关注三、四线城市变化，讲述小城市生活，观察社会发展趋势。栏目一经推出，就在业界引起了广泛关注，推出的报道被凤凰网、新浪网、搜狐网、和讯网以及各地方重点新闻门户网站转发，在天涯、豆瓣、人人等社交网络和论坛中也引起关注，该栏目的传播影响力得到不断提升。

第一节 《角落里的中国》栏目传播影响力 评价体系构建

该栏目推出的背景主要如下。（1）加强媒介融合，扩大影响力。作为《21世纪经济报道》独辟蹊径的一个栏目，《角落里的中国》用经济学、社会学的视角关注这些城市的发展现状，用近乎白描的手法真实再现这些曾

---

① 21世纪网，http://epaper.21cbh.com/html/2012-07/17/content_28954.htm？div=-1，2015年4月。

被人忽略的角落，是财经类报纸在报道方式上的一大创新，突破了以往财经类报道的形式，这将为新闻业界和学界吹来一股新风。（2）立足基本国情，顺应时代发展。以我国三、四线城市为例，这些地区和城市是中国社会经济发展版图不可缺少的一部分，对这些地区和城市给予必要的关注和报道有助于全面了解中国现实。（3）响应有关号召，开展"走、转、改"活动。栏目通过深入中国角落，感受不同阶层的真实生活，通过深入基层寻找有故事的人和事，用不同于以往财经类报道的文风和生动鲜活的语言，写出有价值的新闻。

本章参照广度、深度、强度、效度四因子理论，认为可用广度、深度、信度和高度四个因子衡量传播影响力，因子中具体评价指标则根据研究对象的特殊性予以划分。

一　广度因子

广度是指媒介在传播活动中吸引受众注意力的范围，即媒介"能在多大程度上引起受众的注意，能够吸引多少受众的注意和接触"。[1] 在传播过程中，吸引受众注意力大小的直接指标就是传播对象的多少，即受众规模大小，对于报纸来说，具体包括发行量、新媒体粉丝数量等。此外，在其他条件一定的情况下，传播渠道越多，接触到越多受众的可能性越大，对于报纸的特定栏目而言，传播渠道主要包括大众传播、组织传播、人际传播、网络传播以及新媒体传播等。对于特定的栏目或报道来说，传播者连续传递内容的数量越多，被传播对象接触到的可能性越大，即传播规模越大，获得越多受众规模的可能性越大。当然，受众规模毋庸置疑是衡量广度的第一位指标，传播渠道和传播规模是第二位的、间接的衡量指标。

二　深度因子

深度指传播内容被受众实际接受的程度，即"受众接触媒介实际接受

---

[1] 郑丽勇等：《中国新闻传媒影响力研究报告》，浙江大学出版社，2011，第62页。

的信息量（传播流量）的大小"。① 从这个定义可知，深度应该从两个方面进行考量，一是传播者本身信息量的多少，二是受众实际接受的程度。要想受众在接触传播内容中实际接受的程度高，首先要求传播内容本身的信息量足够多，具有一定的深度。传播内容的深浅程度，既与传播者采访的方式有关，也与传播内容的报道方式有关。当媒体将传播内容传递给受众时，受众接收的信息越多，满足需要的程度越大，媒体的传播影响力越大。一般来说，在其他条件一定的情况下，接触时间越长，受众接受的信息越多。此外，就传播者本身而言，在其他条件不变的情况下，传播者传播内容的时间越长，传播内容越多，受众接触越多信息的可能性也越大。因此，传播内容深度、传播时间、受众接触时间以及受众阅读习惯等可作为衡量深度的指标。

三　信度因子

信度指媒介及其传播内容的可信度。受众是否接受媒介的传播内容以及在多大程度上接受传播内容主要由可信度决定。具体而言，这种可信度首先取决于媒体本身，即媒介品牌的可信度。媒体要想提高传播影响力，首先需要树立强有力的品牌，具体来说，这种品牌可信度包括媒介的权威性和专业性、受众的媒体品牌体验以及受众对媒介品牌的忠诚度。可信度还取决于媒介内容，即媒介内容的可信度。使用与满足理论认为，"受众成员对媒介产品的消费是有目的的，旨在满足某些个人的、经验化的需求"。② 对于媒介来说，其应该有受众本位思想，提供满足受众需求的内容。具体而言，媒介内容可信度有两大影响因素，包括传播内容质量优劣以及满足受众需求程度。

四　高度因子

高度是指媒体在传播活动中体现出来的改变社会和影响大众的功能。

---

① 郑丽勇等：《中国新闻传媒影响力研究报告》，浙江大学出版社，2011，第63页
② 段鹏：《传播效果研究——起源、发展与应用》，中国传媒大学出版社，2008，第65页。

喻国明教授认为，在影响力的提升环节中，应该"选择最具社会行动能力的人群，占据最重要的市场制高点，按照社会实践的'问题单'的优先顺序定制自己的产品"。[①] 二级传播理论认为，"大众传播并不是直接'流'向一般受众，而是要经过意见领袖这个中间环节，即'大众传播'→'意见领袖'→'一般受众'"。[②] 由此可知，在这一环节中，意见领袖有着极为重要的作用。喻国明教授也指出，要想提高传播影响力，就应该"选择传媒覆盖区域中那些最具社会行动能力的人群作为主打目标受众，以便通过他们形成以一当十的社会影响力"。[③] 媒介受众群体中意见领袖的比重越大，其二级传播效果也越强，意见领袖对媒介传播影响力的放大效应也越大。如果从受众层次的角度来看的话，一般受众层次越高，意见领袖的影响力也可能越大。因此，本章在分析高度因子时，主要从媒介的受众层次进行研究，尤其注意分析意见领袖的比例。新媒体环境下，传统媒体的传播方式有了极大的改变，除了传统的信息发布渠道，互联网、微信、微博等新媒体的二次传播在扩大传统媒体影响力的过程中也起到了巨大的作用。二次传播，是指某一媒体刊发报道后，其他媒介转载该媒体的报道，从而进一步扩大报道的传播范围。在衡量这种二次传播时，我们主要以转载量、转发量等为指标。

第二节 《角落里的中国》传播影响力分析

本章将以《角落里的中国》栏目298篇报道作为主要研究对象，运用定量分析与定性分析的方法。定量分析对栏目的报道内容进行编码分析，并根据编码对栏目的整体情况进行数据统计；定性分析则主要为数据的阐释提供质的依据。分析文本的传播影响力时，广度主要从传播规模、传播渠道分析；深度主要从采访深度、报道深度、传播时间等分析；信度主要是指媒介本身的可信度和传播内容质量优劣等；高度则主要是指受众层次、

---

① 喻国明：《传媒影响力》，南方日报出版社，2003，第11页。
② 郭庆光：《传播学教程》，中国人民大学出版社，2009，第202页。
③ 喻国明：《传媒影响力》，南方日报出版社，2003，第12页。

内容的二次传播等分析。

一　广度因子分析

从文本角度来看，广度首先表现为传播规模的大小，对于特定的栏目来说，文本的传播规模越大，受众接触到的可能性越大，形成传播影响力的可能性也越大。要想提高受众接触的可能性，还应该拓宽文本的传播渠道，传播渠道越多，接触到越多受众的可能性越大。

（一）传播规模分析

传播规模，主要是指传播内容的规模。对于特定的栏目或报道来说，传播者连续传递内容的数量越多，被传播对象接触到的可能性越大，即传播规模越大，获得越多受众的可能性越大，所产生的传播影响力也可能越大。

据统计，《角落里的中国》自 2012 年 7 月 17 日起，至 2014 年 6 月 17 日止，将近两年的时间共推出 298 篇报道。其中 2012 年推出报道 82 篇，2013 年推出报道 153 篇，2014 年推出报道 63 篇。

（二）传播渠道分析

传播渠道，又可称为传播手段、传播工具，也就是我们平常所说的传播媒介。传播渠道是"传播过程中的各种因素互相连接起来的纽带"[1]，也是传播影响力最终形成的关键纽带。一般来说，传播渠道分为官方和非官方两大类，主要包括人际传播、组织传播、大众传播、网络传播和新媒体传播等；对于特定的某份报纸媒体来说，具体的传播渠道则包括纸质媒体本身、媒体所在官方网站、官方微博、官方微信、报纸 APP、相应的专题网站等。

《角落里的中国》传播渠道主要有报纸纸质版、21 世纪网、官方微博、官方微信、相应的专题网站 www.chinacorner.org、报纸 APP 等。所有报道

---

[1]　郭庆光：《传播学教程》，中国人民大学出版社，2009，第 59 页。

均在《21 世纪经济报道》纸质版、21 世纪网、专题网站三个渠道上发布，部分发布在报纸官方微博、报纸 APP 和官方微信等渠道。

（三）广度因子分析结论

分析传播规模和传播渠道两个指标可知，《角落里的中国》在广度方面具有优势，在传播活动中吸引受众注意力的程度高。值得注意的是，在这两大指标中，传播渠道较传播规模有更为重要的地位。这是因为，市场问题最终需要渠道来解决，"掌控了渠道也就等于掌握了话语权和盈利平台，渠道就代表着影响力和市场利益"。[①] 因此，在传播影响力的形成过程中，应重视传播渠道的建设，提高对传播渠道的拥有和掌控能力，以此提高栏目的传播影响力。分析可知，《角落里的中国》的传播渠道就种类来说较多，这些传播渠道的作用如何，本章将在受众调查部分进行实证分析。

二　深度因子分析

从文本角度来看，深度首先表现为传播内容本身的深浅程度，采访方式和报道方式都对传播内容的深浅程度产生影响。此外，传播时间持续越久，受众接触到信息的可能性也越大。

（一）采访特点分析

要想传播内容有深度，采访深入是基本保证。《角落里的中国》的采访具有较为鲜明的特点。

1. 标段式接力采访，开启报道新模式

《角落里的中国》开创了一种新的标段式报道的方式。按照前期报道策划安排，栏目在全国范围内划分 43 个标段，发动政经版全体记者、编辑共 40 人接力采访，报道时间持续一年。该栏目在实际运作过程中，共历时两年，采访共涉及 40 个标段，以"丹东—通化—延吉—珲春"为第一标段，

---

① 陶大坤、丁和根：《中国对外传播渠道建设之路径选择》，《当代传播》2010 年第 5 期。

以"宁德—温州—义乌"作为最后一个标段。表 7 - 1 为《角落里的中国》实际采访标段情况。

表 7 - 1 《角落里的中国》实际采访标段统计

序号	地点	记者	序号	地点	记者
1	丹东—通化—延吉—珲春	叶一剑	14	西安—汉中—安康—十堰—襄阳	孙春芳
2	牡丹江—鸡西—虎林—密山—七台河—佳木斯—同江	吴红缨	15	天水—礼县—青川—巴中—平昌—达州	耿雁冰
3	黑河—五大连池—齐齐哈尔—呼伦贝尔—满洲里	马晖	16	宜都—秭归—恩施—吉首—凤凰—怀化—芷江	定军
4	大庆—白城—霍林郭勒—通辽—赤峰—承德	定军	17	内江—资中—内江—荣县—自贡—宜宾	王海平
5	张家口—张北—大同—朔州—右玉—延安	刘晓杰	18	楚雄—大理—保山—龙陵—瑞丽	姚建莉
6	鄂尔多斯—包头—巴彦淖尔—甘其毛都—乌海—石嘴山	王秀强	19	玉溪—普洱—景洪—西双版纳—勐海—玉溪	赵飞飞
7	吴忠—定边—靖边—吕梁	李果	20	百色—平果—河池—宜州—都匀—西江—贵阳	周慧
8	铜川—庆阳—平凉—固原—中卫	郑升	21	湘潭—韶山—娄底—邵阳—永州	刘涌
9	德令哈—格尔木—敦煌	陈晨星	22	广安—岳池—涪陵—武隆—酉阳—奉节	赵川
10	武威—古浪—民勤—金昌—张掖—肃南—酒泉—金塔—玉门—嘉峪关	李伯牙	23	云浮—梧州—玉林—钦州—东兴	刘玉海
11	库车—拜城—库尔勒—阿克苏—喀什—红其拉甫—塔什库尔干	李果	24	拉萨—尼木—日喀则—拉孜—樟木口岸	何苗
12	乌鲁木齐—喀什—英吉沙—莎车—和田—阿拉尔	王彬	25	黄南州—黄南—临夏—陇西	马娟
13	遵义—仁怀—毕节—大方—威宁—六盘水	宋菁	26	韶关—南康—赣州—瑞金—宁都—龙岩—漳州	程东升

序号	地点	记者	序号	地点	记者
27	达坂城—昌吉—石河子—克拉玛依—阿勒泰—伊宁—伊犁	王世玲	34	芜湖—马鞍山	姚远
28	南平—建瓯—武夷山—婺源—景德镇—鄱阳县—共青城	卜凡	35	启东—盐城—淮安—洪泽—南通—泗洪	王海平
29	信阳—南阳—淅川—邓州—商洛—丹凤—渭南	胡欣欣	36	淮南—亳州—漯河	王鹏善
30	台北—宜兰—花莲—台东	金城	37	东营—滨州—菏泽	陆宇
31	三亚—陵水—五指山—海口	纪睿坤	38	安庆	刘东
32	浏阳—炎陵—井冈山	刘东	39	秦皇岛	王尔德
33	芦山—西昌—丽江	姚建莉	40	宁德—温州—义乌	刘玉海

为维持报道的持续性，该栏目一般至少保证一个记者采访基本结束之际，第二个记者正在采访，第三个记者准备出发，确保差不多有两个记者同时在各自标段进行采访。记者在采访各自的标段时，一般选择以一个城市切入，从另一个城市逸出，保证采访活动的有序进行。各标段的报道数量如表7-2所示。

表7-2　《角落里的中国》各标段报道篇数统计

单位：篇

标段	报道数量	标段	报道数量	标段	报道数量	标段	报道数量
1	7	11	8	21	9	31	5
2	8	12	7	22	8	32	3
3	7	13	8	23	10	33	3
4	9	14	12	24	11	34	3
5	8	15	8	25	9	35	8
6	10	16	9	26	10	36	4
7	4	17	11	27	8	37	3
8	6	18	8	28	9	38	2
9	5	19	9	29	10	39	1
10	12	20	8	30	12	40	6

由表 7 – 2 可知，栏目前 30 个标段完成报道数量相对较多，整体而言也较为稳定，平均每个标段推出报道 8.67 篇；第 31 标段至第 40 标段整体而言推出报道较少。这可能与报道的整体时间跨度有关，按照报道前策划安排，该栏目时间跨度为 1 年，预计推出报道约 200 篇，实际操作执行时间跨度约为 2 年，报道推出近 300 篇。

将采访地点划分为不同标段进行集中采访，这在新闻业界尚属首次。将全国划分为 40 个标段，一方面有利于从整体上把握报道，使报道在地域上显得完整而全面；另一方面将相临近的区域划为一个标段，既便于报道的深入，也有利于比较标段内城市的异同。同一个标段又是一个小的区域，这样在各城市分别报道的基础上又能站在较高的高度把握一个区域的发展，有利于报道的深化。在具体操作上，也有利于节省人力物力财力，使报道进展更顺利。在标段的划分、城市的选择上，栏目结合地理位置和经济发展情况进行综合考量划分。受地理环境差异影响，不同城市的发展生产往往具有一定的地域性，表现为某一地区经济发展具有一定相似性。以这种标段式的方式进行接力报道，选取几个在经济发展过程中有相似点的城市作为同一个标段进行集中采访，对比城市之间在经济发展过程中的异同点，有助于探讨城市之间发展的共同问题。从新闻操作层面来看，标段式报道开创了一种新的报道模式，对中国新闻业界和学界的意义不容小觑。

就受众层面而言，这种标段式采访报道的方式有助于吸引受众的注意。从心理学的角度看，"刺激物的新异性是引起注意的一个重要条件"。[①] 这种标段式采访报道的方式较为新颖，有利于引起受众注意。此外，划分标段有助于受众进行对比阅读，从而深化对报道内容的印象。栏目将全国划分为 40 个标段，可以说涵盖了中国大部分地区，大部分受众阅读栏目时，总能找到自己感到亲切的地区。受众的求近心理认为，受众对自己熟悉的报道对象容易产生亲切感，进而给予更多注意。栏目在报道时，按照地域进行划分，受众阅读时，还可以进行横向对比，了解整个地区的情况，从而强化对报道内容的印象。

---

① 刘京林：《新闻心理学概论》，中国传媒大学出版社，2010，第 274 页。

该栏目在对标段城市的选择上，具有鲜明的特色。整体而言，选择一些经济发展暂时受到制约但是对中国未来经济有重要作用的城市，每个标段中的城市在经济发展过程中具有一些共同点，同时选取的每个城市又具有自己特有的个性和历史地位。

2. 采访层层深入

栏目的采访一般从宏观和微观等多个视角进行，旨在对报道地区的经济发展情况有全面完整的了解。表7-3是从《21世纪经济报道》获得的一份记者采访模板，由此可看出该栏目记者在展开报道时大致的思路。

表7-3　记者采访模板之"十问中国角落"

主题内容	对应的问题	采访对象
未来经济增长动力何在？经济解在哪里？	政府：当地的工业怎么样？服务业怎么样？农业怎么样？税收怎么样？增长率+企业化程度	工信局、小企业局等
	微观：微观的小企业经营情况怎么样？政府公共事业效益怎么样？	企业、企业主
	草根：位子（就业率）、房子（人均面积、房价）、车子（普及率）、孩子（人均孩子、教育情况）、折子（储蓄率）	个体、银行、地产部门……
主要社会矛盾所在？政治解在哪里？	社会前三大矛盾是什么？群体性事件体现在哪里？贫富差距由什么决定？	草根、政府相关部门
	政府有什么作为？经济举措是什么？突出政治举措是什么？	草根、企业主
	社保、医保、教育负担、农业补贴、养老保险等基本情况？	草根、相关部门
细节里的景象	当地的文化生活，是多了还是少了？主要什么形态？	草根
	城市化进程怎么影响乡村生态？	草根
	学校学生对高考、就业、未来的看法	学校
综合	记者的核心洞察	分析、讨论

由该采访模板可看出，该栏目在采访中体现出了强烈的宏观意识和民生视角。宏观意识是指记者在采访活动中，将问题"放在更广阔的范围观察分析，从总体联系上把握事物，认清事物发展趋势"。① 栏目记者在采访

---

① 吴玉兰：《经济新闻报道》，武汉大学出版社，2009，第173页。

过程中，一般先从全局考察报道对象与外部世界的联系，研究未来经济增长动力、目前社会发展主要矛盾，以及未来解决办法，通过采访政府和相关部门，获得权威数据，并将其置身于中国社会转型背景下加以观照。这种采访思路下获得的信息，既能洞悉事物发展的内涵，又能揭示其背后的意义和价值，还能弄清楚事物发展的来龙去脉和发展趋势，使报道变得有价值、有深度。

民生视角是指记者在采访活动中站在普通百姓的角度关注经济生活，以百姓的关注点出发，从小处着手，从细微处观察事物，认清事物发展的细节。栏目记者在采访中关注了大量细节。从采访模板也可看出，有相当大比重的采访关注草根的生活状态、精神状态和生活细节，包括对当地文化生活、乡村生态的看法，对当地社会公共事业的看法和体会，个体的经济状态，等等。这种平民视角的采访方式，有助于记者在采访活动中关注细节，更好地贴近生活、贴近受众，也有助于增强报道的可读性。

（二）报道方式分析

报道方式是指将零散的新闻报道素材以某种形式整合成完整报道的操作模式，即媒体根据自身的需要，运用某种手法组织若干新闻报道素材，使之成为一个报道整体。

《角落里的中国》报道方式最大的特点在于以深度报道的方式呈现。研读栏目报道发现，该组报道聚焦于问题的复杂性和多面性，将经济发展的现状和问题置于大环境下，从历史和社会等多方面进行综合分析。这样的报道方式，使得该栏目的报道既有一定的深度，也能形成一定的力度。从栏目整体来看，其旨在抓住一个大问题，即转型时期中国三、四线城市的发展问题，通过深入不同城市，挖掘不同城市经济发展的问题，逐步呈现中国三、四线城市发展全貌，使人们的认识不断深化。

1. 多角度剖析，深入经济问题本质

《角落里的中国》在报道经济发展的问题时，并不只是就经济论经济，而是从不同的报道角度进行深度分析。表 7-4 是报道角度统计情况。

表7-4　《角落里的中国》报道角度统计

单位：%

选项	比例
从宏观的政治视角进行分析，用政治的眼光分析经济现象	16.11
运用相关的经济学专业知识，对经济现象进行客观、深入的描述和剖析	7.38
用社会学视角进行分析，将经济发展与社会和文化相联系，从社会、哲学、文化等角度把握和分析经济活动与经济现象	55.7
以平民视角进行报道，从小处着眼，关注老百姓关心的问题	20.81

由表7-4可知，在报道视角上，《角落里的中国》有166篇报道用社会学视角进行分析，将经济发展与社会和文化相联系，占比达55.7%；有62篇以平民视角进行报道，从小处着眼，关注老百姓关心的问题，占比达20.81%；有48篇从宏观的政治视角进行分析，用政治的眼光分析经济现象，占比为16.11%；有22篇运用相关的经济学专业知识，对经济现象进行客观、深入的描述和剖析，占比为7.38%。

栏目刊出版面为政经版，按照前期策划安排，栏目将采用"望闻问切+历史文化+地理"的写作特点来进行报道活动，且该栏目在最初设定的时候就表示要"以经济学、社会学的视角，近乎白描式的手法，切入中国版图内那些被人忽略的部分"。

在报道经济新闻时，应注重报道的社会学视角，它指的是"在探索、分析一些经济生活中的新现象、新问题时，应将其与社会、文化联系起来，从社会的、文化的，甚至哲学的角度来把握和剖析经济活动和经济现象"。[①]该栏目选取的是中国的三、四线城市，经济发展相对滞后，这些城市的经济发展状况大多与其背后的历史、地理、政治、文化等密不可分，这也决定了在分析这些城市的经济发展时，必须将其与社会、文化、政治等联系起来，用社会学的视角进行经济新闻报道。

---

① 贺向东、苑书文：《论经济新闻的视角选择》，《河南大学学报》（社会科学版）2007年第5期。

2. 大量运用背景资料，深化报道主题

背景资料，是指"与新闻事实有关的环境与历史材料"。[①] 栏目关注的是社会转型时期三、四线城市的发展现状，这些报道对象具有一些相同的特点：受惠于资源优势，曾经的经济发展风光无限，现在由于资源、环境等问题，经济发展已经落后。任何事物的发展都是有一定原因的，这些三、四线城市经济发展的滞后不可能一蹴而就，总会有一个从量变到质变的过程，也会有不同的来龙去脉和前因后果。报道对象的这一特点，要求记者在报道该地区经济发展情况时，必须将历史的、现在的和未来的经济发展情况进行综合对比分析，也需要将该城市的经济发展与其他城市进行横向对比，从而帮助读者正确认识和理解报道内容。

3. 由个体感受上升至整体问题

该栏目大量通过小人物或当地风土人情、历史发展揭示经济问题，旨在从小处着眼，通过报道个体情况，最终上升至整体的同类问题，以此彰显报道深度。据统计，栏目有 179 篇报道由当地风土人情、历史发展揭示经济问题，占比为 60.07%；还有 71 篇通过报道小人物的命运牵扯出地方经济发展问题，占比为 23.83%。

此外，该栏目大量运用小人物。据统计，《角落里的中国》栏目中有 216 篇报道选取了小人物作为其中的报道对象，占比达 72.48%；还有 82 篇报道未使用小人物，占比为 27.52%。在使用了小人物的 216 篇报道中，有 125 篇以多个小人物为主，占比达 57.87%；还有 91 篇以 1 个人为主，占比为 42.13%。

值得注意的是，《角落里的中国》借由小人物背后的发展问题、小人物的发展命运，上升到该地区的问题，以我们所熟悉的普通人的视角报道整个行业，甚至是地区经济的困境和问题，并提出解决对策，以小见大，从人们的生活实际出发，走近群众，报道既能体现小人物小地区经济发展的深刻内涵，又能充满人文关怀受到广大读者的喜爱。

（三）传播时间分析

媒介传播影响力的形成，是传播媒介的内容到达传播目的地以后所产生

---

① 周胜林、尹德刚、梅懿：《当代新闻写作》，复旦大学出版社，2009，第 67 页。

的效果，及由此再释放所产生的最终效果。由此可知，传播影响力不仅仅是在一个"时间点"中形成的，也是在一段"时期"中形成的。正因如此，传播影响力的形成也非常注重报道的持续性和连续性，这也是系列报道和连续报道广受媒体推崇的一个原因。要想获得较大的传播影响力，媒体必须重视对时间的掌握，包括整体的报道时间段以及相互之间的报道频率等。

该栏目报道时间段为 2012 年 7 月 17 日至 2014 年 6 月 17 日，700 天时间共推出 298 篇报道，平均 2.35 天推出 1 篇报道。其中 2012 年推出 82 篇，2013 年推出 153 篇，2014 年推出 63 篇。每年各月份报道数量如表 7-5 所示。

表 7-5　《角落里的中国》每年各月报道数量统计

单位：篇

年＼月	1 月	2 月	3 月	4 月	5 月	6 月	7 月	8 月	9 月	10 月	11 月	12 月	小计
2012 年	0	0	0	0	0	0	8	18	16	11	14	15	82
2013 年	18	7	8	11	17	13	17	18	12	14	8	10	153
2014 年	11	10	8	15	14	5	0	0	0	0	0	0	63

按照策划方案中原定的报道计划，每周推出 4 期报道，周二至周五每天 1 期。在实际执行的过程中，整体而言该栏目周二至周五推出。在一定时间范围内，持续不断地报道显然容易形成大的传播影响力。

（四）深度因子分析结论

分析可知，在深度方面，《角落里的中国》有可圈可点之处。在采访方面，实行标段式接力采访，这是一种创新，而且有利于宏观呈现整体中国三、四线城市的发展全貌，在采访中宏观、中观和微观均有涉及，有利于全面把握。就报道方式而言，其采用的是深度报道的方式，这种方式在一定程度上就是深度的保证。研读发现，该栏目的报道整体思路遵循着提出问题、分析问题、解决问题的规律，通过抽丝剥茧地分析，多角度研究，保证了报道的深度，又由于报道大多重视故事化表达，这使得报道容易在受众心中产生深刻印象，进而获得较好的传播效果。在传播时间方面，其以高频率、持续不断推出报道取胜。对于特定栏目而言，其对报道频率的掌握非常重要，间隔时间太长不易被观众记住，无法留下深刻的印象，也就难以形成大的传播影响力。

三　信度因子分析

媒介传播内容的可信度，一方面取决于媒体本身，即媒介本身的可信度，另一方面则取决于传播内容质量的优劣。

（一）媒介可信度分析

著名传播学者霍夫兰及其团队通过观察研究信源的可信性，认为信源的"可信性"和"专业性"对态度改变有重要影响，"高可信性的传播者会导致更多的态度改变；而低可信性的传播者会导致较少的态度改变"。[①] 具体来说，这种可信度包括媒介的权威性和专业性、受众的媒体品牌体验以及受众对媒介品牌的忠诚度。

《21世纪经济报道》是由南方报业集团以全新模式打造的一份财经周报，该报在创刊之时就以办"中国的《华尔街日报》"为标榜。该报在发刊词中提到："'新闻创造价值'，是我们的理想，我们希望我们的新闻能给你提供最大化的效益，我们希望我们的新闻能给你提供前瞻性的认识。"以"新闻创造价值"为核心理念，一方面表明了一种商业诉求，希望新闻能够进入一种能够创造商业价值的过程中去；另一方面也表明了一种政治诉求，希望新闻能给读者带来价值，能够给读者带来质感。该报前主编刘洲伟说："新闻创造价值是广告语或者是口号，我们通过高品质的新闻带给我们的目标读者价值，这种价值是他们通过直接或间接阅读报纸获得的价值感。我希望这种价值是长远、深远的影响。"[②] 《21世纪经济报道》作为财经媒体的代表，其在财经领域中的专业性不容小觑。

（二）传播内容分析

传播内容是指传播者在传播活动中传递给传播对象的信息。在传播影

---

① 〔美〕斯坦利·巴兰、丹尼斯·戴维斯：《大众传播理论：基础、争鸣与未来》，曹书乐译，清华大学出版社，2011，第142页。

② 《21世纪经济报道主编刘洲伟作客新浪聊天（实录一）》，新浪网，http://finance.sina.com.cn/roll/20030114/1933302419.shtml，2015年4月。

响力形成的四大环节中，传播内容是中心环节。一般来说，不同的媒体，由于其媒体定位、传播理念的差异，其传播内容具有自身的样式和风格；即使是在同一家媒体，由于不同栏目的定位不同，其传播内容也是千差万别的。具体来说，传播内容包括三个方面：版面形式、报道选题、报道倾向。

1. 版面形式分析

《角落里的中国》刊出版面固定在"区域"版，据获悉的内部相关资料可知，该报"区域"版的定位为"深切解读政策大局，深刻见证社会变化，深入观察区域变动，深度剖析世界风云，探寻平衡发展之道，发现建设良治社会之法"。栏目在版面设置上具有一定的特点，一般刊登在该版的上半部分，有 7 个相对稳定的组成元素：固定的栏目 LOGO，标段地图，赞助商商标，记者个人照或漫画，新闻图片，标题，文字稿件。在版面编排中还大量使用图片。298 期报道中，采用新闻图片的有 198 期，占比为 66.44%；未使用新闻图片的有 100 期，占比为 33.56%。

2. 报道选题分析

报道选题是传播内容的基础。不同的新闻媒体的传播对象、社会功能和传播目的各不相同，报道选题的标准也不相同。由名称可知，栏目的报道关注点是中国的角落，特别是在经济发展相对较为落后的地区。就报道对象城市级别来看，报道关注的城市级别如图 7 - 1 所示。

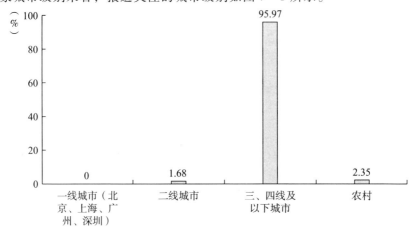

图 7 - 1　《角落里的中国》报道对象城市级别统计

通过分析可知，《角落里的中国》关注小城市，其中，关注三、四线及以下城市的比重较高，为95.97%；有2.35%的报道关注的是农村地区；还有1.68%的报道关注的是二线城市。栏目关注的这些三、四线城市，大多在历史上风光一时，只是由于历史发展等如今风光不再，这样的城市数量不在少数，它们是中国经济版图的重要构成部分。将笔墨聚焦于这些城市，有助于深入分析中国的经济发展情况。

就报道关注的领域来看，《角落里的中国》报道关注领域如图7-2所示。

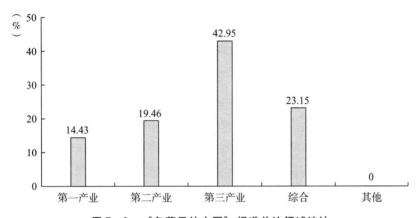

图7-2　《角落里的中国》报道关注领域统计

据统计，《角落里的中国》这298篇报道中，有128篇报道关注的是第三产业，占比为42.95%；有69篇报道关注了两种及以上产业，即综合，占比为23.15%；有58篇报道关注的是第二产业，占比为19.46%；还有43篇报道关注的是第一产业，占比为14.43%。

据不完全统计，《角落里的中国》关注的具体领域中，第一产业包括农业、渔业、种植业等；第二产业包括煤炭产业、有色金属、石油产业、新能源、汽车制造、钢铁产业等；第三产业包括对外贸易、旅游产业、物流业、交通问题、教育问题、文化产业、服务业、公共事业管理等。

根据在报道中的实际情况，本章将该栏目报道的具体选题分为地理环境、文化、历史、政治、自然资源、综合及其他七个指标。根据城市的不同特点，该栏目推出的报道中有些只关注其中的某一项，有些则关注多方面，还有一些没有明确指出，因此，在进行文本编码分析时，本章将该选项设置为不定项选择。该栏目关注的具体内容如表7-6所示。

表7–6 《角落里的中国》报道选题统计

单位：%

选项	比例
地理环境	22.82
文化	33.22
历史	23.15
政治	24.83
自然资源	37.92
综合	14.09
其他	2.01

由表7–6可知，栏目关注的问题由多到少依次为自然资源、文化、政治、历史、地理环境、综合、其他。可见该栏目关注文化和历史的比重较大，对自然资源关注较多；关注当地政府及相关政策比重较大。

3. 报道倾向分析

报道的倾向性是指新闻工作者在进行新闻报道时所表现出的立场和态度，即拥护什么，反对什么；赞成什么，排斥什么；等等。在对栏目的文本进行编码统计时，本章将报道倾向性划分为正面报道、负面报道、正负皆有的报道、没有明确的倾向四个方面。栏目报道倾向如表7–7所示。

表7–7 《角落里的中国》报道倾向性统计

单位：%

选项	比例
正面报道	12.08
负面报道	3.02
正负皆有的报道	72.48
没有明确的倾向	12.42

通过分析表7–7可知，纯粹的正面报道或负面报道相对较少，正负皆有的报道居多。这与栏目的定位相关，栏目定位于三、四线城市那些长期沉默却对中国未来有重要决定作用的土地和人们，旨在透过这些角落中的人和事观照当地经济的发展，在报道中主张"望闻问切"，将自身定位为医生，旨在发现问题。

新闻报道活动中需要问题意识，通过发现问题并对问题进行研究和分析，进而找到解决之道，这是新闻媒体该有的态度，也只有这样才能获得真正意义上的传播影响力。栏目报道均具有很强的问题意识。对 298 篇报道的内容进行统计分析。栏目中有 278 篇报道体现了问题意识，占比达93.29%，如图 7 - 3 所示。

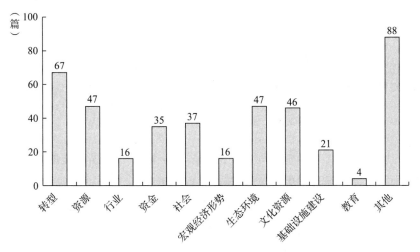

图 7 - 3 《角落里的中国》报道中关注的问题统计

由图 7 - 3 可知，栏目关注了文化资源问题、教育问题、生态环境问题和基础设施建设问题等，对文化资源问题、基础设施建设问题关注比重较大。关注的问题多样化，所关注的这些问题中，最终都是当地的发展问题，整体而言偏重于经济方面。

对于报道中的这些城市而言，大多数辉煌已成过去时，现在的经济发展或多或少存在一定的问题。如果不能正视这些问题，这些城市的经济发展瓶颈将无法突破，经济也可能难以恢复往日辉煌。这也是为什么财经媒体在报道时需要一定的问题意识。树立问题意识，发现和提出问题，才能推动问题的解决和地方经济的发展。只有这样，报道才能达到更高层次水平，在受众心中的可信度和认可度也更高，从而获得较高的传播影响力。

（三）信度因子分析结论

分析可知，栏目在信度方面有可取之处，也存在不足的地方。从传播者的角度来看，《21 世纪经济报道》作为专业财经媒体的佼佼者，其在财经领域的地位和影响也是不容忽视的。从传播内容的角度看，版面和图片运用具有自身特色。报道关注的选题和领域较为重要和深刻，对于当地经济发展有着重要价值。

四　高度因子分析

高度是指媒体改变社会和影响大众的功能，在衡量媒体传播影响力的高度因子时，主要考察意见领袖的比重。在该部分，本章主要通过媒体受众层次和传播内容在新媒体的二次传播情况衡量。

(一) 受众层次分析

传播学者拉扎斯菲尔德等人在实证调查中发现了意见领袖的重要影响，并据此提出了传播过程中"大众传媒→意见领袖→受众"模式的"二级传播"理论。[①] 南京大学郑丽勇教授在研究中发现"一个媒介受众群体中的意见领袖数量越多，意见领袖的二次传播效果也越大"，因而，意见领袖对传播影响力的放大效应也就越大。[②]

《21世纪经济报道》的目标读者被定义为政府决策者和商界精英，核心目标读者是公司高管、合伙人、中层管理人员、专业人士及政府高级官员。这是一群"富有决策能力、消费能力、有着高学历且极具影响力的庞大读者群"[③]，他们有着雄厚的经济实力和强大的社会影响力。本章将根据搜报网的"21世纪经济报道读者人群分析"分别从性别、年龄、职业、学历、收入等角度进行分析。

就性别比例来看，《21世纪经济报道》男性比例为75.5%，女性比例为24.5%。就年龄层面来看，25—45岁的中青年读者占比为93.9%，这些读者事业正处于上升期，有一定的社会阅历和经济实力，他们更是社会发展的中坚力量，在社会上具有一定的影响力。就职业来看，政府官员占比为8.2%，企业（公司）高层管理人员占比为27.9%，企业（公司）中层管理人员占比

---

① 郭庆光：《传播学教程》，中国人民大学出版社，2009，第135页。
② 郑丽勇等：《2010中国新闻传媒影响力研究报告》，浙江大学出版社，2011，第64页。
③ 搜报网，http://www.soubaoad.com/information/2503.shtml. 2015-01-30，2015年4月。

为33.8%，中高级专业人员（律师、医生、教师等）占比为13%，私营业主占比为8.9%，以上合计占比为91.8%。这些人是经济和社会发展的主导力量，他们拥有决策权和绝对的话语权。就学历来看，有77.4%以上的读者具有大学及以上学历，其中硕士及以上学历占比为20.3%。就收入来看，读者的个人平均年收入为20.9万元，其中，个人收入20万元以上的占1/3；这些读者的家庭收入状况均较好，读者家庭年均收入达35.3万元。①

此外，搜报网数据显示，《21世纪经济报道》和《经济观察报》《中国经营报》《第一财经日报》相比，还是"中国新富人群阅读率最高的商业报纸、金融核心城市覆盖率最高的商业报纸、商界精英人群阅读率最高的商业报纸、商务购买决策者阅读率最高的商业报纸、商务预算掌控者阅读率最高的商业报纸、商旅人士阅读率最高的商业报纸、高收入人群阅读率最高的商业报纸、高学历人群阅读率最高的商业报纸"。②

（二）新媒体二次传播分析

《角落里的中国》的官方微博"@中国角落"主要是对传播活动的一些情况及时跟进；《21世纪经济报道》官方微博"@21世纪经济报道"主要刊登报道原文。因此，本章对于微博的二次传播情况主要以报道对原文的传播情况进行分析。

据统计，"@21世纪经济报道"主要刊登了栏目中的38篇报道，占报道总数的12.8%。截至2015年1月31日，栏目相关内容在官方微博中转发情况如表7-8所示。

表7-8　《角落里的中国》微博转发情况统计

单位：篇

标题	转发量	评论量	标题	转发量	评论量
满洲里：百年老矿扎赉诺尔	25	13	对接俄蒙的"金三角"	8	3
大庆：为何没能成为全省经济中心	63	53	珰奈湿地的焦虑：谁的景区？	55	34

① 搜报网，http://www.soubaoad.com/information/2503.shtml.2015-01-30，2015年4月。
② 搜报网，http://www.soubaoad.com/information/2503.shtml.2015-01-30，2015年4月。

续表

标题	转发量	评论量	标题	转发量	评论量
白城：被放弃的风电	34	25	霍林郭勒：疯狂生长的煤城	19	7
通辽出租车调查：私营模式的难题	39	16	赤峰：寻路有色金属走廊	18	12
承德：游客疯涌的困境	23	14	东北角：那些贫瘠的富裕地	40	41
张北：一个贫困县的摇滚实验	53	30	大同：复兴攻坚	37	12
工业新贵朔州之忧	12	10	府谷：迷惘的财富	56	15
右玉：向树而生	29	16	延安：上山造城	14	9
北中国"能源走廊"何去何从	45	14	鄂尔多斯：改弦维艰	117	52
专访包头市经信委副主任孙连坤：包头十年重塑产业图谱	19	11	包头：蓄力稀土	28	20
石拐：一个矿区的转型之战	28	11	甘其毛都口岸：来自蒙古国的煤	8	9
访乌海市市长侯凤岐："实现有限资源价值最大化"	8	8	乌海：一个企业的资源"经"	30	7
石嘴山：后煤炭经济时代	25	4	北部边疆新命题：重构能源生态链	13	7
吴忠：黄河沿岸的慈善经济试验	10	2	靖边：一场10万人命运流转工程	16	12
固原：逾越干旱之梦	29	1	童家园子：沙漠里的生意	15	11
海西州州委书记辛国斌："我始终坚信大发展小困难，小发展大困难"	6	3	德令哈：戈壁上一座繁忙的城	459	45
格尔木："中国盐湖城"的雄心	404	26	敦煌：莫高窟的画师与一个城市的未来	452	58
西北需要多少个"南水北调"？	450	64	民勤：保卫石羊河	28	6
金昌：修复中的"镍都"	409	77	张掖：承重的湿地	98	40

由表7-8可知，栏目最高转发量为459篇，最低为6篇，平均转发量为84.8篇。新浪微博二次传播公式为"新浪微博二次传播率＝微博粉丝数×转发次数×30"[①]，截至2015年1月31日，"@21世纪经济报道"粉丝数为5868523个，由此可算出栏目二次传播率＝5868523×84.8×30＝14929522512。

---

① 百度百科，http：//baike. baidu. com/link？ url＝dHKihxW43uou-HdtBQ9eXYT01xanfnKz8jZ89TSg16CKm946DYIkAmA7_8nXuwsg74hKUivO3MlechOyiod6H_. 2015 - 01 - 31，2015 年 4 月。

（三）高度因子分析结论

分析可知，就受众层次来看，《21世纪经济报道》的读者群体中，男性比例高，中青年读者群占比大，职业地位较高者多，高学历者比例大，收入高者比例大。就新媒体的二次传播来看，其在互联网的二次传播情况较好，不管是转载量还是转载的媒体，均有一定的量。

第三节　《角落里的中国》传播影响力实证调查分析

本章采用问卷调查法分析该栏目的传播影响力，分别从广度、深度、信度和高度四个因子对受众进行调查分析。其中广度主要包括受众规模、受众信息获取渠道；深度主要包括受众接触时间和受众阅读习惯等；信度主要包括受众对版面形式、报道选题的评价，以及满足受众需要程度；高度主要包括受众之间的二次传播情况。

一　广度因子分析

从受众层面来看，广度主要包括受众规模，以及受众信息获取渠道。在信息获取渠道部分，主要考察受众阅读栏目时的渠道，通过分析媒体的传播渠道与受众的信息获取渠道是否一致，进而判断媒体的传播渠道是否有效。

（一）受众规模分析

受众规模是媒体传播影响力的基础，受众规模越大，接触到媒体的人数越多，越有助于形成大影响力。对于报纸媒体来说，衡量受众规模的首要指标是发行量，此外，随着新媒体的发展，传统媒体也纷纷通过新媒体进行传播，旨在扩大传播影响力，因此，新媒体的粉丝数量也是其指标之一。

资料显示，《21世纪经济报道》平均发行量为76万份/期[①]，截至2015

---

① 广告买卖网，http://www.admaimai.com/newspaper/736.htm，2015年4月。

年1月4日，《21世纪经济报道》新浪官方微博粉丝数量为5541035个，21世纪报系旗下原创财经新闻网站"21世纪网"新浪官方微博粉丝数量为631754个，《角落里的中国》新浪官方微博粉丝数量为500个。

（二）受众信息获取渠道分析

在被问及"您是如何知道这个栏目的?"时，情况见表7-9。

表7-9　《角落里的中国》受众信息获取渠道统计

单位：%

选项	比例	
自己浏览报纸发现		40.43
周围人的推荐		27.66
通过微博、微信等		8.51
自己浏览网站发现		14.89
单位传达		8.51
其他		0
报纸APP		0

通过表7-9可知，在被受众初次认知时，最有效的传播渠道仍是传统的大众传播渠道（"自己浏览报纸发现"），其次为人际传播（"周围人的推荐"），再次为网络传播（"自己浏览网站发现"），目前阶段极为热门的新媒体传播渠道（通过微博、微信等，报纸APP）所起的作用并不大，在接受调查的访问对象中，通过新媒体传播了解该栏目的比重甚至与组织传播（"单位传达"）的比重相同。

在被问及"您平时阅读该栏目的渠道是?"时，情况如表7-10所示。

表7-10　《角落里的中国》受众阅读渠道统计

单位：%

选项	比例	
报纸纸质版		48.94
报纸电子版		68.09

续表

选项	比例
21世纪网	36.17
微博、微信等	36.17
天涯、豆瓣等网络社区	4.26
其他	4.26
报纸APP	10.64

由表7-10可知，受众在阅读中，占比最大的为报纸电子版，有68.09%的受访者会采用该渠道作为阅读该栏目的渠道；其次分别为报纸纸质版、21世纪网、微博和微信等；还有少量受众会通过报纸APP、天涯和豆瓣等网络社区阅读该栏目内容。不过从受众的信息获取渠道统计来看，其中存在一定的不对称现象，受众通过微博、微信等新媒体传播渠道阅读报道的比重较之报纸APP要大，受访者甚至没有通过专题网站阅读。

在被问及"您平时阅读该栏目使用最多的途径是?"这一问题时，受访者的情况如表7-11所示。

表7-11　《角落里的中国》受众使用最频繁的信息获取渠道统计

单位：%

选项	比例
报纸纸质版	8.51
报纸电子版	36.17
21世纪网	19.15
微博、微信等	29.79
天涯、豆瓣等网络社区	0
其他	0
报纸APP	6.38

通过表7-11可知，受众使用最频繁的信息获取渠道是报纸电子版，占比为36.17%；其次为微博、微信等，占比为29.79%；再次是21世纪网，占比为19.15%；复次是报纸纸质版，占比为8.51%；最后是报纸APP，占比为6.38%。通过对比表7-10和表7-11可知，栏目报道发布最多的三大

渠道中的报纸电子版为平时受众使用最频繁的渠道；而栏目相对不太重视的微博和微信，受众使用的频率较高；相对重视的报纸 APP，受众较少使用。

通过表 7 - 11 分析可知，受众使用最频繁的信息获取渠道，主要以网络媒体和新媒体为主，而传统纸质媒体使用较少，这也符合目前阶段学界对媒体受众的普遍认知规律，网络媒体和新媒体由于其便捷性等特点，已经成为受众的主要信息获取渠道，传统媒体也应该顺应形势调整相应策略，尤其是重视对新媒体的运用。

在被问及"假如有这样一个栏目，您认为采用哪种渠道传播效果最好？"时，受访者调查情况如表 7 - 12 所示。

表 7 - 12　《角落里的中国》效果最好的传播渠道受众反馈统计

单位：%

选项	比例
报纸纸质版	9.14
报纸电子版	22.12
21 世纪网	5.6
微博、微信等	53.98
天涯、豆瓣等网络社区	5.6
其他	1.77
报纸 APP 推送	1.77

通过表 7 - 12 可知，339 位受访者中，认为微博、微信等传播效果最好的占比最大，已超过半数，为 53.98%；其次为报纸电子版，占比为 22.12%；认为报纸纸质版传播效果最好的占 9.14%；认为 21 世纪网、天涯和豆瓣等网络社区传播效果好的占比均为 5.6%；认为报纸 APP 推送和其他的传播效果最好的占比均为 1.77%。

（三）广度因子分析结论

从受众规模的角度来看，《角落里的中国》受众规模较大，阅读量大。从获取信息的渠道来看，受众阅读该栏目的渠道主要是报纸纸质版、报纸电子版，栏目重视的渠道在受众中反馈较好。在这些渠道中，既有栏目重视受众不"买账"的渠道，如栏目重视专题网站和报纸 APP 的推广，在受众中通过这两个渠道阅读的反响寥寥；也有栏目本身重视不够，受众却较为认可的渠道，主要是微博、微信等新媒体渠道。这种渠道的不对称应该引起重视。

二 深度因子分析

从受众角度看，深度主要考察受众阅读时间以及阅读习惯。媒介内容的好坏固然重要，如果受众反馈的效果不佳，也无法形成大的传播影响力。

（一）受众接触时间分析

如果说传播者的传播时间是传播影响力形成的基础，那么受众实际接触时间则是传播活动实际过程中衡量时间最直接有效的指标。即使传播者的传播时间再长，传播频率再高，如果受众没有接触或者接触时间很少，也无法形成真正的传播影响力。可以说，和传播者的传播时间相比，受众的接触时间更关键。

1. 栏目阅读时间分析

据统计，在被问及"您一般阅读该栏目的时间是？"时，受访者的调查情况如表 7-13 所示。

表 7-13　《角落里的中国》阅读时间统计

单位：%

选项	比例
早晨（8：00 以前）	4.26
早上（8：01—11：00）	34.04
中午（11：01—13：00）	12.77
下午（13：01—17：00）	14.89
傍晚（17：01—19：00）	10.64
晚间（19：01—22：00）	42.55
深夜（22：01 以后）	12.77

由表 7-13 可知，阅读该栏目时间段在 19：01—22：00 的最多，占比为 42.55%；其次为 8：01—11：00，占比为 34.04%；再次为 13：01—17：00，占比为 14.89%；复次为 11：01—13：00 和 22：01 以后，占比均为 12.77%；又次为 17：01—19：00，占比为 10.64%；最后为 8：00 以前，占比为 4.26%。

2. 阅读栏目所花时间分析

在被问及"您每次阅读该栏目的时间是？"时，受访者的情况如表 7-14 所示。

表 7-14 受众每次阅读《角落里的中国》栏目时间统计

单位：%

选项	比例
1 分钟及以内	0
1—5 分钟	36.17
5—10 分钟	42.55
10—30 分钟	10.64
30 分钟以上	2.13
不确定	8.51

由表 7-14 可知，受众阅读该栏目的时间，首先为每次 5—10 分钟，占比为 42.55%；其次为每次 1—5 分钟，占比为 36.17%；此外，还有部分受众阅读时间在 10 分钟以上。

（二）受众阅读习惯分析

受众阅读习惯，是指受众在阅读活动过程中形成的一种思维模式和行为方式，具体来说，包括阅读目的、阅读方式、阅读心理、主要关注点等。随着新媒体时代的到来，媒介种类日益增多，海量的信息充斥着受众生活中的每个空隙，受众的注意力已经成为越来越稀缺的资源，如何最大化地吸引受众的注意力已经成为媒介提高自身传播影响力的关键所在。

在被问及"您平时阅读《21 世纪经济报道》的习惯是？"时，受众的情况如图 7-4 所示。

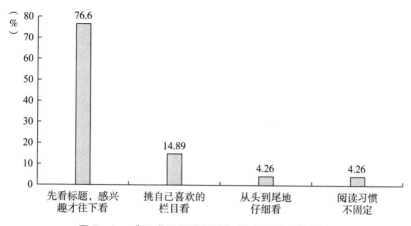

图7-4 《21世纪经济报道》受众阅读习惯统计

在被问及"您阅读《角落里的中国》栏目的习惯是?"时,受众的调查情况如图7-5所示。

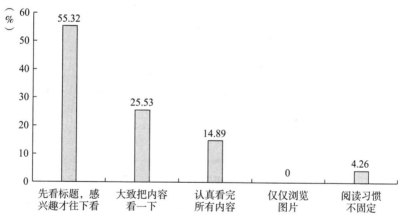

图7-5 《角落里的中国》受众阅读习惯统计

由图7-4、图7-5可知,受众倾向于先看标题,感兴趣才往下看。这也为媒体就如何吸引读者注意力提供了一个启发,即首先需要制作有吸引力的标题,以求在第一时间吸引受众的注意力。

在被问及"您在阅读《角落里的中国》栏目时,主要关注点是?"时,受访者的调查情况如图7-6所示。

由图7-6可知,受众在阅读《角落里的中国》栏目时,主要关注点首先在"内容是否吸引人",占比达61.70%;其次则为"标题是否吸引人",占比为17.02%;再次为"报道的地区是否熟悉",占比为12.77%;最后为

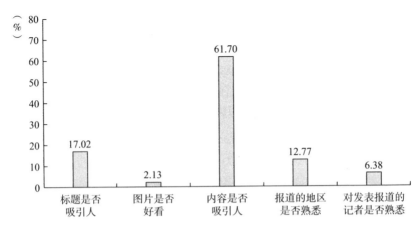

图 7 - 6　受众阅读《角落里的中国》主要关注点统计

"对发表报道的记者是否熟悉"（6.38%）和"图片是否好看"（2.13%）。

在被问及"您是否会专门挑《角落里的中国》这个栏目看?"时，受访者的调查情况见表 7 - 15。

表 7 - 15　《角落里的中国》受众固定阅读习惯统计

单位：%

选项	比例
会	27.66
不会	40.43
不确定	31.91

由表 7 - 15 可知，在阅读时会专门挑《角落里的中国》栏目看的比例相对不高，仅占 27.66%；不会专门挑该栏目看的占比为 40.43%；此外，还有 31.91% 的受访者不确定是否会专门挑该栏目看。通过分析可知，目前该栏目还没有形成较大数量的核心受众群体。

（三）深度因子分析结论

从受众接触时间来看，受众阅读该栏目的时间具有一定的规律，但是每次阅读栏目所花时间不是太长。在较短的时间内吸引受众注意，首先需要有吸引力的标题和版面，其次需要可读性强的内容。就阅读习惯来看，目前大部分受众并没有形成特别固定的习惯，这一点需要引起注意。如果受众阅读栏目的习惯是随机的，这显然不利于提高栏目的传播影响力。如何将栏目打造成受众心目中的品牌，使得受众在阅读的时候有意识挑选栏目看，这个需要多方考量。对于媒介来说，其要想传播出激发受众兴趣和满足受众要求的内容来吸引更多受众，更重要的则是从内容方面下功夫，推出有深度、有思想的内容，通过内容来获得受众的认可。

三 信度因子分析

从受众层面来看，信度主要指受众对版面形式和报道选题的评价，以及栏目满足受众需要的程度。

（一）受众对版面形式的评价

当被问及对《角落里的中国》栏目和板块设置的印象时，受众的回答见图7-7。

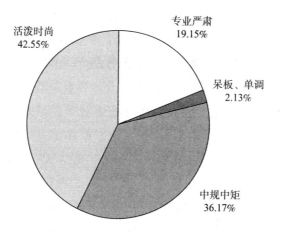

图7-7 受众对《角落里的中国》栏目和板块设置印象统计

由图7-7可知，大部分受众对栏目和板块设置印象偏正面，认为其活泼时尚的居多，占比达42.55%；认为版面专业严肃的占比达19.15%；认为属于中规中矩的占比为36.17%；认为呆板、单调的占比为2.13%。

在被问及对栏目中图片使用的看法时，受众的回答见图7-8。

由图7-8可知，大部分受众对《角落里的中国》图片使用的印象偏正

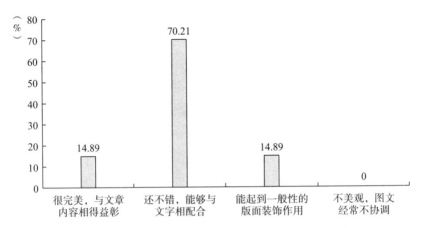

图 7-8　受众对《角落里的中国》图片使用意见统计

面，认为"很完美，与文章内容相得益彰"的占比为 14.89%，认为"还不错，能够与文字相配合"的占比为 70.21%，这两项所占比例达 85.1%。此外，还有 14.89% 的受众认为该栏目的图片仅能起到一般性的版面装饰作用。

而在被问及对栏目和板块设置的期待时，受众回答如表 7-16 所示。

表 7-16　受众对《角落里的中国》栏目和板块设置的期待统计

单位：%

选项	比例	
专业严肃		25.07
活泼时尚		62.83
中规中矩		6.78
没有要求		5.31

由表 7-16 可知，大部分受访者对该栏目板块设置的期待是在版面设置上能够活泼时尚，占比达 62.83%；有 25.07% 的受访者希望该栏目在版面设置上可以做到专业严肃；有 6.78% 的受访者的期望是中规中矩；有 5.31% 的受访者则表示没有要求。

就《角落里的中国》图片使用的期待而言，受访者的回答如表 7-17 所示。

表 7 - 17 受众对《角落里的中国》图片使用的期待统计

单位：%

选项	比例
与文章内容相得益彰	74.04
能够与文字基本配合	18.58
能起到一般性的版面装饰作用	4.42
不使用图片	0.88
无所谓	2.06

由表 7 - 17 可知，大部分受访者对其图片使用的期待较高，74.04% 的受访者希望图片使用能够与文章内容相得益彰；18.58% 的受访者希望该栏目的图片使用能够与文字基本配合；认为能起到一般性的版面装饰作用即可的受访者占比为 4.42%；对此无所谓的受访者占比为 2.06%；还有 0.88% 的受访者希望不使用图片。

通过分析可知，受访者对栏目的版面形式方面依旧抱有较高的期待，大部分受访者会希望该栏目在版面设置上能够活泼时尚，而且对新闻图片的使用要求也较高。

（二）受众对报道选题的评价

就受众对《角落里的中国》感兴趣的选题来看，对受访者的调查结果见表 7 - 18。

表 7 - 18 受众对《角落里的中国》感兴趣的选题统计

单位：%

选项	比例
工业	19.15
农业	14.89
第三产业	42.55
资源	42.55
交通	17.02
文化	76.6

选项	比例
经贸	23.4
生态环境	40.43
其他	2.13

由表 7 - 18 可知，就产业而言，受众对第三产业感兴趣的较多，这一点与前文分析栏目关注领域中第三产业比重最大相吻合。就具体的问题而言，受众对文化方面的内容感兴趣的比重较大，占比为 76.6%；其次为资源和第三产业，占比均为 42.55%；复次为生态环境，占比为 40.43%。这也与栏目主要关注的问题相吻合。

受访者对《角落里的中国》报道内容的期待如表 7 - 19 所示。

表 7 - 19　受访者对《角落里的中国》栏目报道内容期待统计

单位：%

选项	比例
工业	28.91
农业	41.3
第三产业	50.74
资源	38.64
交通	37.17
文化	62.83
经贸	42.77
生态环境	47.2
其他	5.01

由表 7 - 19 可知，就产业而言，期待报道第三产业的所占比重最大，达 50.74%；其次为农业，占比 41.3%；最后为工业，占比为 28.91%。具体来说，希望报道文化方面的内容所占比例最高，达 62.83%；其次为生态环境，占比为 47.2%；再次为经贸，占比为 42.77%；最后为资源（38.64%）和交通（37.17%）。

（三）满足受众需要程度分析

在衡量传播影响力的信度方面时，传播者和传播内容这两大因素是本位的、起决定作用的因素，不过这种可信度到底如何，则需要从受众反馈中进行衡量。只有充分满足受众需要，传播者及其传播内容才能真正产生传播影响力。

受访者对"假如有这样一个栏目，您希望它能满足什么要求？"的回答结果如表 7－20 所示。

表 7－20 受访者对《角落里的中国》栏目的期待统计

单位：%

选项	比例
了解财经知识	12.39
体察中国未来走向，以推进自我决策	31.27
了解二、三、四线城市发展现状	24.19
扩充知识面，了解其他地方发展史	13.86
获得阅读乐趣和消遣放松	7.96
扩大知识面，有利于社交	10.32

受众在阅读该栏目时的目的如表 7－21 所示。

表 7－21 受众对《角落里的中国》栏目阅读目的统计

单位：%

选项	比例
了解财经知识	27.66
体察中国未来走向，以推进自我决策	25.53
了解二、三、四线城市发展现状	44.68
扩充知识面，了解其他地方发展史	57.45
获得阅读乐趣和消遣放松	31.91
扩大知识面，有利于社交	12.77

在实际阅读中，受众认为《角落里的中国》主要满足的需求情况如

表 7 – 22 所示。

表 7 – 22　《角落里的中国》实际满足受众的需求统计

单位：%

选项	比例
了解财经知识	6.38
体察中国未来走向，以推进自我决策	8.51
了解二、三、四线城市发展现状	27.66
扩充知识面，了解其他地方发展史	44.68
获得阅读乐趣和消遣放松	8.51
扩大知识面，有利于社交	4.26

由表 7 – 21 和表 7 – 22 可知，受众实际满足的需求与阅读目的具有一定的相关性，整体而言满足程度较高。这也与受众调查结果相吻合。据统计，认为《角落里的中国》满足需求程度比较高的占比为 53.19%；认为满足程度非常高的占比为 12.77%；这两项比重之和达 65.96%。此外，认为满足程度一般的占比为 31.91%；认为不高的占比为 2.13%。

不过对比表 7 – 20 和表 7 – 22 可知，受访者中希望能"体察中国未来走向，以推进自我决策"的比例较大，而该栏目实际满足受众的需求中这一比例较小。这是该栏目与受众期待的一个不重合之处。

（四）信度因子分析结论

分析可知，受众对该栏目的版面形式评价较好，在报道选题方面受众有更高的要求。受众期待该栏目报道的内容前四位分别是文化、第三产业、生态环境、经贸，对该栏目感兴趣的选题前四名是文化、第三产业、资源、生态环境，由前文文本分析统计可知，整体上该栏目报道的内容与受众的期待相吻合。资源、生态环境等话题是当前社会关注的热点话题，第三产业的不断发展也引起了社会的重视，随着物质文明不断发展，公众对文化领域的关注也不断升温。可以说，这些话题是目前社会普遍关注的话题，这也为财经媒体提供了报道思路和方向。

四 高度因子分析

从受众层面考量，高度主要以读者之间的二次传播情况进行分析，具体包括对《角落里的中国》栏目的认知、对该栏目的再传播情况等。

(一) 受众之间的二次传播分析

二次传播是指传播者将传播内容传递给传播对象以后，这一传播过程又以别的形态继续传播下去。"传播流"研究认为，"由大众传媒发出的信息，经过各种中间环节，'流'向传播对象"。[1] 结合实际情况看，栏目在二次传播过程中，主要的中间环节包括读者、新媒体等。

当传播对象接收传播内容以后，往往会有意无意将传播内容传递给其他的对象。据统计，有27.66%的受众是通过周围人的推荐知道《角落里的中国》这个栏目的；8.51%的受众是单位传达。整体而言，可知该栏目在传播过程中，通过二次传播知晓该栏目的比重较大。

在被问及"您是否把栏目报道的内容告诉过其他人"时，有78.72%的受众回答"是"；有12.77%回答"否"；还有8.51%表示"不确定"。

在被问及"您曾经是否把这个栏目推荐给其他人"时，有59.57%的受众回答"是"；还有40.43%的人回答"否"。

分析可知，读者对该栏目内容的二次传播率较高，将该栏目推荐给其他人的比重超过半数，说明受众对该栏目较为认可。

在被问及"如果有这样一个栏目，您是否会推荐给其他人"时，回答情况如表7-23所示。

表7-23 受访者是否会推荐《角落里的中国》栏目统计

单位：%

选项	比例
是	61.95
否	6.49

---

① 郭庆光：《传播学教程》，中国人民大学出版社，2009，第195页。

续表

选项	比例
不确定	31.56

由表 7 – 23 可知，超过一半的受访者表示会将该栏目推荐其他人，仅有 6.49% 的受访者回答"否"，还有 31.56% 的受访者表示不确定。

(二) 高度因子分析结论

通过分析可知，栏目在读者中的二次传播情况较好，不管是栏目本身还是传播内容，经过读者再传播的频率较高。即使是没有看过该栏目的读者，对该栏目的认可度也较高。由前文受众层次分析可知，该栏目的受众层次较高，如果这些受众均能进行二次传播乃至 N 次传播，那么该栏目的传播影响力将非常大。

第四节 提升《角落里的中国》传播影响力策略

通过《角落里的中国》栏目文本分析以及受众实证调查分析可知，该栏目的文本具有较为鲜明的特色，从广度因子来看，该栏目传播规模大，且为富有特色的标段式报道，传播渠道较为丰富；从深度因子看，采访有特色，内容具有一定的深度，报道频率较高，有助于形成一定的注意力；从信度因子看，传播内容富有特点；从高度因子看，受众之间的二次传播情况较好，但新媒体的二次传播率不高。从受众的反馈来看，知晓该栏目的受众整体对该栏目的印象较好，对该栏目的评价也较高；目前该栏目存在的主要问题就在于知晓该栏目的受众群体不多，要想提高该栏目的传播影响力，仍有一些路需要走，本章将从广度、深度、信度和高度四个方面分析提升该栏目传播影响力的策略。

一 以多媒体渠道拓展传播广度

《角落里的中国》栏目的传播渠道整体而言较为丰富和多样化，但是该栏目主推的渠道和受众的期待有一定差异。例如339位受访者中，53.98%的受访者认为微博、微信等传播效果最好的占比最大，而该栏目在进行推广的时候，利用微信、微博的比重并不大。2012年7月9日，《角落里的中国》栏目在其新浪微博"中国角落"发出第一条信息——关于《角落里的中国》宣传片。该日，"中国角落"共发出6条微博，除宣传片外，2条有关启动仪式，3条有关第一位接力记者的动态。即使是作为报道该栏目采编实时动态的官方微博"@中国角落"，也并未完全跟进，整体而言并未充分发挥作用，在传播渠道的利用方面还有需要改进之处。

（一）将新媒体观念落到实处

新媒体时代，媒介融合是报业未来发展的必由之路。媒介融合背景下，"报纸媒介由纸张一元媒介的载体转换到多元媒介的载体；其传播渠道由单一的'纸'传播到现在可以通过网络、手机等新兴媒介进行传播"。[①] 重视新媒体，这几乎已经成为所有传统媒体的共识。可以说，不管是综合性媒体，还是财经媒体，都在积极将新媒体渠道作为提升自身传播影响力的武器。

值得注意的是，虽然大部分传统媒体都开设了新媒体渠道，微博开通了，微信公众号有了，报纸APP也推出了，大部分传统媒体的新媒体却并未发挥太大的作用，新媒体平台似乎更像一个摆设。究其原因，还是缺乏新媒体的思维。清华大学彭兰教授曾指出："如果无视新技术带来的影响，固守传统媒体的思维与工作方式，那么在新技术浪潮的冲击下，终将变得越来越被动。"[②] 因此，传统媒体想要利用新媒体吸引受众并提升影响力，必须从思维和观念的改变做起。在这个基础上研究新媒体的特点，需要将新媒体做成真正意义上的新媒体，而不仅仅是传统媒体的影子。

（二）制定符合新媒体受众阅读习惯的内容

观念先行，内容随后。要想充分发挥新媒体的作用，还应该根据新媒

---

① 何怡佳：《报纸的媒介融合之路该如何走》，《传媒》2011年第7期。
② 彭兰：《社会化媒体、移动终端、大数据：影响新闻生产的新技术因素》，《新闻界》2012年第16期。

体的特性，制作能够适应新传播渠道的内容形态和具有竞争力的内容资源，使传播内容更加符合新媒体的传播规律。以微博为例，对于财经媒体官方微博而言，微博以其简洁、明了、快速的特点吸引了大量粉丝，其主要目的就在于用简短的概述来吸引受众的目光，再通过链接的方式把用户的吸引力拉到媒体的详细报道上。因此，微博在发布内容时，要制定符合新媒体受众阅读习惯的内容，扣除最具价值的、最关键的信息，展示新闻的亮点，同时要把事实摆清楚，吸引读者注意，进而引发读者关注原文。

（三）主动推送，吸引受众

由前文分析可知，《角落里的中国》栏目在传播渠道方面较为多样化，对新媒体如报纸APP的开发也较为重视，自2013年1月3日开始将《角落里的中国》栏目报道放在APP上以后，共有217篇报道在APP中，占比达72.82%，这一比例远超微信和微博，由此可以看出《21世纪经济报道》对报纸APP开发的重视。随着互联网和新媒体技术的不断发展，受众现在面临的问题并非信息缺乏，而是信息过剩，这样导致相当多的受众在面对海量信息时不知该如何取舍，这样不可避免地会使受众错过很多原本很好的内容。以《角落里的中国》为例，根据本章的研究、相关学者的评价以及参与报道的记者评价，该栏目的报道内容有其可圈可点之处，但是在做问卷调查时，有相当多的受众并未听过该栏目。实际上，该栏目的传播渠道相当多样化，出现这样的结果则说明有些传播渠道的作用并不理想。

对于这一问题，应该有针对性地进行修正。首先，应该利用新媒体技术改良APP的应用环境，解决APP操作难度，增强用户体验。其次，应该主动推送相关信息，这样可以直接将相关内容呈现到读者面前，从而获得受众群。

二 依托品牌强化阅读深度

由前文分析可知，《角落里的中国》栏目在深度方面主要存在两个问题：采访中的深入较难保证；受众的阅读习惯难以固定。前者是传播者的问题，这个在执行过程中相对容易解决；而对于如何培养受众的阅读习惯则难以把握，受众的特性千差万别，如何满足绝大部分受众的需要，这是目前大多数媒体仍在苦苦思考的问题，从现实角度来看，培育强有力的品牌，通过品牌效应聚拢人气，有助于栏目传播影响力的提升。

（一）统筹兼顾，确保采访深入

笔者在对《角落里的中国》栏目298篇新闻报道进行分析后发现，该栏目的有些稿件在深度上还有待提高。受众调查中也有部分人认为该栏目的稿件应该再增加深度。稿件质量的深度一方面受限于记者和编辑本身的知识结构体系，另一方面则在于该栏目在采写活动的安排方面存在问题。

《角落里的中国》栏目推出的是一组大型系列报道，在报道进行中动用了政经版所有的记者和编辑在全国40个标段进行接力采访。这对报道活动的组织、指挥与协调提出了较高的要求。

资料显示，《角落里的中国》栏目在各标段人选的确定上主要以编辑、记者自主选择为主，最终出现的结果是记者选择的大多是自己相对感兴趣但离自己日常工作地点较远的标段。这种方式的好处是记者可以用一种新奇的眼光看城市，"处处皆新闻"，可以观察到一些被当地人忽视的细节，还可以以一种新的眼光看待城市的特点和问题。不足之处有以下两个方面：一是记者前往的是一个陌生的城市，一般来说记者难以在短时间内对城市的情况有深入的了解，这样可能会导致报道不够深刻，甚至无法真实反映当地情况；二是这种全国范围的调动会消耗大量的人力、物力和财力，是对资源的一种浪费。

《角落里的中国》栏目一个标段中有4到5个城市，这意味着记者在每次采访活动中，一次性至少需要走4到5个城市，加上记者还会采访周边城市，记者在实际中采访的城市数量更多。以05标段的记者刘晓杰报道的西北地区为例，该记者在21天之内在7个城市之间频繁切换，平均一个城市有3天，但这已包括所有在路上花费的时间，因此实际上记者可用于采访的时间非常有限。这容易导致采访无法深入、报道不能深刻的问题。另外，高强度的采访报道活动对记者的身心也是一种较大的挑战，这可能会对采访报道活动产生负面影响。

经济新闻报道策划的统筹性原则要求新闻报道活动必须做到统筹兼顾，

栏目在进行接力采访报道活动的过程中，也应该注意统筹兼顾，合理分配资源，使其得到最大化的利用。具体而言，像《角落里的中国》这类大型接力采访报道活动，在人员安排上可以考虑以就近安排为主，多方协调，保证活动有序、顺利进行。

（二）依托品牌效应吸引受众

由前文调查分析可知，《角落里的中国》栏目受众忠诚度不高，在阅读时会专门挑《角落里的中国》栏目看的比例相对不高，仅占 27.66%；读者在阅读该栏目时，多数是先看标题，对标题感兴趣才往下看。整体来看，该栏目并未形成稳定的读者群。固定的受众群体、稳定的阅读习惯，有助于提高受众接触媒介的信息量，受众接触的内容越多，越有助于提升媒体的传播影响力。因此，应该有意识地培养受众的阅读习惯。随着媒体的发展，受众身处充满海量信息的环境中，在这样的情况下，受众接收信息具有很强的随机性。要想培养稳定的受众群体，必须要有清晰的品牌形象，这样有助于吸引目标读者，让读者对栏目的内容与品质产生认知和认同并形成一定的忠诚度，这样一来，传播影响力的深度也就实现了。

品牌通过改变人们对产品在外在形象和内在品质上的认知，进而培养客户忠诚度，是将自己在客户心中同其他竞争对手产品区别开来的关键要素。就像去屑人们会想到海飞丝、去火饮料人们会想到王老吉一样，如果想了解某方面的信息，读者会特意去看某家报纸怎么报道，这就形成了品牌。

整体而言，《角落里的中国》栏目在品牌树立方面具有一定的特点。该栏目报纸版面鲜明，阅读纸质版报纸的读者很容易看到该栏目，由于其标题等的特性，其也较容易吸引受众。当然，该栏目在品牌树立方面也存在可提升的空间。

1. 重视栏目宣传

"媒体要通过设计自己的形象，通过包装完善自我，吸引受众，维护品牌发展。"[①] 强化对自我的宣传，可以让更多受众知晓栏目，从而形成更多

---

① 袁冲、黄丹：《论媒体品牌的可持续发展要素》，《华中科技大学学报》（社会科学版）2004年第4期。

稳定的受众群。

重视自身宣传有很多方法。第一，宣传片的推广。该栏目在刊播之初曾在微博和专题网站上推出过广告宣传片，不过反响不佳，微博上转发量仅为 3 条，评论量仅为 1 条。要想获得更多的受众，宣传片只是第一步，更为重要的应该是对宣传片的推广。第二，重视对报道活动的跟进。该栏目为记者在不同的地区接力采访，记者在采访活动中总会有一些见闻，该栏目最初的时候会重视对采访花絮的跟进，并在微博中不断推出，不过后期逐渐没有跟上。第三，不断翻新包装，维持新鲜感。该栏目的报道持续时间较长，在报道推出过程中，可有意识地进行阶段性调整，结合受众和市场的变化，有针对性地进行调整，使之保持新鲜感。

2. 强化新媒体品牌标识

品牌标识是指"品牌中可以被认出、易于记忆但不能用言语称谓的部分"。[1] 对于媒体来说，鲜明的品牌标识有助于迅速吸引读者，引起读者关注。

整体来看，《角落里的中国》栏目在纸质媒体中的标识较为鲜明。不过在报纸 APP、微博、微信等传播渠道中，品牌标识并不明显。在报纸 APP 的推送中，仅仅是单纯地推送报道，单看内容读者根本无法了解该栏目；在微信中也是如此；微博中有"角落里的中国"字样，不过并没有鲜明的特色，因此也不易引起注意。该栏目应该在这些传播渠道的内容推送中，强化栏目标识和栏目名称，加强受众对栏目的认知。

三　注重选题质量，确保栏目信度

由前文分析可知，《角落里的中国》栏目在传播内容方面具有一定的特色，不过由于该栏目的报道篇幅较多，传播内容的质量并非完全一致，在对受众进行调查访问时，就有多位受众表示希望栏目能够严格把控质量关，此外，受众对该栏目的报道选题也有更高的要求。

---

[1]　余阳明、朱纪达、肖俊崧：《品牌传播学》，上海交通大学出版社，2005，第 84 页。

（一）根据社会发展问题单定制产品

在对 339 位受众进行调查时，这些受访者最希望报道的内容如表 7-24 所示。

表 7-24　受访者希望《角落里的中国》报道的内容统计

单位：%

选项	比例	
三、四线城市的经济现状		21.24
底层小人物的生活状态、喜怒哀乐		25.07
三、四线城市的风土人情、风俗习惯等有趣的内容		13.27
主要发现经济问题，并提出对策		29.5
三、四线城市的历史		1.77
专访地方政府或专家学者，剖析当地经济发展问题		9.14

从整体情况来看，受访者更关心的是诸如经济问题，经济现状，三、四线城市人们的生活状态等相对"偏硬"的内容。喻国明认为，传媒要想提升自己的影响力，就必须要"根据时代发展或领域发展的'基本问题单'自觉地定制传播产品，只有那种为社会所急需的资讯产品，才有可能'击中社会绷得最紧的那根弦'，从而产生最大的社会影响力"。①

《角落里的中国》栏目定位旨在从细节处观察底层中国的政治、经济、社会、文化、生态，从中体察中国未来的走向。可以说，该栏目的定位是要关注中国社会发展的问题。不过在实际过程中，大部分受众满足的是"扩充知识面，了解其他地方发展史"（44.68%），甚至还有的满足的是"获得阅读乐趣和消遣放松"（8.51%）以及"扩大知识面，有利于社交"（4.26%）等需求。这说明该栏目在实际传播活动中，自身的定位与实际的效果之间有一定的不对应。

究其原因，并非该栏目所有的内容背离了栏目定位，主要是报道篇幅过多，参与报道的记者也多，受各种主观因素影响，报道的内容以及理解

---

① 喻国明：《传媒影响力》，南方日报出版社，2003，第 12 页。

也难免出现偏差。这也体现了前期报道策划的重要性，新闻报道策划的统筹性原则要求新闻报道活动必须坚持统筹兼顾的原则，使"活动得以有效的组织、指挥与协调，使活动有序进行"。[①]

（二）巧用议程设置培育新的关注点

议程设置是指"新闻媒介选择并突出报道某些内容，从而使这些内容引起公众的注意和重视"。[②] 媒体在选择报道内容时，除了受众想看的内容，还应该有受众应该看的内容。受众受经历、学识所限，不一定清楚每一项应该看的内容，这对媒体提出了要求，也为其提供了机会。媒体通过自身强大的资源优势挖掘出新的内容，一旦能形成关注热点，传播影响力自然也就形成了。

对于《角落里的中国》栏目来说，受众想看的内容与栏目推出的内容整体上相吻合。该栏目关注的是这些三、四线城市的经济发展状况，这些城市在经济发展过程中存在各种各样的问题。研读所有的报道后，我们发现，许多城市存在一个共同的问题，那就是环境和经济效益的矛盾。事实上，要金山银山还是绿水青山的讨论直到现在也是大家普遍关注的问题，就中国的现实情况来说，相当多的地方还未能将这一矛盾予以很好地解决。如果能够通过报道引起社会的关注的讨论，最终探讨出合适的方案，其意义不可估量，媒体的传播影响力也能得到提升。该栏目选题有不少关于文化资源传承的问题，受众阅读这些报道后势必会对报道中的某种特定文化的传承产生忧虑。如何通过报道吸引更多的关注，甚至引发热点话题，这是栏目需要考虑的。

四　加强二次传播，提升传播高度

由前文分析可知，《角落里的中国》栏目新媒体二次传播率较低，转发与评论量相对不高。从高度因子来看，要想提升该栏目的传播影响力，应

---

① 李道荣：《论经济新闻报道的策划与组织》，《当代传播》2010 年第 1 期。
② 李良荣：《新闻学导论》（第 2 版），高等教育出版社，2008，第 160 页。

该提升该栏目的新媒体二次传播率。

（一） 加强与受众的互动

分析可知，《角落里的中国》栏目在微博、微信等新媒体中与受众的互动较少，整体来看，该栏目对于受众的互动性这一块重视程度还不够。

媒介融合时代，受众掌握新媒体的技术日渐完善和成熟，受众的信息传播平台日益丰富，网络技术的快速发展使媒体与受众、受众与受众之间即时互动、快速反馈等多向传播行为成为可能。具体而言，可以从内容生产和加强与粉丝的互动两个方面入手。

当前，用户生产内容是新媒体时代最重要的特征，如果新媒体提供的内容仍然完全由母媒体所垄断，虽然这种新媒体已经具备了双向交互的功能，但是这种互动很可能更是一种摆设。实际上，大量新媒体在转发分享母媒体内容的同时还在创造新的看点，"很多新的内容也不断在微博的互动中被创造出来"。[1] 例如，重视受众观点和意见，财经媒体在讨论热点事件时，不仅仅需要母媒体创造内容，还需要利用新媒体来搜集受众意见，挖掘大家的共同兴趣点，通过受众反馈来推动报道的更新，这样才能良好地体现传者与受者的互动，提升传播效果。

新媒体要想获得理想的传播效果，不仅要把内容推送给粉丝，还应该重视来自受众的反馈。微博、微信作为社会化媒体的代表，其功能正在发生融合，兼具信息传播和社交活动的功能重合，所以必须以用户为中心，注重用户体验，注重与粉丝的互动，选取有意义的建议回复和采纳，设置话题、有奖参与，提升粉丝的积极性和互动性。

（二） 利用意见领袖进行裂变式传播

由前文分析可知，《角落里的中国》栏目受众层次较高，最大化利用现有受众进行二次传播是该栏目在现有条件下提升传播影响力的有效办法。

微博的传播方式打破了一对一的直接线性传播模式，也不是有限网状

---

① 崔保国：《2012 年中国传媒产业发展报告》，社会科学文献出版社，2012，第 246 页。

式的传播模式，而是像细胞分裂一样无限裂变传播。这种传播具有两条传播路径：即时阅读，传者发布信息后，用户特别是粉丝能够及时接收信息；即时转发，用户阅读信息后，如果对信息有兴趣，就转发分享给自己的用户和粉丝，如此扩大，实现裂变式的传播。这样的裂变传播方式在传播广度和传播深度上得到了极大挖掘，传播速度呈指数级增长。在这种传播路径中，用户的粉丝数量影响传播速度和范围。在微博上，大量的实名认证用户和微博大V变成微博场域中最重要的舆论领袖，他们的影响力巨大。对于财经媒体来说，也有一批实力雄厚的意见领袖，如果官方微博能够与财经媒体的大V进行互动，利用其庞大粉丝群形成极强的集聚效应，利用庞大的社交网络，拓展传播内容的广度与深度，传播影响力也能得到大幅提升。

本章小结

《角落里的中国》栏目自 2012 年 7 月 17 日始，2014 年 6 月 17 日结束，历时近两年，该栏目具有鲜明的风格和报道特色。但整体分析发现，该栏目虽有好的内容，却并未被相当数量的受众所知，这也导致该栏目的传播影响力受到了一定限制。

从广度因子来看，栏目需要通过多媒体渠道拓展传播广度。随着新媒体的不断发展，传统媒体要想真正利用新媒体扩大影响力，必须从观念上重视新媒体，真正用好新媒体，制定与新媒体阅读习惯相适应的内容，并主动推送。从深度因子来看，首先应该合理分配资源，确保采访深入有序；其次，应该树立品牌意识，打造鲜明的品牌特色，吸引受众。从信度因子看，尤其要注意传播内容的质量，除了社会关注的问题外，还可以积极设置新的社会关注点。从高度因子来看，尤其要重视新媒体的二次传播，需要重视与受众的互动，也需要充分利用现有受众中的意见领袖。值得注意的是，不管新媒体技术如何先进，渠道如何多样化，内容始终是传播影响力的根基所在，并且要从通俗化、深度方面下功夫。

《角落里的中国》栏目聚焦转型期中国三、四线城市的发展问题，体现了财经媒体的人文关怀。在财经媒体竞争日趋激烈的今天，该栏目的推出开拓了一种新的报道视角和手法，为新闻业界和学界吹来一股新风，也为财经媒体提供了新的思路，即在社会转型时期政经新闻报道如何改变报道视角和报道手法，关注现实，同时提升媒体自身的传播影响力。

第八章

《环球财经连线》栏目传播
影响力研究

经济全球化的加速不仅给各国的经济发展带来了挑战和机遇，也对传媒发展提出了全新议题。同时，随着我国市场经济体制改革的发展，国民对财经资讯的需求更为广泛和迫切。他们不仅积极关注国内外经济形势和政策走向，更呼吁权威、专业的财经媒体从全球化的视野出发为其提供财经资讯和深度的分析评论。

经过30多年的不断改革和发展，我国电视财经新闻栏目完成了从无到有、从边缘到主流、从栏目到频道的蜕变。全国各家电视台纷纷结合自身条件为本台经济节目的策划和组织"量体裁衣"，形成独具本台风格特色的品牌节目。其中，中央电视台第二套节目几经改版和创新，成为今天我国财经类频道的中流砥柱。2009年8月24日，该频道改名为"中国中央电视台财经频道（CCTV-2）"并推出《环球财经连线》栏目。作为我国最具竞争力的主流财经媒体之一，中央电视台财经频道是我国财经新闻发布的重要窗口，也是引领经济新闻舆论的重要阵地。

自2009年9月14日至今，《环球财经连线》在周一至周日的11：50播出午间档，并在周一至周五的22：30播出晚间档，时长30分钟左右。与此同时，《环球财经连线》以"连线"为特色，邀请业界知名专家学者及评论员，通过与这些权威人士对接，从中国视角出发分析问题，发出中国声音，在整个国际舆论场上都起到举足轻重的作用。

第一节 《环球财经连线》栏目特征解读

互联网创始人之一 Google 副总裁温特·瑟夫（Vint Cerf）曾预言，传统电视将消亡，电视将迎来"Ipod 时代"。信息技术的发展给我们创造出一个前所未有的极乐世界，人们可以全天候、不受任何限制地观看电视节目。电视节目生产从简单的采、编、播，到选题策划、内容焦点、采访选择、编辑效果，形成了集栏目定位、形态选择、视听表达、编排时段、产品烙印、包装推广等现代要求于一身的产品流水线。① 因此，对《环球财经连线》的解读和考量，也将跳脱出单纯的内容或者形态，转为全方位立体剖析。

一 报道内容：以环球资讯为主打

维亚康姆公司的 CEO 雷石东在总结成功经验时，认为其最重要的法宝就是"内容为王"。他将媒介经营分为 A 资本运营、B 品牌经营、C 内容经营三个阶段，同时指出 C 阶段为关键阶段，因为 C 阶段的经营控制了内容源头，为核心竞争力形成阶段，内容是吸引受众和广告商的唯一要素。

内容同样是各个电视栏目竞争中取胜的关键。任何媒介内容的变革都是与社会心理的变革相契合的，传者与受者对内容的选择正是电视栏目改革与发展的重要依托。在当前经济全球化的背景下，受众表现出对财经信息、环球时事的极大需求。央视财经频道改版后大幅提高了国际财经新闻报道数量，《环球财经连线》栏目正是以国际资讯为主要报道内容，大大弥补了国内财经节目对国际财经资讯报道不足的短板。

《环球财经连线》栏目推出之前该时段的节目为《全球资讯榜》，是中央电视台财经频道新闻主框架的组成部分，主打以国际为主、国内外融通

---

① 吕正标、高福安、闫维毅：《电视栏目运作与管理》，中国传媒大学出版社，2011，第131 页。

的全球经济资讯，聚集了一大批关心经济并具有较高知识水平和社会地位的稳定受众。《环球财经连线》栏目继承这一得天独厚优势，立足全球视野，并从中国视角出发，以北京演播室为中心，向亚洲、欧洲、美洲、大洋洲、非洲五洲辐射，选取最新、最有分量的财经资讯，每期节目还会介绍两位环球人物，周末策划《领导者》对话栏目。这不仅丰富了节目的内容和信息，也将观众的视线拉至世界新闻现场，突出了环球财经资讯特色。

笔者曾连续追踪 2011 年 12 月 1 日到 2011 年 12 月 30 日的 42 期节目，收看并整理了 2012 年到 2013 年的 180 期节目，统计发现，其国际财经新闻占 87% 左右，国内新闻占 13% 左右（见图 8 - 1）。

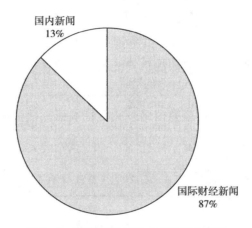

图 8 - 1 国际新闻与国内新闻所占比例

《环球财经连线》栏目不仅包括最新的国内外财经时讯、时事新闻以及上市公司的各种最新消息，也包括国内外主要股市、汇市、期权期货市场的最新交易情况。从栏目内容的设置和安排来看，栏目主打环球财经新闻，在报道国外资讯的同时，也注重找到与中国的关联性，同时也在全球化的视野下去考量国内资讯。

《环球财经连线》栏目的视野遍布五大洲，其关注的焦点不仅包括美国总统大选、欧洲峰会、世界杯足球赛、国际主要资本市场、英国女王亲民形象，也将受众的视线拉至叙利亚基地现场、乌克兰的有轨电车爆炸、欧洲"神兽"出没、塞舌尔的黑珍珠等事件。栏目主打财经资讯，受众定位较为高端，在报道内容方面却有较强的贴近性，展现了浓浓的人文关怀，能够多角度满足不同受众需要。

二 报道表现形式：以系列专题形式呈现深度

作为电视新闻节目，《环球财经连线》善于运用专题形式报道新闻。例如，2010 年爆发的欧洲债务危机曾是央视财经频道关注的焦点事件。在此期间，《环球财经连线》节目一直密切关注欧洲各国经济动向，解读此次危机的进程及影响。在 2011 年 12 月 1 日到 2011 年 12 月 30 日的 42 期节目里，关于欧债危机的小专题见表 8 - 1。

表 8 - 1　欧债危机系列专题

时间	专题	时间	专题
2011 年 12 月 05 日晚间版	五天结束欧债危机	2011 年 12 月 12 日晚间版	欧盟峰会成果待市场考察
2011 年 12 月 06 日午间版	直击欧债危机	2011 年 12 月 14 日晚间版	谁动了欧洲的平安
2011 年 12 月 07 日午间版	欧元生死周	2011 年 12 月 19 日晚间版	欧洲再响降级警报
2011 年 12 月 08 日午间版	直击欧债危机	2011 年 12 月 20 日午间版	欧债那些人
2011 年 12 月 10 日午间版	欧盟峰会特辑	2011 年 12 月 22 日午间版	直击欧债危机
2011 年 12 月 08 日晚间版	欧盟峰会今日召开聚焦加强财政纪律	2011 年 12 月 30 日午间版	2011 欧债危机愈演愈烈致全球经济逆转

在表 8 - 1 的 12 期节目里，《环球财经连线》将触角伸至欧洲当月最核心的要事——欧盟峰会。以峰会为切入点，前期，节目连线 CNBC 财经评论员李斯璇，了解在"拯救欧元"的关键一周里欧洲央行的举措，采访荷兰国际集团金融市场研究部门主管，分析欧洲金融市场最新动态及欧元生死周里的关键人物"卡梅伦（英国首相）"和"默克尔（德国总理）"将采取何种措施应对。中期，欧盟峰会召开，栏目与前方紧密联系，不仅连线路透社财经评论员陈一佳，更制作时长 40 分钟的《欧盟峰会特辑》特别节目。在这期节目里，栏目关注欧盟峰会焦点问题，解读欧债危机关键词如"债务制动闸""自动惩罚机制""欧洲稳定机制""IMF 增资"等，分析英法德等关键国家领导人的应对态度和措施，同时请到中国社会科学院世界经济与政治研究所研究员肖炼到演播室做客，同主持人一起探讨此次峰会的重要意义。峰会后期，栏目密切关注欧盟峰会市场考察结果，不仅分析

了欧洲国家经济走势，也探讨了欧洲恶性事件频发的原因及经济危机给欧洲社会秩序带来的考验。

此外，在抽样观看的过程中，笔者发现了《环球财经连线》栏目对专题形式利用的多样性。例如在 2012 年伦敦奥运会进行时，财经频道特推出奥运特别节目《财智奥运》，策划多期 90 分钟的大型直播节目，力求从场内场外、运动员、组委会、举办方等多角度来关注与解读这次奥运会。北京、伦敦两大演播室，章艳、王凯、马洪涛、谭晶、柳传志、张星萍、韩美林等多位嘉宾，两地连线，现场直击，重温北京奥运情结，揭秘奥运璀璨商机。

三　报道方式：以"连线"凸显亮点

新时期受众表现出多样化的新闻信息需求，不仅对新闻的时效性要求越来越高，也对新闻事件的快速、深入解读提出了更高要求。《环球财经连线》栏目通过电视电话连线、邀请嘉宾到演播室做客、采访新闻当事人等多种采访形式，多方求证，聆听不同的声音，为受众还原最真实的新闻事件现场。笔者根据收看的共 220 期节目统计得到表 8-2。可以看出，采访和连线是《环球财经连线》栏目报道的重要方式。其中"连线"可谓栏目成功打响自身品牌的关键形式。

表 8-2　节目报道形式统计

单位：次

报道形式	总数	平均数
电话连线	110	0.525
邀请嘉宾到演播室做客	63	0.286
电视连线	440	2
采访新闻当事人	1598	7.262

此外，栏目不仅采取电话、电视连线方式，邀请重量级嘉宾做客演播室也是常用报道方式。专家在现场与主持人互动，观点的碰撞能带给观众更直接的财经信息和现场感，并且嘉宾多是金融行业或者某一行业的专

家，对该行业的发展与变化具有话语权与权威性，保证了节目的有效性
（见表 8 - 3）。

表 8 - 3　2011 年 12 月演播室做客嘉宾统计

演播室做客嘉宾	职位
左小蕾	银河证券首席总裁顾问
肖炼	中国社会科学院世界经济与政治研究所研究员
周世俭	清华大学中美关系研究中心高级研究员
丁一凡	国务院发展研究中心世界发展研究所副所长
田渭东	中邮证券首席分析师
曹建海	中国社会科学院工业经济研究所研究员
江瑞平	外交学院副院长
包冉	IT 业专家
袁钢明	中国社会科学院经济研究所研究员

在突发事件和重大活动的报道中，连线最大限度保证了新闻时效性。
《环球财经连线》栏目与国外优秀财经媒体的合作连线更将中国受众与世界
各地的重大新闻事件联系在一起，满足了人们的心理期待。2011 年 12 月 7
日，日本曝出明治奶粉遭核污染事件，栏目主持人章艳连线东京财经频道
特约记者安晓阳，得到日本国内反应的一手资料；在随后晚间版和 12 月 8
日午间版的连线中，财经频道特约记者关丽莉说明了国内明治奶粉的安全
问题，并且针对国内消费者代购奶粉的情况采访了淘宝网信息安全部经理。
多方连线、采访给国内观众最全面的资讯，并指导其做出相应对策。

2011 年 11 月，随着欧债危机的不断蔓延和深入，栏目策划了一期题为
《欧债危机：首脑很忙》的节目。节目分析了希腊、西班牙、德国、英国等
国家领导人对欧债危机的反应，连线了纽约路透社财经评论员陈一佳，并
采访了分属不同地域、不同群体的人物对此的看法。多角度、全方位的连
线，主持人与财经评论员、专家学者的互动，实现了观点的多元表达，大
大增强了节目的深度和权威。

作为《环球财经连线》的关键表现形式之一，每期节目"连线"的密
度之大、形式之多、涉及的嘉宾地域之广，都是其他节目无法比量齐观的。

连线通过记者和评论员的不同形式描述新闻第一现场，避免了多层次的"转述"。真实的现场音效、富有动态的现场气氛，让连线报道有强烈的现场感，提高了报道的可信度，拉近了新闻传播传者与受者的空间距离和心理距离。

四　栏目板块设置：以特色板块划分资讯结构

新闻资讯栏目的板块设置是对新闻资讯整体安排的一种规划。作为电视财经新闻栏目，《环球财经连线》始终考虑如何在有限的时间内，将板块间和板块内元素充分组合，给观众留下更深刻的印象。其中，《环球财经连线》栏目中的"环球人物"板块是其特色所在。

"环球人物"：谁在说，换个角度看世界，谁在做，新闻因人而感动，从新闻事件最中心，探寻当事人。

笔者在统计"环球人物"从 2011 年 12 月 1 日到 2011 年 12 月 30 日的 42 期节目后发现，其共介绍了 73 位（包含重复）人物（见表 8-4）。

表 8-4　从 2011 年 12 月 1 日到 2011 年 12 月 30 日节目中"环球人物"统计

	拉加德	国际货币基金组织总裁	卡梅伦	英国首相
	赫尔曼·凯恩	美国共和党总统竞选人	迪吕波	比利时首相
	巴博	科特迪瓦前总统	德维尔潘	法国总统竞选人
	萨科齐	法国总统	巴罗佐	欧盟委员会主席
	凯恩	美国总统候选人	范龙佩	欧洲理事会常任主席
	迪鲁伯	比利时首相	梅德韦杰夫	俄罗斯总统
	普京	俄罗斯总理	伯南克	美联储主席
政要	默克齐	德法合体"默克齐"	希拉克	法国前总统
人物	菅直人	日本前首相	拉霍伊	西班牙首相
	默克尔	德国总理	奥巴马全家	美国总统全家
	武尔夫	德国前总统	贝卢斯科尼	意大利总理
	克里斯蒂娜	阿根廷总统	查韦斯	委内瑞拉总统
	金里奇	美国共和党总统候选人	罗姆尼	美国共和党总统候选人
	罗恩	美国共和党总统候选人	季莫申科	乌克兰前总理
	穆巴拉克	埃及总统		

	伍德福德	奥林巴斯前任首席执行官	比尔·盖茨	微软公司主席
企业家	蒂姆·库克	苹果公司 CEO	高山修一	奥林巴斯前总裁
	赵国华	法国施耐德电气集团总裁	普罗霍罗夫	俄罗斯富豪
	理查德·赛伦	房地美董事长兼 CEO	丹尼尔·马德	房利美董事长
	欧文·卡恩	股票经纪人	巴菲特	全球著名投资商
体育名人	罗纳尔多	著名球星	贝克汉姆	著名球星
	苏格拉底	著名球星	梅西、C. 罗	著名球星
皇室人员	凯特	英国王妃	英国女王	英国女王
其他	皮尔斯·摩根	电视选秀节目评委、《每日镜报》主编		
	奥斯卡·王尔德	著名作家		
	扎图利韦特	俄罗斯"美女间谍"		
	索马里海盗			
	"大胖子"	彩票中奖者		
	亚烈达	小龄画家		

由表 8 - 4 可知，"环球人物"这一板块的嘉宾并不局限于财经人物，也包括各国政要、体育明星，甚至国际间谍等。这种内容设置一改新闻资讯类节目严肃沉稳的常态，增强了趣味，真正让受众喜闻乐见。

五　栏目智力支持：以明星主持团队与智库资源做后盾

《环球财经连线》是一档以中国视角放眼全球的电视财经新闻栏目，其节目定位决定了主持人队伍必须在财经、新闻等跨学科知识、外语水平、节目驾驭等方面都具备非凡的专业素养。在栏目的发展过程中，《环球财经连线》组建了一批优秀的主持人团队——秦方、谢颖颖、史小诺、章艳等，塑造了阳光、新锐、国际化的主持形象。

同时值得关注的是，与前方优秀、靓丽的主持人相配合的后方，依托的是一支精良、强大的智库团队。该团队云集了全球顶尖的财经评论员、顾问、权威的专家学者甚至是国家级前领导人，高端嘉宾及机构已达 2000 个以上，为节目提供了强有力的智力支持，使节目的全球化水准跃上新的台阶。与此同时，智库事务组担负起智库嘉宾具体的组织、联络、协调工作，在团队的组建、运营和维护方面起关键作用。

第二节 《环球财经连线》栏目传播影响力调查

针对传播影响力的评价方法，学界和业界莫衷一是，目前较为通行的评价体系有以下几种：媒介资源评价法，以媒介所拥有的资源来确定其影响力的大小；客体归类法，将传播影响力通过内部公众、外部公众、广告客户、同行及学术界四种客体来评价；专家威望评价法，有权威性、公信力、在受众心目中的分量三项指标评价；二级传播评价法，基于传播学的二级传播理论，中视金桥媒介研究中心将媒介影响力分解为媒体影响受众的能力和受众影响社会的能力两个层次；综合评价法，提出衡量媒介影响力的六个标准为受众规模、质量标准、传播效果标准、媒介经济实力标准、科技实力标准、可持续发展标准。以上这几种评价指标，均侧重于评价媒介影响力，而非对传播影响力的具体分析。有研究学者认为，传播影响力可以从市场影响力与社会影响力去衡量，但笔者认为此种评价标准较难量化，且指标与指标之间难以形成系统的联系，质与量难以权衡。

因此，笔者借鉴郑丽勇在传媒影响力分析报告中提出的乘法指数评估模型，按照使用与满足理论、麦奎尔的信息处理理论和二级传播理论的假设，采用广度因子、深度因子、信度因子、高度因子来衡量传播影响力。

作为电视媒体，衡量广度因子的主要指标便是受众规模，一般可用覆盖区域总人口乘收视率来计量，广度因子只能反映媒介吸引注意力的数量，而非媒介影响受众的程度。在接受环节，受众依据自己的需要对媒介信息进行选择性接受。但此项指标由于难以计量，所以采用受众平均收视时间作为深度因子指标。而信度因子取决于媒介的可信度，即传播内容和品牌的可信度。为取得合理数据，笔者将采取绝对值的调查法，对媒体公信力分值通过几档不同标准进行计分。而高度因子指的是媒介受众中意见领袖的比例，本章结合节目定位，对"意见领袖"的统计将主要集中于高收入、高学历和高职业声望的"三高"人群。

一 调查方案与样本概况

(一) 调查方案

本次调查运用随机抽样法，通过在全国范围内发放网络调查问卷①和在武汉地区与北京地区发放纸质问卷的形式进行，调查时间集中于 2012 年 5 月到 2012 年 11 月。问卷共分为两个部分，第一部分主要针对问卷答者的个人相关信息进行调查，第二部分主要针对《环球财经连线》栏目的传播影响力展开调查。此次调查问卷共取得有效样本 368 个。调查问卷详见附录。

(二) 样本概况

笔者统计发现了 368 个有效样本的分布情况：武汉市 192 个，北京市 96 个，其他地区合计 80 个。

1. 年龄分布状况

368 名受访者的年龄情况分布如下：（1）30 岁及以下的受访对象 167 人，占全体的 45.4%；（2）31—40 岁的受访对象 97 人，约占全体的 26.4%；（3）41—50 岁的受访对象 67 人，约占全体的 18.2%；（4）51—60 岁的受访对象 28 人，约占全体的 7.6%；（5）60 岁以上的受访对象较少，占 2.4%。

2. 文化程度分布状况

文化程度分布状况如下：（1）文化程度在初中及以下水平的受访者为 0；（2）文化程度为高中或中专的受访者 23 人，约占全体的 6.3%；（3）文化程度为大专的受访者 91 人，约占全体的 24.7%；（4）文化程度为本科的受访者 185 人，约占全体的 50.3%；（5）文化程度为研究生及以上的受访者 69 人，约占全体的 18.8%。

3. 收入分布状况

月收入情况分布如下：（1）月薪在 3000 元以下的受访者有 113 人，约占全体的 30.7%；（2）月薪在 3000—4999 元的受访者有 139 人，约占全体的 37.8%；（3）月薪在 5000—7999 元的受访者有 91 人，约占全体的 24.7%；

---

① 网络问卷地址：http://www.sojump.com/jq/2115791.aspx，2016 年 8 月。

（4）月薪在 8000 元及以上的受访者有 25 人，约占全体的 6.8%。

4. 职业分布状况

职业分布状况如下：（1）机关干部及公务员 29 人，约占全体的 7.9%；（2）企业管理人员 36 人，约占全体的 9.8%；（3）公司职员 143 人，约占全体的 38.9%；（4）教育及科研人员 43 人，约占全体的 11.7%；（5）文体卫生工作者 15 人，约占全体的 4.1%；（6）工人 25 人，约占全体的 6.8%；（7）农民无；（8）学生 77 人，约占全体的 20.9%。

5. 工作行业是否属于金融业

工作行业所属分布为：（1）金融行业 73 人，约占全体的 19.8%；（2）非金融行业 295 人，约占全体的 80.2%。

二 《环球财经连线》栏目传播影响力调查报告

（一）广度因子分析

受众规模作为受众在媒介接触环节的重要指标，也是传播影响力得以产生的不可或缺的条件，没有受众的接受就谈不上影响力的形成。因此，本章也将主要从栏目覆盖范围、观众收看情况等受众规模层面进行考量。

结合目前中国电视媒体实践来看，电视媒体一般在逐步以专业化的内容确定其市场地位后，进一步按照目标受众进行深入细分。目前中央电视台的专业频道还是以内容产品定位为主，寻求大众化的价值诉求。电视栏目定位应在频道渠道定位的基础上明确自己的目标受众，让本栏目个性彰显。

中央电视台财经频道的栏目力求将权威性与贴近性相结合，这种节目定位也使其在全国专业财经频道中赢得了一大批稳定受众。据统计，截至 2016 年上半年，中央电视台财经频道市场份额达 83.21%，位居全国第三。① 中央电视台财经频道拥有广泛的受众基础，受众以亿为单位计算，庞大的受众资源也是《环球财经连线》栏目收视率的基础。

---

① 《品牌提速借力新媒体 央视财经引领生活的力量》，搜狐新闻，http://www.sohu.com/a/111119741_163042，2016 年 8 月。

通过问卷调查统计，我们对于该栏目的收看情况统计见图 8 - 2。

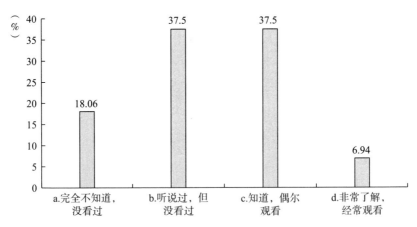

图 8 - 2　《环球财经连线》收看情况统计

如图 8 - 2 所示，有 18.06% 的受调查者完全不知道《环球财经连线》栏目，也从未收看过该栏目；37.5% 的受调查者听说过该栏目，但没有收看过栏目；37.5% 的受调查者知道并会偶尔观看该栏目；仅有 6.94% 的受调查者非常了解并经常收看该栏目。由于笔者发放问卷的局限性，该统计数据并不能完全、客观地反映《环球财经连线》栏目的收看情况的准确情况，但仍能反映一定的问题。相较中央电视台财经频道的高覆盖率和影响力而言，超过 50% 的接受调查观众从未观看过该栏目也说明该栏目的知名度有限，影响力有限。同时，需要说明的是，《环球财经连线》栏目作为财经类节目，其受众定位是"大众"还是"小众"已可知。

（二）深度因子分析

深度因子是指受众接触媒介后接受传播内容的数量。在认知环节，当受众接受的内容越多时，相对而言，媒介对受众的影响越大，所能产生的传播影响力也越大。1959 年，卡茨提出传播研究"人们用媒介做了什么"。弗兰克·波卡提出主动受众的五个特征：选择性、实用性、目的性、参与性和不易仅仅被媒介说服。从媒介总体来看，受众是被动的，是信息的接收者，而事实上，媒介既是一种低成本的传播方式，也是内容的选择者。受众可以根据自己的需要决定接受哪些信息，同时也决定了受众对节目信息量评价的多少。由于媒介传播内容本身难以计量和比较，本研究采用笔者所发放的问卷调查中受众对于栏目信息接收量的选择进行分析。

在笔者发放的 368 份问卷中，收看此栏目的受众为 192 人，约占全部被访人数的 52.2%。他们对于栏目的信息量的评价统计见图 8 - 3。

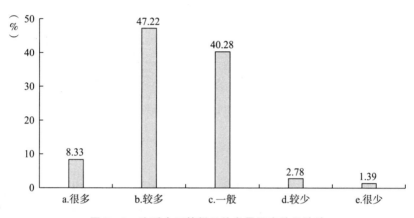

图 8 - 3　为受众回答栏目信息量调查结果统计

通过图 8 - 3 我们可以看出，55.55% 的受众认为栏目的信息量较多或很多，而仅有 4.17% 的受众认为栏目信息量较少或很少。总体上说，受众对于《环球财经连线》栏目信息量多数认为较大，栏目成功地吸引了受众注意力。

（三）说服因子分析

说服环节，是影响力真正发生的环节，而影响力的本质内涵就是说服力。影响受众的关键变量就在于媒介内容和品牌的可信度。笔者在调查研究中，针对《环球财经连线》栏目公信力展开调查的统计结果见图 8 - 4。

在碎片化阅读、信息爆炸的时代，受众面对海量信息常觉得手足无措，而媒体必须充当好"把关人"的角色，对传播信息进行选择与加工，力求真实还原新闻事件。由图 8 - 4 可以看出，受众对于栏目的公信力评价较高，94.44% 的受众觉得该栏目的报道公平公正，这就在很大程度上证明并增强了说服因子。

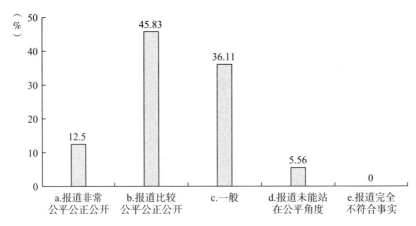

图 8-4 栏目公信力调查统计

（四）高度因子分析

在二次传播环节，媒介对受众的影响力说服环节已完成，这个环节最重要的便是意见领袖的人际传播产生的影响力。但在实际操作中，意见领袖的衡量和影响力的大小很难界定。本章结合节目定位，对"意见领袖"的统计将主要集中于高收入、高学历和高职业声望的"三高"人群（见表 8-5）。

表 8-5 影响力指数分布

频道	影响力指数 MII	排名	广告环境 AE	可信度 MC	喜好度 MP
CCTV-1	3.62	1	50.56	73.84	49.33
CCVT-新闻	2.63	2	28.48	57.32	41.85
CCTV-2	1.95	3	28.23	54.93	39.4
CCTV-4	2.13	4	24.76	44.3	35.28
CCTV10	1.78	5	22.41	30.08	39.49
CCTV-5	1.75	6	30.84	21.36	40.62
东方卫视	1.68	7	23.02	31.2	29
北京卫视	1.57	8	20.19	30.15	27.56
CCTV-3	1.55	9	28.63	18.7	34.25
湖南卫视	1.49	10	22.09	19.53	38.03

资料来源：北京美兰德媒体传播策略咨询有限公司，CMMR，2009。

调查结果显示，《环球财经连线》受众人群高端，其最主要观看用户为中年干部群体及月收入 5900 元以上的大学学历人群，笔者的调查问卷虽未进行大范围研究和调查，但结果也与 CSM 调查结果基本吻合。

第三节 《环球财经连线》栏目传播影响力提升策略

在如今信息爆炸、媒体竞争激烈的时代，一档好的电视财经新闻栏目想脱颖而出，提升其传播影响力，还需要不断创新与改进。近年来，央视财经频道顺应时代变革，对传播途径的革新做了许多有益尝试，其传播影响力也在不断增强，不过相比国外著名财经频道 CNBC 等，还存在一定差距。因此，笔者试图探析《环球财经连线》栏目的传播影响力提升途径，以期对我国电视财经新闻栏目有所启示。

一 利用高端受众，提拉广度因子

电视栏目定位是要将一个栏目的创作与发展放在栏目所处的时代背景、媒体环境、社会发展等综合科学分析的基础上。《环球财经连线》明确表明该栏目是以国际化视野为特色和追求的综合财经资讯节目，也是央视唯一的国际财经新闻节目。笔者通过搜寻资料，发现《环球财经连线》的主流受众群是占有社会优势资源，年龄为中青年、高学历、高收入的社会中坚力量（见图 8-5）。他们拥有相对集中的社会影响力和消费力，具有较有力的话语权，是影响社会的人，从某种程度上说他们在财经资讯的传播方面担任着意见领袖的角色。

笔者根据调查问卷统计结果发现，对《环球财经连线》栏目保持经常收看或偶尔收看行为的受众人群与上述调查结论基本吻合，突出了年轻、高学历、高收入的特点。

在接触环节，媒介能在多大程度上引起受众的注意、吸引多少受众的接触是形成传播影响力的第一步。虽然衡量广度因子的有效指标是电视栏目的收视率，但是收视率只能反映媒介吸引注意力的数量，无法反映媒介

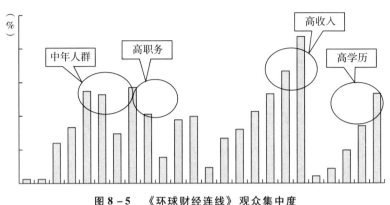

图 8－5 　《环球财经连线》观众集中度

资料来源：北京中媒国际文化传播有限公司，CSM，35 城市，2010 年 8 月到 10 月。

影响受众的数量。《环球财经连线》受众中高学历、高收入的人群所占比例较大，高端受众无疑提升了栏目的广度因子。

在电视财经栏目竞争日益激烈的今天，除了对受众规模的密切关注，高端受众的数量更是考量栏目传播影响力的重要因子。而在现阶段要求电视大规模地介入财经领域争夺受众规模，似乎不是成熟举措。在当前形势下，谁能在有限受众规模里锁定高端受众，争夺意见领袖，谁便能在接触环节有效提升栏目广度因子，增强传播影响力。

二　提高内容价值，放大深度因子

内容一直都是决定栏目在竞争中能否胜出的关键因素，它是电视的灵魂，作为一种大众传播工具，尽管表达形式不尽相同，但内容是其传播魅力所在。在这个文化工业与消费文化占据主导地位的时代，空洞的节目只是"皇帝的新衣"，媒介的内容所传递的信息量才是媒体在竞争中取胜的利器。

然而在当前的信息爆炸年代，海量信息充斥在我们的周围。微博、博客等传播工具让人人都可以成为信息的传播者与制造者，信息的传播主体与内容都已过剩。海量的信息需要通过众多的传播介质与渠道呈现在受众面前，受众是接受还是拒绝，是肯定还是抵触，取决于受众对于其传播的信息的内容价值所做的评估。

有关调查研究发现，在媒介接触时间上，电视媒体的平均接触时间高于杂志、广播、网络和报纸。但是，收视率和接触时间反映的只是某节目的收看人数多少，并不代表受众对于节目的满意程度。对于电视财经栏目而言，满意度来源于受众选择电视节目后，对于电视节目所传播的信息内容价值的评价。内容价值评价高的栏目更能获得高的满意度，受众对于栏目所传播的信息量的认可度也会更高。

三　提高公信力，增强说服因子

所谓媒介影响力是指媒介影响受众以及其他相关行为主体的态度系统的能力。所以，影响力本质内涵是说服力。在传播内容相同的情况下，可信度高的传播主体比可信度低的传播主体有更强的说服力。传播学学者喻国明、勒一等人提出新闻专业素质、社会关怀、新闻技巧和媒介操守四个媒介可信度的评价因子。同时，笔者通过研究发现，社会关怀指标最重要，媒介操守与新闻技巧为次要因子。因此，笔者认为，综合媒体的公信力是影响信服因子的主要因素。

"公信力"是媒体的第一生命力，是媒体在受众心目中的权威性、信誉度和社会影响力的反应，是媒体生存与发展的基础。电视财经栏目的发展需要依托及时有效的信息，而由于财经报道与人民财产相关联的特殊性，财经栏目的公信力又尤为重要。首先，真实性是媒体公信力的前提和核心要素。中央电视台财经频道作为我国财经主流媒体之一，受众对它有更高的期待和要求，在保证新闻报道真实的基础上，要及时、准确。其次，媒体要加强自律，电视财经栏目的工作人员需要不断学习经济知识，采访要扎实，数据务必来源于权威机构。最后，对于重大新闻现场、突发事件一定要及时跟进，对于敏感经济事件的报道要慎重，注意多方的平衡。目前，国内有部分电视财经栏目以播报证券新闻和分析为主，主持人及邀请的嘉宾，有时未能做到公平播报信息，而是有选择地播报。这不仅有可能给公民的财产安全带来隐患，更会对栏目公信力造成不良影响。虽然奥运会结束后，证券类栏目热度稍有下降，媒体监控愈加严格，但是此类问题仍值得关注。

四 锁定高主流人群比率，提升高度因子

影响力产生的最后一个环节是通过意见领袖的二级传播实现的，即社会上的权威精英人士通过他们从媒介上获得的内容而使原本由媒介内容自身产生的影响力进一步扩大。电视财经栏目的受众中，主流精英人士所占的比重越大，高度因子越大，影响力效果越显著。

从20世纪80年代开始，我国的传媒市场上，全国上星频道数量剧增，"三台合并"形成多个面对细分受众的专业频道。电视财经栏目的受众群应是有固定和特定需求的受众，是分众化传播的产物。如本章调查所示，《环球财经连线》等栏目的受众群为精英人士，属于社会主流人群。栏目要锁定这部分人群，则需要转变自己的新闻生产理念。现阶段媒体的新闻生产已由"内容为王"向"品牌为王"转变，塑造媒介内容的品牌忠诚度是获得稳定、忠实受众的最佳途径之一。此外，媒体不仅要产出优质内容，更要树立如何将内容通过多渠道分发、变现的能力观念，因此，它实际考验的是媒体的整合营销传播能力。电视财经栏目不仅需要靠本身的节目锁定受众，更要通过诸如广告、促销、公关、活动、附属产品开发等手段让栏目的高端受众更多地了解栏目，让栏目品牌在观众心中树立。例如，《经济半小时》开发了节目的VCD版本，打造了"中国年度经济人物"等活动，成功锁定了主流人群，挖掘了边缘受众，提高了栏目的高度因子。

本章小结

在全球化进程不断加快的今天，在国际传媒领域发出自己的声音、抢占话语权、加强我国媒体的国际传播影响力，不仅事关中国的国际形象，更是提升我国国家软实力的重要途径之一。因此，电视财经栏目将呈现如下发展趋势。

一 竞争：增强电视财经栏目国际传播力

《环球财经连线》作为国内播报国际财经新闻的领头栏目，在密切关注、播报国际最新财经资讯的同时，应将中国经济发展放在世界经济的大背景下进行考察和研究，用联系的、发展的眼光看问题。尤其在国内重大突发事件以及国际新闻报道上，应努力展现国际一流的实力。

（一）了解国际传播规律

麦克卢汉认为，信息是人体的延伸。同理，国际传播过程中的信息流动可视为国家软实力在政治、经济、文化等领域的延伸。在我国，虽然目前传统媒体的数量不算少，但是受众主要集中在国内，规模、技术、传播理念等都与发达国家差距较大，国际舆论影响力有限。西方媒体在信息采集和传播理念方面仍保持着传统优势，西方发达国家的媒体在国际传播受众心目中具有更大的权威性。

经过30多年的壮观发展，中国已成为仅次于美国的世界第二大经济体，然而我国媒体的国际传播能力却并未与我国日益提升的国际地位相匹配。中国的和平崛起需要一个良好的国际舆论环境，我们亟须解决的便是如何构建与日益提升的大国地位相称的国际传播能力和影响力。中央电视台作为人民的喉舌，是我国的重要思想文化阵地，更是担负着传播主流意识形态、争夺国际话语权、维护国家利益的重大历史职责。

与此同时，媒体应注重把握舆论形成、扩散的规律。尤其在国际舆论的把握方面，例如，在全球金融危机、欧洲债务危机、德班会议博弈等事件爆发后，如何用全局的目光来审视，如何从中国立场出发来考量，这需要所有国家的商榷、博弈、携手，而其中永恒的争夺焦点无疑是国家利益。因此，媒体应注重将国家利益、重大利益集团的利益等影响舆论的重要因子纳入考察范围，以更为理性、客观的态度审视全局。

（二）全球视野关注，中国视角解读

经济全球化的加速让世界各国经济发展紧密联系，各种生产要素在全

球范围内自由流动。这就要求经济新闻报道者高屋建瓴，将当前中国的国情与整个世界的经济发展进行紧密串联。

央视财经频道作为我国财经频道中的中流砥柱，应站在国家民族的立场上把握国际新闻信息源的本质，用全球化、专业化的视野来思考经济问题，阐明新闻事件的国际意义，代表中国发出自己的声音，表达自己的观点和立场，争夺国际话语权。

经济全球化的加速让各国之间的较量不断升级，其中，新闻现场是各国媒体的必争之地。电视财经新闻栏目在报道内容和视野上应紧密围绕国际经济形势发展趋势，从中国角度出发探析新闻事件背后的原因和影响。"重大经济事件在现场"是央视财经频道的一个报道标准。《环球财经连线》在"直击欧债危机""博弈德班"等重大经济事件的报道中，都能到达现场，从现场发出自己的声音，与国际舆论互动。这种"以我为主"的议程设置，发出了中国声音，表达了中国视角，从而影响了国际舆论。

不可否认的是，由于社会经济的深刻原因，发达国家与发展中国家之间长期存在信息流通的势能差，也就是"信息沟"。这直接导致发展中国家在西方媒体的报道中被忽略或是被污名化。作为发展中国家之一，中国的新闻媒体也应更多地将眼光投向发展中国家，突破以发达国家为报道主体而表达西方发达国家诉求的现状，平衡发展中国家和发达国家的交流，表达不同利益群体的诉求，以维护发展中国家的利益。

二　渠道：加强全媒体时代的跨媒介融合

当前，新媒体以裂变之势席卷全球，不仅颠覆了人类的生活方式，也促使传统媒体与新媒体融合，传统媒体的转型已是大势所趋，电视栏目也不例外。

首先，电视栏目的转型要明确一个观点，即媒介融合的关键在于加强与受众互动，提升受众体验。电视栏目与互联网整合的最直观体现就是网络电视，让观众真正参与到节目中，实现对热点问题的关注与争论，从而反馈到今后电视节目的制作中，才是栏目转型应考虑的关键问题。例如，受众可以通过登录《环球财经连线》官方网址[①]，找到视频集，这弥补了受众由于时间问题和其他限制未能及时观看电视栏目的遗憾。但是笔者据查阅发现，目前《环球财经连线》官网可以查询到的节目内容并不全面，并且尚未设置与受众的"互动专区"。

其次，在如今"人人都是记者"的时代，微博、播客受到全世界的追捧，它们颠覆了传统的新闻机制，以往被动的受众变身为主动的新闻制造者。很多电视栏目将博客、播客等搬上荧幕，不仅提高了网民对微博、播客的使用积极性，也使得电视栏目有更多的内容和话题，能够更加多样化地满足受众的需要。

截至 2013 年 2 月 6 日，《环球财经连线》的微博粉丝有 937 个，共发送微博 116 条（见图 8-6）。微博的使用，说明栏目开始关注新媒体的使用，而要想将自己的微博营销成功，扩大影响力，栏目不仅需要积极展开与新媒体的互动，也要深思其发展途径。

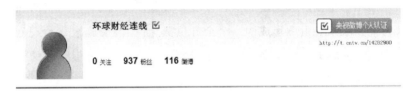

图 8-6 《环球财经连线》栏目官方微博

《环球财经连线》栏目组同时在新浪微博也开设了官方微博，粉丝数量突破 10 万人，具有一定的影响力（见图 8-7）。笔者连续追踪了该微博一段时间，微博内容通常为节目内容提要。内容提要可以引起受众的一定关注，但笔者认为，该微博不能仅以提要作为主要传播内容，而应通过微博与网友展开积极互动，可就新闻展开讨论，让微博所展示的内容更加多元化，以此搭建一个与受众良好互动的平台。

最后，手机技术的不断发展已经让手机成为受众生活必需品。其因便携性和不受时空限制的特点，成为越来越多的受众选择收看的节目。因此，《环球财经连线》栏目也可充分利用手机媒体的优势，让观众通过手机短信、电话等参与栏目的实时讨论。这不仅增加了电视栏目和受众的互动性，

---

① 《环球财经连线》，http://cctv.cntv.cn/lm/huanqiucaijinglianxian/index.shtml，2018 年 9 月。

新浪认证

CCTV2《环球财经连线》官方微博

申请认证》

45   104494 3434

关注 粉丝   微博

图 8 - 7   《环球财经连线》栏目新浪官方微博

也提高了受众的参与性。

三 理念：构建有影响力的品牌栏目

栏目品牌是指栏目名称、栏目标识、栏目风格和特色、栏目主持人、观众认同等的总和。栏目品牌是一个综合性概念，不仅要用收视率标准来评定，还需用可信度、满意度、广告环境、服务质量等非量化指标来评定，它是长时间在观众心目中形成的一个全方位概念。[①] 在频道愈发呈现专业化趋势的今天，品牌的构建更显重要，它不仅代表了受众对于频道的认可和信任，更反映了频道的公信力。因此，打造品牌可以增强频道的竞争力，建立受众对频道的忠诚度，提升频道的影响力。

其中，品牌栏目的构建便是实现频道品牌化的一种有效途径和方法，它在拉动频道的整体收视率和广告收益方面的作用十分关键。

电视栏目品牌的打造需要对电视栏目在质量、品位上有严格的规范。一个电视栏目品牌首先会给观众带来特定的属性，《环球财经连线》表现为给国内新闻一个国际视角，给国际新闻一个国内落点。栏目的选题有特色，内容实用。其次为举办大型活动，提升品牌形象力。同为央视财经频道的品牌栏目，《经济半小时》每年都会举办"3·15晚会"，这种将传播行为视觉化、公众化的行为正是强化品牌认知效果的有力举措。因此，《环球财经连线》栏目也可以采用相近思路，通过寻找合适时机推出符合自身定位的大型活动来强化观众对栏目的认同与信任。再次是品牌栏目应有与栏目

---

① 殷俊：《电视栏目学导论》，四川大学出版社，2009，第244—245页。

的风格、气质相匹配的主持人，国外电视栏目非常重视以栏目主持人来构建电视栏目形象。《环球财经连线》的主持人不仅有丰富的知识、深刻的思想，也符合栏目的定位和风格。最后是品牌栏目一定要占据自己的核心资源，核心资源是栏目保持可持续发展的根本所在。要关注受众反馈，积极创新栏目的形式和内容，保持栏目的可持续发展。

电视媒介发达的美国不但创造出一个个名牌栏目，也产生了一批具有世界影响的节目主持人。美国著名节目主持人在美国社会公众舆论中占据了独特的地位，成为美国媒体的形象标志、栏目成功关键。我国电视要在全球化背景下媒体竞争中制胜，需打造品牌栏目主持人。

主持人在电视栏目中以主体方式介入，成为节目的信息载体，使电视媒体具有主观能动性和双向交流的功能。节目主持人在节目中处于一种主导地位，他们发挥人的主观能动性，通过编串稿件、组织提问、采访嘉宾、现场连线等环节完成信息的传递工作。一档知名的栏目，背后必定有一支"装备精良的部队"。因此，作为串联观众与嘉宾、场内与场外的桥梁，电视财经频道更应着力培育和打造品牌主持人，形成专业素养过硬、特色鲜明、风格各异的主持人阵容。

此外，《环球财经连线》的核心资源在于对国际新闻的独特视角关注与解读，而这些观点背后正是央视财经频道的智库资源。据时任中央电视台财经频道台长郭振玺介绍，央视财经频道已构筑起一张世界范围内的智库网。其不仅与路透社、CNBC等国际权威财经媒体合作，通过连线其财经评论员获得一手信息，并且与摩根士丹利、渣打银行等国际著名金融机构合作，了解国际经济风云变化，同时还邀请国务院发展研究中心、哈佛大学等国内外顶尖研究机构成员做客演播室或者参与连线，给予节目智力支持。

可以说，"智库"资源在"直击欧债危机""博弈德班""明治奶粉核污染"等相关报道中发挥了重要作用。在欧盟峰会召开、德班会议举行、日本方面发现明治奶粉遭遇核污染等事件发生的第一时间，《环球财经连线》利用"智库"资源，通过连线、采访等方式带给受众一手信息。随着事件不断演变和跟进，主持人与财经评论员、专家等联动扩展了报道视角。对"智库"资源的优化配置和充分利用能够拓展栏目的专业角度，提升栏目的传播影响力。

中国电视行业已经踏入品牌竞争的时代，但不可否认的是，中国距离全面品牌化运营仍有一段距离。中国电视业无论从对品牌重视的程度、品牌运营行为的自觉程度、品牌运营的手段与方式，还是品牌对于媒介效益的价值认识都只停留在愿景的层面。同样，《环球财经连线》作为一个年轻的栏目，其向品牌栏目的转型也仍有很长的路要走。

第九章

《经济半小时》栏目传播影响力研究

　　《经济半小时》是中央电视台创办最早、影响最大的经济栏目，于1989 年 12 月 18 日正式开播。20 多年来，《经济半小时》始终在节目创新、机制创新、管理创新上下大功夫，用经济的眼光关注社会热点，报道的核心是重大经济事件和各行各业的风云人物。如今，《经济半小时》栏目不仅成为经济管理部门最信任和最愿意借助的电视发言平台，也是观众了解经济资讯、获取经济言论的权威渠道。①

　　20 多年来，《经济半小时》栏目的选材内容、报道形式等都经历了多次演变，培养了一批批优秀主持人。其一直坚持追求专业、权威的经济报道，保持关注社会经济热点，聚焦公共利益事件。《经济半小时》一直以重大社会经济事件、经济生活中关注的焦点人物为主要选题内容，并以严谨、权威的态度做新闻评论，深度报道经济事件和分析各种经济现象，多年来成了我国市场经济风云变幻的忠实记录者。《经济半小时》的节目宗旨是"观经济风云，知民生冷暖"，这意味着《经济半小时》具有经济新闻节目的本质，不同于一般的新闻节目和娱乐节目，它必须了解财经领域中最基本的知识和概念，并及时地为受众提供经济信息，预测经济趋势与走向。但同时，《经济半小时》也关注公众利益，报道公众关注的、与公众的根本利益相关的经济信息，并为公众提出解决问题的方法。在栏目运作方式上，《经济半小时》采用的是"制片人核心制"，采用这种方式方便制片人对栏目进行整体化的编排，以免出现制作人的选题不同造成栏目选题定位分

---

　　① 《经济半小时》栏目简介，http://tvmao.com/tvcolumn/WRY=/detail，2018 年 9 月。

散的情况，同时方便了《经济半小时》栏目组织某一主题的系列报道。

第一节　《经济半小时》栏目传播影响力的构建

传播影响力的核心要素包括传播平台、传播内容、传播方式及受众定位四个方面。因此，本章在对《经济半小时》栏目传播影响力的构建过程进行研究时，也从这四个核心要素展开讨论，分析《经济半小时》栏目所在的央视财经频道、栏目的选题及报道形式、栏目的传播渠道以及栏目的受众定位分别对其传播影响力的构建起到了怎样的作用。

一　《经济半小时》栏目传播平台分析

电视栏目要实现其自身影响力，首先需要一个固定的载体和介质，将其栏目内容从一个平台体系下传播出去，优质且权威的传播平台能够增加和加快信息传播的广度和速度，提升受众对信息的信任度，扩大媒体的传播影响力。电视财经栏目的传播平台也就是栏目所在的电视台及其电视频道，一个更权威、更具影响力的电视台与电视频道，能够对电视栏目的发展起到极大的推动作用。一个好的传播平台首先要具备良好的社会公信力，其次要具有广泛的覆盖率与到达率，最后要保证其持久性和稳固性。

（一）央视平台的权威公信力

公信力是媒体最具价值的内在品质，也是传媒品牌的重要内涵。媒体只有取得了受众的信任，才能在此基础上发挥其影响力。公信力包括真实准确、严肃高尚、深刻权威这三个关键因素。[①]

中央电视台作为我国官方电视媒体，其权威性是不容置疑的。同时，中央电视台自1958年试播以来，一直是中国电视媒体的领头羊，不但在政治上属于国家副部级单位，而且多年来一直坚守严谨、高端、权威的媒体

---

① 丁和根：《传媒竞争力——中国媒体发展核心方略》，复旦大学出版社，2005，第243页。

形象。因此，央视节目的公信力也较高。《经济半小时》栏目依托于央视财经频道，无论是从媒体话语权还是从物质资源、人才队伍上来看，央视平台对《经济半小时》栏目传播影响力的形成都起到了不可比拟的加强作用。

（二）央视广泛的覆盖率和到达率

收视率是电视栏目品牌形成的基础，而高收视率的形成又离不开广泛的覆盖率和到达率。覆盖率是指明确表示"能收到"该电视频道的某区域人数与该区域"电视人口"之比。[①] 到达率是指媒体实现沟通的准顾客占其目标市场的百分比。[②] 在受众最初获取信息的阶段，要想扩大受众与信息的接触就要尽可能提高媒体的信号覆盖面，拓宽传播信息的广度。对于传播者来说，媒体的信息覆盖率可控性强，同时也是最重要的。覆盖率是由信息传播者控制的，比如，对于报纸而言，扩大传播影响力的基础是扩大报纸的发行量；对于电视而言，就必须增加电视信号的覆盖时间和地区范围；对于网站而言，就需要提高网站的访问量。而到达率是在信息已经覆盖的前提下受众的接触程度，这由受众方决定。到达率高，则表明传播有效性高，反之，传播效果则越差。

时间和空间构成收视率分析的两个维度。[③] 优秀的电视台首先要在信号覆盖上达到较高的水平，另外，要与观众的收视习惯相契合，才能将其平台之上的电视栏目推送得更广泛。从空间维度上来看，央视财经频道的信号覆盖人口数量在2011年度已经达到了120352万人，覆盖率达92.2%，在我国的电视频道中已仅次于央视综合频道。[④]《经济半小时》栏目依托于这样一个官方电视媒体，其电视频道的覆盖范围极广，央视的45个电视频道通过卫星和网络向全球多个地区和国家进行同步直播，在我国及世界范围内都具有非常独特的影响力。因此，在央视这一平台上推出的信息能够快

---

① 百度百科 电视覆盖率，http://baike.baidu.com/view/2569297.htm，2018年9月。

② 智库百科 媒体到达率，http://wiki.mbalib.com/wiki/%E5%AA%92%E4%BD%93%E5%88%B0%E8%BE%BE%E7%8E%87，2018年9月。

③ 刘燕南：《电视收视率解析：调查、分析与应用》（第2版），中国传媒大学出版社，2006，第89页。

④ 资料来源：CMMR 2011年中央电视台卫星电视频道全国覆盖状况表，http://www.cmmrmedia.com/cmmrgd/2011nqgdspdfgztxsyj_213213.html，2018年9月。

速地到达受众，形成受众关注的焦点，央视的电视栏目与我国其他电视频道的栏目相比，具有得天独厚的优势。而在央视的众多频道之中，财经频道作为唯一的经济类频道，其入户率常年居于第二位，仅次于央视综合频道。《经济半小时》栏目以央视为传播载体，在开播之初就实现了全国性的覆盖，获得了广泛的收视群体。从时间维度上看，《经济半小时》节目播出时间被安排在每天晚上9点20分，节目长度约为25分钟，与普通受众的收视时间基本吻合。《经济半小时》栏目被安排在收视率较高的晚间和午后的"黄金时段"，对于栏目品牌的打造起到了不可忽视的作用，因此节目的到达率也较高。

（三）央视财经频道的持久性与稳固性

在市场经济环境下，各大电视频道都在不断地改进自身，竞争十分激烈，但与此同时，电视频道也要注意发现自身的优势竞争力，在其内容、定位及风格等各方面具备一种稳定的品质或特性，才能给电视观众一种持续的印象并不断加深，从而使观众形成固定的收视习惯。持久性要求电视频道在改版和变化的过程中，保有其原本的独特优势与核心竞争力，稳固性要求电视生产和传播各环节具有相对稳定的流程，电视频道的持久性与稳固性因此也是电视频道品牌形成的必要因素。

央视财经频道中的各档栏目，大多试图从经济角度解释现象，以百姓的实际经济利益为着眼点，虽然频道内各栏目的经济专业程度参差不齐，但其经济属性是最持久和稳固的。与此同时，央视财经频道也有一些非常稳固的运作特点，其节目的编排与栏目的时间分配十分尊重观众的收视习惯，工作日的节目编排重视晚间节目的安排，白天的节目多为重播，而非工作日的栏目安排则会比较重视白天的节目，同时，也会加重娱乐内容的分量。

《经济半小时》栏目自1989年在央视经济综合频道开播以来，其栏目定位一直与频道的属性相契合，20多年来一直坚持着"独特的经济视角"，坚持做"市场经济的守望者"，《经济半小时》栏目在内容上紧扣"经济"这一核心。一方面，《经济半小时》栏目始终紧紧围绕社会经济问题为观众进行通俗化的解读，满足了电视观众关注经济资讯、经济观点的需求；另一方面，《经济半小时》栏目在长期的运作过程中已经形成了与央视财经频道其他栏目相似的制播模式（见图9－1）。其在播出时间上也与频道的整体安排相适应，作为频道的金牌节目之一，首播被安排于晚间黄金时段，同时，在午后工作区间进行重播。一方面，首播时间能够拥有最广泛的收视人群，提高频道品牌栏目的收视率；另一方面，下午在受众较少的时候重播又能够起到深化频道的经济属性以及为频道填补空档的作用。

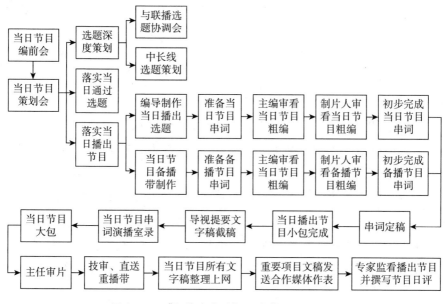

图9－1　《经济半小时》日常节目制作流程

二　《经济半小时》栏目传播内容分析

传播内容是媒体进行传播活动的核心要素，对电视财经栏目而言，节目内容的优劣直接影响到受众对栏目的认可程度，要提高栏目的传播影响力，首先必须做好内容。要研究电视财经栏目的内容，就需要从节目的选题策划和报道形式两个方面进行分析。

（一）《经济半小时》栏目报道选题分析

本章选取了2012年7月、8月、9月三个月的《经济半小时》栏目

（见附录）作为研究对象，从传者的角度对《经济半小时》栏目进行内容分析，总结出其传播影响力产生的原因，并在受众调查问卷中进行理论验证。

1. 报道选题多元，丰富内容覆盖面

电视节目的选题也就是电视栏目的具体传播内容。栏目与节目在选题上最大的不同就是规模的差异。[①]《经济半小时》栏目的选题从总体上来讲，涉及面是非常广泛的，涵盖了中国市场经济发展中出现的各种问题，包括政治产业经济、金融证券等各个方面，能够吸引关注点和兴趣不同的受众收看节目。

从《经济半小时》的选题类型上看，三个月共92个节目样本中，类型最多的是将社会新闻与经济新闻相结合的社会经济新闻，共有39篇。此类选题抓住了社会生活中的公共新闻或者突发热点，并从经济和社会、政治等方面结合进行分析，既传播了热点新闻信息，吸引了观众眼球，又对经济角度加以解读，剖析问题深刻，颇具深度；产业经济新闻共30篇，将国民经济各行业的生产和流通过程进行深入浅出的剖析，传播并解释经济社会各个领域各个产业的动态，为企业提高技术、改良运营、降低成本提供了有效方法；财经新闻共15篇，选题涉及金融股票、证券理财等多方面信息，为广大投资者提供了财经信息，解读了财经热点事件背后的深层原因，对未来可能出现的财经现象进行研究和预测，对栏目观众的投资进行一定的指导；政经新闻8篇，讨论在社会主义市场经济体系下经济问题的发展与解决方式，总结社会经济规律，从中提炼出具有普遍意义的经济运作方法（见图9-2）。总体上可以发现，《经济半小时》栏目各类型选题分配十分合理，财经、政经、产经新闻节目皆在具有较强可看性的同时，又具有专业的经济学理论基础，保持了节目一贯以来权威、专业的特点。

2. 突出经济角度，具时效性与前瞻性

电视财经栏目是随着百姓对经济信息需求的提高应运而生的，可以说，满足受众对经济资讯、经济动态、经济趋势的需求是电视财经栏目内容的重中之重。从选取的89期节目中我们可以发现，《经济半小时》栏目涵盖了社会保障、公共事业、生态环保、农林牧副渔业、科教体文卫等诸多方

---

① 胡智锋：《电视传播艺术学》，北京大学出版社，2004，第218页。

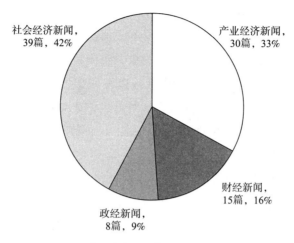

图 9-2 《经济半小时》报道选题类型分布

面，但大多数节目都有明确的经济切入点。这 89 期节目以整个国民经济总体为报道对象，研究国民经济总产值、物价水平、国民就业、货币发行及进出口贸易的宏观经济角度节目共有 20 期，约占比 22.5%；研究部门、地区或企业集团经济的中观经济角度节目共 46 期，约占比 51.7%；报道单个经济单位的经济活动，例如一些个人、家庭和企业的经济活动的微观经济角度节目共 13 期，约占比 14.6%（见图 9-3）。

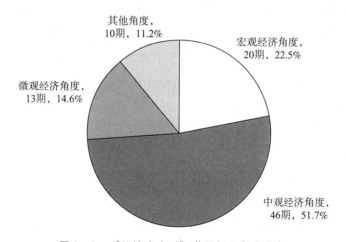

图 9-3 《经济半小时》节目切入角度分布

对于经济新闻来说，能否在第一时间发布经济讯息就意味着能否帮助受众迅速了解经济形势并且以最快速度做出决策，因此，其时效性要求比其他类型新闻更高。电视新闻的前瞻性是指记者通过对现在所发生的经济事件或者现在所存在的经济现象进行分析，探索经济事件或现象中的规律，以帮助受众更深刻地了解经济事件和现象，预测其发展的趋势和前景。

《经济半小时》虽然以评论和深度报道为主要关注点，但在新闻时效性上也不输其他经济新闻栏目。尤其是针对自然灾害类新闻的报道，《经济半小时》总是能以最快的速度进行采编与播报。《暴雨突袭北京城》（2012年7月22日）这篇报道是在北京暴雨发生的第二天播发的，报道挖掘北京市排水系统问题，提醒有关部门暴雨应急预警机制应当立刻投入使用，并为后期的抢险救灾工作提供了指导。在《免费的高速好走吗？》（2012年9月24日）这一期节目中，《经济半小时》就"十一"黄金周期间高速路免费问题进行了分析评论，预测自驾游的热点将以北京、天津、沈阳，上海、南京、成都、重庆、广州、深圳等城市为中心，800到1000公里内的区域。这不仅会对高速造成压力，而且对热点景区的配套设施将是一个重大考验，有关部门应该提前做好预案和准备。这一预测的准确性，也在一周后的"十一"高速拥堵事件中得到了验证。可见，《经济半小时》节目的经济预测新闻具有较强的时效性及前瞻性，产生了巨大的现实意义。

3. 关注公共利益，节目更具可看性

市场经济体制下，经济问题的主体往往都是人，人与人之间的活动促成了社会经济的发展，记者只有坚持从人的角度去关注经济生活，才能更好地进行经济新闻报道。做电视经济节目如果采用信息传递人格化的方式，从"经济人"的角度去解读，在报道中运用百姓视角，关注公共利益，解决普通人在经济活动中遇到的困难，更加贴近大众心理，增加节目的可看性和人情味，就能够提高观众的收看热情。

从《经济半小时》的选题内容关注的领域上来看，社会保障、公共事业、生态环保、服务领域等与公众利益直接相关的选题占据了《经济半小时》选题的大部分，选题关注了公民养老、自然灾害、家电补贴等各种百姓在日常生活中必须面对的问题（见图9-4）。在这91期节目样本中，有些节目主要体现了对人在经济环境中的地位的关注，比如《如何圆我就业梦》（2012年9月25日）这期节目就着重描写了大学生在社会经济关系中的地位，通过大学生牟牧、金秀禄等人的求职经历展现大学生群体在社会

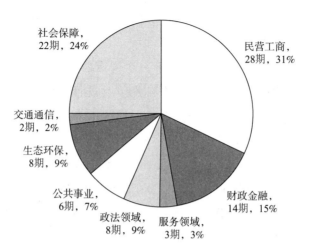

图 9 – 4 《经济半小时》节目内容关注领域分类

职场中的地位，从而挖掘出学校教学与社会需求不匹配的社会问题；还有些节目关注的是人在经济关系中的利益，例如，《原始股票诈骗记》（2012年8月5日）这期节目讲述了赵大姐购买"原始股票"上当受骗的故事，引出万通公司的传销本质，提醒观众要远离此类骗局，关注普通百姓的利益；《经济半小时》还有一些节目则更多地关注人在经济事件中的命运，例如，《明天我们如何养老（十三）："421"家庭的一天》（2012年9月2日）这期节目通过魏海涛一家人的故事，折射出千千万万个"421"家庭"上有四老，下有一小"的生存困境，关注我国中青年群体生活的压力及老年人的幸福，反映老龄化给我国社会带来的巨大问题。这些充满人情味的选题，大大提高了节目的可看性，为专业的经济栏目加上了一些人性化的色彩。

（二）《经济半小时》栏目报道形式分析

电视经济新闻报道的形式要与其栏目定位、栏目内容以及所处的时代特征相适应，选择合适的报道形式能够大大提高栏目的传播影响力。在栏目的主要报道形式上，《经济半小时》栏目经历了从杂志型（1989—1996年）到系列专题（1997—1999年）到新闻分析（2000—2003年）再到新闻评论（2004年之后）四个时期，一直以其广视角、大容量、深层次、多手法的深度报道为特色。而其保证节目深度的关键就在于，凸显经济评论的指导功能，以调查性报道和连续报道、系列报道的形式，有条理性地、全面集中地分析经济问题，为受众的经济决策提出指导性建议。

1. 注重经济评论，指导经济发展

《经济半小时》每一期的结尾都有一个固定栏目《半小时观察》，主持人会利用节目最后的一两分钟时间对整期节目进行分析、总结和评论，指出本期经济问题的根源所在，预测此类问题的未来走向，帮助受众对此类问题进行判断，指导其未来经济决策。在《明天我们如何养老（四）：遭遇拆迁》（2012年8月23日）这期节目中，记者不仅展现了养老院遇到的拆迁困境，还深入采访了昆明市西山区民政局副局长矣培贵问责拆迁问题。并且《半小时观察》还特意揭露了北京市大兴区旧宫镇幸福舒适养老院拆迁中对老人断水断电的行为，对相关单位造成了强大的舆论压力，引导养老项目用地纳入城区整体规划。

2. 坚持调查性报道，揭示经济问题

经济调查性报道是记者对社会公众关心的经济事件、经济新闻人物或对社会公众影响较大的经济领域深藏的、潜在的经济问题、经济现象，经过周密的调查研究，用活生生的第一手材料和可靠的数据写出的具有一定权威性的报道。[1] 其报道特点在于其独立性、过程性和开放性三个方面，将其细致而有条理的独立调查过程展现给受众，帮助受众层层揭开隐蔽的真相，启发受众对经济问题进行深入思考。

《经济半小时》栏目大量采用了调查性报道，为了做到真实、理性、客观，调查中获取信息资料的过程大多是独立进行的。在《温州民间借贷调查》（2012年9月3日）这期节目中，记者未借助政府的权力，未通过其他单位的资助，独立地对各个经济主体进行采访，对事件展开调查，调查的独立性十分明显；同时，《经济半小时》栏目也做到了有条理地展开经济问题，呈现了鲜明的三段论特点：出现了什么问题？原因是什么？如何解决？[2] 例如，《老农保的新希望》（2012年9月15日）这期节目，就以几位老人养老金仅为几毛钱的问题为切入点，发现了老农保存在的巨大漏洞，并在新农保的推行中发现了违规收费现象，对有关部门进行问责之后，切

---

① 吴玉兰：《经济新闻报道》，武汉大学出版社，2009，第298页。
② 张洁、吴征：《调查〈新闻调查〉》，文化艺术出版社，2006，第15页。

实保障补贴资金发放到位，将这一调查过程完整地呈现在观众面前，节目编排紧凑全面，帮助受众清晰地了解了真相。

3. 善用系列报道与连续报道，信息全面广博

系列报道是围绕同一新闻主题从不同角度、不同的侧面作多次、连续的报道。连续报道是对正在发生、发展中的新闻事件及所追踪事态进行及时而又持续的报道。这两种报道方式都是新闻多次报道的集合，播出有连续性，因而信息传播上具有广博、集中、全面的特征，传播效果也更为明显。①

《经济半小时》栏目以其深度报道为栏目特色，因此，在报道方式上离不开系列报道与连续报道的报道方式。其在 7 月 22 日至 7 月 25 日的五篇对北京暴雨的报道（见表 9 - 1）中，就使用了连续报道方式，雨灾第二天首先报道了受灾情况，接着第三天对北京市脆弱的排水系统进行追问，第四天两期节目则是继续报道灾情发展，关注百姓在雨灾中的生命财产损失，第五天节目则深入公路交通体系及灾难预防应急机制的问题。其通过五期节目的连续报道，及时生动地将北京暴雨的情况展现在受众眼前。

表 9 - 1　7 月 22 日至 7 月 25 日北方暴雨连续报道节目

播出日期	节目标题	节目内容
7 月 22 日	暴雨突袭北京城	初步统计受灾情况
7 月 23 日	追问北京暴雨	追问北京排水系统
7 月 24 日	爸爸 求你快回家	百姓生命财产损失详细报道
7 月 24 日	寻找贾晓涵	百姓生命财产损失详细报道
7 月 25 日	北京暴雨：京港澳高速惊魂记	追问灾难预防应急机制问题

（三）《明天我们如何养老》系列报道个案分析

要衡量一个电视财经栏目的内容优势，需要从栏目的选题、报道形式等多方面进行考量。为了研究《经济半小时》栏目是否在节目内容上满足了受众的要求，了解《经济半小时》的栏目观众对栏目的爱好，我们

---

① 叶子：《电视新闻：与事件同步》，北京师范大学出版社，2007，第 276 页。

选取了 2012 年 8 月至 9 月典型的系列报道（见表 9 - 2）进行分析，测量节目观众对节目内容的关注点和收视偏好。在这两个月中，此系列共有十七期节目，从社会保障、公共事业、政治法律等多个方面探讨了社会养老问题。

表 9 - 2　《明天我们如何养老》8 月至 9 月典型的系列报道

播出日期	节目标题	节目内容
8 月 20 日	明天我们如何养老（一）：空寂的家	空巢老人生活
8 月 21 日	明天我们如何养老（二）：九旬"保姆"	追问社区养老服务
8 月 22 日	明天我们如何养老（三）：民营养老院的故事	民营养老院调查
8 月 23 日	明天我们如何养老（四）：遭遇拆迁	民营养老院拆迁问题
8 月 24 日	明天我们如何养老（五）：一床难求	民营养老院床位问题
8 月 25 日	明天我们如何养老（六）：失独之痛	空巢老人生活
8 月 26 日	明天我们如何养老（七）：谁的尴尬	农村养老问题
8 月 27 日	明天我们如何养老（八）：留守老人	留守老人问题
8 月 28 日	明天我们如何养老（九）：两成民办	民营养老院调查
8 月 29 日	明天我们如何养老（十）：何时退休	延迟退休年龄改革
8 月 30 日	明天我们如何养老（十一）：商业养老保险有保障吗？	商业养老保险问题
8 月 31 日	明天我们如何养老（十二）：社区养老可行吗？	社区养老调查
9 月 2 日	明天我们如何养老（十三）："421"家庭的一天	"421"家庭调查
9 月 5 日	明天我们如何养老（十三）："421"家庭的一天	"421"家庭调查
9 月 11 日	明天我们如何养老（十四）：五星级养老	大庆市十分钟养老功能服务圈
9 月 12 日	明天我们如何养老（十五）：突围老年城	郑州老年城养老产业调查
9 月 17 日	明天我们如何养老（十六）：养老院拆迁再追踪	民营养老院拆迁问题

1.《明天我们如何养老》报道选题分析

多元而丰富的选题内容能够覆盖更多的经济问题，从而为百姓的经济决策提供更多更具针对性的解决方案。《明天我们如何养老》系列节目围绕着"养老"这一社会问题展开，其内容涵盖了空巢老人、社区养老、养老院拆迁、留守老人等诸多问题，从养老的社会问题、养老产业的发展、养老的未来发展趋势等多个侧面深入剖析养老这一大问题。

电视财经栏目与其他电视新闻栏目相比，优势在于其经济价值，在热点事件中发现深层的经济问题并继续剖析，为百姓挖掘出有价值的经济信息，为百姓经济决策提供具有前瞻性的建议和方案。《经济半小时》在《明天我们如何养老》这一系列节目中挖掘了大量专业、权威的经济信息，也为观众进行与养老相关的经济决策提供参考和指导。例如，《明天我们如何养老（十一）：商业养老保险有保障吗?》这期节目通过政策法律咨询、投保老人走访等方式对商业养老保险是否能够保障养老需要进行了调查。节目从产品利率、投保方式、市场份额等多个方面分析了传统养老保险和新型养老保险的不同之处，并且为投保人分析了国内商业养老保险市场的形势，为节目观众提供了大量经济数据，经济信息十分丰富。

2. 《明天我们如何养老》系列报道形式分析

电视经济评论能够起到为观众解读经济政策、监督经济行为、传播经济知识及指导经济生活的巨大作用，以观点的新颖独到去吸引人，以思想的深刻去启发人，以逻辑的缜密去说服人。优质、有深度的经济评论长期以来是《经济半小时》栏目的最大亮点之一。每期节目的《半小时观察》都对当期的节目内容进行一个概括性的总结，同时，也对节目中发现的矛盾和问题提出一定的解决方案或方向，评论内容言简意赅，却发人深省，意义深远。在《明天我们如何养老（七）：谁的尴尬》这期节目中，《半小时观察》的评论既指出了老农保失败的根本原因在于扶持政策缺失，同时，又为保证新农保不走老路而提出了建立灵活养老保险制度设计、加快打破户籍制度樊篱等新农村养老保险计划的推进措施，层层深入、有理有据的经济评论给观众留下了深刻、权威、专业的节目印象。

调查性报道是深入揭示经济问题的重要手段，在系列报道中体现得尤为明显。调查性报道与系列报道都强调报道的过程性，一步步地揭开经济现象背后的深层原因。《明天我们如何养老》系列报道就很好地体现了这种独立调查的过程性。从一开始的《空寂的家》这期节目对空巢老人产生关注，到后来追究空巢老人在养老院的生活，再到对民营养老院的发展状况的关注，以及最后对养老产业未来的发展趋势的分析和判断，可以看出，节目的安排是非常具有条理性和逻辑性的。观众在观看过程中，也能够步步深入，了解我国养老的社会问题和产业问题的现状及发展前景。

三 《经济半小时》栏目传播方式分析

《经济半小时》栏目，能够扩大传播规模，开启跨媒体整合，一方面坚守电视市场，确保其在电视财经栏目中的领先地位；另一方面，利用多种传播渠道，积极进行跨媒体传播，打破了原来的媒介分隔和资源垄断的状况。将《经济半小时》的节目在多个终端进行推广，极大地提升了栏目的传播影响力。

（一）电视制播安全稳定，抢占财经栏目市场

电视是一种视听结合的传播媒介，与报纸和广播相比，具有非常直观的优越性，电视语言使观众能够直观地看到现场画面，听到节目同期声，恢复了视听思维的直接性，受众在收看节目的过程中，体验更加丰富。

《经济半小时》栏目开播至今在制播流程上大致经过三个阶段的变化：第一阶段，1989 年到 1995 年，《经济半小时》栏目根据各个不同的子栏目或板块组成报道组，分别进行选题策划，最终由各组长交由经济部确定选题和审批经费；第二阶段，1996 年《经济半小时》栏目开始实行制片人制，栏目走向独立核算和自我发展，组长对制片人负责，制片人直接接管经费审批等工作；第三阶段，自 2000 年后，《经济半小时》每期节目的制播都必须经历每周报题会、每日编前会、节目制作、审片、播出这五个流程。从历年的节目制播过程上来看，《经济半小时》栏目在管理上逐步规范化，并且随着栏目形态的变化也略有调整，这种责任到人的节目运作制度也确保了节目的有效运作和安全播出。

除了保证电视播出的稳定和安全，节目的播出时间也是其抢占市场份额的重要因素之一。《经济半小时》栏目 20 多年来的节目首播时间基本上都定在了晚上的黄金时段九点半左右。另外，从重播的时间上看，《经济半小时》栏目的重播次数也逐渐增多，重播时间日趋规律，这也为《经济半小时》栏目抢占受众市场、提升传播影响力奠定了基础。

（二）传播渠道多元化，进行跨媒体联动传播

在媒体网络化发展的浪潮中，《经济半小时》也进行着跨媒体传播的尝

试。2000 年以前，我国的商业网站发展十分迅速，但各个门户网站还未对内容表现出足够的重视。但 2000 年之后，网络就逐渐进入了"内容为王"的阶段。各大商业网站都主动与《经济半小时》栏目进行了接触，新浪等主要门户网站也开始对《经济半小时》栏目的内容进行主动转载并持续至今。

此外，《经济半小时》栏目也打造起了官方网站，不但在官网上挂出栏目的简介以便受众增进对栏目的了解，还每日定时更新节目视频，保证节目观众能够随时收看。为了方便观众收看栏目，网站主页上不仅有按播出时间排序的节目视频，还整理并推出了一些特别策划节目，加深了观众对节目的好感和印象。

《经济半小时》栏目还积极地在各大微博平台上进行内容推送，扩大受众关注度，提高栏目的传播影响力。《经济半小时》栏目在新浪微博和腾讯微博的粉丝数一度分别达到了 26 万人与 16 万人。[1] 其官方微博每日更新一至两条，主要概括当天即将播出的节目内容，为当晚的节目做内容预告。

（三）采用互动式传播，提高受众参与度

在信息化时代，受众能够获取信息的方式极多，只有不断提升栏目的附加价值，满足观众对栏目不断变化的要求，才能使栏目的传播效果最大化。互动式的传播方式已经直接而深远地影响了节目的内容和形式，并且影响了栏目的生产和经营方式。互动式播出能够使受众最大限度地参与节目的生产，最大限度地彰显"以受众为本"的理念，提高受众的满意度，扩大栏目的传播影响力。

《经济半小时》栏目的观众互动方式，随着技术手段的进步而发生着变化。在栏目创办初期，观众来信是栏目保持与观众联系的主要方式，但随着通信方式的日益增多、网络的日益普及，《经济半小时》栏目与观众互动的方式也有了新的变化，受众参与度也逐渐提升。如今，观众与栏目进行直接互动的方式主要是手机短信与网络留言。

移动媒体是如今最为便捷的终端，其快速、简便等特点使其几乎能够

---

① 央视《经济半小时》官方新浪微博及官方腾讯微博截至 2012 年 10 月 31 日数据。

做到受众接收与新闻发布同步，观众与栏目的互动能够及时实现，观众也能够在这一终端上自由选择想要收看的节目。在一些《经济半小时》节目中设短信互动，受众将对本期节目的看法和意见发送至互动平台，反馈至节目制作者与节目主持人，在节目进行中收到的短信有些甚至可能会成为节目内容的一部分。

网络互动也是《经济半小时》栏目与观众进行互动的主要方式之一。栏目不仅在官网上有专门的央视微博互动区，另外还设置一个名为"财经连线"的《经济半小时》互动区，在此互动区中，网友不仅可以看到栏目制片人、栏目主持人对栏目的发展、播出等各方面的看法和观点，还能够在这一互动区中直接与制片人、主播对栏目内容进行在线交流，在网站的"网友之声"版块中留言提供自己的意见和建议。另外，网友也能够通过在《经济半小时》栏目的官方微博留言的方式，与栏目工作人员进行互动交流，发表自己对栏目内容和形式的看法。

四 《经济半小时》栏目受众定位分析

受众是新闻传播媒介的接受者和服务对象，是新闻传播效果的检验者，是新闻传播内容和传播方式的决定者。[①] 一方面，受众可以根据自己现在所拥有的社会经验和知识储备来区别媒体所传播内容的真伪，从而决定对其采取接受或抵制的态度；另一方面，新闻媒介要想实现较好的传播效果，就必须使自己所要传播的内容和传播的方式符合受众的要求，对受众的爱好、观念和信息接收习惯进行研究、分类，进行更有目的性的传播。《经济半小时》的传播对象具有以下几个方面的特点。

（一）收视群体偏中青年，文化层次较高

随着社会群体日益多元化，媒体资源开始按照社会分层进行受众分层，大众传播也由"大众"进入了"小众"或称"分众"的精确定位传播的时代。媒体的传播对象不再空泛，而是针对特定的人群，有目的性地为特定

---

① 蔡铭泽：《新闻传播学》（第2版），暨南大学出版社，2007，第79页。

人群提供信息和服务，具有更强的个性化特征。其需要根据栏目的特点，对观众群体进行详细的划分，确定目标人群，只有目标人群被划分得越精细，传播活动才更有针对性，传播效果也更加明显。电视财经栏目也应当迎合受众细分的趋势，将目光聚焦到特定受众群体，更好地满足节目观众需求，提高特定观众的收视忠诚度。

在 2000 年，中央电视台二套节目在规划全频道的电视节目时，已将《经济半小时》栏目划分为影响市场的节目类型，特征为：主要从经济及市场专业角度对宏观经济、综合经济、产业经济进行客观报道、深入分析。《经济半小时》依据节目定位，将受众瞄准了经济商业专业人士，其观众群体的主要收视动机为有益于工作、寻找商业投资决策依据、专业习惯三个方面。[1]《经济半小时》栏目还对节目观众进行了调查，得出《经济半小时》栏目的收视群体特点是：男性居多，中青年人居多，社会中高层人士居多，主要受众购买力强大，观众忠诚度较高。栏目随后锁定了这一类观众群体为目标受众，有针对性地向这一类受众群体提供精确的信息需求，并在此基础上努力拓展收视群的外延。

（二）非工作日收视水平高，习惯晚间收视

《经济半小时》栏目的主要收视群体多为男性、中青年人群与社会中高层人群，因此，其栏目制播安排也需要考虑这几类人群的收视习惯与收视偏好。调查显示，在所有观众中，男性观众在工作日和休息日的收视时间均较长，高于女性观众的收视时间；而在所有年龄段的观众中，中青年人群在非工作日的收视水平高于工作日；另外，中高等文化及收入水平的观众在休息日的收视时间较长，低等文化及收入水平的观众在工作日看电视的时间较长。[2]

根据受众这些收视习惯，《经济半小时》栏目在播出时间上也尽量与之相适应。考虑到栏目中青年人群受众白天时间多被工作所占据，《经济半小时》栏目将其首播时间调整到了晚间，而在白天收视率较低的午后时段进

---

① 雷蔚真：《名牌栏目的策略与衍变：〈经济半小时〉透析报告》，中国人民大学出版社，2005，第 28 页。
② 刘文成：《受众收视习惯调研三题》，《当代电视》2006 年第 1 期。

行栏目的重播。《经济半小时》栏目播出 20 多年来，唯有 1997 年 5 月 5 日的播出时间曾一度被更改为 20：30—21：00，但这次调整因效果不佳而持续了很短的时间，后来又被改至 21：20 播出。可见，每晚的九点半左右是最符合《经济半小时》栏目核心受众群体收视习惯的。[①]

（三）受众定位随改版衍变，范围不断扩大

由于我国社会结构已经由过去的"金字塔"形结构渐渐向"橄榄形"结构转变，因此，《经济半小时》栏目也在多次的改版中渐渐将主要的受众定位向社会中间阶层倾斜，从专业化人群定位逐步走向了中产阶层和中小投资者，最后还扩大到政府、知识界，甚至低收入者阶层，扩大了目标观众群体，使栏目获得了更强的传播影响力。

1989 年，在《经济半小时》栏目开办初期，其功能定位在于"为广大消费者服务"，这时的受众定位还十分宽泛，这是与改革开放初期人们需要丰富的各方位各角度的经济信息的时代特点相适应的。20 世纪 90 年代末期，人们不再满足于低层次的信息服务，而更加渴望观念的指导，因此，《经济半小时》栏目开始将受众定位到更高端的专业化人群，栏目受众体现了明显的"高收入、高学历、高影响力"的"三高"特征。2000 年改版时，《经济半小时》栏目将其核心受众定位于经济商业专业人士，但栏目的新闻工作者的整体经济素养和水平偏低，无法达到专业人士要求的水平，因此，在这一时期，《经济半小时》栏目的普通观众与目标受众流失都十分严重，栏目收视率曾一度下跌过半。2003 年改版后，栏目制片人强调将受众定位于"最宽泛的所有电视观众"，遵循"大树原则"，即"以核心观众为树干，不进行排他性的精准定位，但不放弃不断外延的树枝"，从而避免了专业化内容导致的观众窄化问题。[②] 2007 年，《经济半小时》栏目进一步扩大了核心观众的范围，将政府、知识界，甚至是低收入阶层都囊括进目标受众范畴，从而进一步提高了栏目的收视水平。

---

① 雷蔚真：《名牌栏目的策略与衍变：〈经济半小时〉透析报告》，中国人民大学出版社，2005，第 39 页。

② 雷蔚真：《名牌栏目的策略与衍变：〈经济半小时〉透析报告》，中国人民大学出版社，2005，第 31 页。

第二节 《经济半小时》栏目传播影响力调查

传播影响力是媒体通过各种传播途径将信息发布、扩散，以期达到较好传播效果的能力。要精确了解一个媒体新闻报道的传播影响力，首先要从传者方面观察媒体新闻资源整合能力，推测媒体传播影响力的来源；其次要从个体接收情况、再传播情况、社会影响深度和范围等多个方面进行测量；再次要通过测量结果反观理论假设，验证其正确性；最后根据测量结果对理论进行修改和完善。本章就是通过这样的方法对《经济半小时》栏目进行研究，分析其传播影响力的真实来源与强度。

一 传播影响力测量方案设定

要对电视栏目的传播影响力进行测量，首先要在众多测量方法中选择最适合用于研究的、真实反映栏目的传播影响力。调查方案只有尽量做到严谨、全面，才能提取出受众对栏目的真实反馈，为电视栏目的调整和变化提供参考。

（一）测量方法选用

如今我国用于评价电视栏目质量和影响力的指标主要还在于节目的收视率，收视率是一个非常直观的评价指标，节目负责人可以直接从收视率上了解到观众对于电视节目的收看效果，但是这个指标仍显得非常单薄，只能反映出电视节目的收视次数，无法反映出电视节目的质量和观众对节目的评价与反馈。因此，本章在做《经济半小时》栏目的测量方案时，就从传播影响力形成的三个阶段进行了综合考量，在每个传播阶段分别设置了三至五个问题，每个调查问题都具有准确的调查目的，对应了节目覆盖范围、受众影响程度等多种具体的测量目标，测量的效果也较为直观准确。

（二） 调查方案设定

本章从传播影响力的形成过程出发，运用视听率受众研究调查方法，并参考前人关于《经济半小时》栏目的研究，通过编制"《经济半小时》节目受众调查问卷"（见附录2），对《经济半小时》栏目的传播影响力进行深入研究。

本研究使用的是受众总体测量方法[①]，即测量某一时间受众规模和构成、《经济半小时》栏目的传播影响力状况。在实际的调查过程中，本研究按照《经济半小时》栏目设定传播定位、深化信息认同以及扩大传播效果的三个阶段进行调查分析，对栏目的媒体覆盖率与到达率、品牌认知度与栏目吸引、受众认知变化与二级传播效果进行具体的测量。

（三） 调查样本概况

本次问卷从投放到截止经历三周时间（2012年10月19日至2012年11月9日），共发放问卷300份，回收问卷274份，在进行了有效问卷控制后，获得有效问卷246份，有效问卷回收率为82%。

本次问卷发放选取的抽样方法为非概率抽样的配额抽样法，即为了保证受众样本研究的代表性，以职业差别作为受众分层的条件，将50多份问卷平均分发给职业与经济、金融相关的受众和职业与经济、金融不相关的受众，同时，为方便比较，又限定了两类不同受众中男女比例均等，最终得到两类受众问卷各100份，每类受众中男女各50人。本次通过问卷调查来测量《经济半小时》栏目实际的传播影响力，以及《经济半小时》栏目受众定位对其栏目传播影响力的影响。

此次选取的问卷调查受众基本情况呈现如表9-3所示：在年龄上，参与调查的受众年龄大多数在30岁以下，普遍较年轻；学历则平均分布在本科、大专与研究生，水平较高；从受众月收入状况上来看，分布在中等收入阶层的受众，即收入在3001—7999元的受众占据有收入受众的大部分。

---

① James，G.，"Ratings Analysis：Theory and Practice"，*Lawrence Erlbaum Associates Inc*，Vol. 6，No. 3（November 2005），p. 145.

表 9 – 3　《经济半小时》栏目调查受众基本情况统计

单位：人

	职业与经济、金融相关		职业与经济、金融不相关	
性别	男 50	女 50	男 50	女 50
年龄	高（60 岁以上）	0	高（60 岁以上）	1
	中（41—60 岁）	4	中（41—60 岁）	4
	中低（31—40 岁）	9	中低（31—40 岁）	4
	低（30 岁及以下）	87	低（30 岁及以下）	91
学历	初中及以下	0	初中及以下	0
	高中或中专	5	高中或中专	7
	本科或大专	40	本科或大专	41
	研究生及以上	45	研究生及以上	52
月收入状况	3000 元及以下	4	3000 元及以下	15
	3001—4999 元	27	3001—4999 元	27
	5000—7999 元	19	5000—7999 元	8
	8000 元及以上	4	8000 元及以上	4
	尚无收入	46	尚无收入	46
受众对经济、金融了解程度	非常了解 69	不太了解 31	非常了解 23	不太了解 77
受众对经济信息感兴趣程度	非常感兴趣 88	不太感兴趣 12	非常感兴趣 46	不太感兴趣 54
经济新闻节目收视频率	每天都看	35	每天都看	0
	隔两三天看 1 次	25	隔两三天看 1 次	12
	偶尔看	27	偶尔看	54
	几乎不看	13	几乎不看	34

　　从不同受众收看经济新闻节目的频率上来看，我们能够明显发现职业与经济、金融相关的受众收看经济新闻节目的频率远高于不相关的受众。职业与经济、金融相关的受众收视频率更高，选择"每天都看"和"隔两三天看一次"的受众达 60 人，占 60%，而职业与经济、金融不相关的受众中收视频率较低的占大多数，选择"偶尔看"和"几乎不看"的受众达 88 人，占比 88%。

另外，根据受众对经济、金融的了解和感兴趣程度，笔者可以将受众分为成熟经济受众（既了解，也感兴趣）、次成熟经济受众（了解或感兴趣）、不成熟经济受众（既不了解，也不感兴趣），得到受众分层（见表9-4）。

表9-4 《经济半小时》栏目调查受众职业相关性

单位：人

性别	职业与经济、金融相关		职业与经济、金融不相关	
	男	女	男	女
成熟经济受众	31	30	19	16
次成熟经济受众	16	15	16	8
不成熟经济受众	3	5	15	26

从表9-4中可以看到，经济受众是否成熟与其职业是否与经济、金融相关十分紧密，职业与经济、金融相关的100名受众中，61人是成熟经济受众，占总人数的61%，不成熟经济受众仅有8名，占总人数的8%；而在职业与经济、金融不相关的100名受众中，仅35人是成熟经济受众，占35%，不成熟经济受众则达到41人，占总人数的41%。在后期的受众分析中，我们可以观察不同成熟度的经济受众对《经济半小时》栏目的评价及影响力的异同。

二 《经济半小时》栏目传播影响力调查报告

《经济半小时》栏目传播影响力调查主要从受众角度出发，调查受众接收、接受以及扩散信息的情况。我们也从这三个层次对调查的结果进行分析，研究栏目受众在传播影响力形成的设定传播定位、深化信息认同以及扩大传播效果这三个阶段中，各有怎样的反馈情况。

（一）设定传播定位阶段传播影响力分析

设定传播定位是为了让受众更好地接触媒体传播的信息，这也是受众最初获取信息的阶段。在这一阶段，对于传播者来说，媒体的信息覆盖率和到达率可控性很强，同时也是最重要的。覆盖率和到达率是由信息传播者控制及影响的，媒体能够对传播对象、传播内容、传播时机及传播规模进行设定，从而控制节目的覆盖率和到达率。

1.《经济半小时》栏目覆盖率分析

为从受众层面调查节目的覆盖率，问卷中提问：您在生活中有没有收看 CCTV2（央视经济频道）的途径（电视或网络皆可）。在对这一问题的答案中，200 位问卷受访者中仅有 12 位的回答是否定的。因此，从受众问卷的结果上来看，中央电视台经济频道的节目覆盖率是较高的，达到了 94%。因此，高覆盖率是形成《经济半小时》栏目传播影响力的重要因素之一。

2.《经济半小时》栏目到达率分析

本研究通过提问受众是否曾经收看过《经济半小时》节目，测量节目的到达率。在 200 名调查受众中，共有 30 人未曾收看过《经济半小时》栏目，因此从受众层面上来看，在央视经济频道的节目覆盖率为 94% 的情况下，《经济半小时》栏目的收视到达率达到 85%，处于比较高的水平（见表9－5）。

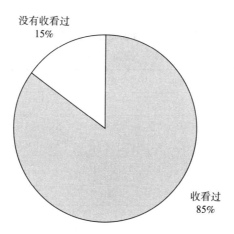

图 9－5 《经济半小时》节目收视到达率

（二）深化信息认同阶段传播影响力分析

受众对信息的需求是不同的，传播者向受众传播的信息可能被无视或者过滤掉。要想使受众更容易接受和认同媒体发布的信息内容，传播者就必须注重对两个方面的控制：信息平台的认知度及信息内容的吸引力。

受众在接触信息后，不仅会关注信息的内容，也会常常重视信息的来源，因此，信息的发布平台的权威性、可信度等就成为决定受众是否接受信息的重要影响因素。信息源的认知度越高，受众就越容易接受信息。同时，信息内容的吸引力也是促使受众接受信息的关键，新颖有趣的题材、个性化的排版和编排手法、具有冲击力和感染力的语言风格，都会提高受众对信息的兴趣和接受程度。

在信息传播的接受阶段，需要测量的则是信源的认知度及内容吸引力，这两者共同维持了受众对媒体的依赖性。其中，本章通过央视的传播平台权威性、《经济半小时》的品牌认知度来测量信源的认知度，内容吸引力则具体从收视忠诚度、主动收视率和收视关注度三个方面来测量。

1.《经济半小时》栏目信源认知度分析

（1）央视传播平台权威性测量

平时会选择收看哪个频道的经济新闻节目？不同人群收看经济新闻节目分布分别见表9 – 5、表9 – 6、表9 – 7。

表9 – 5 不同人群收看经济新闻节目分布

单位：人

电视台	职业与经济、金融相关		职业与经济、金融不相关	
	女	男	女	男
中央电视台	15	38	27	26
省级卫视台	5	3	3	2
本地电视台	1	4	4	5
凤凰卫视等港澳电视台	29	5	16	17

表9 – 6 根据职业相关度划分群众收看经济新闻节目分布

单位：人

职业	中央电视台	省级卫视台	本地电视台	凤凰卫视等港澳电视台
职业相关	53	8	5	34
职业不相关	53	5	9	33

表9-7 根据性别划分群众收看经济新闻节目分布

单位：人

性别	中央电视台	省级卫视台	本地电视台	凤凰卫视等 港澳电视台
男	42	8	5	45
女	64	5	9	22

从表9-5、表9-6、表9-7中我们可以看到，在电视经济栏目领域中，职业差别对于受众选择的影响并不大，中央电视台经济频道的权威性在不同种类的经济频道中都是最高的，但选择收看凤凰卫视等港澳电视台经济节目的受众也比较多。另外，性别对于收视选择则有一定的影响，男性受众倾向于选择收看凤凰卫视等港澳电视台，而女性受众则更倾向于收看中央电视台。

（2）《经济半小时》栏目品牌认知度测量

本研究通过提问受众是否认为《经济半小时》是央视经济频道的品牌栏目来测量其在受众眼中的品牌认知度（见表9-8、表9-9）。

表9-8 不同人群对经济栏目的品牌认知度

单位：人

栏目	职业与经济、金融相关		职业与经济、金融不相关	
	男 50	女 50	男 50	女 50
《经济半小时》	15	38	23	35
《经济与法》	2	4	12	4
《经济信息联播》	23	4	14	2
《环球财经连线》	10	4	1	9

表9-9 根据性别划分的不同人群对经济栏目的品牌认知度

单位：%

性别	《经济半小时》	《经济与法》	《经济信息联播》	《环球财经连线》
男	38	15	36	11
女	73	8	6	13

从表9-8、表9-9中我们可以看出，同样是央视的电视经济栏目，《经济半小时》的受众人数略高于央视其他三档电视经济栏目，差距在职业相关度上表现得并不明显，但在性别差异上表现得则十分明显。男性对《经济半小时》和《经济信息联播》两个栏目给予了相似关注度，选择比例都达到了36%以上（包括36%）；相比之下，女性则更倾向于选择《经济半小时》栏目，比例高达73%。《经济半小时》与《经济信息联播》相比，更注重深度调查与经济评论，而《经济信息联播》则在经济信息播报的时效性和信息容量上更胜一筹，从受众调查中我们可以发现，男性更加关注经济信息的及时、迅速，而女性可能更偏向于能够给予生活指导的深度调查与经济评论。

2.《经济半小时》栏目受众吸引力分析

《经济半小时》栏目的内容吸引力反映在两个层面：一个是电视栏目自身对受众的吸引力；另一个则是受众对电视栏目表现出的兴趣和关注。

（1）栏目内容层面分析

电视栏目的内容吸引力在节目层面上反映在节目受众对节目选题、内容等方面的评价和喜好。本研究通过调查受众对经济新闻类型、题材的选择可以判断《经济半小时》栏目在选材上的优缺点，同时，还在问卷中调查了《经济半小时》栏目的优势与问题，直观地测量受众评价和受众意见。

首先，《经济半小时》栏目选题兴趣分析。我们选择了七种常见的经济新闻类型作为选项，使受众根据自身情况选择更有兴趣收看的经济新闻类型，并在问卷另一问题中设置与此七种类型相对应的《经济半小时》栏目，进而调查受众对《经济半小时》的选题兴趣（见表9-10）。

表9-10　《经济半小时》栏目选题兴趣分析

单位：人

经济新闻类型	选择人数	《经济半小时》节目	选择人数
政治经济新闻	100	金球经济观察	103
产业经济新闻	96	钢贸业如何涅槃重生	54
金融证券新闻	104	股市迷途	57
自然经济新闻	46	直击双台风	14
人物经济新闻	88	请农民工兄弟吃饭	42

续表

经济新闻类型	选择人数	《经济半小时》节目	选择人数
经济社会新闻	123	明天我们如何养老	85
边缘经济新闻	29	中药突围	39

在七种经济新闻类型中，受众对于经济社会新闻的关注度是最高的，其次是金融证券新闻、政治经济新闻和产业经济新闻，对自然经济新闻和边缘经济新闻则鲜有关注。将这七种经济新闻类型具体到《经济半小时》节目中进行关注度的复查，可以发现与受众偏好大致吻合：受众对于政治经济新闻和经济社会新闻的关注度很高，在前一调查中得票较高的产业经济新闻和金融证券新闻反映到《经济半小时》节目中也能够得到高的关注度。我们经过复查发现受众对于经济新闻题材的喜好是相对稳定的，《经济半小时》栏目可以在这两种类型的选材中加大投入，以获得更好的传播影响力。

其次，《经济半小时》栏目优势分析。为了直观地表现受众对《经济半小时》节目的看法，问卷设置了"为什么愿意收看《经济半小时》栏目"这一个问题，并列举了《经济半小时》的各种优势，得出图9-6。

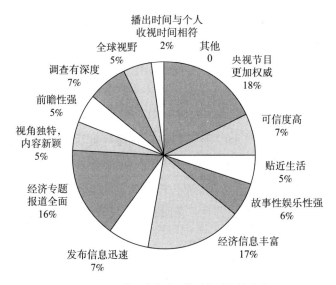

图9-6 《经济半小时》栏目优势分布

在图9-6中我们可以看到，对于《经济半小时》栏目，受众最看重的三个优势分别是央视节目的权威性、经济信息的丰富性与经济专题报道的全面性。从这一题的受众调查中我们再一次验证，央视这个传播平台对于《经济半小时》栏目传播影响力的形成有着非常重要的作用，而经济信息的丰富也是其传播影响力形成的重要因素，同时，《经济半小时》栏目中的深度专题也以其深度、全面的特色成为不可或缺的影响力来源。

最后，《经济半小时》栏目问题分析。要赢取受众的关注，就需要在节目中避免出现受众提出的问题，问卷也在《经济半小时》节目的问题上征求了受众的意见（见图9-7）。

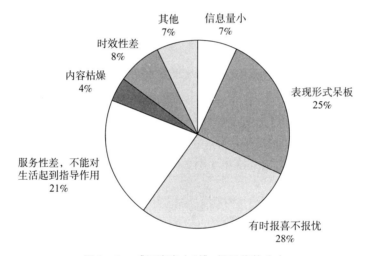

图9-7 《经济半小时》栏目优势分布

问卷调查得出的《经济半小时》栏目的问题主要集中在"有时报喜不报忧"、"表现形式呆板"和"服务性差，不能对生活起到指导作用"三个方面。"有时报喜不报忧"这个缺点体现出《经济半小时》依然未能完全脱离价值观宣传和群众动员的功能，宣传性过强。同时节目在表现形式上也比较呆板，创新较少，缺乏新意。并且，在问卷中，受众对于节目的服务性也提出了质疑。

（2）栏目受众层面分析

栏目的吸引力在受众层面上表现为三个方面：收视忠诚度、主动收视率和收视关注度。这三者都能够体现节目对观众的吸引力，指数越高，表明节目对观众的吸引力越大。[1] 因此，我们分别用《经济半小时》栏目受众的收视频率、收视动机和收视状态来测量节目的收视忠诚度、主动收视率和收视关注度。

首先，《经济半小时》栏目收视忠诚度测量。本研究通过提问受众是否经常收看《经济半小时》节目测量《经济半小时》在受众眼中的品牌认知度（见表9-11、图9-8）。

表 9 - 11　《经济半小时》栏目收视忠诚度

单位：人

	职业与经济、金融相关	职业与经济、金融不相关	共计
几乎每期都看	2	0	2
经常看	19	4	23
偶尔看	69	50	119
几乎不看	10	46	56

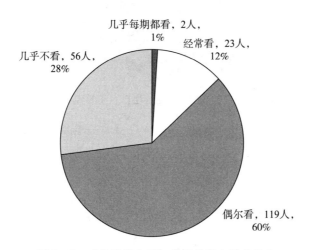

图 9 - 8　《经济半小时》栏目收视忠诚度分布

其次，《经济半小时》栏目主动收视率测量。本研究通过提问受众收看《经济半小时》栏目的动机来测量《经济半小时》栏目在受众眼中的主动收视

---

[1]　杨华：《观众忠诚度管理是收视突围新方略》，《现代传播》（中国传媒大学学报）2009 年第 4 期。

率（见表9–12、图9–9）。

表9–12 《经济半小时》栏目主动收视率

单位：人

	职业与经济、金融相关	职业与经济、金融不相关	共计
主动收看	34	8	42
遇上了就看	63	68	131
被动收看	3	24	27

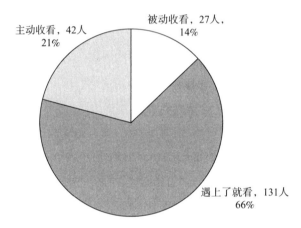

图9–9 《经济半小时》栏目主动收视率分布

最后，《经济半小时》栏目收视关注度测量。本研究通过提问受众平时收看《经济半小时》时的状态测量《经济半小时》栏目在受众眼中的收视关注度（见表9–13、图9–10）。

表9–13 《经济半小时》栏目收视关注度

单位：人

	职业与经济、金融相关	职业与经济、金融不相关	共计
专注收看	50	19	69
边做事边看	27	46	73
以听为主	23	35	58

从以上三组图例中我们可以看出，《经济半小时》栏目受众收视忠诚度和主动收视率测量结果并不理想，多数受众都选择偶尔或者遇上了才会收

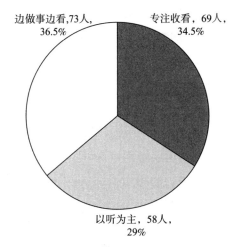

边做事边看,73人,36.5%　专注收看,69人,34.5%

以听为主,58人,29%

图 9 – 10　《经济半小时》栏目收视关注度分布

看，而不具备固定收看习惯，并且专注收看节目的受众也仅占大约三分之一，收视关注度也不太高。可见《经济半小时》节目的吸引力还有待加强。另外，从表 9 – 11、表 9 – 12、表 9 – 13 中我们可以看出，根据职业是否与经济、金融相关分层后的受众在收视忠诚度、主动收视率和收视关注度上差距较为明显，职业相关度较高的受众选择"几乎不看"的人非常少，主动收看的比例远大于职业相关度较低的受众，并且收视专注度也很高。根据此数据我们可以得出，《经济半小时》栏目的受众定位稍高，在职业与经济、金融相关的受众人群中影响力较大。

（三）扩大传播效果阶段传播影响力分析

传播效果是指传播行为的有效结果，表现在受传者在接收及接受信息后，在情感、态度、行为等方面的变化。在扩大传播效果阶段，信息的传播影响力主要体现在受众的认知变化和二级传播效果两个方面。

对于电视栏目的传播影响力，我们不仅要关注电视栏目的内容质量，更要关注节目是否能够对受众的态度和行为产生影响，并且要观察节目的再传播过程是否能够扩大节目的受众范围。因此，我们也具体测量了栏目对个体的态度与行为的影响，以及栏目的再传播能力，以对《经济半小时》栏目的传播影响力做出评价。

1. 《经济半小时》栏目受众影响力分析

调查《经济半小时》栏目对个体态度和行为的影响，我们首先以职业是否与经济、金融相关和性别作为受众分层条件，观察不同受众在态度和行为的改变上有无差别（见表9－14）

表9－14 《经济半小时》栏目受众影响力分析

单位：人

	职业与经济、金融相关		职业与经济、金融不相关	
性别	男	女	男	女
没有影响	11	3	34	19
改变态度	27	38	12	30
改变行为	4	2	2	1
改变态度与行为	8	7	2	0
合计	50	50	50	50

从表9－14中我们可以看出，《经济半小时》栏目对职业与经济、金融相关度较高的受众比相关度低的受众影响更大，更容易改变他们的态度和行为。从性别差距上看，女性更容易因《经济半小时》节目的内容产生态度上的转变。

此外，通过受众调查，我们可以观察《经济半小时》栏目对受众生活的哪些方面产生的影响较大。

从图9－11中我们可以看出，有29%的调查受众认为《经济半小时》对自己生活没有影响，但在认为改变了自己态度或行为的受众中，认为《经济半小时》改变了自己的态度的受众最多，占31%，其次是认为影响了自己理财和投资决策的受众，分别占18%和14%。由此可见，《经济半小时》栏目能够一定程度地改变人们的观点和态度，但对于投资、理财等经济决策的影响力度仍较弱，对经济决策的指导功能还需要加强。

2. 《经济半小时》栏目的二级传播影响

信息由大众传播媒介传播给舆论领袖再扩散到社会大众的过程，即二级传播的过程。对《经济半小时》栏目而言，个体之间的口耳相传是最基本的二级传播方式之一。本研究通过在问卷中调查受众是否曾经在生活中

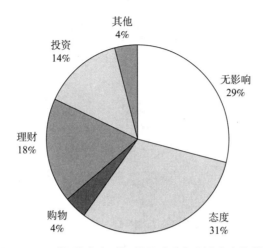

图 9 – 11　《经济半小时》栏目对受众生活产生的影响

或网络上讨论或者推荐过《经济半小时》栏目及其内容，测量其二级传播渠道是否畅通（见图 9 – 12、图 9 – 13）。

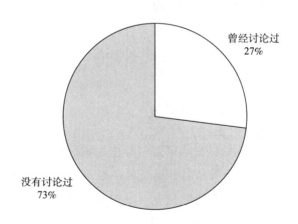

图 9 – 12　是否在生活中或网络上讨论过《经济半小时》栏目

从图 9 – 12 和图 9 – 13 中我们可以发现，《经济半小时》栏目的二级传播效果并不突出。二级传播具有可信度高、针对性强、传播速度快等特性，如果能够将二级传播做好，将大幅扩大《经济半小时》栏目的传播影响力。要做到这一点，《经济半小时》栏目则需要进一步提高节目的质量，使更多的节目受众愿意对《经济半小时》栏目进行传播和推广。

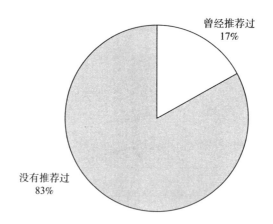

图 9 - 13　是否向别人推荐过《经济半小时》栏目

三　调查结果的发现与分析

传播效果是传播学最受关注的问题之一，本研究旨在通过量化分析方法对《经济半小时》栏目的传播影响力进行分析，而非单纯进行假设和推论。综合文章对《经济半小时》栏目传播影响力来源推论与实际受众调查的结果，我们可以得出以下发现。

（一）调查研究中的主要发现

从《经济半小时》栏目受众调查问卷中，我们可以看出栏目的传播影响力来自栏目的品牌、经济信息的丰富性、经济专题评论的独特性等多个方面，而这些内容也多在后期的调查问卷中得到了验证，因此可以大体确定前期推论的正确性。另外，从这次调查中，我们还得到了以下发现。

1. 受众定位对于栏目的传播影响力至关重要

电视经济节目是一种典型的专业化节目类型，对于电视经济节目而言，其受众定位是十分重要的。《经济半小时》在多次改版中都强调了受众定位的调整，从本次调查中我们也可以看到，节目受众的职业相关度差异以及其性别差异都非常明显。因此，电视经济节目一定要找准栏目的受众定位，在注重培养固定收视群体的基础上努力扩大受众类型与受众范围，提高栏目的传播影响力。

2. 栏目品牌对传播影响力的提升影响巨大

电视栏目的品牌是其区别于其他同类电视节目、保证自身竞争优势的重要因素。从《经济半小时》栏目的品牌建构上，以及受众调查中所反映的品牌影响与评价，我们可以看到其品牌的影响比节目内容的影响更直观，也能够更加直接地作用于栏目的传播影响力。

3. 栏目形象建构时沟通不足，受众存在偏见

栏目形象是受众对电视栏目的观念和印象，它潜在地影响着受众收视的能动性，一个权威、客观、可信的电视经济栏目形象对其媒介效果至关重要。而在受众调查中，我们可以看到《经济半小时》栏目的形象在权威性与大众化上存在矛盾，甚至一些从未收看过《经济半小时》栏目的人都直接对节目给出了"报喜不报忧"的评价，《经济半小时》节目中批判性新闻内容并不少，可见栏目在建设形象时需要加强沟通，消除受众偏见。

（二）调查研究中发现的问题

本次研究还发现了《经济半小时》栏目存在的一些问题，这是非量化分析的研究做不到的。对于这些问题，本研究也相应地提出了一些对策与建设，希望在改进后能够提升栏目传播影响力。同时，本研究也发现了一些研究方法上的问题，在今后做量化研究时应当尽量避免再次出现这些问题。

1. 栏目宣传性过强

不同体制下的电视栏目，其内容的倾向性都有所差别。《经济半小时》虽然是国家权威媒体所设立的电视经济栏目，但是在市场经济体制下，也需要适应社会变化，在进行价值观宣传时要注意分寸，同时要注重突出节目的生活化，将价值取向潜在地融入新闻报道之中，以消除受众对其节目宣传性过强的印象。

2. 节目形式有待创新

节目的形式是为其内容服务的，对于不同的经济题材，需要选择与之相适应的表现方式。因此，在节目制作前期，节目制片人要了解此节目的内容、性质，选择是进行信息播报，还是进行专访、座谈、电视讲座等，同时节目在画面、配乐、画外音等方面也要注重创新，使之与节目内容配合，以达到更好的传播效果。

3. 节目的服务性需进一步增强

对于经济新闻强调报道的实用性，受众调查反映出了《经济半小时》节目内容服务性存在的问题，因此，应当进一步强化节目的服务意识，在提供经济信息时应注意满足不同阶层、不同行业的受众需求，传递"有用"的经济信息。

第三节　《经济半小时》栏目传播影响力提升策略分析

虽然我国财经类电视节目已经发展了近 30 年时间，但有些问题还是非常常见，例如，节目内容趋同、形式单一、收视率低、受众评价低等。《经济半小时》栏目作为电视经济栏目的翘楚，已经形成了独特的竞争力，赢得了忠实的观众群体和响亮的品牌，获得了巨大的传播影响力，长久以来在电视财经栏目中立于不败之地。对《经济半小时》的传播影响力来源进行分析研究，我们发现以下三点可以为其他的电视经济节目提供借鉴。

一　内容为王，力求报道深度

传播方式是传播影响力实现的手段，而传播内容才是传播影响力的核心。无论传播的渠道如何变化，内容依然是传播活动中最不可取代的部分，电视栏目的内容和质量也依然是受众选择收看与否的最重要标准。

（一）做好选题策划，提升报道质量

"内容为王"是传媒领域最为人熟知的从业理念之一，媒体传播影响力的关键就在于其传播的内容是否能够吸引受众的注意。对于电视财经栏目而言，节目的选题策划十分重要。是否满足观众的信息需求、是否真实可信贴近生活、是否题材新颖引人入胜、是否具有高度的前瞻性等，都是观众判断节目内容质量的标准，这就需要栏目制作者做好选题策划，提高报道的质量。

从栏目的运作过程上看，《经济半小时》栏目在选题策划上有着非常严谨的程序，栏目实行主编报题制，主编负责申报选题并组织实施，主编全

方位地掌握着最新的经济资讯，并从丰富而充裕的选题库中精心筛选，挑出最能吸引受众的内容。

（二）调整报道形式，挖掘报道深度

要做好电视财经栏目的内容，挖掘报道的深度是其基本要求。有深度的报道是通过广泛的背景材料，并对新闻事实的性质、起因、后果、趋向等进行详细的分析实现的，分析矛盾，揭示本质，从而晓之以理，动之以情，这才是有事实、有背景、有意义的报道。

《经济半小时》栏目重视评论和观点，擅长运用调查性报道手法挖掘事实，同时也不断扩大报道的广度，利用连续报道和系列报道的报道形式形成信息集成，增加栏目内容的深度。《经济半小时》栏目早期的许多著名报道都是记者、主持人通过在镜头前或以画外音的方式对新闻事实不断进行点评来实现深度阐释的，而随着纪实手法在电视业界的广泛普及，《经济半小时》栏目的深度不再仅仅依靠评论和观点，而是利用了电视报道的深度手法，以事实开掘深度，在事件报道中层层递进，逐步触及核心事实。这样一来，不仅栏目的信息量有保证，选题范围很广泛，经济信息全面，能够满足不同类型受众的需求，而且《经济半小时》栏目还对收集的经济信息进行加工过滤，根据受众兴趣进行优化组合，通过系列报道和连续报道的方式进行深度挖掘，探讨经济事件背后的各种潜在问题和因素，为受众考虑到各方面与其利益相关的问题并给予全方位的指导和耐心解答。

二　品牌至上，提升媒体形象

媒体形象是受众对媒体的观念和印象，它潜在地影响着受众收视的能动性，一个权威、客观、可信的电视经济栏目形象对其信息传播效果至关重要，是媒体竞争中的制胜法宝和媒体发展中的"无形资产"。

（一）借助权威平台，打造栏目品牌

《经济半小时》栏目依托我国的官方电视媒体，其电视频道的覆盖范围极广，央视的45个电视频道通过卫星和网络向全球多个国家和地区进行同

步直播，在我国及世界范围内都具有非常独特的影响力。在央视的众多频道之中，财经频道作为唯一的经济类频道，其入户率常年居于第二位，仅次于央视综合频道。《经济半小时》栏目以央视为传播载体，在开播之初就实现了全国性的覆盖，获得了广泛的收视群体。另外，《经济半小时》栏目在央视财经频道的播出时间也一直被安排在收视较高的晚间和午后的"黄金时段"，这对于开播初期栏目品牌的打造起到了不可忽视的作用。因此，《经济半小时》于 1989 年正式开播之后，能够迅速地获得大量的忠实观众，以极快的速度成长为我国较为知名的经济深度报道品牌栏目，离不开央视这一优秀的传播平台的助推作用。

（二）深化栏目特色，维护栏目品牌

对于电视栏目而言，独特性和稀缺性是其核心竞争力所在，即避免与其他电视栏目同质化是十分重要的，只有做出了特色，栏目才会给人一种不可替代的印象，才能吸引住忠诚的观众群体，起到维护品牌影响力的作用。

《经济半小时》以其独特的经济视角来看问题，在"关注公众利益"的价值观指导下，以其深度报道为特色，以专业性的眼光深入分析经济事件和经济问题，并借助其广大的覆盖率和收视率、稳定持续的播出时间、个性亲和的栏目包装，渐渐给受众一种专业、权威、有深度、关心国情民生的媒体印象。而这种负责任、有信誉的印象又成为《经济半小时》栏目独特品牌形象的基础，促进了《经济半小时》栏目在品牌经营上的巨大成功，极大提高了《经济半小时》栏目的传播影响力。

三　紧随变化，调整栏目定位

电视栏目定位是指一个电视栏目在策划阶段对该栏目的功能、受众、内容、形式、风格等方面所做的规定。定位的本质是针对受众的心理特征，实现差异化的传播。[①] 在千变万化的市场经济中，市场主体的困难和需求也

---

① 王彩平：《电视栏目定位刍议》，《当代传播》2005 年第 6 期。

在不停地变化，电视经济节目要想在媒体市场中站稳脚跟，就需要懂得在社会主义市场经济下见微知著、灵活把握，及时调整栏目定位，使之与现实社会需求相适应。

（一）研究市场需求，提升核心竞争力

《经济半小时》栏目多次的改版都是媒体市场大环境的变化导致的，早期的《经济半小时》栏目还处在创办初期，主要以理性实用的分析对经济形势、经济热点进行解读；1996 年之后，央视二套进行了频道化的改造，将经济节目按照各自不同的功能定位，进行了栏目化和频道化的综合处理，改版后的《经济半小时》栏目也开始有了更加细分的定位，强调真实记录我国由计划经济向市场经济体制转变的转型时期人们经济生活中发生的各种变化和各类现象；随着电视栏目分众化的加剧，2000 年《经济半小时》栏目为了实现差异化竞争，将目标市场投向了高收入、高学历、高影响力的"三高"人群，从经济与市场专业角度对宏观经济、综合经济、产业经济等进行深入的报道和分析，但这一次的调整由于我国频道专业化市场的不成熟而使受众人群流失；2003 年，《经济半小时》栏目从定位到运作都有了较大改变，将栏目的核心竞争力定位于深度报道和经济时事的观点与评论，形成了差异化的竞争优势。

（二）研究受众需求，扩大栏目受众群

一家媒体难以做到覆盖全体受众，必须有所选择、有所放弃，确定自己的目标受众群，传播活动才更有针对性。因此，一个高质量的电视栏目，其定位必须满足主流受众群的需要。电视财经栏目在受众定位上，一方面要牢牢抓住收入水平与学历较高的中产阶级，另一方面，还要促进栏目的大众化，扩大栏目的核心受众群；在内容定位上，既要满足受众的信息需求，又要给予受众具有栏目特色的内容；在形式风格定位上，要根据电视经济栏目本身的内容特点，选择与之相统一的形式，强化内容对受众的感染力。

在多次的改版中，《经济半小时》栏目始终保持着对受众最深层经济信息需求的关注，找到了"市场经济的守望者"这一栏目定位，同时还提出

了"我们关注公众利益"的口号，栏目的核心受众也由泛大众化的人群到专家、经济管理群体再渐渐转向普通百姓，在一次次的调整中寻找栏目最佳受众定位，达成了专业化与大众化定位的协调与平衡，最终稳定并扩大了栏目的受众群体。

本章小结

随着经济与社会的发展，电视财经栏目的规模和影响也在不断扩大，经过二十几年的发展，《经济半小时》栏目已然成为我国电视经济栏目中一个较为成熟的栏目，不但能够对普通民众的经济生活做出指导，而且对我国市场经济活动起到了监督作用，产生了巨大的传播影响力。在对《经济半小时》栏目进行研究的过程中，我们发现了其传播影响力来源于四个方面：一是央视及央视财经频道这样具有权威性的媒体平台，对栏目形象的树立及品牌的打造起到了极大的推动作用；二是在报道内容上，一方面具有丰富多元的选题，另一方面选取了与节目内容最为契合的报道形式，更好地满足了受众对经济信息、经济观点的需求；三是在传播方式上，不但坚守电视传播这一主要传播方式，还积极开拓新的传播渠道，进行跨媒体联合传播，在多种媒体平台上与栏目受众进行互动，提高了栏目的交互性；四是对栏目的受众定位有着非常严格的划分，并且随着市场环境的变化及时调整，不断寻找最能提升栏目影响力的核心受众，扩展栏目的传播规模。

《经济半小时》栏目传播影响力的最主要来源是其内容和平台，报道内容及栏目品牌是其传播力形成的关键因素。同时，精确的受众定位与及时的改版调整也对提升《经济半小时》栏目的传播影响力起到了推动作用。

第十章

腾讯财经微信公众平台传播影响力研究

传播影响力是传播效果研究的一部分，承袭西方早期的"魔弹论""有限效果理论""适度效果模式"等研究，在我国的传播学研究中居于重要地位。本章通过对现有研究成果的研判，归纳出影响财经门户网站微信公众平台传播影响力的因素。

第一节　微信公众平台传播模式

每一次新媒体的出现必然延续着一定的模式进行演化：数量爆发式增长—引起主管单位注意—规范—饱和甚至过剩。Web1.0时代的各大网站，2.0时代的各大社交媒体，直到现在以微博、微信为代表的移动互联新媒体都不能避免这种模式。

官方数据显示，截至2015年底，微信公众平台总数为1000万个，每日新增数量约为1.5万个。在注意力资源稀缺和资讯爆发式增长的双重态势下，打造有影响力的微信公众平台变得更加重要，难度也更大。此时分析微信公众平台的传播模式，再结合传播影响力的相关理论进行研究，显得格外重要。

微信公众平台传播模式首先体现在通过关系网进行贴身传播，其次体现在圈子文化，再次体现在微信公众平台是最佳的UGC，其开创了一种新的新闻生产模式。

一 贴身传播

所谓贴身传播，指的是传播的实时性。在以往的关系网传播过程中，信息的传播速度很慢，主要通过口头进行。后来，随着互联网的发展，微博时代到来，信息的传播可以用@的方式引起对方注意。而微信这一款实时通信软件的出世，给人们带来了更加快捷的信息传播方式。例如，某微信公众平台发布了一篇关于页岩气的文章，有很多做页岩气企业的董事长进行了回复。又如，某微信公众平台每周末都会发布关于高尔夫的文章，很多高尔夫爱好者就会来订阅此微信号。所以，微信的信息传播有一个清晰的特性，就是目标受众十分明确，你所组织的文章只推送给你想吸引的潜在人群，只要这些人群在你的朋友圈内，他们就一定能接收到你的文章。

二 圈子文化

什么是圈子文化？每一个微信的用户基本上都会有自己的朋友群，一群朋友所形成的微信群就构成了一个圈子。之前我们所使用的通信软件QQ，也存在QQ群，但QQ并不是时刻在线，而微信群时刻在线。微信公众平台推送的文章，可以通过发布在微信群中实时推送给群全体成员，群成员将文章分享在朋友圈，就实现了更大圈子的文化分享。

三 UGC供应内容

张志安认为，未来媒体机构生态将由专业媒体、机构媒体和自媒体三者组成，缺一不可。当下的新闻生产，不仅需要原创也需要整合，不仅需要脚踏实地的采访报道，也需要具有独特价值的选择、加工和创造。这是一种新闻生产的代替性模式，社会化的生产与原来专业化的生产相互协同，更加强调用户思维、草根参与和开放合作。[①] 张小龙说过这样一句话，两成

[①] 张志安：《未来媒体是什么？》，http://science.china.com.cn/2016－01/22/content_8539987.htm，2016年5月。

的用户挑选内容发布在订阅号上面供八成用户阅读。这就是朋友圈中的热门帖子的两种来源之一，另一种是部分微信公众平台用户的 UGC 内容，UGC 内容是微信公众平台内容源源不断的驱动力。

第二节　腾讯财经微信公众平台传播影响力解读

本节将从媒介定位、传播内容、传播渠道三个方面解读腾讯财经微信公众平台的传播影响力。

一　媒介定位分析

目前微信公众平台种类繁多，想要从众多微信公众平台中拔得头筹，就必须把微信市场这样一个巨大的蛋糕进行划分，做好自身定位，寻求目标受众。做好定位，还必须依赖媒体自身的资源、能力等各种条件。对于财经门户网站而言，微信公众平台既是一种产品，又是一个打造品牌的平台。而无论是介绍、销售一件产品还是推广某个品牌，首先要解决的就是定位问题，其次是媒介服务对象是谁，最后是媒介为这些服务对象做什么。

（一）财经门户网站与腾讯财经定位

财经网站分为门户类和垂直类。门户类财经网站，例如腾讯、凤凰、新浪、搜狐等中的财经频道，通过传播"大财经"的信息，从小角度、小事例来反映宏观经济情况。[①] 其传播内容具有广泛性，覆盖人群广，内容包罗万象，同时网站提供金融理财服务。垂直类财经网站，例如金融界、和讯网、全景网等，专业性强、报道深刻、内容精练高质量，服务对象是特定领域的特定人群，同样提供与理财投资相关的服务。

腾讯网（www.qq.com）是中文门户网站，浏览量占据国内首位，受众

---

① 朱家华：《地市晚报如何做好"大财经"新闻——金华晚报创新财经报道的新闻实践》，《新闻实践》2010 年第 4 期。

遍及全球华人，致力于成为最具传播影响力的主流媒体平台。腾讯财经是腾讯网的财经资讯频道，提供国内外的权威财经消息，包括银行、证券、保险、股票、基金、黄金等领域，并为受众提供理财投资咨询等服务。

（二）腾讯财经微信公众平台定位

腾讯公司在2012年8月推出"微信公众平台"，个人和企业可以通过公众账号向特定群体发送图片、文字、语音、视频等信息；受众通过关注微信公众平台获取每日推送信息。微信公众平台的使用，与手机运营商的"电子报"相比，门槛更低、自由度更大、互动性也更强。基于此优势，微信公众平台很快被各大财经门户网站运用，成为其增强传播影响力的重要途径之一。

微信公众平台天然具有定位精准的特点，随着社会分工的逐渐细化，垂直化的服务将是媒介传播的未来趋势。腾讯财经微信公众平台是腾讯财经旗下以微信公众平台为技术依托的信息发布渠道，每日早晚各推送一次，每次精选三到四篇优质财经类文章进行推送，受众范围为主动订阅该订阅号的微信用户。

1. 角色定位

角色定位是确定要做怎样的微信公众平台。微信公众平台包括服务号和订阅号，服务号提供服务，订阅号提供信息。从目前来看，财经类订阅号有许多种，包括媒体类、个人类、金融机构类、行业类，腾讯网财经频道作为网络媒体，下属微信公众平台属于媒体类，所以腾讯财经微信公众平台的角色定位是财经媒体类订阅号。

2. 受众定位

受众定位就是确定微信公众平台的目标接受者。分众传播时代已到来，微信公众平台只有明晰受众定位，放弃传播能力之外的受众，才能使得传播范围最大化。因腾讯网的受众定位面向全球华人群体，故腾讯财经微信公众平台潜在受众广泛，目前存在的受众主要为对投资理财感兴趣的高端人士，或是想要获得经济信息的人群。

3. 内容定位

内容定位指的是微信公众平台可以传播哪些内容。媒体类微信公众平台的内容有多个来源：第一，母媒体，腾讯网财经频道提供新闻内容，这些内容都可以作为腾讯财经微信公众平台的推送内容；第二，同类微信公众平台；第三，本频道内部的 UGC 资源。腾讯财经微信公众平台的内容涉及新闻、评论、专栏、产经、股票、消费、基金、理财、银行、保险、外汇、期货、期指、贵金属等，内容的表现形式包括图片、文字、视频、音频、H5 等。

二　传播内容分析

受众定位只是决定了媒体的目标受众群，只有高质量的传播内容才能真正吸引受众，符合当前受众多样化的需求，进而使受众从接收信息到接受信息，再到受众行为发生改变，例如，进行信息的二次传播，从而完成"个体接收"到"接受影响"的过程。

（一）栏目组成

栏目这个概念最早来自报刊栏目。为了方便读者阅读，报纸在排版的时候，会将版面分隔成几个竖长条块，一个竖长条块就叫一栏。后来，广播、电视、网络均借用了报纸专栏形式，建立了内容相对专一、具有专门特色的栏目。微信公众平台可以借鉴报刊、电视、网络的这种组稿方式，设立特色栏目传递信息、吸引受众。

进入腾讯财经微信公众平台，我们可以发现，栏目组成分为三部分。第一部分是每天推送的文章列表，出现在消息栏中。第二部分是点击右上角人形角标可以跳转到"查看历史消息"界面。第三部分是页面下方的三个固定栏目，分别是"重磅精品""每日订阅""直击现场"。其中，"重磅精品"下设五个子栏目："棱镜""魔鬼经济学""抉择""财经智库""Miss Money"，"棱镜"是腾讯财经的原创深度报道，揭秘财经，透视真相；"魔鬼经济学"采取视频的传播方式，让枯燥无味的财经新闻轻松易懂；"抉择"是人物访谈类节目；"财经智库"刊登作家专栏文章；"Miss Money"提供有趣快乐的财经新闻。"每日订阅"下设四个子栏目"智图派""涨停板""枕头财经""浮世·Miss Money"，"智图派"口号是"一图知秋，图中窥智"，通过杂志排版的长图片形式，呈现财经类策划专题；"涨停板"每日发布股票预测信息，为订阅户奉上投资锦囊；"枕头财经"

选择在睡前推送，口号是"睡前一分钟读懂财经大势"。"直击现场"下设三个子栏目"全球7×24直播""在线解盘""证券研究院"，"全球7×24直播"直击全球资本市场大动荡，"证券研究院"通过与财经专家的合作，及时发布证券方面的解析文章；"在线解盘"提供大盘解读服务（见表10-1）。

表10-1　腾讯财经微信公众平台栏目构成

重磅精品	每日订阅	直击现场
棱镜	智图派	全球7×24直播
魔鬼经济学	涨停板	在线解盘
抉择	枕头财经	证券研究院
财经智库	浮世·Miss Money	
Miss Money		

（二）新闻选题和来源

对于微信公众平台的编辑而言，他们必须时刻坐在电脑前面，不能到达新闻现场寻找选题，这样一来，这些编辑就对互联网产生了极高的依赖性，所以探讨微信公众平台文章的选题，需要对其来源进行分类。

1. 新闻来源广泛

腾讯财经微信公众平台编辑根据当日热点自行整合文章，内容种类多样，来源不局限于腾讯网财经频道，在发布重大事件的同时兼顾文章的可读性。本节整理了腾讯财经微信公众平台从2015年6月1日到2015年8月30日全部推送文章的来源。

通过整理可以发现，腾讯财经微信公众平台的文章来源具有以下几个特点。（1）原创度高，立足腾讯网财经频道。在所选取时间段的945篇样本中，有644篇文章都来源于腾讯网财经频道，占比68%，这说明腾讯财经微信公众平台仍以推送其母媒体的文章为主。（2）看重自媒体稿件，充分利用UGC资源。转载量排名第二的是自媒体的文章，有82篇，占比9%。（3）来源可靠，具备公信力。在其他217家转载过的媒体中，转载量占据前三位的媒体分别为《第一财经》、《21世纪经济报道》和《证券时报》，说明这三家媒体是腾讯财经编辑关注度较高、较为信赖的媒体。此外，还有极少数的文章转自证券公司以及商务部网站。

2. 自媒体稿件占据半壁江山

腾讯财经微信公众平台设立自媒体专栏，把自媒体的号都集中起来。经营模式为腾讯财经微信公众平台提供流量超千万的发布平台，自媒体提供优质稿件。

在2015年7月30日20：11，腾讯财经微信公众平台单次推送了这样一条消息《腾讯财经自媒体矩阵向你发出邀请函来不来？》，这篇文章获得了14383次阅读。通过统计，2015年6月到8月腾讯财经微信公众平台共转载自媒体的文章82篇，以7月30日为界，6月1日至7月30日共55篇，7月31日至8月30日共27篇，仅从这三个月的消息量来看，编辑对于自媒体文章的引用并未因自媒体阵营的建立而增加（见表10-2）。

表10-2　2015年6月到8月腾讯财经微信公众平台引用自媒体稿件整理

单位：次

标题	阅读数	来源	公众号名称
【自媒体热评】揭秘巴菲特的投资精髓 关于房子的4个超级谎言	9681	自媒体	金枫财经、博文财经、阿尔法工厂、政商内参、经济观察报
4个一线城市 天平已经倾斜	17100	自媒体	博闻财经
【自媒体热评】养老金入市 为了什么而来 谁是稳增长重要抓手	4282	自媒体	民生宏观、奇霖金融研究、春歌夜读、杨红旭楼市研究
一文读懂养老金入市六大焦点（附独家图解）	21865	自媒体	泽平宏观
【自媒体热评】A股上行依然可期 再降逆回购利率有何意图	4523	自媒体	经济观察报、民生宏观、奇霖金融研究、光大宏观
【自媒体热评】双降后中央还有三件事要做 别拿股市涨跌绑架改革	7783	自媒体	海清FICC频道、观察者网、大伟看楼市、淡水泉、不执著财经
【自媒体热评】谁赚走了救市砸进去的钱 震荡行情如何活下来	15814	自媒体	心路独舞、郭施亮、民生宏观、奇霖金融研究、不执著财经
【自媒体热评】8句话看清当前股市的玄机 揭秘投资逆向思维	8351	自媒体	博闻财经、郭施亮、金钱注意、港股那些事、经济观察报、慧眼财经

续表

标题	阅读数	来源	公众号名称
【自媒体热评】A 股巨震国家队为何陷两难境地 股市上涨基础变了？	8163	自媒体	港股那点事、不执著财经、心路独舞、地产研究温阳微信号、邦地产、观察者网
【自媒体热评】天津港爆炸受害者谁来赔？涉及 9 大法律问题	7241	自媒体	丁祖昱评楼市、众知教育司考、奇霖金融研究、泽平宏观、光大宏观、理财周刊、金羊毛工作坊、洪蓉
【自媒体热评】股市保卫战告一段落 A 股将如何演变	11065	自媒体	风雨下黄山、博闻财经、不执著财经、泽平宏观、期货私募投资网、阿尔法工厂

整理 2015 年 6 月到 8 月腾讯财经微信公众平台转载自媒体稿件，我们有以下发现。

（1）从单纯转载到加工包装

虽然从数据统计来看，7 月 30 日之后，腾讯财经微信公众平台对于自媒体公众号的稿件引用量并未增加，甚至有减少的趋势，但是 8 月 4 日后对于公众号文章的引用，主要采取同类、同主题、相近主题整理为一篇的形式，并且统一标题格式为"自媒体热评"，统一文章配图进行推送，这说明腾讯财经微信公众平台编辑不再单纯机械地转载自媒体的内容，而是有所选择，有所提取，有所包装，并且打开文章可以发现，新推广形式丰富了页面布局、字体字号、插图等方面，稿件的人工加工痕迹更明显，阅读体验大大提升。

（2）阅读量提高

本书统计了腾讯财经微信公众平台自 2015 年 6 月 1 日至 2015 年 7 月 30 日自媒体文章的全部阅读数，通过计算其平均值，得出结果为 11374.52，在 7 月 31 日至 8 月 30 日，自媒体文章阅读数平均值为 16138.31。通过对比可以发现，订阅户对于文章的认可度有所提高。

（3）自媒体公众号转载分析

表 10 – 3 统计了 2015 年 6 月到 8 月腾讯财经微信公众平台转载的公众号文章数量大于等于四的公众号名称、数量和分类，可以发现，机构类有 5 个，个人类有 8 个，一般来说，机构发布的文章更多是结合财报、公司年报

等权威信息的内容，而个人类的账号内容，不仅包括原创，还有转载，文章质量都与公众号运营者的知识储备有关，所以这一点也印证了在调查中出现的受众认为腾讯财经微信公众平台发布信息权威性不强这一评价。这是该微信公众平台在后期需要注重的问题。

表 10 - 3　2015 年 6 月到 8 月腾讯财经微信公众平台转载公众号名称整理

单位：篇

公众号名称	转载文章数量	分类
博闻财经	19	个人
港股那些事	10	个人
民生宏观	7	机构
不执著财经	6	个人
光大宏观	5	机构
奇霖金融研究	6	个人
吴晓波频道	5	机构
心路独舞	5	个人
泽平宏观	5	个人
大伟看楼市	4	个人
德林爆语	4	个人
观察者网	4	机构
经济观察报	4	机构

（三）报道形式

一般来说，微信公众平台的报道有以下几种形式："图片＋文字＋阅读原文""长图片＋阅读原文""文字＋阅读原文""长图片＋文字＋阅读原文""阅读原文链接到 H5""视频＋图片＋文字＋阅读原文"。所谓"长图片"，即使用 PS 等制图软件或将多幅图片直接放在正文中拼接而成的一种呈现内容的方式，其形式类似"长微博"。由于微信公众平台的后台仅能编辑图文视频消息，暂时不提供 H5 页面的上传功能，所以如果想推送 H5 消息，只能使用链接跳转功能实现，即点击"阅读原文"超链接至一个需要推送的 H5 页面完成内容推送。

　　表 10 - 4 是 2015 年 6 月到 8 月腾讯财经微信公众平台推送文章报道形式统计，可以发现，新闻报道形式仍以图文结合为主，而这也是最快速、最直观、最传统的信息呈现方式。有所创新的是，腾讯财经微信公众平台积极采用长图片解读新闻事件，这是一种读者广泛欢迎的方式，因为单纯的文字太过枯燥，而多图和视频又会导致流量过量使用，长图能够以图文结合的方式用最少的篇幅传递更多的信息量。腾讯财经微信公众平台从 2015 年 6 月底开始自制并推送标题标注 "【策划】" 字样的文章，即长图片。

表 10 - 4　2015 年 6 月到 8 月腾讯财经微信公众平台推送文章报道形式统计

单位：篇

图片 + 文字 + 阅读原文	625
长图片 + 阅读原文	93
文字 + 阅读原文	32
长图片 + 文字 + 阅读原文	103
阅读原文链接到 H5	31
视频 + 图片 + 文字 + 阅读原文	61

　　表 10 - 5 整合了腾讯财经微信公众平台在 2015 年 6 月到 8 月推送的原创策划，对比推送时间和当天新闻可以发现，几乎每个专题都在新闻事件发生的当天就制作完成了，这体现了新闻的时效性，也说明门户网站可以和专业媒体有一样的新闻敏感意识与策划意识。

表 10 - 5　2015 年 6 月到 8 月腾讯财经微信公众平台推送策划整理（部分）

推送时间	文章标题	新闻事件
2015 年 6 月 25 日 08：47	【策划】一张图读懂中日高铁实力哪家强	2015 年 5 月 25 日，马来西亚总理纳吉布访问日本，在当天 40 分钟的闭门谈话中，双方花了很多时间讨论高铁，都认为该项目十分重要。安倍在讨论中还着重强调了新干线的安全性和技术先进性

续表

推送时间	文章标题	新闻事件
2015 年 7 月 4 日 20∶50	【策划】二十年救市回溯：政府还有哪些大招可以出	2015 年 7 月 4 日下午，国务院会议决定暂停 IPO。上午，证监会召集 21 家证券公司负责人召开紧急会议。会议决定：21 家证券公司以 2015 年 6 月底净资产 15% 出资，合计不低于 1200 亿元，用于投资蓝筹股 ETF；21 家证券公司同时承诺，上证综指在 4500 点以下，证券公司自营股票盘不减持，并择机增持。在此之前的三个星期，沪指跌了 30%，"蒸发" 17 万亿元
2015 年 7 月 6 日 17∶01	【策划】债务危机恶化！希腊公投之后走在脱欧边缘	2015 年 7 月 5 日，希腊雅典，民众前往投票站投票。高达 61.3% 的希腊人星期天对欧洲债权人提出的条件说 "No"，希腊在总理齐普拉斯带领下用公投发出对欧盟 "造反" 的正式宣言。欧盟被逼到墙边，面临前所未有的痛苦选择
2015 年 7 月 7 日 08∶24	【策划】以史为鉴 "王炸" 次日 股市将怎么走	7 月 6 日沪指收盘于 3775.91 点，上海 2.41%，今天会继续反弹吗？腾讯财经统计了历次救市之后沪指走势，救市之后第二个交易日大概率上涨
2015 年 7 月 10 日 08∶35	【策划】绝地大反击：看国家队如何调整救市策略	7 月 7 日国家队重点扫货的上证 50 指数，却成大盘杀跌元凶，以 7.23% 的跌幅惨淡收场，中石油尾盘跳水跌幅达 9.07%，7 月 7 日创天量成交额的中国平安录得跌停，金融板块多只个股跌停。7 月 8 日，国家队大力接盘中小创，加之央行、财政部、保监会、国资委都相继发声要维护市场稳定，沉寂许久的市场氛围再次被撩动
2015 年 7 月 17 日 08∶34	【策划】央企重组大棋局	2015 年 1 季度顶层设计方案出台传闻推动预期达到高点，但国企改革文件出台一再落空，6 月 5 日深改组十三次会议后市场预期降到低谷。但 7 月 17 日习近平总书记一天之内两次强调国企改革，预示顶层文件或将发布。习近平总书记在 40 多天内四次就国企改革做出指示，一切迹象表明国企改革顶层设计方案随时可能出台
2015 年 8 月 20 日 08∶32	【特别策划】你为何会抱着炸弹睡觉	2015 年 8 月 12 日 23∶00 左右，位于天津滨海新区塘沽开发区的天津东疆保税港区瑞海国际物流有限公司所属危险品仓库发生爆炸
2015 年 8 月 28 日 12∶23	一文读懂养老金入市六大焦点（附独家图解）	国务院新闻办公室于 2015 年 8 月 28 日（星期五）上午 10 时在国务院新闻办新闻发布厅举行国务院政策例行吹风会，请人力资源社会保障部副部长游钧和财政部副部长余蔚平介绍基本养老基金投资管理有关政策措施，并答记者问

推送时间	文章标题	新闻事件
2015 年 8 月 26 日 08：21	【策划】一张图还原全球金融市场如何倒下	2015 年 7 月中国股市剧震的阴霾迅速蔓延，全球股市资金上演 "大逃离"；8 月人民币贬值引发新兴市场货币 "大屠杀"；中国国内市

另外一个创新点是视频栏目《魔鬼经济学》，《魔鬼经济学》是腾讯财经一档成熟的视频栏目。《魔鬼经济学》以周为单位进行更新，每周推送两期内容，通过对人们日常生活的热现象和冷知识进行观察，并以经济思维对其进行阐释和讲解，使知识点具体化、案例化，使深奥复杂的经济学知识简单化、通俗化、易懂化。在腾讯财经微信公众平台的推送消息中，《魔鬼经济学》的短视频也是每期必推的。

（四）新闻标题

分析传播内容，不可避免地要谈到所推送文章标题的拟定或改写。综观浏览量 100000＋的热门文章，标题的制作无不精心别致。表 10－6 为腾讯财经微信公众平台 2015 年 8 月推送文章的部分标题。

表 10－6　腾讯财经微信公众平台 2015 年 8 月推送文章标题（部分）

推送时间	文章标题
2015 年 8 月 31 日 15：43	9 月起这些新规将影响你的生活
	【自媒体热评】揭秘巴菲特的投资精髓 关于房子的 4 个超级谎言
2015 年 8 月 30 日 09：09	透过李嘉诚公司业绩看全球经济形势
2015 年 8 月 28 日 12：23	一文读懂养老金入市六大焦点（附独家图解）
2015 年 8 月 27 日 08：20	一张图看懂市场危机传导链条
	三大因素压制市场　A 股还有戏吗？高盛称买入时机已到
2015 年 8 月 26 日 16：10	双降不够！图解央妈七种新武器
	【自媒体热评】双降后中央还有三件事要做 别拿股市涨跌绑架改革
2015 年 8 月 23 日 08：22	我是如何告赢奥巴马的
2015 年 8 月 22 日 18：29	默多克：新一轮全球经济危机正在到来
2015 年 8 月 21 日 08：27	一张图看懂央行新班子

续表

推送时间	文章标题
2015 年 8 月 20 日 08：32	【特别策划】你为何会抱着炸弹睡觉
2015 年 8 月 17 日 08：19	别错过！这些股票今天很有可能涨停（附名单）
2015 年 8 月 15 日 17：19	IMF 再促中国及时退出救市措施
2015 年 8 月 15 日 09：04	天津爆炸保险赔付或达 100 亿
2015 年 8 月 12 日 16：06	一篇文章读懂人民币贬值秘密
2015 年 8 月 12 日 08：33	央行猛砸人民币的秘密（附五大概念股）

通过分析腾讯财经微信公众平台推送的文章标题，我们可以发现，微信公众平台推送消息的标题具有以下特点。（1）加入“知名元素”，让读者熟悉和感兴趣。知名元素包括知名或者时下火热的人物，又或知名公司机构、致命事件、知名作品、知名短语等，比如表 10－6 出现的“李嘉诚”“奥巴马”“默多克”“巴菲特”等名字。（2）有热门词语。比如表 10－6 中出现的“天津爆炸”“养老金入市”等当时最热门的话题。（3）加入“数字”和“悬念”，勾起读者的好奇心。或是用榜单排名的方式，为读者提供小选项的问题解决方式。如数字包括“一张图看懂”“一文读懂”“三大因素”。悬念就包括“秘密”等，比如“央行猛砸人民币的秘密（附五大概念股）”。（4）加入“体验/感受元素”，让读者代入，明确预期。比如“9 月起这些新规将影响你的生活”“【特别策划】你为何会抱着炸弹睡觉”即体验和感受。

三　传播渠道分析

传播渠道作为衡量传播影响力的标准之一，正是可以考察微信公众平台是否运用了多样化的传播渠道，将传播内容更加方便多样化地呈现给目标受众，从而使目标受众可以通过更多方式主动获取传播内容，增加粉丝数、阅读量，分享打开次数，进而提升微信公众平台的传播影响力。

（一）传播时间

从传播时间来说，普通微信公众平台一天只能推送一次，源于微信对用户的免打扰策略。而认证过后的公众平台则稍微做了放宽，一天能够达到三次。一般来说，推送时间多在早、中、晚这三个时间段，主要在上班族上下班以及午休的时间进行推送，这是受众碎片时间最多的三个时间段。

腾讯财经微信公众平台每日的推送时间并不是十分严格，但根据统计可以发现，上午的消息推送在8：20左右，这个时间点多是上班族的通勤时间，上班族可以利用碎片时间进行阅读；下午的消息推送在16：00左右，这个时间临近下班，工作较为轻松，也容易产生碎片时间。从信息发布的时间和内容来看，早上发布的信息多是对前一天重要新闻的深度解读或策划类稿件，以及固定板块"要闻早餐"，这个板块是腾讯网财经频道早班编辑对于当天新闻的梳理。下午发布的信息多是当天的最新消息，更加注重时效性，以及自媒体稿件。

（二）推送文章数量

分析腾讯财经微信公众平台的传播渠道，不得不提到的是其每天发布消息的数量和次数。

从图10-1可以发现，腾讯财经微信公众平台每日推送文章数量为9—15篇，平均每天推送10.27篇。

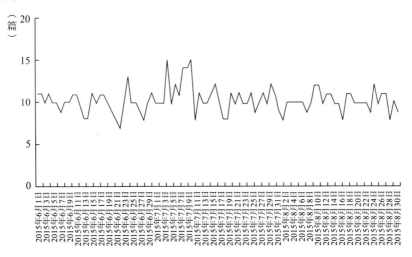

图10-1　腾讯财经微信公众平台2015年6月到8月推送文章数量统计

腾讯财经微信公众平台通常情况下每日推送两次，在遇到突发新闻或重大新闻时推送三次。表 10 - 7 汇总了腾讯财经微信公众平台推送三次时的文章标题和阅读量，以期发现推送时间对于传播效果产生的影响。在统计期共 92 天中，有 8 天每天推送了三次，从来源来看，主要是腾讯财经自制的专题策划稿件，这些内容制作时间在下午 18∶00 之后或早上 7 点之后，但 8 个小时的时间无法完成"策划 + 作图 + 审批"的全部工作，所以未在当天下午 16∶20 左右或早上 8∶20 推送，而在这些时间之后推送。从内容看，多数是深度稿件或策划类稿件，新闻由头多数是发布在当天下午 5∶30 之后或者上午 12 点之前的新闻。从阅读量来看，这些文章反而获得了比当天固定时间推送的文章更高的阅读量，这说明，选择恰当的推送时间，也可以增强文章的传播效果。

表 10 - 7 腾讯财经微信公众平台 2015 年 6 月到 8 月固定时间外推送消息整理

单位：条

2015 年 8 月 28 日 12∶23	一文读懂养老金入市六大焦点（附独家图解）	21865	自媒体
2015 年 8 月 25 日 18∶32	央妈终于出手了：双降再现！影响及后市策略全解读	100000 +	腾讯财经
2015 年 8 月 11 日 10∶39	重磅！人民币一次性贬值近 2%（附最全解读）	10000 +	腾讯财经
2015 年 8 月 10 日 10∶09	新版百元大钞要来了，快来找不同	10000 +	腾讯财经
2015 年 7 月 30 日 20∶11	腾讯财经自媒体矩阵向你发出邀请函 来不来？	14383	腾讯财经
2015 年 7 月 10 日 21∶08	股市涨了配资客眼红了！还想用杠杆资金翻本	46323	腾讯财经
	A 股保卫战第五日：公安部副部长傅政华参与部署打击证明违法	12161	腾讯财经
	美财政部否认做空中国：外资在中国股市占比小	13612	腾讯财经
	股市大跌它是凶手？其实"做空者"并不邪恶	30114	腾讯财经
2015 年 7 月 9 日 22∶07	十几个人恶意做空被查！带队的公安部副部长是谁？	100000 +	中国证券报
	保卫战第四日：十记重拳力挺 A 股	12043	腾讯财经

续表

2015 年 7 月 9 日 22：07	4000 亿减持资金仅回吐 1/10 大股东爱上 "躲猫猫"	19723	腾讯财经
	恒指大幅反弹 后市走势取决 A 股能否扛住 复牌潮	18341	腾讯财经
2015 年 7 月 8 日 23：22	救市第三日：A 股新增 12 道 "金牌" 护身	46236	腾讯财经
	产业资本护盘：大股东增持真相调查	12293	腾讯财经
	A 股暴跌恐慌蔓延 港股成为 "套现提款机"	12002	腾讯财经
	今年逾千家上市公司大股东减持	12682	腾讯财经

（三）添加好友及互动方式

微信公众平台添加好友的方式较为被动，其不能作为独立的微信号去主动添加好友，只能被他人添加。同时，只有被微信公众平台系统所认证的公众号才能被搜索到，而没有被认证的公众号是不能搜索的。具体添加好友的操作过程如下：在微信中点击朋友们→添加朋友→扫描二维码→把需要关注用户的二维码图案置于取景框内→添加关注的人。添加关注成为粉丝后，关注的用户即可通过微信公众平台发送消息与后台互动。

腾讯财经微信公众平台的推广方式有以下几种：（1）嵌入二维码在腾讯网财经频道网页文章最后；（2）嵌入二维码在 "腾讯新闻" APP 财经板块每篇文章最后；（3）嵌入二维码在腾讯财经微信公众平台每篇文章最后。

由此看来，能够关注腾讯财经微信公众平台的入口并不多，尤其是线下的入口几乎没有，线下入口主要通过在线下活动现场摆放展板二维码等宣传方式进行推广，并且线下活动的开展可以有针对性地吸引对财经有强烈兴趣的人群参加，垂直性更强。所以举办线下活动应该是腾讯财经微信公众平台扩展受众面、提升传播影响力的重要方式之一。

第三节　腾讯财经微信公众平台传播效果调查

微信公众平台的传播效果首先来源于该账号的订阅户数量。财经门户网站微信公众平台在推广早期，在财经门户网站本身品牌力的支持下，相比自媒体更有优势，但是在发展到一定规模时，就会出现阅读量少、二次传播量少的问题。本节以排行、阅读量（包括头条阅读量）、微信传播指数WCI来衡量腾讯财经微信公众平台的传播效果。阅读量即点击量，是指网页内容的被点击次数，这一指标反映了微信公众平台文章的受关注程度，这个数值越高就代表传播效果越好。

本节共统计了2015年6月到8月腾讯财经微信公众平台947篇文章，经计算，最高阅读量为100000＋，最低阅读量为1033，平均阅读量为20205，其中，100000＋的文章有6篇，占比0.6%。这是从传播内容阅读量角度的分析。如果按照多数微信公众平台的衡量标准来看，"100000＋"的文章数量占比并不高，由此可见，腾讯财经微信公众平台的传播影响力仍有提升空间。

受众对于媒体传播的反馈极为重要，本节参考喻国明的观点，将受众的反馈作为传播影响力效果测量的关键指标。腾讯财经微信公众平台传播影响力调查主要从受众角度出发，从基本信息、传播到达、信息认同、传播渠道四个方面对调查的结果进行分析，研究腾讯财经微信公众平台的订阅户在传播影响力产生的各个阶段有怎样的反馈。

一　微信公众平台传播影响力测量方案设定

对微信公众平台传播影响力的测量如要做到科学，就要先对各种测量方法进行分析，甄选出最适合其传播特征的方案，调查内容应尽可能严谨、全面，这样才能一次性抓取受众对于研究对象的使用反馈，进而得出相应结论。

（一）调查方案设定

目前，业界对于微信公众平台的传播效果评价体系尚不完善，业界最具权威性的是清博指数（原名"新媒体指数"），这是中国第一个开放的新媒体指数平台，支持注册会员自主管理各类新媒体载体数据监测和相关排行，并支持API对外提供数据统计等服务。目前，清博指数已开放微博和微信公众平台的监测和查询。① 腾讯财经微信公众平台的清博指数为 878.06，总阅读数约为 166281.13，头条总阅读数为 89069.5，平均阅读数为 16020.21，点赞数为 395.13，WCI 指数为 999.38。腾讯财经微信公众平台在 250 个财经类账号中，占据前 60 名的位置②，说明该微信公众平台具有较强的传播影响力。

但是仅从这个指标来研究传播效果的话，未免太过于单薄，因为这只能研究微信公众平台传播内容到达受众的情况，而受众的接受度和反馈情况不得而知。因此，本节在制作腾讯财经微信公众平台的测量方案时，就根据传播影响力形成的几个阶段，对受众提出相应的问题，以达到具体的测量目的。

本节制作了"腾讯财经微信公众平台传播影响力调查问卷"，从传播影响力形成的几个过程测量受众对于平台传播内容的反馈，进而研究其传播影响力的具体情况。

本研究使用的是受众总体测量方法③，即测量某一时间受众规模和构成下腾讯财经微信公众平台的传播影响力状况。本节对腾讯财经微信公众平台传播到达阶段、信息认同阶段、传播渠道传播影响力分析这三个方面进行调查，对栏目的媒体覆盖率与到达率、品牌认知度与栏目吸引、受众认知变化与二级传播效果进行具体的测量。

（二）调查样本概况

本次问卷从投放到截止经历约三个月的时间（2015 年 7 月 21 日至 2015 年 10 月 9 日），共发放问卷 550 份，回收问卷 516 份，在进行了有效问卷控制后，获得有效问卷 492 份，有效问卷回收率为 89.45%。

本次问卷调查共收集到有效问卷 492 份，男性填写者 238 人，女性填写者 254 人；其中，20 岁及以下的填写者 134 人，占比 27.24%，21—30 岁填写者 260 人，占比 52.85%，31—50 岁填写者 76 人，占比 15.45%，50 岁

---

① 《新媒体指数大数据共享平台上线：人人都可做排行榜》，新华网，http://news. xinhua-net. com/yuqing/2014 – 10/16/c_127107595. htm，2016 年 5 月。
② 清博指数 – 新媒体大数据平台，http://www. gsdata. cn/，2016 年 5 月。
③ James, G., " Ratings Analysis: Theory and Practice", *Lawrence Erlbaum Associates Incvol* 6, No. 3（November 2005），p. 145.

以上填写者 42 人，占比 8.54%。

从文化程度来看，填写者学历在高中及以下的有 84 人，占比 17.07%；大学学历的有 358 人，占比 72.76%；研究生及以上学历的有 70 人，占比 14.23%。

从职业构成来看，公务员 18 人，占比 3.66%；企事业单位、公司管理人员 176 人，占比 35.77%；教师/教授/医生/护士/律师 46 人，占比 9.35%；学生 240 人，占比 48.78%；自由职业人员 42 人，占比 8.54%。问卷体现的职业构成符合受众的多样化。

二　腾讯财经微信公众平台传播影响力调查报告

（一）传播到达阶段传播影响力分析

在传播影响力形成过程中，媒介传播是第一步，那么传播到达受众就是一个产生影响力的前提条件，要想使信息与受众尽可能地接触，就必须打破时空限制，拓宽传播沟通的方式，科学管理发布信息的时机、途径和内容，从而保证信息能够最终到达受众。传播到达包括受众对于腾讯财经微信公众平台的关注度、关注渠道、阅读率、阅读时间。

1. 腾讯财经微信公众平台关注度和关注渠道分析

在"是否关注腾讯财经微信公众平台"这个问题上，有 436 人选择已关注，占比 88.6%。对于获知及添加腾讯财经微信公众平台的渠道而言，排名前三的渠道是"官网上的介绍"、"已关注的其他账号推荐"和"朋友推荐"，由此可以发现，受众对于腾讯财经微信公众平台的关注主要源于官网新闻后嵌二维码的导入，以及意见领袖或者其他订阅户的二级传播。

2. 腾讯财经微信公众平台阅读率分析

本章通过提问受众阅读腾讯财经微信公众平台推送的消息的频率来测量微信推送文章的阅读率。在 492 位受众中，有 238 位受众每天都会阅读推送文章，这说明腾讯财经微信公众平台的日阅读率为 48.37%，属于比较高的水平（见表 10-8）。

表 10 - 8 您阅读腾讯财经微信公众平台推送的消息的频率

单位：人，%

选项	小计	比例
A. 一有推送就看	58	11.78
B. 一天 1 次或以上	238	48.37
C. 一个星期 2—3 次	40	8.13
D. 一个星期 1 次	26	5.28
E. 一个月或以上看 1 次	30	6.10
本题有效填写人次	492	

3. 腾讯财经微信公众平台阅读时间分析

腾讯财经微信公众平台每日推送两次，时间为早上 8：00 左右和下午 4：00 左右。通过调查订阅户对于推送文章的阅读时间，我们可以比较推送文章时间与用户阅读习惯之间的对应关系，从调查结果可以看出，订阅户阅读时间的高峰时段为 18：00—22：00（见表 10 - 9），但这并非平台的推送文章时间。可以看出，目前腾讯财经微信公众平台的推送文章时间并不符合其订阅户的阅读习惯，或者说，并未达到编辑理想中的即时传播的效果。

表 10 - 9 你最经常关注腾讯财经微信公众平台信息的时间段

单位：人，%

选项	小计	比例
A. 7：00 之前	66	13.41
B. 7：00—9：00	70	14.23
C. 9：00—11：00	72	14.63
D. 11：00—14：00	74	15.04
E. 14：00—18：00	74	15.04
F. 18：00—22：00	80	16.26
G. 22：00—2：00	74	15.04
H. 2：00 以后	42	8.54
本题有效填写人次	492	

（二）信息认同阶段传播影响力分析

受众根据不同的需求选择是否接收信息，基于不同的受众立场、人生观、价值观、人生阅历，受众对于同样的信息的接受程度也不同。对传者来说，为了让受众从接收发展到接受传播内容，其就要提升自身的传播能力，做好自身建设，创造品牌认知，生产用户需要、喜爱的内容。

在信息认同阶段，需要测量的是受众在接触信息后，信息对受众的影响程度。在腾讯财经微信公众平台传播影响力调查中，信息认同主要从对腾讯财经微信公众平台推送消息的偏好、忠诚度、认可度三个维度进行测量。

1. 对腾讯财经微信公众平台推送消息的偏好分析

询问订阅户对于腾讯财经微信公众平台的文章编排形式偏好，可以发现图文结合的形式最受订阅户的欢迎，其次是以图片为主的编排形式，以视频为主的编排形式排名并没有很靠前（见表 10-10），究其原因在于订阅户的阅读时间在白天，多数处于没有 WiFi 的环境下，运营商对流量的收费过高会影响用户的行为，导致用户不选择观看视频。

表 10-10　你在腾讯财经微信公众平台上最喜欢看哪种形式编排的内容

单位：人，%

选项	小计	比例
A. 以视频为主	76	15.45
B. 以图片为主	82	16.67
C. 以文字为主	74	15.04
D. 图文结合	234	47.56
本题有效填写人次	492	

2. 腾讯财经微信公众平台推送消息的忠诚度分析

调查腾讯财经微信公众平台有哪些内容可以吸引到受众这一问题，可以发掘出用户对于新闻信息的需求，也可以探出怎样的内容更容易到达用户。经过调查可以发现，用户关注前三名的是"国家大政方针解读"、"及时发布的最新信息"和"股市行情预测与投资策略"（见表 10-11），这三部分主要出现在推送消息栏，即聊天记录栏，这说明订阅户更多的是一种对于消息的被动接受，而对于使用界面下边缘的固定化栏目的探索并不十分积极主动，这也能从一定程度上说明栏目对于用户的吸引力并不强。

表 10 – 11　腾讯财经微信公众平台有哪些内容吸引到您？

单位：人，%

选项	小计	比例	
A. 股市行情预测与投资策略	196		39.84
B. 及时发布的最新信息	252		51.22
C. 国家大政方针解读	252		51.22
D. 财经花边轶事	84		17.28
E. 棱镜、抉择、魔鬼经济学板块	40		8.13
F. 财经眼、财经观察、要闻早晚餐板块	46		9.35
G. 外媒看中国、全球 7×24 小时直播板块	44		8.94
本题有效填写人次	492		

3. 腾讯财经微信公众平台推送消息的认可度分析

通过询问受访者使用腾讯财经微信公众平台的目的，我们可以观测出受众对于信息的偏好，从调查结果可以看出，受众最希望接受信息的特点有：文章简洁有质量，新闻性强，可以迎合社交需要（见表 10 – 12）。由此可见，受众对于腾讯财经微信公众平台作为一个新闻发布媒介的功能是十分认可的。

表 10 – 12　您使用腾讯财经微信公众平台的目的是

单位：人，%

选项	小计	比例	
A. 腾讯财经微信公众平台使用方便，每天只推送两条信息，相比门户网站与微博内容少而简洁	108		21.95
B. 您使用腾讯财经微信公众平台是为了获取新闻	84		17.07
C. 您使用腾讯财经微信公众平台是为了迎合社交需要	80		16.26

续表

选项	小计	比例
D. 您使用腾讯财经微信公众平台是为了获取活动信息	24	4.88
E. 您使用腾讯财经微信公众平台是为了追踪所感兴趣领域的最新动态	50	10.16
F. 您使用腾讯财经微信公众平台是为了扩充知识	26	5.28
本题有效填写人次	492	

在针对订阅户对于腾讯财经微信公众平台的不足的调查中，受众选择不阅读的原因首先是没有时间，其次是对推送的内容不感兴趣和只有在有特殊需求时才会阅读推送信息，例如"您要炒股，所以您关注了腾讯财经订阅号，在牛市过去后不再查收该订阅号推送内容"（见表10-13）。这可以体现出，腾讯财经微信公众平台对于部分订阅户的吸引程度并不高，使其在忙碌只可能选取几个订阅号文章进行阅读时并未将腾讯财经放在重要位置；推送文章无法激起用户兴趣；腾讯财经微信公众平台内容定位仍然模糊，缺乏特色，例如，在今年牛市熊市期间，为了迎合受众需求，仅能根据股市这一热点推送相关文章，在其他领域的文章相对弱化，这体现出腾讯财经微信公众平台过于迎合受众需求，而非专注打造自身品牌吸引受众。

表10-13　您认为腾讯财经微信公众平台存在哪些不足

单位：人，%

选项	小计	比例
A. 腾讯财经公众平台推送内容太多您无法阅读全部内容	90	18.29
B. 平时太忙您没有时间阅读全部内容	188	38.21
C. 腾讯财经公众平台推送内容您不感兴趣	164	33.33
D. 您只有在有特殊需求时才会阅读推送信息（例如您要炒股，所以您关注了腾讯财经订阅号，在牛市过去后不再查收该订阅号推送内容）	164	33.33

续表

选项	小计	比例
E. 您在其他平台（例如微博、人人）看到过类似内容，所以没有重复阅读	46	9.35
F. 腾讯财经公众平台推送内容与您期待不符	22	4.47
本题有效填写人次	492	

（三）传播渠道传播影响力分析

传播渠道是传播内容的载体。从受众的角度分析，将订阅户作为二次传播的传播渠道，重点在于订阅户对于现有传播时间、传播内容、传播方式的满意度评价，以及对订阅户行为的影响、二次传播的测量等。

1. 订阅户对腾讯财经微信公众平台传播内容二次传播的测量

调查订阅户对于腾讯财经微信公众平台推送文章的转发情况，可以了解受众行为。通过调查，我们可以发现，有不超过三分之一的受访者表示从未转发过腾讯财经微信公众平台的推送文章，多数受访者表示会转发腾讯财经微信公众平台的推送文章，甚至有19.92%的受访者选择了一天转发两次以上的选项（见表10-14）。这说明这些订阅户愿意承担二次传播的工作，这些订阅户某种程度上认可或者对于推送文章有所反馈，不管是正向还是负向。

表10-14 你转发腾讯财经微信公众平台中信息的频率

单位：人，%

选项	小计	比例
A. 从不	126	25.61
B. 一天两次以上	98	19.92
C. 一天两次	84	17.07
D. 一天一次	72	14.63
E. 两天一次	72	14.63
F. 三天一次	0	0
G. 一周一次	50	10.16
本题有效填写人次	492	

2. 订阅户对腾讯财经微信公众平台传播的评价

在对腾讯财经微信公众平台的优势调查中，受访者对于腾讯财经的内容丰富精彩、资讯符合自己的需要、实用性强这三点给予了肯定，这些评价属于受者对传者的反馈，体现腾讯财经微信公众平台的传播影响力达到了其传播目的。但与此同时，对比腾讯财经微信公众平台与其他同类门户网站微信公共平台，我们可以发现其在形式、功能多样性与内容简单清晰方面还较弱（见表 10 – 15）。

表 10 – 15　你认为腾讯财经微信公众平台的优势

单位：人，%

选项	小计	比例
A. 内容丰富精彩	102	20.73
B. 资讯符合自己的需要	122	24.80
C. 实用性强	122	24.80
D. 形式、功能多样	26	5.28
E. 内容简单清晰	58	11.79
F. 好玩有趣	0	0
本题有效填写人次	492	

3. 腾讯财经微信公众平台对受众行为的影响

本章调查了受众对腾讯财经微信公众平台不足的看法，其中，有49.59%的受访者表示对于推送消息的权威性难以辨别，这在某种程度上说明部分受访者对于信息的权威性十分关注，而对腾讯财经微信公众平台发布信息的权威性产生怀疑（见表 10 – 16）。这也呼应了前面提到的一个问题，腾讯财经微信公众平台只注重片面迎合受众需求，而忽视了对自身品牌的建设，对自身权威性的建设。

表 10 – 16　您认为腾讯财经微信公众平台的不足

单位：人，%

选项	小计	比例
A. 每天推送消息数量过少	74	15.04
B. 推送消息的权威性难以辨别	244	49.59

续表

选项	小计	比例	
C. 阅读体验差	80		16.29
D. 图文形式过于单调，缺乏视频、H5 等	134		27.24
本题有效填写人次	492		

　　传播效果体现在传播内容对受者思维方式、态度、行动的改变上，这个调查问题主要是为了测试腾讯财经微信公众平台对受众行为的影响，在此问题下，超过两成的受访者表示会购买腾讯财经微信公众平台推荐的股票，超过三成的受访者表示可能会买，这说明推送文章对受者行为确实产生了影响（见表10-17）。

表 10-17　您会选择购买腾讯财经微信公众平台推荐的股票吗

单位：人，%

选项	小计	比例	
A. 会	130		26.42
B. 不会	130		26.42
C. 可能会买	154		31.30
D. 不知道	76		15.45
本题有效填写人次	492		

　　订阅户选择继续关注或者取消关注属于行为层面，如果腾讯财经微信公众平台对于受众的吸引力已经不足，那么受众极有可能会取消关注，调查显示，有54.88%的受众选择继续关注腾讯财经微信公众平台（见表10-18），说明其在受众心中具有一定的传播影响力。

表 10-18　您是否愿意关注腾讯财经微信公众账号，并接受我们的后期调查

单位：人，%

选项	小计	比例	
A. 是	270		54.88
B. 否	222		45.12
本题有效填写人次	492		

三 调查结果的分析与发现

传播效果是传播学最受关注的问题之一，本章旨在通过量化分析方法对腾讯财经微信公众平台的传播影响力进行分析，而非单纯进行假设和推论。综合文章对腾讯财经微信公众平台传播影响力来源推论与实际受众调查的结果，笔者有如下发现。

（一）传播内容精要流失浪费资源

以内容为王始终是媒体人的工作追求。腾讯财经微信公众平台编辑每日从大量自媒体以及具有广泛来源的网站中精选优质内容进行推送，但是每篇文章的阅读量并未达到预期效果，而且从受众反馈来看，受众对于编辑认为属于精华的那些内容往往不"感冒"，认为缺乏权威性或者并不涉及自己感兴趣的领域。而腾讯财经微信公众平台每日推送的部分内容就被部分受众认为是无用的，从而浪费了人力物力。

据不完全统计，从目前来看，大多数微信公众平台都采用改编、改写的内容创作手法，原创文章数量极少，大量雷同文章重复分享，虽然可以获得一时的浏览量，但是难以为继，浪费了编辑和读者的时间资源。

（二）产品推广方式传统缺乏创新

目前，微信公众平台的产品就是每日推送的文章，产品推广方式即文章的呈现方式，有文字、图片、长图片、H5、视频等，而在移动互联网产品更新换代光速的今天，这些已有将近一年历史的传播渠道已显得有些过时，而且雷同、抄袭现象频发，例如，前段时间腾讯娱乐发布的《一个吴亦凡打来电话》的 H5 目前仍在被抄袭"您有一个来自 XXX 的电话，是否接听"，产品形式缺乏自主创新。

（三）分众时代有效传播缺失

分众传播是为了解决受众对于信息的需求和获取信息动机存在差异的问题。对于财经类媒体尤其如此，宏观、微观、债市、股市、楼市……太多的方向需要深挖，而对于财经门户网站微信公众平台而言，其对某一点深挖则会使其他点弱化，从而使得受众的定位不那么明显，这个也是财经门户类受众广泛的媒体需要考虑的问题，即如何在提供经济信息时注意满足不同阶层、不同行业的受众需求，传递"有用"的经济信息。

第四节　腾讯财经微信公众平台传播影响力提升策略分析

在注意力资源稀缺和资讯爆发式增长的双重态势下，打造有影响力的微信公众平台变得更加重要，难度也更大。腾讯财经微信公众平台具有其独特的竞争力和影响力，本章通过对腾讯财经微信公众平台的研究，可以发现其有三个方面可以为同类媒体所借鉴。

一　大数据思维打造品牌

获得认同，是建立传播影响力体系的第一步，要确立平台之于用户的价值，从平台角度考虑，传播品牌理念，销售产品，或者走相对纯粹的媒体路线，先获取增量用户，聚集专业用户等，制定清晰的目标，就更容易达成。

落到实际设定上，就是通过各个细节，精确定位自身，给用户清晰的形象，比如腾讯财经微信公众平台的 slogan 是"财智新基因"，就体现了平台对深度价值取向的追求。

（一）运用大数据思维培养受众

所谓"大数据"就是将各种各样的事量化后转换成统计的事，然后应用统计的方法给予解决。

近年来大数据技术的快速发展深刻改变了我们的生活、工作和思维方式。舍恩伯格认为，在大数据时代，人们对于数据的看法会产生一些改变，例如，人们不再坚持对数据精确性的执着，而是容忍杂质；以及用全部数据代替样本数据，不再苛求数据的因果关系，而是考量数据的联系性。[①]

因为在内容上主要涉及金融，定量的分析方法对于腾讯财经微信公众平台的运作有一定指导意义。用户数只是一个数字，编辑要做的，就是利用好这些数字。比如，微信公众平台的管理中心提供了一系列用户属性分析指标，可以说是编辑了解微信订阅用户的最好方式。编辑可以参考用户的地区分布，来决定线下活动的举办地点；根据用户使用设备的机型，来开发移动端的网页。

用户导向的运营思维，引导着互联网产品的日新月异，微信公众平台的内容不再仅仅是单向度地传播给受众，因为在信息泛滥的当今社会，微信公众平台若想存活就必须获得更多的受众关注，在引入阅读数转发数考核标准的竞争下，微信公众平台的内容必须有强烈的交互意识，增加与用户的互动交流，才可以通过积极举办线上线下活动的方式，让用户参与内容的生产和使用。

纯粹地发布文章，对于用户而言价值是有限的，而且并不能体现移动互联网"强参与性"的特征。积累用户之后应思考如何转化，回归用户的最终诉求，用多元的功能、产品，将用户被动接受推文变成主动的用户行为。

（二）建立跨平台一致的品牌形象

当前，许多非常成功的自媒体已经不再满足于微信公众平台这一载体，开始了跨内容平台的战略布局。这些所谓的"大号"通过在不同平台开设自己的专栏取得了更大的传播影响力。

由于类似微信公众平台这样的平台对于文章的发布规则愈加严格，一旦触犯就会有灭顶之灾，所以将内容发布在多个平台上面，也有利于规避风险。

品牌是企业重要的无形资产，而驱动这种资产的关键因素是品牌形象（Brand Image）。品牌形象就是消费者对于商品的总体感知和看法，一个好

---

① 张义祯：《大数据带来的四种思维》，《学习时报》2015年1月26日。

的品牌形象，可以驱使消费者进行购买行为。①

同样一篇优质的内容，在不同平台上的体现方式应该是不同的。例如，一篇深度投资分析，在网站上，需要力求专业严谨，配上详细的图表、批注，在微博上可能需要一段简短的文字生动且有画面感地引述，在微信公众平台上，就需要具有吸引力的标题以及分享语。在不同的传播平台上，需要使用各异的传播策略，那么问题便在于，在做到依据渠道特点组织内容、安排传播策略的同时，更要嵌入和保护统一的品牌形象。

二　海量 UGC 满足受众需求

目前来看，像腾讯网这样的媒体，有一个特别好但又长期被扔在一边的资源就是他们的用户。传统媒体拥有大量真实存在的用户，但是这些用户并没有被当作用户来看，可以把它们分为几种类型。（1）采访对象（专家、学者、部委官员等），他们一方面是编辑和记者的消息来源，另一方面真正的价值是他们是媒体的用户。（2）每日浏览网站受众的一部分。（3）下载腾讯新闻 APP 的人、订阅腾讯财经微信公众平台的人。

所以财经门户网站要做微信公众平台，关键之一就是把上面提到的这三类人，从用户全变成编辑的 UGC，可以想象下，这个数量将达到百万人以上。

（一）海量 UGC 提供传播内容和渠道

UGC 模式生产内容对于财经门户网站来说并非新生事物，许多财经专栏至今仍在更新便是明证，然而传统的财经门户网站中，UGC 专栏只是占据很小的一部分，主要内容仍旧是网站记者编辑的生产内容，因为从政治的导向性和内容的深度性这两方面来看，记者编辑的产出都占据绝对优势。但是，传统采编力量已不能满足受众日益增长的内容消费需求，UGC 必然

---

① Biel, L. Alexander, "How Brand Image Drives Brand Equity", *Journal of Advertising Research*, 6 (November/December), RC6 – RC12, 1993.

会代替传统采编占据更高的地位。

此时，财经门户网站微信公众平台就必须顺应这种市场的变化，转变内容生产思路，变传统模式为社会化的内容生产模式，围绕受众的需求进行内容生产，而非单方向提供内容，这体现了用户中心理念。

UGC 包括以下几类人员。（1）了解市场一线的人员。例如证券公司、金融机构工作人员、高校经济学类教授等，他们本身就掌握了最新的市场信息，并且具备通讯员的采编能力，发挥其生产内容的潜能，就可以为财经门户网站提供接地气的新闻信息。（2）广告客户。目前许多财经门户网站会为广告客户提供专题制作，但内容并不是完全的硬广告，与广告客户相关的行业报告、人物专访、企业信息等新闻都可以加入内容生产的过程中来，并且这种行为可以大大调动广告客户的积极性。（3）读者报料。随着教育水平的提高，许多专业化水平较高的读者完全可以胜任类似通讯员的角色，他们通过各种社交媒体向平台投稿，也是 UGC 的重要组成部分。（4）自媒体。对于财经门户网站微信公众平台来说，吸纳目前已经在社会上具有一定影响力的财经类自媒体，是其优化稿源的一种重要方式，具体可以通过转载其已有稿件，或者合作约稿方式进行。（5）媒体内部人员。许多专业采编人员离开财经门户网站自立门户，其创业过程往往艰辛，而对于网站本身来说也是一种损失。财经门户网站应该懂得人才的重要性，鼓励内部人员开设专栏，进行自媒体内容孵化，既可以发挥其特长，又能保证高质量的传播内容；借助网站自身的技术优势，又可以实现多媒体的内容创新，一举多得。

（二）编辑担任内容产品经理

腾讯财经微信公众平台目前借助千万级的订阅户和影响力，运用了自媒体的力量进行内容的优化，丰富了自身的稿源，优化了内容结构。

编辑在这中间，就起到了 UGC 内容编辑的作用，腾讯财经在 2015 年 9 月 18 日发布了一篇由机器人 Dreamwriter 写的新闻稿，激起了业内的强烈反响。许多人认为编辑这个岗位在 UGCer 创作的海量内容时代一定会被机器取代，但是现在有专业新闻素养的编辑还是有无法取代的作用，即他们可以识别、创造话题，一个话题就可以带来无数的用户。在这个时候，编辑就可以把无数的 UGCer 创作的产品聚合起来，这样我们又把编辑变成了内容的产品经理。编辑在实际操作中需要注意以下几点。

首先，从本质来看，利用 UGC 来解决稿源稀缺的问题，要先改变传统的内容生产模式，解决编辑、读者两条路，内容脱离读者需求的问题，才能使自媒体提供的稿件传播效果最大化。

其次，从媒体从业人员的素质来看，引入外部资源等于促进了内外部的稿件质量竞争，这就需要建立相关考核机制，让内容的价值成为判断稿件质量高低的重要标准，进而实现采编人员的优胜劣汰。

最后，在引进自媒体 UGC 时，编辑应做好把关作用，在避免出现政治风险的同时，核准消息来源的真实性，坚持稿件质量的高标准，这样才能将自媒体供应的内容真正内化为符合财经门户网站微信公众平台的内容。

（三）UGC 组成自媒体联盟

自媒体联盟不同于自媒体，可以说是自媒体中的"意见领袖"，在自媒体中发挥着活跃的组织、协调、引导、交流等作用。拉扎斯菲尔德对两级传播理论进行了扼要解释，他认为信息的传递按照"媒介—意见领袖—受众"这种模式进行，信息总是首先传递给社会中少数的"意见领袖"，然后再由这些人传到人口中不那么活跃的部分。财经门户网站组织的自媒体联盟正是通过这一传播模式，先将联盟中的优质文章进行收集整理，进而分享分发，众多自媒体号看到之后，对于优质资源进行二次传播，这样既保证了资源的质量，又保证了传播的范围。

财经门户网站微信公众平台通过自身的优势，将自媒体 UGC 内容进行聚合，不仅可以解决网站内容生产成本高的问题，以及内容不够充分不能满足读者需求的问题，同时也可以通过整合自媒体包括博客、微博、微信公众平台等社会化媒体渠道来进行广告运营模式的打包销售，扩大自身的传播覆盖范围，提高全媒体全渠道的整合能力。

从盈利模式上看，自媒体将稿件发布在许多免费平台上，并不能为其带来直接收益，但是财经门户网站微信公众平台稿费回报对于自媒体人具有一定的吸引力，并且大平台的推广，对其自身传播影响力的提升也大有裨益。

从组织形式来看，现在各类自媒体都有组织各种自媒体联盟，可见其组织形式的成熟性，财经门户网站有得天独厚的人力财力资源，相比较民间自媒体联盟而言，更具竞争力，此时通过市场化的购买和吸聚模式，吸引自媒体加入，可以实现稿件质量和经济利益的双赢局面。

三　富媒体模式引发受众共鸣

人对环境的调试，是通过虚构这一媒介进行的。[①] 这是李普曼在他的《公共舆论》里的断言。他说的虚构，不是虚假，而是基于以下的实情：一个人对并未亲身经历过的时间所能产生的唯一情感，就是他内心被那个事件所激发起来的情感。[②] 传统渠道和传统媒体正在失去固有的可以激发情感的优势，但 6.68 亿中国网民的刚性需求依然存在且更为强烈。财经门户网站微信公众平台可以借助"富媒体"技术，充分借助其母媒体制作的各种文字、图片、音频、视频形式的信息，做到图文并茂。

（一）内容主题抓住用户痛点

目前，几乎所有的财经门户网站都有其微信公众平台，有的财经门户网站甚至细分到每个栏目都建立一个微信公众平台，这样一来，就必须给受众一个选择订阅并且短期内不取消关注的理由。这里就不得不提到一个词，叫"受众痛点"，也就是从前所说的"受众需求"，即受众最关心、最关注、最想了解的信息。解决这一个问题，是万变不离其宗的，可以用大众传播理论中的"环境监视""社会化功能""提供娱乐"来解释，环境监视功能说明了媒介可以满足受众对于经济信息的常规需要；社会化功能即媒介给予受众更多选择权和编辑能力，例如，通过议程设置引发评论，从而达到改变受众行为的目的；提供娱乐功能即受众更关注那些娱乐性强的软新闻，媒介为了迎合受众需求，提高了新闻的软化程度。

传媒行业研究者刘剑飞认为，在碎片化的阅读时间里，让受众"阅后有感"最重要，而在有关信息的有用性（功利阅读）、信息的二次传播性（第一时间传播）、信息的趣味性（会心一笑）等多种"需求"中，对于财

---

① 〔美〕沃尔特·李普曼：《公众舆论》，阎克文、江红译，上海人民出版社，2006，第10页。
② 〔美〕沃尔特·李普曼：《公众舆论》，阎克文、江红译，上海人民出版社，2006，第10页。

经类微信公众平台而言，前两者是最为重要的、需着力考虑的问题，代表着账号的品质和档次，两者在数据上分别体现为"阅读量"和"转发分享量"。①

从文章主题来说，文章需具有接近性、耸动性。接近性是指身边事、日常情、较近的心理距离与地理距离；耸动性是指能够唤起受众恐惧与紧张心理，以刺激阅读及传播。根据数据统计，最容易传播的是亲子类、地域类、食品安全类与治安类这四大主题。

（二）短视频提高内容传播效率

移动 4G 时代使得在不借助 WiFi 的情况下，上传下载视频毫无压力，分享的理念从图片、文字发展到短视频，应运而生的是许多短视频的拍摄软件，以及视频直播软件。从微信公众平台的传播内容来看，短视频以其丰富的传播信息量、生动可视化的传播方式、众多的受众支持，彰显着一个新的分享时代的到来。

腾讯财经《魔鬼经济学》的五到六分钟的财经知识解读就属于对短视频的大胆探路，开启的是财经动画化的新时代。而且将那些晦涩难懂的财经新闻，用生动有趣的画面进行解读，是非常不容易的。

一个相同的例子，2014 年夏天，冰桶挑战席卷全球，并在 8 月快速传入中国。很多人会说，因为冰桶接力的门槛低，才会有很多人参与。但尤其不要忽视的是，它以移动社交的方式传播，传播的人只要有移动设备，比如，手机就可以参与拍摄，然后，还可以轻松地通过社交网络进行分享。这就是短视频的作用，对冰桶挑战的传播起到了推动作用。

有数据显示，在推出秒拍客户端之后，微信内日分享量已经超过百万。不管是短微博，还是微信，抑或即将到来的短视频的微频时代，都迎合了人们对于效率的追求。

（三）大财经视角传播可视化内容

财经，一直被认为是"高大上"的领域，并且总与专业相挂钩。总让

---

① 《2014 我与自媒体这一年："历久而新"成就影响力！》，爱微帮，http://www.aiweibang.com/yuedu/caijing/16743430.html，2016 年 5 月。

人有距离感。这恰恰凸显的是中国过去 30 年带来的贫富差距的悬殊。就连资本市场也是如此，即便有 2008 年金融危机，股市暴跌，很多股民经历了血的教训，但不少散户投资者依然对于股市基本常识缺乏了解，而财经媒体的专业性往往很强，会导致知识沟的出现。

这些问题在腾讯财经的编辑看来是可以解决的，他们为了迎合受众的需要，用图解、视频等方式，扒掉财经的伪专业和八股，真正把财经生活化、通俗化。代表栏目就是《智图派》和《魔鬼经济学》。《智图派》采用杂志化的长图片，制作精美优良，呈现事件策划、人物策划。值得一提的是，《魔鬼经济学》借助腾讯视频这一平台进行发布，腾讯视频一大优点是没有强制插入的贴片广告，这就使得观众在观看《魔鬼经济学》时，有了更轻松愉悦的用户体验。

受众转发文章或分享文章到朋友圈的动机是传递知识或讯息[1]，故财经门户网站微信公众平台发布的文章应该在兼顾专业性较强的读者的同时，考虑到浅显易懂文章传播才更广的道理，寻找晦涩财经新闻与人们生活的巧妙结合点，利用接近性原则展开介绍。

财经门户网站微信公众平台可以借鉴一些自媒体的运营经验，设立特色栏目板块，或另开小号。例如，腾讯财经微信公众平台的小号"浮世·Miss Money"，是由编译运营的公众号，该账号的定位是"提供快乐有趣的财经内容"，例如，在全世界都在报道巴黎恐怖袭击之时，这个账号从"巴黎不仅是时尚之都更是经济之都"这样的角度，探讨巴黎暴恐袭击对全球经济的影响，立意独特。这也可以作为一种借鉴，为同类财经门户网站微信公众平台提供发展参考。

本章小结

财经门户网站微信公众平台规模不断扩大，内容不断创新，经过近两

---

① 万丹妮：《媒体微信公众平台提升影响力方式探析》，http：//yjy.people.com.cn/n/2014/0617/c245082-25159042.html，2016 年 5 月。

年的发展，腾讯财经微信公众平台荣获 2015 年《经济观察报》举办的微信
公众平台 "TOP10" 荣誉。这体现了其作为一个成熟的微信公众平台，所具
有的强大的传播影响力。在对腾讯财经微信公众平台进行研究的过程中，
我们可以发现其传播影响力来源于三个方面：一是立足中国浏览量最大的
中文门户网站腾讯网，对腾讯财经微信公众平台品牌的打造起到了极大的
推动作用；二是在传播内容方面，来源广泛，自媒体内容占据半壁江山，
报道形式多样化，并且精心制作文章标题，符合小而美的传播契机；三是
在传播渠道方面，精准时间推送，采取多样化的传播渠道，符合当今网民
的用户习惯。

　　腾讯财经微信公众平台传播影响力最核心的来源在于其传播平台和传
播内容，腾讯新闻 APP 是其得到推广的重要伙伴，运用大数据思维了解受
众，建立起跨平台一致的品牌形象；创新是其能够不断获得受众好评的灵
魂所在，精准的推送时间以及海量 UGC 联盟的成立是其生机与活力的不竭
动力，自媒体联盟为其提供优质高效的内容来源；平台用富媒体模式抓住
"用户痛点"，用短视频提高内容传播效率，以大财经视角传播通俗内容。

第十一章

《吴晓波频道》微信公众号传播影响力研究

　　微信是一款智能终端应用程序，能够为用户提供免费即时通信服务，它从上线之日起，就成了最热门的社交信息平台之一。根据 2016 年对微信用户数量的统计结果，微信的注册用户量已经超过 9.27 亿人①，成为整个亚洲地区用户使用量最多的移动即时通信程序。2012 年 8 月 23 日，腾讯公司在微信原有的功能板块的基础上新增加了"微信公众平台"的功能，允许个人或者企业在该平台上塑造一个私有的微信公众号，实现了个人或企业与特定群体之间文字、图片、语音等全方位的互动交流。相较于博客和微博，微信的公众号平台更着重于点对点的传播方式，特别是当 2013 年 8 月与财付通正式合作推出了"微信支付"功能之后，微信公众号逐渐将传播与营销两大功能完美整合，为微信公众账号变现提供了渠道。

　　伴随着微信公众号的逐步发展和普及，由各位财经领域的知名人士所创立的公众账户，也越来越多地出现在微信公众平台，他们通过每日推文，向特定的受众群体传递思想，打造泛财经社群组织，同时又将传播信息与推广商品结合起来，形成一个盈利的良性循环。本章以《吴晓波频道》为例，从媒介定位、传播内容、传播渠道、传播效果四个方面分析了媒介传播的影响力，并思考如何提升名人财经类微信公众号的传播影响力。

---

　　① 整理自 2016 年 8 月 18 日腾讯《2016 年微信用户数据报告》，http://tech.qq.com/a/20161228/018057.htm#P=1，2017 年 3 月 4 日。

第一节 吴晓波及《吴晓波频道》

在众多名人财经类微信公众号中，《吴晓波频道》通过打造个人品牌优化传播内容，利用线上线下的互动构建泛财经社群，并通过内容、社群、产品三位一体的运营模式实现自媒体变现，从同类订阅号中脱颖而出。《吴晓波频道》的运营与吴晓波本人的人生经历密不可分。

一 吴晓波的两次人生转型

吴晓波，1968 年生，毕业于复旦大学新闻系，曾任"蓝狮子"财经图书出版社出版人，常年从事公司研究。吴晓波曾为多家中国重要的报纸、杂志、新闻门户网站进行专栏写作，影响了一代中国的企业家。本节通过对其经历的梳理，总结出吴晓波主要的三个身份（见表 11 - 1）。从财经记者到财经作者，再到自媒体人，吴晓波完成两次阶段性转型。

表 11 - 1 吴晓波主要的三个身份

身份	从事时间	主要经历
财经记者	1990—2003 年	担任新华社浙江分社商业记者
财经作者	1998 年至今	撰写《大败局》《激荡三十年》《跌荡一百年》《吴敬琏传》《历代经济变革得失》等书籍
自媒体人	2014 年至今	创办《吴晓波频道》

二 《吴晓波频道》概述

《吴晓波频道》是财经名人吴晓波在微信平台上进行内容发布的自媒体，涵盖视频、专栏和测试三部分内容，视频部分与爱奇艺合作，每周四推出。作为一个以著名财经作者吴晓波为核心的财经类微信订阅号，自2014 年 5 月 8 日上线以来，其订阅用户数量直线上升，截至 2016 年 5 月已达到 168 万人，订阅号的订阅粉丝用户依然保持着月同比增长 10% 的势头。[①] 新榜（NEWRANK.CN）的统计数据显示，《吴晓波频道》2015 年位居新榜 500 强中的第 315 位，在财富类微信公众号中排名第 15 位，是 500 强中唯一具有个人属性的财富类公众号。《吴晓波频道》推送的第一篇文章《骑到新世界的背上》获得了 3461 次阅读和 61 个赞。最新微信公众号影响力排行榜周榜（资讯类）统计显示，2016 年 9 月 5 日到 9 月 11 日，《吴晓波频道》以 142W + 总阅读量跻身财富类公众号前十。[②] 不仅如此，《吴晓波频道》还建立了大量书友粉丝组织，其规模之大涵盖了全国各地共计 80 多个城市，并且每年都在线上及线下策划和发起各类活动以加强粉丝之间的互动，成功塑造出国内最大的泛财经社群。从以上数据可以看出，《吴晓波频道》已然成为业界有影响力的名人财经类微信公众号。

第二节 《吴晓波频道》传播影响力分析

通过以上数据我们可以看出，《吴晓波频道》在业界具有一定的影响力，选取其作为研究对象，具有很强的代表性。本节以传播影响力为研究视角，从媒介定位、传播内容、传播渠道、传播效果四个层面，对《吴晓波频道》的传播影响力进行具体分析。

一 媒介定位分析

新闻媒介的定位是传媒营销的重要策略，其理论应溯源到营销学中的定位理论。媒介定位在某种意义上就是媒体内容产品的受众定位。此外，媒介定位的独特性是基于媒介特有的意识形态而产生的，因此，就算是新

[①] 整理自 2016 年 5 月 7 日《"吴晓波频道"传播评估报告》，http://report.newrank.cn/report_search.html? value = % u5434% u6653% u6CE2% u9891% u9053&bindType = report，2017 年 3 月 4 日。

[②] 整理自 2016 年 9 月 19 日《"吴晓波频道"以 142w + 总阅读量，跻身十强》，https://san-wen.net/a/yosfcoo.html，2017 年 3 月 4 日。

兴媒体的媒介定位，也不能照抄原有“经济效益第一”的营销定位取向，必须始终坚持社会效益第一，不能完全被动地迎合受众，要担负起“以正确舆论引导人”的使命。

受众指的是大众传媒的信息接受者或传播对象。受众定位则是指媒介内容对受众群体传送的确定，是基于媒介市场、媒介市场产品份额决策的分析。更明确成熟的受众定位能够更有效地锁定目标接受人群和市场，进而围绕受众人群及市场展开各类传播活动，从而迎合受众的需求，精确地打造 KOL（Key Opinion Leader），为引导传播影响力的后续行为做铺垫。

（一）选取中产阶级为目标受众

《吴晓波频道》的受众定位是中产阶层（又叫“中产阶级”）。[①] 中产阶级是一个很难确切定义的概念，通常是指位于社会中间阶层的一群人。学界比较认可的说法是：“所谓中产阶层，是指以从事脑劳动为主，靠工资及薪金谋生，具有谋取一份较高收入、较好工作环境及条件的职业就业能力及相应的家庭消费能力，有一定的闲暇生活质量，对其劳动、工作对象拥有一定的支配权，具有公民、公德意识及相应修养的社会地位分层群体。”[②]《新一代中国消费者崛起》是 2016 年初高盛集团发布的研究报告，报告指出，具备购买力的中国消费者正日益增多，而正是占总数 11% 的中产阶层主导了非必需但想要的消费。影响潮流消费模式的是高端消费者，即最富有的人群。中国的高端消费者约有 140 万人，他们的年平均收入为 50 万美元以上；而中产阶级的年平均收入为 1.2 万美元到 50 万美元，此区间共 1.46 亿人，他们则主导了非必需消费，即娱乐、饮食和旅游等。目前，整个社会的消费结构正发生着明显的改变，透过不同阶层的消费支出情况能够直观反映出来，具体如表 11 - 2 所示。

---

① 整理自 2016 年 5 月 7 日《〈吴晓波频道〉传播评估报告》，http://report. newrank. cn/report_ search. html? value = % u5434% u6653% u6CE2% u9891% u9053&bindType = report，2017 年 3 月 4 日。

② 李强：《市场转型与中国中间阶层的代际更替》，《战略与管理》1999 年第 3 期。

表 11 – 2 中国中产与非中产阶级家庭日常各类主要消费项目占比①

单位：%

主要消费项目	中产阶级家庭	非中产阶级家庭
饮食	62	72
服饰	34	29
子女教育	31	24
购房	28	13
文化娱乐	20	12
医疗保健	13	12
社交应酬	4	2
购车	6	3
个人继续教育	1	4

　　从这些数据我们可以看出，中产阶层家庭的消费结构与非中产家庭相比，尽管在某些方面具有一致性，但总体上表现出较大的差异。无论是中产还是非中产阶层家庭，饮食、服饰、子女教育和购房都在其消费结构中占据主要比重，从数据上看并无很大的不同。但值得注意的是它们所占顺序的不一致，这代表这些消费项目对于中产阶层家庭和非中产阶级家庭的重要性也不尽相同。比如，就饮食方面而言，其在非中产阶层家庭消费中的重要性远大于中产阶层家庭，相反，中产阶层家庭在服装、购房、文化娱乐、购车等方面比非中产阶层家庭有更多的消费支出。这反映出在当今社会，相较于非中产阶层，非基本享受性消费和前瞻性消费在中产阶层消费中所占的比例更高。这也体现出中产阶层家庭的消费结构正不断趋于多元化，是传统的以衣食为主的单一消费结构的转型。具有代表性的中产阶层生活写照是这样的：用着最新款的手机，品尝美食美酒，购买品牌商品，以汽车代步，去健身房运动或参加户外活动，喜欢国内自驾游和出国旅行……会对很多公共的议题——空气质量、食品安全、阶层固化、教育问题、社会体制改革等提出自己的主张，也常常自嘲是一个"房奴"。

　　中国家庭金融调查与研究中心的调查也验证了这一点。调查显示，中产

---

① 周晓虹：《中国中产阶层调查》，社会科学文献出版社，2005，第64页。

阶层家庭在房产上财富配置比例高达79.5%，而不动产的高比例也会制约中产阶层的消费能力，因此，自身兴趣与商品品质对于中产阶级消费者来说就变得尤为重要，中产阶层消费者将不会盲目追求高端和缺乏理性的消费。

（二）围绕"中产阶层价值观"定位公众号

根据瑞士信贷银行2015年10月发布的《全球财富报告2015》，中国中产阶级人数达到1.09亿人①，虽然只占全国成年人口的11%，但超越美国的9200万人，成为全球中产阶级人数最多的国家。但近年来，随着网络的普及，国内的舆论场出现了"屌丝化"的趋势，即大部分网络用户怀着"我是屌丝我怕谁"的群众心理。为了迎合更多的网络用户，互联网商业逻辑也逐渐向"得屌丝者得天下"的观点倾斜，这也是当今国内社会特有的现象。在这个大背景下，《吴晓波频道》却偏偏另辟蹊径，在繁杂的舆论声浪中坚守着自身的价值取向：宣扬商业中的美学，鼓励大众通过自我奋斗实现自身价值；乐于共享与奉献，反对屌丝经济的盛行。②

根据公开数据③，在《吴晓波频道》上线的前50天，订户中有66%为男性，受众用户数量排名前十的城市都是经济较发达的城市，如北京市、上海市、广州市、深圳市、杭州市等。其中，60%以上的用户是80后、90后，而此前吴晓波的读者一度以50后、60后、70后为主。从《吴晓波频道》整体的内容来看，它正尽力去迎合年轻人，但是目标客户为中国中产阶级，包括体制内的政界人士和体制外的工商业人士。

《吴晓波频道》对自己的用户定位也是如此：偏中产，具备一定消费能力。人群画像主要为"年龄在30岁上下的男性，从业时间在四年以上，能够达到中高层，年收入30万—50万左右，成家有小孩"。④

---

① 整理自2015年12月8日"The Global Wealth Report"，https：//www. credit – suisse. com/ch/en/about – us/research/research – institute/publications. html，2017年3月4日.

② 整理自2015年3月3日《〈吴晓波频道〉300天报告》，http：//tech. hexun. com/2015 – 03 – 04/173725601. html，2017年3月4日。

③ 整理自2014年6月29日《吴晓波频道：50天报告》，https：//www. huxiu. com/article/36532/1. html，2017年6月4日。

④ 整理自2016年6月24日《吴晓波频道：内容、社群、商业要三位一体》，https：//zhuanlan. zhihu. com/p/21416336，2017年6月4日。

这些用户的需求主要包括：职业上的需求——充电和职业发展；生活上的需求——旅游度假；投资理财的需求；子女教育的需求；生活品质提升的现实需求。详细内容如图 11 - 1 所示。

图 11 - 1 用户需求

2016 年 12 月 27 日，频道针对目标受众进行调查，提出"新锐中产阶级"这一概念，并总结出新锐中产阶级的特点：高学历、一二线、低年龄；理财观念大更新；更多元的价值观。因此，《吴晓波频道》的内容、社群与产品均紧紧围绕"中产阶层价值观"，以满足目标受众需求，扩大微信订阅号在目标群体中的影响力。

二 传播内容分析

媒介定位只能决定媒体的目标受众群，真正吸引受众的是专业性与可读性并存的传播内容。只有高质量的传播内容才能更好地满足受众需求，其通过使受众接收信息来影响其行为，从而完成"个体接收"到"接受影响"的过程。微信时代，资讯消息主要以非线性的形式在不同的群体中传播，资讯内容本体也渐渐演化出自身的传播力。对于名人微信公众号而言，其运营不能仅靠营销、话题、标题党、导流，好的内容是提升传播影响力的核心。本章通过对研究样本的分析，总结出《吴晓波频道》传播内容的三个特点。

（一）栏目内容以"大财经"为指向

栏目这个概念最早来自报刊栏目，为了方便读者阅读，报纸在排版的时候，会将版面分隔成几个竖长条块，一个竖长条块就叫一栏。后来，广播、电视、网络均借用了报纸专栏形式，建立了内容相对专一、具有专门特色的栏目。微信公众号借鉴报刊、电视、网络这种组稿方式，设立特色栏目传递信息、吸引受众。近年来，财经类公众号不再以"专、精、深"

的传播内容为主，纷纷有意识地着眼于总体的经济发展趋势、国际国内发生的重要经济事件、重要财经人物事件。《吴晓波频道》栏目内容以"大财经"为指向，用通俗解读"专、精、深""社会化"经济新闻，使传播内容专业性与可读性并重。

本章整理了《吴晓波频道》从 2014 年 5 月 8 日到 2016 年 5 月 7 日重点栏目的内容与主旨，如表 11-3 所示。

表 11-3 2014 年 5 月 8 日到 2016 年 5 月 7 日《吴晓波频道》重点栏目覆盖内容情况

栏目名称	栏目内容	栏目主旨
吴晓波专栏	吴晓波本人撰文	公众号品牌宣传、视频内容文字化
吴晓波视频	每周视频导读	
财经日日评	财经新闻快评	财经资讯送达
趣商业	用漫画说商业	传达商业之美
理财话题	财经小课堂	科普理财知识
M 周刊	职场及生活技能	改善白领生活质量
巴九灵看一周	人物、图片、语录、数据等点评	用八零后、九零后的眼光看世界 科普金融知识
巴九灵说金融	金融小课堂	
咪咕阅读会	推荐书籍	与订阅用户互动、增强用户黏性
书友会	书友会活动分享	
美好的店	美好的产品	
品牌新事	品牌经营、商业知识	从品牌角度讲述商品生产、销售和企业运营等方面的知识

通过重点栏目覆盖内容情况我们可以发现，《吴晓波频道》的栏目覆盖财经多领域。从栏目内容的深浅度上来看，《吴晓波频道》不仅提供"巴九灵系列"的财经类科普栏目，其财经新闻具有高度真实性和可信度，同时还提供了每日财经类的资讯类内容，以及一些面向管理和职场专业人群的商业知识类栏目，但较少深入经济规律与经济细节，更多挖掘现象背后的故事；从栏目主旨上看，《吴晓波频道》既推出了"吴晓波视频"这类为视频节目导流的栏目，为形成"视频、音频、视频"的富媒体矩阵打下基础，也制作了"书友会"这种促进微信公众号与订阅用户间互动的栏目，提升了受众的关注

度与忠诚度，更利于打造泛财经社群；从栏目可读性上看，《吴晓波频道》推出了《趣商业》专栏，用漫画这种"碎片化"传播方式讲述商业故事。

（二）善于制造热门话题

热门话题一般是来源于现实中大众最普遍关注的、与自身利益紧密相关的问题，同时也是党和政府密切关注的问题。[①] 对热门话题阐释的把握关乎舆论导向的正确性的问题。伴随着信息传播渠道的更加开放和个体表达的更加自由化，自媒体对舆论引导的主体、方式、过程、规律和效果也产生了极大的影响。因此，自媒体如何把握对热门话题的阐释尤为重要。本章通过对研究样本的分析，结合《新榜：〈吴晓波频道〉传播评估报告》（2016）对公众号大事件的回顾，整理出《吴晓波频道》在两年内具有影响力的 12 个热门话题，如表 11-4 所示。

表 11-4 2014 年 5 月 8 日到 2016 年 5 月 7 日《吴晓波频道》热门话题整理

单位：万

热门话题	时间	阅读数	订阅用户增长数	订阅用户数区间
频道上线	2014 年 5 月 8 日	1	0.4572	50 及以下（2014 年 5 月 8 日到 2015 年 1 月 25 日）
书友会成立	2014 年 6 月 14 日	0.5037	1.7	
反对屌丝	2014 年 7 月 29 日	40	1.4	
咖啡馆改造	2014 年 9 月 9 日	2	2	
寻找廖厂长	2014 年 9 月 21 日	10	1.5	
股市系列	2014 年 12 月 10 日	270	6.5	
日本马桶盖	2015 年 1 月 25 日	270	5	50—100（2015 年 1 月 25 日到 2015 年 9 月 17 日）
转型之战	2015 年 3 月 11 日	15	0.6588	
吴酒试验	2015 年 6 月 11 日	5	2	
我的诗篇获奖	2015 年 6 月 21 日	8	4	
吴晓波年终秀	2015 年 12 月 15 日	43	3	100—168（2015 年 9 月 17 日到 2016 年 5 月 7 日）
汉诺威工业考察团	2016 年 2 月 25 日	10	2.5	

---

① 董惠君：《谈热门话题的舆论导向》，《中国广播电视学刊》1995 年第 10 期。

通过表 11-4 我们可知，按订阅用户整体区间计算，《吴晓波频道》订阅用户增长速度与上线时长成正比。订阅用户增长速率的加快依托于频道制造的热门话题。

以阅读数居首位的"日本马桶盖"为例，此经济热点话题源于《吴晓波：去日本买只马桶盖》一文。该文重点反省了当今社会中核心制造技术的匮乏，从而进一步导致国内实体经济行业乏力的困境，推送当日阅读量高达 162 万，累计阅读量达到 270 万，订阅用户新增人数达到 5 万人。[1] 同时，话题引发了全国范围内的讨论和思考，甚至得到了李克强总理的关注。就客观结果而言，该话题的传播影响力并不止步于马桶盖行业近 10 倍的销售增长量，更指出对国内实体经济来说，积极转型、挣脱实体行业目前位于产业链底部的尴尬地位才是最重要的。

2014 年 9 月 21 日一篇名为《只有廖厂长例外》的文章出现在《吴晓波频道》的微信公众号上，文中主要描述了吴晓波本人在大学期间收到一份来自娄底廖厂长的赞助金，以此进行了一次社会考察的特殊体验。在以三湘华声发轫，多家主流媒体跟进之后，廖厂长的故事呈涟漪效应般不断放大，引发了一场关于理想主义和家国情怀的探讨，继而带来了非同一般的社会反响。在以网络文化为代表的"碎片化时代"，海量信息难以让受众"驻足"，而廖厂长的故事余波持续不止，不仅仅是媒体发力，更是传播内容背后蕴藏的价值观引起了社会的共鸣。在某种层面上，"寻找廖厂长"是一个成功的"波纹理论"的营销案例，而"廖厂长"无疑起到了 KOL（Key Opinion Leader）的作用，将"公益情怀"波纹状发散开来，而每一个产生共鸣的受众的传播都是一个波纹的节点，会产生新的影响力。

无论是"日本马桶盖"，还是"寻找廖厂长"，《吴晓波频道》通过对热门话题的制造不仅完成了传播影响力形成步骤中"媒介传播→个体接收→接受影响"的过程，更将"影响再传播"形成"社会影响力"。

《吴晓波频道》无论是设定的栏目，还是发布的文章都充分结合外部热

---

① 整理自 2016 年 5 月 7 日《〈吴晓波频道〉传播评估报告》，http://report. newrank. cn/report_search. html？value =% u5434% u6653% u6CE2% u9891% u9053&bindType = report，2017 年 3 月 4 日。

点时事和自身线上线下的活动，专业性与可读性兼备，通过制造热门话题，文章阅读量良性增长，订阅用户持续攀升。

（三）突出"吴晓波"个人品牌

品牌是指有能与竞争对手相同产品或服务相区分的特定的名称及标识产品的总和。[①] 个人品牌主要是以个人为传播载体，标志是有着强烈的个人特点和情感特征，能迎合大众消费心理或审美要求，并得到社会的接受以及长期认可，具有一定商业转化价值的社会注意力资源。[②] 在微信公众号的运营中，个人品牌是目标受众对微信运营者持有的较一致的印象或口碑。《吴晓波频道》的口号是"一个人的财经频道"，旨在打造人格化的微信公众号，"个人品牌"在《吴晓波频道》的传播内容中产生了显著效应。

如图 11－2 所示，截至 2016 年 5 月 7 日，《吴晓波频道》共发布文章 1753 篇，其中阅读数 10000＋的文章共 1332 篇，占比 76％，100000＋阅读数的文章共 228 篇，占比 13％。本章从 100000＋阅读数的文章中选取了前十名的文章标题，如表 11－5 所示。

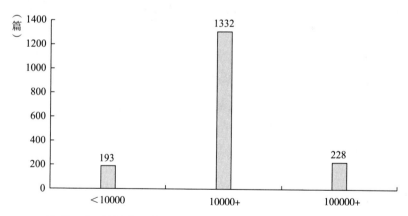

图 11－2　2014 年 5 月 8 日至 2016 年 5 月 7 日《吴晓波频道》
文章阅读数占比情况

---

① 张君昌：《媒体品牌的理念与运营》，《现代传播》（中国传媒大学学报）2002 年第 4 期。
② 徐浩然：《个人品牌：学会自我经营的生存法则》，机械工业出版社，2007，第 9 页。

表 11－5　《吴晓波频道》100000＋文章阅读数前十名统计①

发布时间	文章标题	所属栏目	阅读数
2015 年 01 月 25 日	吴晓波：去日本买只马桶盖	吴晓波专栏	2746022
2015 年 07 月 08 日	吴晓波：别慌！	吴晓波专栏	1170553
2015 年 05 月 19 日	吴晓波：疯了	吴晓波专栏	999961
2014 年 12 月 14 日	吴晓波：把生命浪费在美好的事物上	吴晓波专栏	884405
2015 年 07 月 21 日	吴晓波：跟王林合照是多糗的事	吴晓波专栏	777202
2014 年 12 月 10 日	吴晓波：我为什么从来不炒股	吴晓波专栏	696310
2015 年 09 月 13 日	叶富国：若实体店输了，我愿替王健林出这个钱	吴晓波下午茶	570646
2015 年 12 月 15 日	吴晓波：预见 2016（演讲整理稿）	吴晓波专栏	569606
2016 年 01 月 19 日	吴晓波：本命年	吴晓波专栏	490007
2016 年 03 月 01 日	吴晓波：淘汰人的从来是工具而不是年龄	吴晓波专栏	434453

　　从阅读数 100000＋的文章中前十名的文章标题来看，其全部都是吴晓波本人撰写的文章，其中九篇出自《吴晓波专栏》，出自《吴晓波下午茶》的《叶富国：若实体店输了，我愿替王健林出这个钱》也是来自叶富国受邀接受吴晓波专访后吴晓波的亲自撰文。从文章的表达特点上看，这些文章都不是纯理论分析，总是会夹杂其个人的经历在里面，比如《我为什么从来不炒股》《本命年》等，内容大众、深入浅出，将个人故事作为小切入口延及整个时代，体现出吴晓波对文字的掌控力和对财经知识的专业把握，让很多没有金融知识的人理解经济学现象，可接受性强。这与吴晓波从财经记者到财经作者，再到自媒体人的人生经历密不可分，而这种善于聊天、爱讲故事、温润可亲的说话方式更能吸引受众。由此可以看出，打造"个人品牌"有利于微信公众号获取阅读数。

三　传播渠道分析

　　传播渠道是衡量传播影响力的标准之一，微信公众平台多样化的传播

---

① 　整理自 2016 年 5 月 7 日《〈吴晓波频道〉传播评估报告》，http：//report. newrank. cn/report_ search. html？value＝% u5434% u6653% u6CE2% u9891% u9053&bindType＝report，2017 年 3 月 4 日。

渠道将传播内容更加方便、多样化地呈现给目标受众，从而使目标受众可以通过更多方式主动获取传播内容，影响目标受众再传播行为，进而对媒体的传播影响力产生相对影响。在微信公众平台中，传播渠道包括线上线下推送信息的时间与空间。

《吴晓波频道》主要传播渠道是打造泛财经社群组织，社群指广义上在特定的边界线地区或领域里面能够发生关系的所有社会关系的总和。进入互联网时代，随着一系列通信软件的出现，人们可以挣脱现实身份、地域的桎梏，在虚拟世界中重新构筑更为广泛的交际圈，重新创造身份定位，重建社会关系和商业活动。随着圈层消费时代、场景革命时代和精准营销时代的到来，社群为互联网带来了最好的服务。《吴晓波频道》通过开展各类线上线下书友会、转型大课以及"我的诗篇"等活动，打造国内最大的泛财经社群组织，打通线上线下传播渠道。

（一）"书友会"

《吴晓波频道》在微信公众号上创办了《荐书》的栏目，并时不时举办活动与粉丝进行近距离交流，也有各类知名嘉宾定期受邀开展专题讲座，以此为"诱饵"，在全国各地陆续创建了大量以书友粉丝为主体的粉丝QQ群，又从这些书友粉丝中选出数人作为负责人，参与管理和联系书友粉丝的日常工作，通过线上及线下的联系建立各地粉丝的社交体系。活动开办至今，"吴晓波书友会"已经在全国81个城市创建成功并得到良好的发展。为了提升书友们对书友会的热情和兴趣，《吴晓波频道》也陆续通过线上线下的各类渠道，举办了各种互动活动，促进了粉丝间的交流。

方法一，每星期在书友粉丝中举办《书友会·福利日》的栏目，以此来吸引粉丝的持续关注。《吴晓波频道》推出了"书友签到"活动，以积分抽取奖品，并在栏目中放出抽奖链接。这种方法在保证了书友粉丝持续参与和关注的同时，也确保活动的福利能够落到真正的铁杆支持者手中。

方法二，定期展示书友活动成果，促进线下书友的日常交流。各地的书友粉丝们自发组织进行书友会的活动，为了保持粉丝的热情，以及活动的持续开展，公众号会定期将活动现场照片以及书友感受等展示出来，如此一来，既能引起各地书友社群的共鸣，也能相互启发，营造相互进行创意比拼的良好氛围。

方法三，鼓励粉丝积极参与公众号的内容创作，提供互动、分享和展示的线上平台。《吴晓波频道》推出的"同读一本书"活动就是在这方面的尝试。经由微信群的社交功能，根据读书内容将书友进行分组交流后，同读一本书的书友可以在组内交流自己的读书心得；以半个月为一个周期，当书友完成一本书的阅读后，就举办一次大型的线下读书心得分享会，将线上的粉丝"转移"至线下，起到加强社群组织建设的目的。此外，书友会指定"总部—班长—组长—书友"的规则结构极大地增强了用户的体验感和互动性。

（二）"转型大课"

转型大课是从宏观分析、趋势讲解、实战案例与资本营销等角度，全方位解读互联网时代传统企业如何转型的培训。2015年4月25、26日，《吴晓波频道》在深圳开讲了一场名为"转型之战：传统企业的互联网机会"的千人大课。整个课程提供1500个名额，平均费用为8500元，尽管如此，仍然供不应求。这次大课着眼于未来圈层的销售思路，通过线上线下结合的方式，对参会者进行培训。

第一，根据粉丝的需求确定具体活动内容。对《吴晓波频道》公众号中所有文章进行分析，我们发现其中针对企业转型类的文章阅读量基本都在100000以上，由此可知，其粉丝群体对当下传统企业机构的转型问题有很大的兴趣，据此针对性地推出了转型大课，也取得了极好的效果，可见，更多地去挖掘、开发迎合用户需求的产品将成为更多自媒体商业化活动的出路。

第二，在微信公众平台上对活动进行宣传、预热，同时接受报名。具体手段为：吴晓波提前在《吴晓波频道》上发文点出当今社会中众多企业所面临的三大转型困境，强调了企业转型话题的重要意义，之后在公众号平台上发布活动预告，邀请媒体采访报道，以此来为活动预热造势。吴晓波会提前在公众号上告知讲座内容以及主讲人的个人信息，接受粉丝通过线上线下渠道报名听课，等等。

第三，创新讲座模式，线上线下结合与粉丝互动。讲座中出现的精华言论以及讲座的现场照片都会及时出现在《吴晓波频道》的公众号平台上，方便大家学习和回顾。这些照片发布之后，书友们参与的热情得到极大提升，更有意思的是，有些地方甚至出现了多位粉丝集体出资、由其中一人出席听课现场的现象，之后会在众筹群内部直播授课情况，并与大家分享自己的听课笔记。授课结束后，部分学员将自己的听课体悟和感受通过线上线下与众粉丝分享交流。

这种始终结合线上与线下互动的活动使得用户群体对活动的参与度更高，利于整个品牌的塑造。而在 2015 年 8 月底，在上海举办的第二届"转型大课"中，其报名情况依旧火爆也可以印证《吴晓波频道》的品牌效应已经初见端倪，创造出了一种全新的盈利产业链。

（三）"我的诗篇"公益性活动

根据马斯洛的人类需求原理，若一个自媒体能在情感层面与广大粉丝群体产生共鸣，则会大大提升它的不可替代性。在这方面，《吴晓波频道》试图通过开展各类活动来满足人们的需要，以活动吸引人，进而达到与用户情感的共鸣。在 2015 年初，吴晓波就发表了多篇关于工人诗人群体生活现状的文章，并成功引起了粉丝对他们的兴趣和关注；之后又通过众筹的方式募集资金，拍摄了一部名为《我的诗篇》的大型纪录片，该片以诗歌为主体，着眼于工人团体在当今社会中的生存状况以及精神生活。该片成功在第十八届上海国际电影节上荣获金爵奖最佳纪录片。

之后在同年 6 月，《吴晓波频道》再次通过线上线下各渠道募集资金，整合粉丝群体的力量，成功发起了公益性质的观看《我的诗篇》活动。此次众筹由吴晓波本人以及《吴晓波频道》在网络上发起，包括场地、人员和资金的问题都借由众筹解决。筹资公映《我的诗篇》的计划在《吴晓波频道》上公布的首个星期，就引起多家企业机构的关注，使其主动参与活动，纷纷出资并联合包下了 80 多场电影，几场首映式甚至出现了一票难求的情况。此次营销事件对企业及公众号来说是共赢的大好局面：参与众筹的企业机构仅通过 10000 元的花销，就在拥有 700000 + 粉丝的《吴晓波频道》公众号上做了一次广告宣传，使自身步入了一个新的圈子；而《吴晓波频道》公众号则通过这次活动的举办扩大了自身在线下传播渠道的影响力，同时还创建了一个拥有相同爱好和情怀的社群。

《吴晓波频道》以兴趣爱好为连接点，进行常态化的社群组织建设；以用户需求为连接点，打造品牌活动，形成可复制的盈利模式；以情感情怀为连接点，通过事件营销扩大传播影响力。由此可见，《吴晓波频道》通过打造财经社群举行形式多样的线下活动，针对性吸引对财经有强烈兴趣的人群参加，使平台垂直性更强。所以举办线下活动，打造社群，应该是名人财经类公众号扩展受众面，提升传播影响力的重要方式之一。

四　传播效果分析

传播效果指传播活动（报纸杂志、广播、电视节目等大众传媒的活动）对受众乃至社会所产生的一切影响和结果的总和。[①] 传统媒体人及其幕后团队对其微信公众号进行运营和维护，以期得到可观的传播效果，而这类传播效果又可以大致分为两个层面，第一个层面是在公众号的传播活动及运营过程中，观察其受关注以及被大众所接受认可的程度；第二个层面则是在公众号的运营活动中，观察其对受众乃至整个社会产生的影响。

（一）《吴晓波频道》传播效果评估指标

对于微信公众号而言，有效的传播主要表现在三个层面：首先，受众主动添加公众号，通过公众号的推文、音频等内容获得对传播内容的认知，提高知识水平；其次，公众号作者可以经由用户留下的文字、照片或音频等消息了解他们的态度和情绪；最后，受众根据自己的喜好和态度选择接受自己认可的消息，并通过转发向微信好友及朋友圈进行扩散传播。

根据前文的理论效果结合相关文献中的观点，把对《吴晓波频道》微信公众号运营效果评估指标建构为用户增长数与社会影响力（包括微信公众号所反映的价值观念、商业模式及对社会各行业产生的影响，同时涵盖

---

① 郭庆光：《传播学教程》，中国人民大学出版社，1999，第188页。

了其积极作用和消极作用），此评估指标也可以用在对传统媒体微信公众号的运营效果的研究中。前者能直观体现受众对传播内容接受和认可的情况，后者则反映公众号的各类运营活动对于受众群体乃至整个社会产生的影响。根据以上对微信公众号运营效果指标的评估划分，下文就以上两个方面对《吴晓波频道》运营效果进行具体分析。

（二）用户增长数

截至 2016 年 12 月，《吴晓波频道》订阅用户已达到 220 万人，并在 2016 年有 10 万用户订阅了《每天听见吴晓波》的收费音频产品。2016 年 7 月至 12 月，6 个月中共 141 期《每天听见吴晓波》音频播放量超 700 万次。就公众号用户增长速度来看，《吴晓波频道》崛起之迅速，用户增长量之快以及影响力之大，都远远超过了其他的传统媒体。这些都得益于《吴晓波频道》对市场细分之后能对用户进行精细的定位，吸引其拥有共同价值观念和兴趣爱好的群体，取得了很好的运营结果，这也是其运营策略的亮点所在。但令笔者忧虑的是，《吴晓波频道》的早期会员是否能对其产生持续的关注，并对后续的付费活动买账以及新会员的增长速度和规模是否能抹平老会员的流失速度。对于早期会员来说，《吴晓波频道》作为一种新生事物，好奇心会驱使着人们去尝试，而随着时间的推移以及可能的大量竞争者、模仿者的出现，还有粉丝群体热情的减退，会员是否还愿意对《吴晓波频道》保持关注甚至消费，都有待进一步的观察和思考。

（三）社会影响力

由于问卷调查法的结果广而不深，有效问卷回收率不高，故本章以被提及次数与阅读数作为指标衡量《吴晓波频道》的社会影响力，被提及次数即以《吴晓波频道》为关键词在微信公众号的文章中进行搜索的次数，阅读数即点击量，被提及次数与阅读数越高，说明微信公众号的运营受订阅用户认可度越高。根据新榜监测数据，自 2014 年 9 月至 2016 年 3 月，《吴晓波频道》总共被提及 13425 次，如图 11-3 所示。

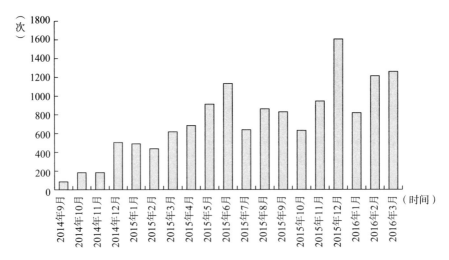

图 11 - 3 2014 年 9 月至 2016 年 3 月《吴晓波频道》微信提及情况①

其中提及量最高的前五个月份依次是：2015 年 12 月、2016 年 3 月、2016 年 2 月、2015 年 6 月和 2015 年 11 月。根据前文提及，2015 年 11 月到 12 月《吴晓波频道》举办了"吴晓波年终秀"活动；2016 年 2 月到 3 月集结了"汉诺威工业考察团"；2015 年 6 月进行了"吴酒试验"。以提及量最高的 2015 年 12 月为例，"吴晓波年终秀"相关文章微信转载阅读数前五名公众号，如表 11 - 6 所示。

表 11 - 6 "吴晓波年终秀"相关文章微信转载阅读数前五名公众号

单位：次

转载时间	公众号名称	文章名称	阅读数
2015 年 12 月 15 日	水木文摘	2016 年不得不读的十本好书	100000 +
2015 年 12 月 15 日	慈怀读书会	2016 年不得不读的十本好书	100000 +
2015 年 12 月 15 日	格上理财	吴晓波：预见 2016（八大判断）	88674
2015 年 12 月 17 日	财经早餐	吴晓波：预见 2016	74572
2015 年 12 月 15 日	古典书城	2016 年不得不读的十本好书	73888

---

① 整理自 2016 年 5 月 7 日《"吴晓波频道"两岁啦！新榜为它做了一次全面体检》，http://mp. weixin. qq. com/s？_biz = MzAwMjE1NjcxMg = = &mid = 2654643630&idx = 1&sn = e-2eedd29d11cde24e62a505e4d9d3ce8&scene = 4，2017 年 3 月 4 日。

可以看出，"吴晓波年终秀"相关文章在各微信公众号间得到了广泛的传播，在阅读数前五名公众号中，前两名均为100000＋。《吴晓波频道》利用线上推文与线下活动相结合的方式使其传播影响力在12月得到了很大的提升。以上数据均可说明，《吴晓波频道》通过举办线下活动，加强线上线下的互动，使微信公众号受到用户的认可。

第三节　《吴晓波频道》对提升公众微信号
传播影响力的启示

官方数据显示，截至2016年8月底，微信公众平台（服务号与公众号）总数已经超过1000万个，每日新增1.5万个。其中72.7%的公众号运营者为企业和组织机构，数量远超占比27.3%的个人类公众号。[①] 在注意力资源稀缺和资讯爆发式增长的双重态势下，打造有影响力的微信公众号显得更加重要。通过前文分析，我们可以发现，《吴晓波频道》在打造传播影响力上已初见成效，对名人财经类微信公众号有一定的借鉴作用。

一　媒介定位上：自媒体人格化

自媒体应该跟一个人或者某一个知识背景、品牌符号有关。吴晓波在开设自媒体时，充分利用了自己在过去积攒的声誉和人脉。早期，他创办了"蓝狮子"出版社，在中国财经类图书市场空白期出版了大量优秀的财经作品，后为各大报纸杂志、门户网站撰写专栏，吸引了大量优质的受众。

他开设的《吴晓波频道》就是以自己的名字命名的，不仅保留了老客户，也进一步增加了自己的知名度。他一向以儒雅睿智的书生形象示人，通过爱讲故事、温润可亲的说话方式俘获了大量迷茫的中产阶级。看他的节目，像一个耐心稳重的大哥哥在带你走路，和与严肃乏味的长者说教完

---

① 整理自2016年11月4日腾讯《2016年微信影响力报告》，http://sanwen8.cn/p/2602ISM.html，2017年3月4日。

全不同。对于事业有成的商人来说，和这样一个有思想有深度的兄弟交流，你们之间是平等的。而对于一个中产阶级来说，和一个有经验有见地的哥哥交流，他对你的影响是循序渐进的，温和更易接受。吴晓波将自己作为一种商业形象进行营销，售卖的不只是他的思想，还有他财经作家的形象，受众接受的不仅是优质的原创内容，还有一个丰满的人物形象。

《吴晓波频道》将个人化属性融入专业的财经评论中，在公众号运营中通过线上线下的互动打造人格化社群，利用互联网社群打造多维模式，实现了自媒体的人格化在产品上的延续。纵观当下发展前景最好的名人类的微信公众号，其基本上都会着眼于塑造极具个人特色风格及气质的品牌，例如，"罗辑思维"就以其趣味性强、有料可爆、有料敢爆的特色吸引了大量粉丝，"六神磊磊"运用经典武侠小说中的情节和语言体系对现实进行勾画，反映人生百态……可见，名人财经类微信公众号应根据资源优势，确定鲜明的特色，不盲目跟风，灵活运用个人化属性提升平台传播影响力。

二 传播内容上：重度垂直化

传统的传播学理论对受众的个体性与群体化差异没有进行深入的研究，反而过多地强调了受众之间的共性，认为受众群体的规模决定了大众传媒的受欢迎程度。现代传播学认为受众群体中开始出现分化重组的过程，并以此为基础提出了"分众论""小众论"等理论，正如尼葛洛庞帝 1996 年在《数字化生存》中说，"在后信息时代，大众传播的受众往往只是单独一人"，"大众传媒将被重新定义为发送和接收个人化信息和娱乐的系统"。随着各类媒体愈加丰富，大众市场也日渐饱和。因此，利用"分众论"对市场进行细分，对受众进行精确定位，发展需求更为精细的"小众"市场，可以有效确保经济利益。

微信公众号作为一个线上自媒体平台，其自身的特性限制了规模，决定了一个公众号无法涵盖方方面面。从目前各类微信公众号的实际情况来看，用户多、点击量多的公众号几乎是垂直的，不仅在大领域垂直，在小领域也追求精准垂直。以汽车领域的微信公众号为例，查询违章情况、查路况通行情况、学车指导、汽车维修教学、改装车教学，分别设有特定的公众号，且关注用户的数量也较为庞大。与之形成鲜明对比的是一些内容偏综合性的公众号，用户群体稀少、不宜发展。而在未来，随着社会分工的逐步细化，垂直化甚至垂直细分化会变得越来越重要。因此，内容重度垂直在微信公众号的运营中就变得非常必要了。

在《吴晓波频道》创办之初，他就树立了自己的价值观，即"认可商业之美，崇尚自我奋斗，乐于奉献共享，反对屌丝文化"，一群没有共同价值观的人聚在一起，就是一群乌合之众，他们的联系会很薄弱，必然会走向崩溃瓦解。《吴晓波频道》在内容打造上始终围绕此价值观，淘汰不稳定的受传者，开拓具有凝聚力的"小众"市场，使受众面更加精细，难以被其他竞争者复制，增强了其自身的核心竞争力。

三 传播渠道上：线上线下双重套现

微信公众号的传播影响力不仅体现在内容上，也体现在盈利模式之中。名人财经类微信公众号要想养活自己，在营运盈利方式上应该有所创新，线上投放广告只是其中一部分，线下的社群化营销也是重要的盈利方式。在这个社区里，所有人的价值观都是相似或者近乎一致的，所以，大多数人存在同样的需求。《吴晓波频道》根据这些价值观，由表及里地将带有一定象征意义的商品售卖给受众，如车载香氛、吴酒茶叶，都是雅致涵养的象征。节目正是基于"中产阶级"这个定位来进行商业活动的。此外，名人财经类微信公众号若要得到长期的发展，广告并不会是主要来源，由公众号衍生而来的线下活动和收入将成为主要的盈利点。《吴晓波频道》推出了"书友会"、转型课和公益活动，就是为了更密切地与粉丝进行交流，增强和线下受众的联系，更好地向粉丝推销自媒体的产品。《吴晓波频道》的盈利模式实质上就是电商模式，只是定位比普通电商更加准确，加上了"文化"的标签，对于那些缺乏核心理念的电商来说，凝聚力和号召力更强。

四 传播效果上：打造知识付费型产品

产品是自媒体盈利的重点，随着移动互联网时代的到来，媒体在计算机时代逐渐演变形成平台战略，流量分发能力逐渐衰退，大众也逐渐开始回归以朋友圈为主的半熟人环境。当"统一市场"不复存在时，大众消费以及所谓的大众品牌也慢慢退出市场，而那些具有独特个人色彩的产品以及话语体系开始掌握更多的话语权，IP 的价值开始显现，整个市场结构开始解体。在原有的市场结构解体以后，所有人都身处社群和圈层环境中，与此同时，移动市场上支付工具得到了极好的发展和普及，因此，知识本身不再作为简单的传媒而存在，也变成了独立的产品。而通过对《吴晓波频道》目标受众的调查，我们可以发现，"新锐中产阶级"正是愿为知识付费的人群。以《吴晓波频道》推出的音频产品《听见吴晓波》为例，自 2016 年 7 月 8 日产品上线至 2016 年 12 月 30 日，6 个月共 141 期《每天听见吴晓波》音频吸引了超过 100000 会员，播放量超 700 万次。这些数字背后是愿意付费的 100000 名中产阶层。由此可见，围绕目标受众需求定位产品，利用自媒体优势将知识产品化，是自媒体盈利的重要途径之一。

本章小结

近年来，随着垂直性财经门户网站传播效果的下降，信息交流和传播的方式嵌入社交环节，名人财经类微信公众号的竞争进入白热化。名人财经类微信公众号可以借鉴《吴晓波频道》内容、社群、产品三位一体的运营模式来提升公众号传播影响力：灵活运用人格化属性打造 KOL；借鉴营销学思路细分市场，选择目标受众，围绕目标受众打造重度垂直的传播内容；利用线上线下的传播渠道构建社群；通过双重套现模式使传播效果具化到自媒体变现之中。但为传播内容设立收费门槛在产生高质量网上收益的同时无疑会阻挡潜在受众的加入，如何建好"付费墙"仍是一个需要长期思考的课题。

第十二章

《哈佛商业评论》中文版研究型报道传播影响力研究

　　截至 2014 年，按国家杂志标准分类，中国财经期刊总量在 855 种左右。但具有自身报道特色的期刊如《财经》、财新《新世纪》等期刊较为匮乏，期刊内容同质化严重，能够经得起时间推敲的深度报道不足，新闻处理方式流于娱乐化。与此同时，外媒财经期刊纷纷开创中文版进军中国财经媒体市场，其中被业界奉为"管理圣经"的《哈佛商业评论》案例分析式研究型报道更是给中国企业家、学者们以惊喜，其拥有国际化视野、关注中国问题、注重真实商业案例分析的财经报道给予读者极大启发。

　　我国财经媒体虽面临"内忧外患"，但"矛盾中常常孕育着机遇"，学习他人的成功经验尤为重要。基于此，本章以注重案例分析研究型报道的《哈佛商业评论》中文版为例，以 2013 年全年随机抽取的 6 期（第 1、2、5、9、10、12 期）全部 185 篇报道为总体，以其中占比 21% 的中国相关题材的报道共计 39 篇约 20 万字为研究样本，通过对这些文本的内容分析，梳理其栏目分布及形式、选题特色、新闻来源、报道视角、写作特点等，探讨其传播影响力，为外媒财经杂志期刊中文版本土化内容制作、我国财经杂志期刊更好地发展提供借鉴。

第一节　外媒财经期刊进入中国开设中文版的背景与现状

一　外媒财经期刊进入中国的时代背景

　　20 世纪末 21 世纪初外媒财经期刊进入中国，这与我国社会环境、经济发展和媒介发展密不可分。

（一）社会环境

2001 年，我国正式加入 WTO，这为外媒财经期刊进入中国财经期刊市场提供了先决条件。一方面，中国进入了一个更快、更好地融入国际经济社会的轨道，出于引进外资、扩大出口贸易、技术进步等需求，我国以企业家为首的读者群体渴望一批原汁原味介绍国际经济社会的刊物；另一方面，国际社会也希望更加了解具有中国特色的社会主义市场经济，以达到更深层次的政治经济交流目的。双方共同的需求促成了外媒财经期刊进入中国的购买市场。

此外，该时期随着一些重大社会体制如住房体制、医疗体制、教育体制及分配体制等的快速变革，人们开始更多地关注财富及与之相关的保值、增值，传统的信息提供型的大众化报纸乃至于财经报纸已经无法满足读者的实际需求，而能够将第一手信息予以解释、分析、归纳甚至指导的财经期刊更能满足读者的期望。外媒财经期刊更是适机而入。

（二）经济环境

随着我国 GDP 持续保持高增长态势，整个市场环境欣欣向荣，各种国际知名品牌、奢侈品牌纷纷抢占中国市场。广告商为了扩大影响力，亟须寻求和自身定位相一致、拥有稳定高端受众的期刊作为传播载体。高昂的广告费用，恰是各大期刊所赖以生存的重要资金来源，这也为外媒财经期刊进入中国的可行性做了一大铺垫。

这样的市场环境还培养了一批高知识、高消费的中产阶级，开启了具有专业水准、细分化的媒介需求市场。此外，中产阶级对市场环境全方位资讯的需求，意味着深度挖掘信息价值的专业媒体诞生，中产阶级购买力的增长意味着高价位的财经期刊售卖的可能性，中产阶级"与财富崇拜、价值增值的单维商业观、开创性、个人英雄主义、市场理性等联系在一起的"阶级认同感需求催生了报道自由市场、传播经济信息以及相关的话语符号的各类专业财经期刊的诞生，而拥有资深运营经验的外媒财经期刊恰能满足这些需求。

（三）媒介环境

进入千禧年后，国内经济持续高速增长，各类财经媒体开始进入受众视野。自《财经》大气磅礴、宏大叙事式的报道在国内掀起巨大风潮后，国内一度呈现激烈的财经期刊"投资热潮"。上至定位于公司高层、企业合伙人的管理类、政经类期刊，下至服务于中小股民和散户的证券类、理财类期刊，我国财经期刊呈现"井喷"之势，2001年因而被业界称为"财经期刊年"。

然而，在我国的财经传媒投资热潮中，出现了大量同质化、缺乏特色、资历不足的财经期刊，同时又出现了如《经济观察报》《21世纪经济报道》等专业财经报刊的"搅局"，财经期刊的媒介生态环境十分恶劣。相较于时尚、生活类期刊，国内财经期刊的经营和发展遇到很多问题，"盈利期刊不到1/10，大多数期刊亏损严重"。①

相较于国内恶劣的媒介生态环境，国外的财经期刊则经历了长达几个世纪的长期、稳定、成熟的发展期，从而形成了各具特色、受众群稳定甚至已经成功进行国际化运作的发展态势。于是在国内资本纷纷退出财经期刊之时，蓄势已久的外媒财经期刊瞄准中国巨大的经济发展潜力以及增长中的财经资讯需求，强势进入中国市场。外媒财经期刊的主要优势在于拥有雄厚的资本、强大的跨国运营团队、百年卓著的品牌效应，当然最重要的是其经验丰富的专业编辑团队，以及严格的稿件标准，能够带给受众有价值的财经信息参考。

二 外媒财经期刊进入中国的现状

在20世纪末，随着经济全球化，国人开始拓宽国际视野，更加关注一些美国商业财经期刊，其中具有代表性的有：《福布斯》《财富》《商业周刊》《哈佛商业评论》。十几年来，这四家具有全球信誉的财经期刊在我国不断进行着本土化实践，一方面保留原汁原味的母刊特色，另一方面不断

---

① 韩梅：《中国各类财经期刊的对比分析研究》，武汉大学硕士学位论文，2005。

摸索着中国特色，深入了解中国现实，以期用国际视野看中国。

（一）外媒财经期刊遭遇政策瓶颈

由于我国法律法规的限制，外媒财经期刊的发行方式以及直接发行范围受限。根据国务院发布的《出版管理条例》第五章"出版物的进口"第43条"设立出版物进口经营单位，应当向国务院出版行政主管部门提出申请，经审查批准，取得国务院出版行政主管部门核发的出版物进口经营许可证后，持证到工商行政管理部门依法领取营业执照"。[①]

因此，从目前发行情况来看，目前进入中国的四家财经期刊并未全部获得完整的准入条例。截至2014年2月，此四种财经期刊只有《哈佛商业评论》中文版和《商业周刊》公开在大陆邮政系统发行，《福布斯》中文版及《财富》中文版在中国采取"赠阅"的方式，提供给有需要的公司高层管理者或高校学者阅读。

（二）外媒财经期刊中文版的中国本土化改革

国际化运营的外媒财经期刊为了更好地融入当地的政治经济文化，通常会增加本土化采写。进入中国本土化发展的四大外媒财经期刊，十几年来也一直进行着中国本土化的发展改革。

《哈佛商业评论》中文版为破除其初期进入中国的"学者"形象、加深中国本土的政经学界资源合作，2012年7月将国内的版权合作方正式由中国社会科学出版社变更为财讯传媒（SEEC）。

《商业周刊》中文版是由中国商务部于1986年引进的、首个进入中国且以邮政渠道正式发行的外媒财经期刊。在中国激烈竞争的财经期刊市场上，该刊为寻求更好的发展，自2011年11月开始，从三个方面开始改版。刊物内容方面，改版前主要以美国原版内容为主，改版后将有50%原版内容，50%本土原创内容；设计风格方面，改版后设计风格忠于原版，视觉效果更加鲜艳、有趣；购买渠道方面，改版后将进一步扩大购买渠道，可通过全国各城市的报亭、便利店、书店、机场、地铁等销售渠道购买。

---

① 国务院：《出版管理条例：音像制品管理条例》，中国法制出版社，2001，第25页。

《财富》中文版和《福布斯》中文版在内容上虽无大改观，但是不断增加本土化人才的选拔和聘用，并和中国政商界有多层次的联合活动以扩大影响。

第二节 《哈佛商业评论》与研究型报道概述

一 研究型报道的内涵

（一）研究型报道属于深度报道

深度报道是对一定的新闻事实或新闻现象进行的集中、专门的报道。深度报道旨在阐述新闻事件的本质，突破时间和空间的界限，扩大新闻事件的范围和内涵。

研究型报道，也称"研究性报道"，作为一种新型的报道方式，是深度报道的一种。国内学者一般认为："对于反映社会重大问题的新闻事件，通过新闻事实来阐释事物的是非因果，规范性地说明应该如何做、不应该如何做，从而使读者明白是非因果，得到启示，进而接受记者想要传达的观点。"[①]

（二）研究型报道是解释性报道、调查性报道的延伸

欧阳明教授指出，"深度报道究竟由什么来构成，目前标准杂糅、界域混乱、存在多种误解。但不存在争议的有两类，就是解释性报道、调查性报道"。[②] 研究型报道和这两者既有共同点，又有所区分。解释性报道是分析性的深度报道。它通过对各种新闻事实的解读来报道新闻事实背后的一些联系因素。在对新闻五要素的报道上，它更倾向于对"为什么"进行报道。如20世纪80年代，一大批着力于思想解放，力图用新的思想视角探析新闻事实的本质要害的深度报道《关广梅现象》《一个工程师出走的反思》等。

调查性报道更重视记者对于事件本身的挖掘以及事件全貌的展现，着

---

① 熊胜安：《深度报道的样式及分类》，《记者摇篮》2005年第12期。
② 欧阳明：《深度报道采写概论》，清华大学出版社，2011，第27—29页。

力于报道事实、事件背后的真相，在对新闻五要素的报道上，它更倾向于对"如何发生"进行报道。如《财经》杂志以一系列"挖黑幕"报道如《银广夏陷阱》《基金黑幕》打响了"调查性报道"的名号。

国内学者对研究型报道有一些定义，我们认为，研究型报道是解释性报道、调查性报道的一种延伸。研究型报道在采写上既有调查性报道对新闻事实"追根究底"、对事件全貌及其背后真相的组织把握；亦有解释性报道对新闻事实的必要的整理、解释、分析。此外，研究型报道善于利用新闻案例对新闻事实进行佐证，进而提出相关的主张和观点，给读者一定的启发和建议。

二 研究型报道在我国的发展历程

研究型报道最早发端于新华社 1998 年 7 月 20 日至 27 日推出的一组 8 篇"餐桌经济"系列报道。该组报道视角独特、观点鲜明，新华社抓住该时期我国农业正由"温饱型"向"致富型"的转变契机，关注"餐桌经济"，通过记者长达 3 个月对各基层与基层干部、专家学者的采访，为广大农民指出了从"种啥吃啥"到"吃啥种啥"这种需求引发供给的生产模式。

1999 年至 2006 年，研究型报道一度停滞，但在教育新闻领域开始发轫。2006 年，《中国青年报》的教育版针对教育领域"润物细无声"的特点，深层次、多角度地挖掘重大题材的教育政策（包括该时期的教育改革热议）、促进教育改革的观念、新兴的教育产业、维护学生及学校权利的典型个案等，做出了一系列有深度的研究型报道，如《乡村教师王守奇现象》《高考刺痛南京》等。该报教育版主编堵力还在《中国记者》上撰文，对教育新闻如何做研究型报道提出思考。[1]

2007 年至 2010 年，研究型报道开始在电视媒体中得到发展。研究型报道成为央视财经频道《中国财经报道》栏目自 2006 年改版以来探索的一种不同于以往注重形态或时效的报道方式，作为一种财经节目制作理念，它

---

[1] 堵力：《求解教育改革中的"悖论"——"研究型报道"是教育新闻的根本追求》，《中国记者》2006 年第 10 期。

将议题制造者、研究者、报道者三者结为一体，极大提升了电视媒体对财经话题的核心驾驭能力。

2010年12月2日至12月5日，《经济半小时》播出的四集系列节目《菜篮子为何沉甸甸》开始用研究型报道方式切入菜价上涨这一寻常主题，第一期节目中记者选取中国版图东南西北四个方向，从地头一直跟到居民的菜篮子，一步步记录蔬菜涨价全过程，这期节目运用了经济学研究方法——抽样调查、实地调研，清晰地揭示了菜价上涨背后的逻辑。

自2011年起，研究型报道的运用越来越广泛、成熟，在国内财经期刊中，《新财富》用案例全面揭示商业真相，为商务人士提供有价值的资讯，如《华谊前传》《私募后顺丰》等在业界产生巨大反响；央视财经频道《中国财经报道》不断用研究型报道的方式改造产经报道，最突出的改变是运用大量财经调研的方法，比如实证调研法、典型样本调查法、抽样调查法、持续观测法、链条分析法。

中国本土化的外媒财经期刊中，案例分析式的研究型报道更是大放异彩，如《财富》中文版擅长微观、细致地描写普通人在变动中的反应；《福布斯》中文版则是资本家的利器，关注大公司的创业史、成长史；而被业界称为"管理圣经"的《哈佛商业评论》，作为一份提供理念的期刊，以科研为主，读者群为企业界的从业者。从这个意义上说，它既不是学术期刊，也不是商业新闻刊物。它所呈现的案例分析式研究型报道，撰写者来自全球顶级企业的管理者、顶级学府的教授或者享誉世界的研究机构，报道所提供的商业管理理念历久弥新，具有很强的实践指导价值。该刊中文版的研究型报道正是本章的研究对象。

三 研究型报道的特点

研究型报道从属于深度报道。深度报道，"只是一种报道方式，而不是一种独立体裁。各种体裁都可作深度报道，几种体裁的融合往往更适合作深度报道"。[1] 因而，研究型报道，亦只是一种报道方式，可以融合多种体

---

[1] 周胜林、尹德刚、梅懿：《当代新闻写作》，复旦大学出版社，2010，第325页。

裁进行创作，并无严格限制。研究型报道采取何种文体、如何采用，一切以内容表达为宗旨。

深度报道一般具有题材的重要性、选题的详尽性、内涵的深刻性等特点。这些特点同样适用于研究型报道。具体而言，研究型报道还具有如下特性。

重大题材的宏、微观视角。研究型报道在对重大题材的采访报道上，偏向于从一大一小两个方面入手。大处能看到问题所处的整个时代背景、社会现实以及基本框架，小处则善于挖掘该题材影响下一个个鲜活的"小人物""小事件"的轨迹。以金融危机的报道为例，既有像《中国经济周刊》这样从国家层面来谈及策略的研究型报道，如《美国需要怎样的变革》（2008 年第 43 期），也有《财富》这样注意抓取具体的企业反应来分析原因的报道，如《通用汽车与我》（2008 年第 158 卷第 11 期），其认为正是该企业不知变通、弱化创新的个性，导致了该企业的垮台。

跨专业领域的信息解读。研究型报道作为解释性报道和调查性报道的延伸，更加重视从该领域的专业角度对新闻事实进行研究、提炼，从而得出对读者有参考与指导价值的信息。从应用上来看，无论是纸媒的教育新闻、财经新闻，还是电视栏目，在采写编排上都不同程度地融合了对事件本身来龙去脉的梳理、背景选题的填充以及该领域专家学者对问题的分析或研究成果。

本章对研究型报道的探究落脚在财经新闻上，选取《哈佛商业评论》中文版为研究样本，该刊观点实践性、指导性强，且重视案例分析式报道，全刊无消息、主体部分均为研究型报道范式的深度报道，可作为研究型报道的有效样本。

第三节　《哈佛商业评论》中文版研究型报道的采写特点分析

1922 年，为了改进商业管理策略，为商业实践提供指导，哈佛商学院创办《哈佛商业评论》，这是商学院的标志性期刊。如今，《哈佛商业评论》

已经成为商业管理类期刊的典范，它致力于阐述先进的商业管理理念，为商业管理者提供先进的管理经验和见解，并对商业机构产生巨大影响。目前，世界范围内，《哈佛商业评论》已经有 10 种语言的 11 个授权版本，在中国现行的有台湾繁体字版和大陆简体中文版。

2002 年，中国发行《哈佛商业评论》中文版，2002—2012 年由社会科学文献出版社以《商业评论》为刊名在中国发行，创刊主编为忻榕教授。2012 年 7 月起，财讯传媒（SEEC）成为其在国内的版权合作方，新版将《财经》期刊所拥有的丰富的政经学界资源与《哈佛商业评论》集团所拥有的国际资源相结合，使其既能够传承母版的核心，又能够贴近中国商业具体实践情况，为中国商业管理提供先进理念和科学方法，为商业管理人群提供良好服务。[①]

《哈佛商业评论》中文版目前有 60%—70% 的内容来自英文原版，因为总体来说英文版确实集中了全世界最好的商业革命理念；另外有 30%—40% 本土采编，由于中国特色的企业发展环境，"中文版中本土化的东西目前是《哈佛商业评论》全球非美国所有版本中比例最高的，因为中国改革开放经过 30 年发展之后，中国的公司成长创造了非常多的本土商业经验，这些经验可以给国际上很多管理专家一些借鉴"。[②]

《哈佛商业评论》中文版目前有三种方式进行内容传播：期刊，为主要传播手段，在各大报刊售卖点均可见，每期售价人民币 50 元，港币 70 元；期刊电子版，主要供网页、Ipad 客户端使用，付费下载，全年 158 元共 12 期；中文网，提供一些短文免费阅读。

本章的研究对象正是改版后的《哈佛商业评论》，选取时间段为 2013 年全年随机抽取的 6 期（第 1、2、5、9、10、12 期）全部 185 篇报道为研究总样本，尤其关注《哈佛商业评论》中文版里中国相关题材的报道，共计 39 篇，占比 21%。

[①] 整理自 2012 年 8 月 9 日凤凰财经专访《〈哈佛商业评论〉中文版主创人员做客凤凰网》主编何刚讲话，http://www.dwz.cn/hLjhz，2014 年 4 月。

[②] 整理自 2012 年 8 月 9 日凤凰财经专访《〈哈佛商业评论〉中文版主创人员做客凤凰网》副主编王以超讲话，http://www.dwz.cn/hLjhz，2014 年 4 月。

一 中国相关报道栏目分布及形式

研究型报道作为深度报道的一种，本身可由多种体裁融合而成，因此具有多种细分类型。以《哈佛商业评论》中文版主体部分的栏目分类为例，我们可对研究型报道包含的写作体裁有更深了解。

（一）《哈佛商业评论》研究型报道整体展现模式：固设栏目 + 常设栏目 + 机动栏目

对《哈佛商业评论》中文版 2013 年随机抽取的 6 期（第 1、2、5、9、10、12 期）期刊栏目进行分类统计，除去广告栏目，期刊全文栏目设置情况如表 12 - 1 所示。

表 12 - 1　《哈佛商业评论》中文版基本栏目设置情况

单位：个

期刊名	固设栏目（4）	常设栏目（12）	机动栏目（不定）
《哈佛商业评论》中文版	众说、聚光灯、特写、经验	对话、中国案例、前沿、实战复盘、专栏、大趋势、经典重读、博客、管理工具、跨界人生、全球	全球上市公司卓越 100 人、全球 50 位管理大师……

统计说明：固设栏目是指每期期刊必出现的栏目；常设栏目是指虽不是每期出现，但是出现频率≥5 次的栏目；机动栏目是指每期杂志根据当期特色而增设的栏目，从名字就能够识别，如"全球上市公司卓越 100 人"。

由表 12 - 1 可以看出，《哈佛商业评论》中文版编辑方针灵动多变。在这样的背景下，仅有的 4 个固设栏目颇有研究价值，它们从很大程度上反映了《哈佛商业评论》最基本的编辑方针，而现有资料并无任何这些栏目设置的相关说明。我们根据阅读体验，将固设栏目编辑方针说明总结如下。

众说：针对该杂志全球发行的任一种版本的过刊中，选取其中一篇和本期整体编辑方针相契合的文章，摘取阅读过该篇文章的"意见领袖"（一般为跨国公司、大公司 CEO 及合伙人或著名商学院教授、咨询公司研究员等）的评论，并将评论反馈给原作者，作者针对"显著受众"的评论（有时候甚至是不同的意见或建议）给出答复，以此形成观点的交锋、互动。这也从侧面反映了该期刊的严谨踏实，坚持"实践出真知"的态度。

聚光灯：该栏目选取一个在管理实践中广泛被关注的棘手问题，根据不同角度、来自不同领域的人对该问题的见解来剖析问题。一般的文章编排脉络为"提出某种现象——展现现象中不利的一面（常规思路）——挖掘现象背后潜在的优势（非常规思路，常蕴含潜在观点）——数据支持——再次佐证"。如此一个逻辑严整的篇章布局，将某一个管理问题尽可能考虑全面。

特写：该栏目选取某一热门领域的优秀管理实践方法，进行详细解析和讲述，每期会呈现至少一篇文章，每篇文章都是彼此独立的，讲述独立领域的管理实践策略。如2013年第5期的两篇文章《商业即数字》和《打造天堂办公室》，前者讲述C级管理者必须关注的七大技术趋势，以及如何通过技术变革来充分运用数据带来的优势；后者讲述如何打造更有创造力的办公环境，提出六条原则"做真实的自己，打开信息流，充分扬长，超越股东价值，让每天充满意义，建立可信的规则"。这些管理实践方法切实有趣，能够迅速开启管理者的思路。

经验：与特写仅呈现某一个"管理实践方法"的做法不同的是，《经验》栏目会针对某一个真实发生的案例（不一定是成功的案例）进行全方位的还原和重现，并对它的处理方式进行评论和指导。该栏目形式较为灵活，可以是同一话题多篇文章构成系列，也可以独立一篇文章说清楚事实。

（二）中国相关报道栏目呈现：形式灵活多变

对39篇中国相关选题的报道做统计分析，结果显示，中国相关报道所在栏目呈如下分布（见表12-2、图12-1）。

表12-2 中国相关报道所在栏目的分布

单位：次

栏目名	出现频数
管理工具	1

栏目名	出现频数
博客	1
大趋势	3
洞见	3
对话	5
实战复盘	1
经验	1
特写	2
杂谈	1
大思路	1
聚光灯	4
中国案例	4
前沿	1
专栏	5
全球	3
众说	3

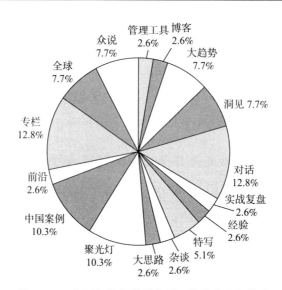

图 12 – 1　中国相关报道所在栏目的分布比例构成

由表 12 – 2 和图 12 – 1 可知,《哈佛商业评论》中文版里中国相关报道栏目细分丰富, 出现频数最多的四个栏目中,《聚光灯》为固设栏目,《对话》《专栏》《中国案例》为常设栏目。值得指出的是，其专门设置《中国案例》栏目，寻找具有自身特色、指导意义的中国公司管理实践做出剖析。而《对话》栏目类似于人物访谈，《专栏》则从属于评论体裁，我们从中可以看到研究型报道的多种融合方式。

二 财经领域研究型报道采写特点

本章以文本分析为主要研究方法，以《哈佛商业评论》中文版 39 篇中国相关报道为研究对象，从新闻来源、选题特色、报道视角、写作特点等四个层面进行分析，剖析该刊中国相关研究型报道的特点。

（一）研究型报道的新闻来源

新闻来源是指具体的某一条新闻从何处获得，又称新闻出处。西方国家明文规定所有的新闻都必须交代新闻出处，在我国，一些重要的新闻也会交代新闻来源。交代新闻出处可以方便受众了解该新闻的可靠程度、权威性。[①]

新闻来源一般有三种，分别是记者采访他人、记者在现场亲眼看见、记者查阅有关资料或信函。[②] 财经领域由于专业性强、讲究实践性等特点，对其新闻来源可以做进一步细分。

参考哥伦比亚大学教授安雅·谢芙琳等撰写的《当代西方财经报道》[③] 一书"新闻来源和新闻资源"这一章节，笔者将本章研究对象分为以下四大类别：公开信息来源，是指公开的或是非公开但可以获得的选题，包括官方信息汇编、商业信息文献、其他媒介和网络；动态信息源，是指作为新闻记者这一职业工作内容所在，由于其不确定性称为"动态"，包括新闻发布会、记者招待会、新闻午餐和晚宴、直接采访；法定信息源，是指法律法规所规定的信息源，包括官方报告、官方统计数据、公司财务报告、公司声明；非利益相关新闻源，是指和数据本身无利益瓜葛的个人或者机构，他们对提供信

---

① 李良荣：《新闻学导论》，高等教育出版社，1999，第 18 页。

② 李良荣：《新闻学导论》，高等教育出版社，1999，第 18 页。

③ 〔美〕安雅·谢芙琳、格雷海姆·瓦茨：《当代西方财经报道》，张倞译，复旦大学出版社，2007，第 122 页。

息、分析、引言很有帮助，包括学者和研究者、政府官员、多边机构等。

对这 39 篇报道进行分类，得到图 12 - 2 和图 12 - 3。

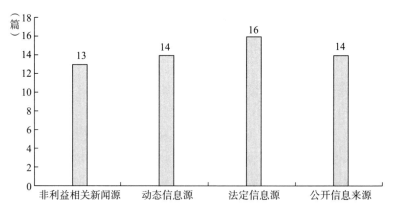

图 12 - 2 39 篇中国相关报道新闻来源占比

由图 12 - 2 可知，39 篇报道的新闻来源分布均匀，表明该刊在做研究型报道时，能够合理选用新闻来源，避免偏向某一方而使新闻报道带有偏向性。这四类中，法定信息源稍多，达 16 篇，该新闻来源最为可靠，多为公开发布、经过审核的公司报告，体现了做研究型报道严谨的作风。此外，每篇报道不止采用一个新闻来源，多个新闻来源互相佐证、补充，进一步保证了新闻报道的公正性和准确性。

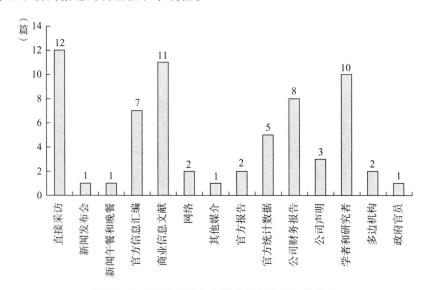

图 12 - 3 39 篇中国相关报道新闻来源细分统计

图 12 - 3 是对这四大新闻来源具体的分类进行统计的结果，包括 14 个细分类别。这些类别中篇数最多的前三个新闻来源分别是直接采访（12 篇，是指记者直接和线索提供人进行专访等面对面交谈的形式）、商业信息文献（11 篇，是指各个公司自己发布的相关信息，这些内容含有部分自我拔高、不够真实的成分，但仍包含一些有用信息）、学者和研究者（10 篇，是指一批中立观察者，有时候他们的研究文章本身就构成了新闻）。这三类新闻来源的前两者，分别对应传统新闻来源里"记者采访他人""记者查阅相关资料"这两项。而学者和研究者，则是研究型报道特色的新闻来源之一。这些默默无闻的研究者，在某种程度上可被视为态度中立者，他们可以为读者提供更为客观、更为深刻或者出人意料的新的知识或发现。《哈佛商业评论》中文版的一个重要供稿对象正是来自全世界著名高等学府的教授们，这也是其新闻报道较其他财经杂志更为独特和别具研究价值的原因所在。

此外，从图 12 - 3 的数据中可知，这 39 篇报道的新闻来源还包括公司财务报告、公司声明以及多边机构等，新闻来源较为丰富、稳定。而类似于政府官员这样的新闻来源，则从侧面反映了该刊的影响力。

（二）研究型报道的选题特色

研究型报道的选题，决定了新闻传播的影响力，也决定了该媒体人力、物力、财力的投入。研究型报道从属于深度报道，中国人民大学新闻学教授高钢指出，深度报道的选题常集中在对公共利益有重要影响的领域，包括社会文明的重大进步动向、政府的重大决策、社会运行的重大弊端及缺陷、重大的突发事件四大领域。[①] 研究型报道选题的基本原则和深度报道保持一致。

在以上选题原则上，财经报道可以有更为细致的划分。本章参考哥伦比亚大学教授安雅·谢芙琳等撰写的《当代西方财经报道》[②] 全书对财经报道的分类体系，对 39 篇中国相关报道进行分析，得到图 12 - 4。

如图 12 - 4 所示，39 篇中国相关报道的选题可分为七个类别，分别

---

① 高钢：《新闻报道教程：新闻采访写作的方法与技术》，高等教育出版社，2010，第 214 页。
② 〔美〕安雅·谢芙琳、格雷海姆·瓦茨：《当代西方财经报道》，张倞译，复旦大学出版社，2007，第 135 页。

是大型经济体、公司、公司经营成果、国际贸易、人力资源、商品市场以及一个比较特殊的分类——中国案例，该分类包含公司和人物两个子类。

在这七个类别里，篇数较多的分别是中国案例（12篇）、大型经济体（11篇）、公司（6篇）。这三个类别分别显示着该刊对中国本土化内容、宏观且难解问题、市场经济核心主体的特别关注。这也正是该刊的选题特色所在。下面将进行详细分析。

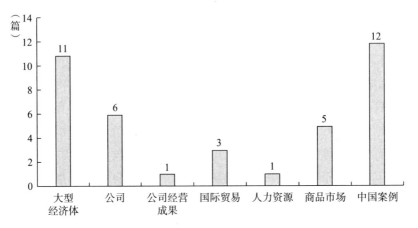

图 12 - 4　39 篇中国相关报道选题特色

1. 中国案例：引领变革的人物 + 公司

39 篇报道中，有 12 篇为中国案例选题，占比最多。相比于其他间接报道中国的选题来说，这类选题属于直接报道型。其分为两类，一是报道该公司的管理者（一般为公司董事长或 CEO）个人的管理心经，偏向于个人；二是报道中国知名企业的发展历程以及遇到的问题、对策研究，偏向于公司（见图 12 - 5）。

近年来，中国企业的跨国并购以及强势进入全球 500 强企业等数据举世瞩目，而中国企业所处的特殊的市场环境存在"中国特色"，外国经验不一定"普遍适用"于中国。因此，注明中国企业的真实管理实践经验无论是对于国外惊诧的企业家、学者们，还是对仍处在蓬勃发展的中国市场中的创业者们、中小企业家们，都有重大指导、研究价值。

在这 39 篇报道中，包括华润、格力、万科、海尔这些享誉国际的中国

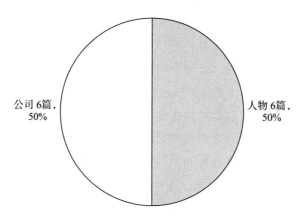

图 12 - 5 中国案例的报道选题比例构成

企业；也有小米、华住酒店、青岛啤酒这些重视创新和变革的新崛起者。在报道这些企业的时候，该刊关注在全球化竞争背景下，企业变革以及创新的领导模式所带来的影响，关注有价值、有潜力的中国公司。

2. 大型经济体：关注实际发生的事件和数据

大型经济体包含宏观视野的三类报道题材：政府政策的变化、国家面对的经济形势的变化以及全球经济环境的变化（国际协议或者经济趋势等抽象问题）。[①] 国家的经济问题是庞大而复杂的多面体，记者不可能大而概之地写抽象的经济概念。《哈佛商业评论》中文版在报道此类选题时，关注实际发生的事件和数据。以这 39 篇报道为例，在报道大型经济体这一抽象概念时涵盖范围广泛，如裙带主义、全球管理、知识产权、中国创业、人才选择、管理经验、企业并购、质量控制等全球范围普遍关注的难题。这些问题在全球管理实践中长期存在，显而易见，难以用对错说明并且难以定性，可长期讨论，具有极高的应用价值，而且随着社会的变迁会诞生很多新的思路，每一次新思路的冲击都会带给问题不一样的视角，带给社会深远的影响。

这类报道选题的写作难点在于，作者本身需要有极高的洞察力和专业水准，才能够控制好报道，写出新亮点，提供新思路。

---

① 〔美〕安雅·谢芙琳、格雷海姆·瓦茨：《当代西方财经报道》，张惊译，复旦大学出版社，2007，第 58 页。

在本章选取的样本中，"大型经济体"类别下有 11 篇。可以看到，该类别包含的报道选题十分丰富。如"女性领导者"就是该刊反复（几乎每期）提到的话题。在讨论这一话题时，有最新数据——"在财富 1000 强里，仅有 4% 的首席执行官为女性；在我们的国会中，仅有不到 20% 的女性议员。更糟糕的是，在过去的几年里，这种状况几乎没有大的改观"[1]；有真实案例——《女性领导者的天然优势》（2013 年 9 月刊）一文选取菲亚特 - 克莱斯特集团中国区总裁郑洁（女性）为访谈对象，以她真实的升迁经历说明"在瞬息万变的市场环境中，逻辑和理性经常会散失价值，你不得不绕过逻辑，遵循第六感去判断，而第六感是女性天然的优势"这一观点；有模型分析——《女性领导者的管理密码》（2013 年 9 月刊）一文总编辑何刚借助"四象限"模型分析，以理智和情感为横纵两轴，通过对现实生活中的诸多案例进行归类分析，得出结论"优秀的女性领导者必须足够理智且情感成熟"。

3. 公司：关注影响盈利的信息

公司的表现对其他所有商业新闻都有影响，如公司影响了市场的表现、影响了就业和税收等，因而公司新闻是商业新闻的核心所在。作为一本研究型的杂志，在公司题材的报道上，关注一切影响盈利的关键信息，包括能提升公司管理实践效率的最新研究、公司研发的新产品、公司营销的新市场活动、企业形象的塑造、公司并购、收缩、领导层变更、预亏警报、收入、融资、股份化、政府的监管和介入、大经济环境动向等。

以《哈佛商业评论》联合哈佛商学院一些著名教授发表的提升公司管理实践效率的最新研究为例，《降成本新利器 AZBB：节省 16%》一文介绍了罗兰贝格的加速零基预算法（Accelerated Zero - Based Budgeting，AZBB），这是一个自下而上、各方参与的管理办法，"它通过重建清晰精简优化活动的预算系统，减少不必要的开支"[2]。该文指出了在中国劳动力成本逐年大

---

[1] 吉尔·弗林、凯瑟琳·希斯、玛丽·霍尔特：《2013 年女性领导面临的六大悖论》，《人力资源管理》2013 年第 10 期。

[2] 常博逸、雷启迪：《降成本新利器 AZBB：节省 16%》，《哈佛商业评论》（中文版）2013 年第 9 期。

幅度上升的背景下启用该方法的必要性及效果。

（三）研究型报道的写作特点

新闻语言以"准确""清晰""生动"作为主要特征。[①] 研究型报道在写作过程中注重背景材料的科学运用，以达到更好地说明报道主题与新闻事实的特点的目的；结构层次上多用逻辑观为报道的基本脉络，依据事实概括观点、提出问题然后予以解答、推进、条分缕析；报道关注人的权利、发展、人与自然及社会和谐生存，以"小人物"等微观视角开头，展现"人文关怀"；报道合理使用图表，丰富内涵辅助理解。

1. 背景材料翔实有效

研究型报道最大的特色在于背景材料丰富、准确、数据有效。以2013 年 1 月刊《中国案例》栏目系列文章《从 6S 到 5C：华润的价值管理实验》为例，该系列由 3 篇文章组成，第一篇由中欧国际商学院教授联合埃森哲咨询顾问、该刊编辑撰写，整体介绍了华润集团的财务管理框架，此部分搜集了"华润公司的第一手调研资料""华润公司财务表现数据"等资料。

第二篇详谈了 5C 应用案例之一华润集团旗下的"华润电力"。在讲述华润集团"从利润到价值"的 5C 价值管理实验时，其搜集了"华润集团价值型财务管理框架""5C 价值创造体系架构""5C 财务管理体系""5C 应用背景""5C 应用措施"等执行层面的数据，也搜集了"5C 应用效果""现金创造"这样效果层面的数据，同时在文章的每一个部分，都辅以华润集团董事长宋林本人对该措施的观点。值得注意的是，这些观点也是来自宋林在 2011 年财务经理人年会上的讲话数据。

第三篇是评论，名为《创新管控体系》，文中同样论据丰富，如指出华润这次整合标的是美国 GE 公司、10 年前华润的"宁高宁时代变革"等数据。

该篇作为该刊的一个缩影，充分显示了论据翔实有效对于研究型报道的基石作用。论据的翔实保证了报道的准确性，同时也体现了研究型报道

---

① 周胜林、尹德刚、梅懿：《当代新闻写作》，复旦大学出版社，2010，第 107—110 页。

的"深度挖掘"特色。

2. 以逻辑关系为结构层次

研究型报道往往涉及复杂的事件，前因后果等交错反复引证。如果没有良好的写作功底，很难叙述清楚。好的研究型报道的写作要求脉络条理清晰。

以 2013 年第 12 期人物访谈《郁亮：万科兵法》为例，郁亮作为万科集团总裁，12 年成功带领团队进入年销售收入千亿轨道，如何梳理这个卓越的管理者 12 年的管理实践？如何让读者能够知其然且通其精髓有所收获？该刊编辑采用了两种类比的方式辅助读者理解——郁亮同时是一名登山及马拉松爱好者，"他如何运用 12 年的管理功力去成就登山，登顶珠峰后又给他的企业管理带来了哪些思考？"[①] 即将管理公司比作登山；用人的青春期—中间阶段—成熟阶段比喻成长的小公司—中型公司—大型公司三阶段。

顺着这个思路，在简要叙述郁亮管理万科所获得的成就后，访谈脉络一目了然，整个访谈分为五部分，第一部分是引子，主题为"按管理企业的方法登山"，讲述管理企业和登山的相同之处；第二部分主题为"青春期法则：对标，补短板"，讲述万科在年销售额不及 1000 亿元的小公司阶段的管理方法——"补短板、科学管理方法"；第三部分主题为"千亿之后要'均好'"，讲述万科跨越千亿元销售额之后的中型公司管理方法——"讲究整体平衡"；第四部分主题为"未来十年追求'包容性增长'，对万科未来十年成为大型公司后的管理方法——'学会分享，学会合作'"；第五部分主题为"三把尺子衡量'王郁默契'"，讲述万科这个传奇公司的两位领袖人物王石与郁亮之间的合作问题。

如此这样，访谈的脉络结构就非常清晰。受众可以轻松通过类比登山和人的生长时期来理解万科发展的各个阶段以及处理方法。好的研究型报道通过清晰的脉络，很容易将复杂的事物描述清楚，且给人启发。

3. 以"小人物"等微观视角开头，展现"人文关怀"

财经领域的研究型报道涉及领域往往具有很强的"壁垒性"，叙述中常常需要用到大量的经管类专业术语以及分析模型，尤其是新技术、新理念。

---

① 王丰、李武：《郁亮：万科兵法》，《哈佛商业评论》（中文版）2013 年第 12 期。

然而，新闻报道不是教科书或学术报告，要讲究文本的可读性。好的研究型报道应该做到叙述引人入胜。

外媒财经期刊在这点上处理得非常好。叙述引人入胜的关键在于报道所展现的"人文关怀"，这不仅表现在将复杂的原理最大程度上保持原汁原味的同时用受众喜闻乐见的方式讲解，还表现在例证的趣味性，以及所选题材关注个人在社会大背景下的抉择。

《哈佛商业评论》中文版中 70% 左右的报道为翻译英文原版，其余 30% 左右为中国本土化原创（本文抽样统计 2013 年的数据为 21% 原创），在 39 篇中国相关报道中，由于话题限制，所对应的叙述风格人文关怀仍显不足。但就整本杂志而言，人情味很足，人性视角显见。

以 2013 年 10 月刊案例分析栏目的《该你在家带孩子了》为例，该文讨论的是"既是生活伴侣，又是生意伙伴"的夫妇关于"主内主外"的话题。该文的开头就是一个真实的案例——"苏西·戈登和安东尼奥·巴里莱夫妇共同拥有制造公司 Bottoni……两人有两个女儿，为了照顾他们，两人整天忙得不可开交，连好好谈话的时间都没有"。在知识经济时代，接受高等教育、拥有高级管理能力的女性越来越多，女性传统的居家角色和女性作为人本质的自我实现的需求发生了冲突，该文就是关注"女性在市场环境下的自我发展"这一细分话题，凭借真实发生的案例，进行生活场景再现，再辅以数据及说理，可读性强。

4. 合理使用图表，丰富内涵辅助理解

和文字一样，图表在研究型报道中同样起着"提供信息、体现观点、解释说明"的作用。除此，图片由于具有可视化、内涵饱满等特点，可以平衡版面、赋予美感和张力；而表格具有一览无余的清晰特点，适当数量的图表可以更清楚地表达数据。

为了更好地了解图表应用，本章统计了 39 篇中国相关报道里图表应用的类别和篇幅比例数据，分析结果如图 12-6 所示。

如图 12-6 所示，经过分析，抽样样本的 39 篇报道里，图表类型分为四类。事物/景物类：工厂车间、办公室等实体照片。人物类：文章主要述及人物的实体照片。数据说明：包括能够佐证或者直接显示文章论点的饼状图、条形图、线形图、数据归类表格等。插画：与文章主题相关的小型

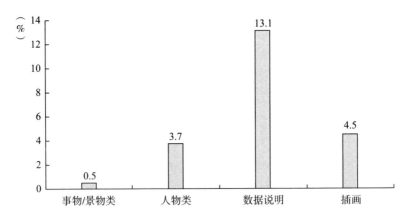

图 12 - 6　39 篇中国相关报道图表应用类别及篇幅比例

图画，以达到区分文本、亮丽版面的作用。

　　需要补充说明的是，本章通过扩大研究样本，对《哈佛商业评论》中文版全刊进行分析后得出，该刊还有一类特色插图，此处称为"艺术作品"。对此，该刊编辑部如此解释："每个月，我们会在聚光灯里搭配几件作品，这些作品均来自一位颇有建树的艺术家之手，我们希望这些摄影师、画家和装置艺术家鲜活、理性的作品能赋予杂志更多活力和信息，更细致地阐释一些比较复杂和抽象的概念。"[①]

　　由图 12 - 6 可知，在中国相关报道图表应用中，数据说明类的图表最多，达到 13.1%；事物/景物类图表最少，仅为 0.5%。这体现了该刊严肃、重视思辨性的作风，即尽量控制图表的应用，仅在必须出现、可增加文章表达效果时才会显现。这也在图 12 - 7 "39 篇中国相关报道中图表与文字篇幅比例"中得以显现，39 篇报道中，文字与图表的比例近似为 8:2，显示了该刊对文字本身所带来的抽象思维、逻辑性的重视。

第四节　《哈佛商业评论》中文版研究型报道的改进策略探析

　　创建于 1922 年的《哈佛商业评论》，虽有近一个世纪的历史积淀、丰

---

　　① 见每期《哈佛商业评论》（中文版）《聚光灯》栏目说明。

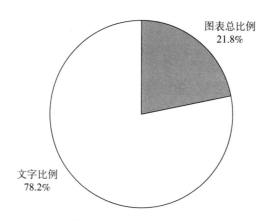

图 12 – 7 39 篇中国相关报道中图表与文字篇幅比例

富的跨国运营经验、强大的报道团队，但在中国市场的研究型报道上仍存在一些不足，并未充分发挥其优势。这和该刊物对中国市场的了解程度不够深入息息相关，也与我国对外来资本办报、办刊的限制以及言论的限制有一定关系。擅长案例分析式研究型报道的《哈佛商业评论》中文版可以通过以下几个方面改进报道，从而进一步提升其传播影响力。

一 丰富分析中国问题的供稿团队

《哈佛商业评论》的全球编辑、供稿团队阵容非常强大，包括五类群体：一是专业从事采写编排的记者，其大多拥有复合的经管背景；二是全球 500 强高管、合伙人等知名管理者；三是知名商学院教授，如哈佛商学院、哥伦比亚商学院等；四是从事数据、政策研究，商业化或者政府背景运作的大型咨询机构，如麦肯锡、埃森哲以及我国的国务院发展研究中心等机构；五是已经离任的政治家。

然而，中国相关报道所涉及的供稿团队则相对单薄，这不仅表现在供稿团队的身份背景较为单一，以特约编辑为主、政经合作机构不多，还表现在这些供稿团队自身的阅历无法与该刊英文原版动辄哈佛商学院、世界 500 强 CEO 相匹配。该刊应该多引进擅长中国经济问题的全球著名商学院教授以及分析中国问题较为中立、权威的咨询机构，从而打造更有研究价值的报道。

二 开拓中国报道研究视角

《哈佛商业评论》中文版里，中国相关报道与报道总篇数占比最高为32.14%，最低仅为8.33%（见图12-8）。这和该刊一贯的国际定位相一致，即非本国发行的本土化期刊中本土信息与原版内容之比仅为3∶7。然而，中国特色的社会主义市场经济环境在政策法规等多方面与西方国家存在一定差异，如果仍在中国坚持该刊在其他国家的报道策略，很容易导致"水土不服"的现象。

开拓中国本土报道研究视角应从两个方面着手：一是在报道国际经管问题时，提升中国本土化市场环境或公司的实际案例比例，将中国市场的情况纳入国际化视野中进行分析；二是报道中国公司时，不仅关注那些重视改革、举国瞩目的大公司，同时也应该关注那些失败的、挣扎中的中小公司，并给出对策研究，从而突出其报道价值。

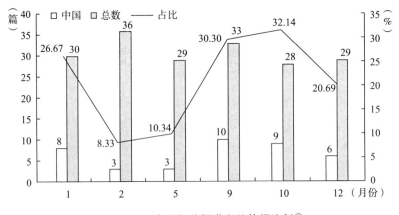

图12-8 中国相关报道占总篇幅比例①

三 注意平衡报道，保持中立立场

在开拓中国报道研究视角的基础上，如何平衡报道内容、避免单方面

---

① 数据来源于附录。

说辞和过度包装、迎合中国公司及其管理层，从而更深层次挖掘本土化新闻、做好研究型报道是该刊需要关注的点。

由前文可知，该刊中国本土化的选题分为 7 个类别，也可视为 6 个间接选题和 1 个直接选题——中国案例。间接选题往往是在讲述国外的某个公司或者经济现象时涉及中国部分情况，然而选取的报道面多为大公司，缺乏一般情况的中小企业的报道，选材上不够平衡。而直接报道中国某个具体的企业或企业家的动态时，选题上多以财经人物、某个企业的变革引领企业成功的经验为主，以直接采访公司管理层本身的形式进行报道。就采访对象而言，就存在包装自己甚至公司的高端公关之嫌。安雅·谢芙琳将这种新闻来源称为"个人关系"，并告诫记者"有时候某组织（尤其是公司）发现找到某个记者或者一小群记者，和他们分享信息是最理想的。你要小心，这可能是拍马屁"。①

新闻媒体作为"第四权力"的明显特征之一就在于"监督报道"的权利申诉、权力监督作用。然而，综观本土化财经期刊的中国报道，我们发现其千篇一律的"褒扬"色彩，对企业家个人以及企业经营管理的传奇色彩过于渲染，以至于营造了一种"完美管理者""完美企业"的假象。事实上任何个人都会犯错，任何企业都有低潮期，矫正自己的错误、"绝地反击"才更能够体现一个成功管理者、企业本身的抗风险能力和综合素质。这在中国相关报道的描述上都严重缺乏或者描写不足。

该刊中文版对待中国相关选题时，应尽量保持客观中立的态度，保持新闻来源的多样性、平衡性。在报道企业家个人和企业时，应避免单独将该企业管理层作为唯一采访对象，可以对员工、消费者甚至同行业其他企业进行采访，从而达到更深层次的公司研究，报道也更有含金量。

本章小结

近年来，我国财经期刊已越来越重视"研究型报道"的采写工作，但

---

① 〔美〕安雅·谢芙琳、格雷海姆·瓦茨：《当代西方财经报道》，张倞译，复旦大学出版社，2007，第 125 页。

这些报道仍不同程度显现分析深度不够、案例不够鲜明、传播方式不够多元化等缺陷，从而不能足够彰显其深度报道的优势。本章以案例分析式研究型报道著称的《哈佛商业评论》中文版为例，选取其中国相关报道的采写特点进行分析，以期为开设中文版的外媒财经期刊及国内财经期刊提升报道策略一些启示。

《哈佛商业评论》中文版存在诸多优点，如新闻来源多样、稳定；新闻选题重在对公共利益有重要影响的领域；写作上注重背景材料的科学运用；结构层次多用逻辑关系作为报道的基本脉络；报道关注人的权利、发展、人与自然及社会和谐生存；以"小人物"等微观视角开头，展现"人文关怀"；合理使用图表，丰富内涵辅助理解。这些都给我国本土财经期刊研究型报道的发展带来新思路。

然而，由于该刊物对中国市场的了解程度不够深入以及我国对外来资本办报、办刊的限制等，中国本土报道存在不少缺陷。该刊应丰富分析中国问题的供稿团队；开拓中国报道研究视角，这包括提升国际报道中对中国问题的分析以及中国本土问题中对中小企业的关注两方面；注意平衡报道，避免企业家一家之言，聆听多方声音，更深层次地挖掘中国案例。

本章不足之处在于，由于时间和能力有限，并未选取同样是中国本土化财经期刊的《福布斯》《商业周刊》《财富》中的一个或几个做详细对比分析，也未能扩大样本容量至 12 期或更多。值得说明的是，这四类进入中国的财经期刊各有特色，非常具有研究价值；但现有文献对除《哈佛商业评论》中文版外其他三个均有分析，唯独缺乏《哈佛商业评论》，若能联合做比较分析价值更大。

结　语

提升我国财经媒体传播影响力的策略思考

前面我们已经对具有代表性的各类财经媒体传播影响力进行了分析，在不同的理论框架下对其传播影响力进行了评测，并一一提出了提升传播影响力的策略。综上，我们从媒介组织、媒介内容、媒介经营、媒介技术四方面来探寻如何在媒介融合发展的态势下，调整策略提升传播影响力。

一　媒介组织：创新媒体体制机制，培养复合型人才

（一）做强财经媒体和打造服务平台

2014 年 8 月 18 日，《关于推动传统媒体和新兴媒体融合发展的指导意见》表明，传统媒体到了革新图存的重要窗口期，此后，媒体融合的进程加快、程度加深。在全球化视野和移动互联网环境下，我国财经媒体正在积极寻求转型之路。

我国传统财经媒体集团积极适应中国经济发展新要求和舆论生态新变化，掌握全球经济话语权，积极担负大国崛起中财经媒体的职责，关键要进行的就是战略定位层面的转型。

财经媒体相比于一般媒体具有其独特性，财经资讯除了是一种新闻资讯外，也是一种决策信息支持，除了具有告知信息的新闻性功能外，还具有战略咨询的服务价值。因此，要充分发挥自身优势，进入金融信息服务领域和交易领域。

有能力的财经媒体可以由单一的媒体建设向媒体与文化产业发展并重

转型，形成以财经大数据咨询服务为核心能力的全媒体集团，以提供资讯服务为主，转型为提供资讯整合、交易撮合、理财投资交易环节介入的金融信息综合服务商，打造成连接多边市场关系的服务平台，实现资源的聚集。

财经自媒体则可以依靠各大传播平台扩大自身影响力，或者是向平台化转型实现更好的发展。自媒体的传播渠道主要集中于微信、微博等社交媒体，以及今日头条、新浪、网易等资讯分发平台，可以在这些平台上开设账号，实现更好的传播效果，也可以朝平台化方向发展，转变成内容提供商，使自身具备更强的内容聚合能力和更好的信息传递能力。例如，从"罗辑思维"到"得到"的产生，罗振宇成功地将自媒体打造成了具备发展潜力、形成完整体系的平台，将内容生产与内容分发行为集中到一起。

（二）建立适应融合发展的媒体一体化机制

在媒体体制机制改革方面，传统财经媒体应该建立适应融合发展的一体化机制，促进媒体内部和媒体间的资源优化整合，促进媒体组织机构革新，推动媒体形态和媒体经营的深度融合发展，缩小传统媒体和新媒体的差距，促进二者协调发展。

在采编机制上，革新采编流程，打造统一调度资源配置的"中央厨房"，实现多种方式的内容生产，提高财经媒体产品的生产效率。目前，各大媒体集团纷纷建立"全媒体""融媒体""中央厨房"等媒体采编平台，实现了集团内部的资源共享，提高了采编发的工作效率。例如，2017年2月，《经济日报》启动的全媒体中心是《经济日报》移动端、中国经济网、直属报刊实时联通、资源共享、全天候滚动编发新闻的业务平台。

在经营机制上，财经媒体可以建立多元化、社会化的产权结构，引入战略投资者参与入股，改变国有企业"一股独大"的现象，同时可以通过上市、并购等手段进行融资和组织调整。

在管理机制上，调整绩效分配和激励机制，形成全新的管理机制和决策，鼓励媒体从业人员创新创业，探索新的激励政策。澎湃新闻在2017年初出台的激励制度，对于采编、技术、经营、职能四个不同的岗位分别制定了符合各自特点的职级体系和考核晋升通道，对应不同的薪酬标准和考核标准，以岗定级、以级定薪。

在决策机制上，财经媒体要提高决策能力和水平。首先，设立专业的传媒职业经理人，提高财经媒体的决策参与能力和人员素质；其次，以专业委员会的形式对媒体职能进行分门别类，如战略委员会、投资委员会、薪酬委员会、人事委员会等；最后，完善决策流程，例如，重要决策应有专门的组织机构完成尽职调查，将相关资料和结论报送决策人员，方便管理人员的科学决策。

（三）积极培养复合型财经媒体人才

首先，积极培育优秀的财经记者。财经新闻是财经媒体生存和发展的基础，财经记者只有生产出高质量的财经新闻产品，给用户带来阅读价值，才能形成良好的口碑和公信力，进而有助于财经媒体的良好发展。优秀的财经记者不仅掌握财经金融领域的专业知识，也能够通过通俗易懂、活泼有趣的方式将信息传达出去，因此，大力培养生产高效优质财经新闻的财经记者，是财经媒体发展的长远之策。

其次，弥补短板，引进技术型人才。技术人才的缺乏是传统财经媒体发展的先天不足，突破网络软件、硬件等方面的技术问题，大量引进技术人员，可成为弥补传统财经媒体发展短板的有效途径。

最后，大力培养复合型媒介人才。在财经媒体的融合发展过程中，纯新闻人已经不适应媒体发展，复合型的人才才能提供优秀的财经报道，财经媒体人才应该兼具设计师、计算机人员、财经金融人、新闻传媒人等多重复合身份。同时兼具新媒体素养和高技能的人才成为市场缺口，培养懂财经、跨媒体、懂技术、善营销的媒体人才也成为财经媒体发展的需要。

二　媒介内容：坚持客观公正，力求专业性和可读性相结合

（一）坚守真实客观公正的报道原则

财经媒体以提供优质的内容取胜，以内容打造其核心竞争力，面对商业利益诱惑、资本市场的偏向、组织机构的权势，更应该坚守真实、客观、

公正的新闻原则。既要提供引导主流价值观的内容，也要提供客观真实的、受众需要的财经信息。

生产优质的财经新闻报道，首先应该加强财经记者的职业素养，使其不仅要具备正确的政治立场和家国观念、财经金融的专业知识、良好的职业思想道德和个人品性，还要具备专业的采编能力、宏观经济把握能力和全球化视野。

其次，应该严格把关内容质量。对于财经新闻报道方向上的偏差，财经媒体内部应该积极进行自查和反省，制定科学合理的报道标准，纠正错误报道方向，加强对内容的审核，确保财经新闻的内容真实可信。

例如，《经济日报》2013 年 8 月的系列报道《如何看待当前经济形势》，由经济领域的专业资深记者牵头完成。对于世界经济形势的分析，没有依靠记者查资料，而是调动驻纽约、布鲁塞尔、东京等地的记者实地采写，经由一位韬奋奖获得者进行编辑，并与记者反复沟通打磨，按重大稿件的流程逐级送值班编委、总编辑、社长审改，严格把关。最终，该系列报道获得 2013 年第 24 届中国新闻奖二等奖。

（二）力求专业性和可读性相结合

财经新闻涉及众多专业术语、专有名词、数据图表，常常比较晦涩难懂，但是财经报道不只是写给专业人士阅读的，还要让普通群众能够接受。这就需要财经记者从读者的角度出发，关注读者的兴趣爱好，用通俗易懂的语言叙述，用生动有趣的方式表达，增强财经新闻的贴近性。

互联网用户呈现年轻化、潮流化的趋势，图片、视频等方式比长篇大论的文字阅读更加受欢迎。运用富媒体形式可以让财经媒体的信息表达更加直观，有利于提高话题的关注度与阅读率。

随着大数据时代的到来，财经新闻中涉及的数据信息、人物关系可采用可视化的方式来进行表达，呈现数据的分类比例和变化趋势，揭示新闻事件的发展进程，展现各方的内在联系。例如，2016 年 10 月，"新华社特约记者太空日记"系列报道，被加工制作成文图通稿、融媒体页面、H5 页面、视频短片等多种形式在不同终端呈现，这就是财经新闻的生产和传播可采纳的形式。

（三）持续提供专业垂直领域的优质内容

在移动互联网时代，用户更加看重内容的质量和丰富程度，在信息泛滥的环境中，优质内容成为稀缺资源。同时，随着用户需求的个性化增强，"大而全"的内容服务已经无法满足需要。财经媒体内容的定位越细分垂直，对应的读者群越精准有效，如果能够在某一领域保持优质的内容输出能力，就能获得更稳定的读者粉丝群体。

垂直细分的内容更加专业、更有深度，可满足不同用户群体在某一领域的阅读需求。因此，垂直类资讯将受到用户的青睐，财经媒体应该牢牢把握垂直的细分受众优势，针对细分受众群提供专业的财经资讯，满足特定领域受众群的用户信息需求，在垂直领域提供持续的优质内容。

垂直财经的内容来自三方面：用户生产内容、专业生产内容、职业生产内容。财经媒体要营造立体化的内容矩阵，需要在这三个内容来源中找到平衡，通过高质量的内容提高平台和用户之间的黏性。

三　媒介经营：贯彻编营分离制，形成用户运营思维

（一）执行采编与经营彻底分离制度

采编和经营分离，是指实现媒体内容生产和经营管理的相对分离。内容生产部门要独立于广告部门、发行部分，不能有利益上的牵涉，以确保所生产的内容真实、客观、公正，这是新闻专业主义的基本要求。

做到采编与经营分离，在新闻报道时一定要坚持客观报道，不能收取任何费用，杜绝有偿新闻。同时，新闻内容生产和广告业务一定要分离，广告内容不能与新闻报道挂钩，杜绝软文。采编部门的记者编辑不能擅自利用媒体的广告业务权利，从事经营活动。

另外，在版面制作上，内容版面和广告版面也要相对分离，编辑部门的内容只能放在新闻版面上，广告部门的内容只能放在广告版面上，不能混杂。同时，在版式设计上，财经新闻内容需要具有严肃性，字体、字号的设计应该按照行业规则有所区别，不能误导读者混淆新闻和广告。报社

不能向记者下达经营和发行的任务，不能以新闻专栏、专题、专版、专刊的形式登载广告信息。

2016年7月，新华社已经逐步全面实行采编和经营分离，逐步实现经营的规范化。根据新华社改革方案，新华社国内各分社不再涉足经营业务，在主体上剥离经营业务，主要经营业务由总社新闻信息中心、中国经济信息社和新华网三家经营主体统一接收。

（二）形成用户需求和产品运营思维

财经媒体的核心价值在于生产财经内容和提供经济服务，提升财经媒体传播影响力的关键策略在于具备用户思维和产品运营理念。财经媒体应该尽快将"受众"思维转换成"用户"思维，摆脱原先"内容发布"的运营理念，具有新闻专业理念和产品策划运营理念，整合自身的优势资源，打造生态型的媒体服务平台，为个人和企业提供不同种类的服务。

2017年从除夕到正月初七，人民日报客户端在传统信息流红包和微信红包基础上，利用绿幕拍摄合成等技术，制作真人秀红包视频，推出AR实景红包，出其不意的互动效果获得网友的一致认可。据统计，春节期间人民日报新媒体红包活动线上参与人数累计数千万人次，带动客户端新增下载量超200万。[①]

在市场定位方面，财经媒体要增强新闻报道内容的差异性，定位更加明确的市场用户，要密切关注市场环境和用户群体的变化，实时地做出相应的调整和改变，运用大数据等手段，更加深入地了解用户的兴趣爱好和行为特征，不断满足用户需求，提升用户体验。

例如，财经新媒体《华尔街见闻》，为了能够将影响全球金融市场的重要资讯第一时间推送给用户，首创"实时新闻"模式，通过移动客户端、网站、微信公众号和微博为投资者提供服务，时效性领先同行。

（三）打造社群，实现真实用户积累

随着移动互联网的发展，用户需求和社交方式都发生了极大改变，由

---

① 《丢了用户思维，就别谈什么媒体融合！》，http://mt.sohu.com/20170322/n484300845.shtml，2018年9月。

共同爱好和相似需求的人组成的网络社群得到了快速的发展。社群能够实现人与人的连接，聚合产业上下游的资源，提高营销和服务的深度，增强品牌的影响力和用户的归属感。

社群的三大功能是兴趣聚集、沟通协作、商业变现。其通过粉丝的方式聚集用户，再以沟通和协作的模式运营，实现创新，以调动用户参与、增强用户黏性、获取用户信任为社群的目标，最终通过流量变现来获得收益，在粉丝经济和分享经济中赢利。社群有传播、导流、公关、交互的渠道价值，在资源的配置上实现优化，低成本、高效率地实现行业资源的整合，链接产业上下游，实现资源的多层整合。

目前，网络社群逐渐从兴趣聚合向用户开发和行业资源整合过渡，垂直行业通过社群化实现价值延伸的技术成本低、操作性强，社群成为从线上到线下的最佳沟通渠道，从小众到分众的必由之路，是内容连接服务的转化之道。打造社群成为财经媒体整合资源、获得盈利、拓展价值的渠道之一。财经媒体打造社群有四种方式。

第一，通过举办线下的大型财经类论坛、峰会，邀请相关公司高层嘉宾、金融监管部门领导、学术机构专家学者等参与行业话题讨论，搭建沟通交流、合作商谈的对话场景，并成立线上交流平台。如《21世纪经济报道》主办的中国资产管理年会、中国创新资本年会等。

第二，通过举行线上的分享交流课程、会议活动，围绕某个意见领袖或者话题，组建微信群、QQ群等组织，或者进行视频直播。例如《无冕财经》创始人王玉德2016年6月开始进行"无冕财经新闻学员班"系列讲座，通过线上语音直播课程讲解财经新闻的基础知识，组建起了以新闻系学生为主的社群。

第三，建立会员制，建立不同层级和相应权益的会员体系，设置会员网络浏览权限和专属会员的信息服务。例如，吴晓波创办的蓝狮子读书会，作为高端商业阅读服务俱乐部，环绕七个维度的选书为广大政府官员、企业家与管理者提供优质的阅读服务。

第四，建立财经媒体的内容聚合和分发平台，充分挖掘用户的内容资源和关系资源，支持数据库之间的内容共享，促进财经资讯在生产过程中的交互，使得财经资讯通过聚合分发、共享协作产生价值增值，例如，国内最大的财经记者社区蓝鲸财经记者工作平台即如此。

（四）转变思路，探索新型商业模式

传统媒体时代的广告售卖商业模式已经难以为继，财经媒体依靠自身特色进行"付费内容＋增值服务"成为顺应发展趋势的新型商业模式。

付费内容有两类：一是优质内容；二是个性化定制内容。财经媒体利用积累的资源优势搭建起巨型内容整合平台，对优质内容实行收费制度；同时，通过数据分析等技术手段提供定制化的信息，满足用户的个性化需求。

随着技术的进步和用户版权意识的增强，用户为知识和内容付费的意愿逐渐增强，在此基础上，优质内容付费模式成为财经媒体变现的重要路径之一。财经媒体产出的优质财经信息，能够帮助人们做出正确的商业或投资判断，对目标受众来说产品价值更大，因此，财经媒体的内容付费更容易被接收，财经媒体也将因此而获得可观的收益。

增值服务则有多种形式：一是在财经资讯的基础上进行延伸，比如提供定制化的商业信息、垂直化的行业资讯；二是深入发展金融、商业的数据分析业务，提供财经商业研究和投资咨询服务；三是为用户搭建高质量的线下交流平台和圈子，促进同业同行的信息传递。

例如，第一财经商业数据中心依托阿里巴巴的商业数据库，提供产业分析和商业数据，发布标准化数据报告、专项调研报告等信息产品，对于读者而言，其可以更好地了解行业格局、分析竞争对手状况、了解市场需求导向、把握行业发展趋势，科学制定产品生产和营销策略；对客户而言，其通过定制化数据服务、冠名报告或指数的发布、垂直行业的数据分析研究等形式进行合作，可以塑造良好的品牌形象，扩大公信力、影响力，提高曝光度和美誉度。

四　媒介技术：洞察用户需求、充分利用智能工具

（一）将大数据技术全面渗入财经媒体

科技创新是推动媒体融合发展的动力，先进技术的运用和先进设备的

普及使媒体的传播形式更加丰富，传播手段更加多元，推动媒体融合进一步深化。《第一财经》CEO 周健工认为："大数据在媒体创新中占据的角色越发重要，数据价值不断放大。"① 可见，数据已经全面渗入媒体的生产、呈现、传播等各个方面，中国的财经媒体正在进入全新数据时代。数据正在渗透新闻选题策划、报道采编、读编交互和读者反馈等各个环节，财经媒体要善于利用数据，把数据进行可视化、个性化、叙事化的处理，促进数据在财经报道中的深层次融合。

首先，财经媒体通过对商业数据进行挖掘和分析，发现隐藏在数据中的关联，提炼出新的价值观点，进行二次解读和深化加工；其次，利用可视化技术使复杂难懂的信息变成通俗易懂的新闻，让用户花更少的时间读取最多的内容，形式更加活泼、信息传递更加快速便捷；最后，通过大数据技术，对用户的态度进行分类，分析用户的兴趣爱好和情感倾向，统计相关建议和舆论导向，实现更精准的分发。

例如，《第一财经》与阿里巴巴合力打造的数据财经新媒体《DT 财经》，用数据表达财经新闻。《DT 财经》不仅运用可视化方法，将复杂的逻辑变成可视化图表，还借助第一财经商业数据中心，借力阿里巴巴大数据，打造专业的商业分析报告。

（二）洞察用户需求，进行个性化定制发布

用户获取信息的渠道越来越多样，信息产品也逐步多元化，对信息获取的效率和要求越来越高，把握用户兴趣，洞察用户偏好，依托新媒体大数据的支持实现个性化定制，能够更好地提升用户体验。《今日头条》等聚合新闻客户端将资讯内容和用户阅读需求进行匹配，实现精准的内容分发，深受用户喜爱。

通过大数据洞察和大数据监测，建立用户数据库和内容数据库，基于对用户消费行为特征和需求喜好的分析，进行用户匹配度更高的财经媒体内容生产，将相应的财经信息和服务推送至对应客户群体，能够实现精准

---

① 黄磊：《CBNData 要做 DT 时代的 "布道者"》，http：//www. yidianzixun. com/home？ page = article&id = 0EKYoC0Z，2017 年 5 月。

内容推送和定制化服务。这种智能推荐和个性化定制服务，是当前财经媒体的发展趋势。

当然，目前这种机器算法和人工智能的技术运用还处于初级阶段，其过程是通过基础性智能算法模型，将用户和内容进行标签匹配，来实现内容到用户兴趣推荐与个性化分发。未来将通过升级深度学习和强化学习算法模型，让机器可以自动自觉学习用户的行为喜好，对内容属性进行识别。

另外，还可以利用移动互联网技术和基于位置的信息技术，提供当地化财经资讯、区域化金融数据、实时财经交易地点和交易行情查询等服务，满足用户的个性化需求。

例如，2016年4月，网易推出"网易号本地化战略"，打通地方政务客户、地方媒体、自媒体等本土化资源，首创了"县级频道"，为地方性内容生产者提供了强大的内容生产和分发工具，增强了其变现能力，与本地化商圈形成了商业生态，将区域化的精准内容沉淀到了平台之上，建立了用户所需的精准内容池。[1]

（三）利用智能工具提升写作效率

智能机器人的出现颠覆了媒体的生产方式，尤其是财经媒体，每天面对大量的数据需要进行分析或摘编，人工智能和大数据技术的引入极大解放了人类劳动力。

在国外，2014年7月，美联社开始用机器人 Wordsmith 采写财经新闻，生产公司业绩财报报道。一开始，机器生产的所有文章都会经过人工审核，美联社将错误记录下来再通过人工智能改进算法。三个月后，机器生成的文章已不需人工干预。[2]

在国内，2015年9月，腾讯财经用机器人 Dreamwriter 最先发布非人工稿件。第一篇稿件名为《8月CPI同比上涨2.0% 创12个月新高》，分为两部分，第一部分是数据本身，第二部分是各界人士对数据的分析解读。《中

---

[1] 站长之家：《本地化战略：网易新闻客户端的新征途》，http://www.chinaz.com/news/2016/0420/523889.shtml，2017年5月。

[2] Rick W. , "Noted Wordsmith Frank Luntz Fashions Five Phrases to Foster Business Success", *Trailer / Body Builders*, 2016.

国新媒体发展报告》（2016）数据显示，截至 2016 年第三季度，腾讯财经机器人写作文章的数量达到了 4 万篇。[①]

随后，中央媒体也加入了智能机器人的研发。2015 年 11 月，新华社推出新闻写作机器人"快笔小新"，可以写体育赛事中英文稿件和财经信息稿件。"快笔小新"操作简单快捷，输入一个股票代码，就能产生一篇财报分析。[②]

2016 年 5 月 31 日，《第一财经》推出智能写稿系统——DT 稿王，用机器算法来完成实时的数据监控、文本解析和信息抽取，根据相应的模板和运算法则生产新闻。从 2016 年"DT 稿王"发表的一篇报道《猪肉涨幅回落带动 6 月 CPI 增速放缓至 1.9%》来看，其新闻五要素、数据、观点和文本结构都是完善的，算得上一篇合格的稿件。内容单调枯燥的财报类新闻报道，对数据的准确性和文章的速度要求很高，这是人类的弱项，却是机器人的强项。机器人善于处理海量信息，能够分担数据分析处理工作，对于高数据密度的商业新闻，机器人在处理数据时不易出错，甚至能够检测出虚假错误信息。另外，机器人的新闻内容生产更加快速、准确、高产。

目前，智能写稿机器人作为人类的帮手，仍然无法取代人力写作。如今的机器写作还处于初级阶段，以写作财报、股票信息、天气预报和体育赛报等数据性强的事实类报道为主，体裁上局限于快讯、短讯等具有固定格式的模板新闻，无法实现人类的全部创造能力。

人类日积月累的知识，在写作时可以做到融会贯通、举一反三，一字一句蕴含记者的判断和人文关怀，是记者独到的思考和丰富情感的体现，机器新闻则缺乏情感和个人风格。但是，利用机器人，记者能够从模式化的工作中解放出来，有更充足的时间进行更深度的选题、策划、采访、报道。

（四）多手段呈现内容，提升传播效果

传统媒体的传播形式以文字、图片、音频、视频为主，随着用户需求

---

① 金凯娜：《在人工智能和新闻的结合上，国内媒体到底做得怎么样了?》，http://36kr.com/p/5057632.html，2017 年 5 月。

② 金凯娜：《在人工智能和新闻的结合上，国内媒体到底做得怎么样了?》，http://36kr.com/p/5057632.html，2017 年 5 月。

的多元化和个性化增强，内容的传播方式变得更加活泼、多样，如网络段子、GIF 动图、表情包、视频直播等形式。

相对于图文的传播，直播可以实现面对面的实时互动交流，将用户关心的问题用通俗易懂的方式表达出来，实时为投资者进行答疑解惑，让用户有参与感和体验感。早期的一些股票解盘、投融资方向和经济形势预测的直播，在电脑端时期便已经出现。

随着移动互联网视频技术的发展，直播开始向移动端迁移，在内容上逐步细分深入，财经直播就是其中之一。例如，新浪财经为打造一个财经领域垂直化高流量平台，尝试举办"财经网红大赛"，以财经新闻报道的创新形式来重新定义财经新闻本身具有的专业内容价值，试图通过"财经垂直领域 + 优质内容 + 网红 IP"的模式抢占发展的新风口。

除了图文、视频直播等形式，VR 和 AR 技术的发展，让记者能够更直接、更真实地抓取新闻要素，同时也能够让用户身临其境地感知，这种超越传统媒体的表现形式，能够实现跨时空的新闻呈现。2016 年 4 月 2 日，央视以 VR 方式呈现被 IS 炸毁的叙利亚千年神庙。6 月 6 日，《重庆晨报》上游新闻移动客户端推出全国首个 VR 新闻频道。8 月 17 日，《广州日报》等全国 12 家主流报纸成立 VR 新闻实验室共同探索 VR 新闻。财经媒体应该熟练运用多种手段，不管是文字、图片、音视频直播，还是虚拟现实的互动，选择最合适的内容呈现方式提升传播效果。

总之，随着经济全球化的不断推进，我国市场经济体制不断健全，财经媒体在社会经济生活中将发挥越来越重要的作用，财经媒体将更好地充当社会建设的守望者、经济发展的助推器，同时，彰显财经媒体的使命感和责任感，引导社会经济健康、有序发展，离不开对财经媒体传播影响力的提升与打造。

参考文献

一 专著

[1] 白永秀、徐波:《中国经济改革30年 资源环境卷》,重庆大学出版社,2008。

[2] 蔡铭泽:《新闻传播学》(第2版),暨南大学出版社,2008。

[3] 鲍立泉:《技术视野下媒介融合的历史与未来》,华中科技大学出版社,2013。

[4] 常昌富、李依倩:《大众传播学——影响研究范式》,中国社会科学出版社,2000。

[5] 陈兵:《电视品牌建构》,中国传媒大学出版社,2006。

[6] 陈力丹:《舆论学——舆论导向研究》,中国广播电视出版社,1999。

[7] 崔选民、王军生:《中国能源发展报告(2014)》,社会科学文献出版社,2014。

[8] 丁和根:《传媒竞争力——中国媒体发展核心方略》,复旦大学出版社,2002。

[9] 〔丹〕克劳斯·布鲁恩·延森:《媒介融合——网络传播、大众传播和人际传播的三重维度》,刘君译,复旦大学出版社,2012。

[10] 段鹏:《传播效果研究——起源、发展与应用》,中国传媒大学出版社,2008。

[11] 〔法〕加布里埃尔·塔尔德:《传播与社会影响》,何道宽译,中国人民大学出版社,2005。

[12] 〔法〕穆奇艾利:《传通影响力:操控、说服机制研究》,宋嘉宁译,中国传媒大学出版社,2009。

[13] 〔法〕古斯塔夫·勒庞:《乌合之众——大众心理研究》,冯克利译,中央编译出版社,2005。

[14] 方琦:《经济新闻实务》,西南财经大学出版社,2009。

[15] 范以锦:《南方报业战略》,南方日报出版社,2005。

[16] 甘惜分:《新闻学大辞典》,河南人民出版社,1993。

[17] 高钢:《新闻报道教程——新闻采访写作的方法与技术》,高等教育出版社,2010。

[18] 郭明全:《传播力——企业传媒攻略》,南京大学出版社,2006。

[19] 郭庆光:《传播学教程》,中国人民大学出版社,2011。

[20] 郭濂、郭新双、魏方、雷家骕:《中国经济面临的矿产资源能源约束及对策——基于工业化中期的思考》,清华大学出版社,2011。

[21] 郭振玺、丁俊杰:《影响力营销》,中国传媒大学出版社,2005。

[22] 贺宛男、佟琳、唐俊:《财经新闻专业报道概论》,复旦大学出版社,2006。

[23] 贺宛男:《财经报道概论》,复旦大学出版社,2009。

[24] 赫雨:《新闻,如何改变世界——新闻影响力及深度效果研究》,上海大学出版社,2010。

[25] 胡卫夕、宋逸:《微博营销把企业搬到微博上》,机械工业出版社,2013。

[26] 胡正荣:《传播学总论》(第2版),清华大学出版社,2008。

[27] 胡正荣、赵树清、马建宇:《媒介融合时代的电视新闻创新》,中国传媒大学出版社,2011。

[28] 胡智锋:《电视传播艺术学》,北京大学出版社,2004。

[29] 〔加〕马歇尔·麦克卢汉:《理解媒介:论人的延伸》,何道宽译,商务印书馆,2001。

[30] 姜怀臣:《报纸营销学》(上、下),新华出版社,2004。

[31] 雷蔚真:《电视策划学》,中国人民大学出版社,2008。

[32] 雷蔚真:《名牌栏目的策略与衍变:〈经济半小时〉透析报告》,中国

人民大学出版社，2005。

［33］李道荣等：《经济新闻报道研究》，中国社会科学出版社，2013。

［34］李良荣：《新闻学导论》（修订版），高等教育出版社，2006。

［35］李良荣：《中国传媒业的战略转型：以沿海非省会城市平面媒体为案例》，复旦大学出版社，2008。

［36］李艳波：《传媒实践力》，中国传媒大学出版社，2010。

［37］厉以宁：《区域发展新思路》，经济日报出版社，2000。

［38］林伯强、何晓萍：《初级能源经济学》，清华大学出版社，2014。

［39］林伯强、黄光晓：《能源金融》，清华大学出版社，2014。

［40］刘克田：《中观经济概论》，经济科学出版社，1999。

［41］刘伟、李绍荣：《转轨中的经济增长与经济结构》，中国发展出版社，2005。

［42］刘燕南：《电视收视率解析：调查、分析与应用》（第2版），中国传媒大学出版社，2006。

［43］刘笑盈：《经济学与经济新闻报道》，中国传媒大学出版社，2006。

［44］陆小华：《整合传媒：传媒竞争趋势与对策》，中信出版社，2001。

［45］陆小华：《再造传媒——传统媒介系统整合方略》，中信出版社，2002。

［46］陆小华：《新媒体观——信息化生存时代的思维方式》，清华大学出版社，2008。

［47］马化腾：《互联网＋》，中信出版社，2015。

［48］〔美〕保罗·萨缪尔森、威廉·诺德豪斯：《经济学》（第16版），萧琛译，华夏出版社，1999。

［49］〔美〕曼纽尔·卡斯特：《网络社会的崛起》，夏铸九、王志弘等译，社会科学文献出版社，2006。

［50］〔美〕利昂·纳尔逊·弗林特：《报纸的良知——新闻事业的原则和问题案例讲义》，萧炎译，中国人民大学出版社，2005。

［51］〔美〕赛佛林、坦卡德：《传播理论——起源、方法与应用》，郭镇之主译，中国传媒大学出版社，2006。

［52］〔美〕爱德华·霍尔：《超越文化》，何道宽译，北京大学出版社，2010。

［53］〔美〕安雅·谢芙琳、埃默·贝赛特：《全球化视界：财经传媒报道》，

李良荣审译，复旦大学出版社，2004。

[54] 〔美〕安雅·谢芙琳、格雷海姆·瓦茨：《当代西方财经报道》，张惊译，复旦大学出版社，2007。

[55] 〔美〕罗杰·菲得勒：《媒介形态变化：认识新媒介》，明安香译，华夏出版社，2000。

[56] 〔美〕大卫·阿什德：《传播生态学》，邵志择译，华夏出版社，2003。

[57] 戴元光：《传播学研究理论与方法》，复旦大学出版社，2003。

[58] 〔美〕丹尼斯·麦奎尔：《大众传播模式论》，祝建华译，上海译文出版社，1987。

[59] 〔美〕奥格尔斯：《大众传播学：影响研究范式》，关世杰等译，中国社会科学出版社，2000。

[60] 〔美〕沃尔特·李普曼：《公众舆论》，阎克文、江红译，上海人民出版社，2006。

[61] 〔美〕梅尔文·门彻：《新闻报道与写作》（第9版），展江译，华夏出版社，2003。

[62] 〔美〕尼尔·波兹曼：《娱乐至死》，章艳译，广西师范大学出版社，2004。

[63] 〔美〕约翰·费斯克等：《关键概念：传播与文化研究词典》，李彬译，新华出版社，2004。

[64] 〔美〕施拉姆·波特：《传播学概论》，陈亮等译，新华出版社，1984。

[65] 〔美〕雷米·里埃菲尔：《传媒是什么》，刘昶译，中国传媒大学出版社，2009。

[66] 〔美〕克莱·舍基：《未来是湿的——无组织的组织力量》，胡泳、沈满琳译，中国人民大学出版社，2009。

[67] 〔美〕斯坦利·巴兰、丹尼斯·戴维斯：《大众传播理论：基础、争鸣与未来》，曹书乐译，清华大学出版社，2011。

[68] 〔美〕莱特尔：《全能记者必备：新闻采集、写作和编辑的基本技能》，宋铁军译，中国人民大学出版社，2010。

[69] 彭兰：《网络传播概论》，中国人民大学出版社，2001。

[70] 潘知常：《大众传媒与大众文化》，上海人民出版社，2002。

[71] 彭增军：《媒介内容研究分析法》，中国人民大学出版社，2012。

［72］覃光广、冯利、陈朴：《文化学词典》，中央民族学院出版社，1988。

［73］孙健：《微信营销与运营：公众号、微商与自媒体实战揭秘》，电子工业出版社，2015。

［74］孙久文、叶裕民：《区域经济学教程》，中国人民大学出版社，2010。

［75］童兵：《理论新闻传播学导论》，中国人民大学出版社，2000。

［76］王菲：《媒介大融合——数字新媒体时代下的媒介融合论》，南方日报出版社，2007。

［77］王润珏：《媒介融合的制度安排与政策选择》，社会科学文献出版社，2014。

［78］王阳：《电视新闻节目中的创新思维》，中国广播电视出版社，2004。

［79］王岳川：《媒介哲学》，河南大学出版社，2004。

［80］王易、蓝尧：《微信，这么玩才赚钱》，机械工业出版社，2013。

［81］王易：《微信营销与运营》，机械工业出版社，2014。

［82］吴飞：《传媒影响力》，中国传媒大学出版社，2005。

［83］吴玉兰：《经济新闻报道》，武汉大学出版社，2009。

［84］吴玉兰：《中国财经类媒体发展研究：以媒介生态学为视角》，中国社会科学出版社，2010。

［85］吴晓生、汪小英等：《能源消费经济学》，科学出版社，2013。

［86］徐志斌：《社交红利》，北京联合出版公司，2014。

［87］谢耘耕：《新媒体与社会》，社会科学文献出版社，2012。

［88］许颖：《媒介融合的轨迹》，中国人民大学出版社，2011。

［89］杨兆廷、刘颖：《证券投资学》，合肥工业大学出版社，2014。

［90］杨伟光：《中央电视台发展史》，北京出版社，1998。

［91］叶子：《电视新闻：与事件同步》，北京师范大学出版社，2007。

［92］〔英〕戴维·赫尔德等：《全球大变革——全球化时代的政治经济与文化》，社会科学文献出版社，2001。

［93］〔英〕丹尼斯·麦奎尔：《受众分析》，刘燕南、李颖译，中国人民大学出版社，2006。

［94］〔英〕格雷姆·伯顿：《媒体与社会》，史安斌译，清华大学出版社，2007。

［95］余阳明、朱纪达、肖俊松：《品牌传播学》，上海交通大学出版社，2005。

［96］喻国明：《媒介的市场定位》，北京广播学院出版社，2000。

［97］喻国明：《传媒影响力：传媒产业本质与竞争优势》，南方日报出版社，2003。

［98］喻国明：《影响力经济》，南方日报出版社，2003。

［99］喻国明：《传媒变革力——传媒转型的行动路线图》，南方日报出版社，2009。

［100］郑丽勇：《2010 中国新闻传媒影响力研究报告》，浙江大学出版社，2011。

［101］郑义：《中国能源消费、碳排放与经济发展》，对外经济贸易大学出版社，2014。

［102］赵振宇：《新闻传播策划导论》，华中科技大学出版社，2003。

［103］周葆华：《效果研究：人类传受观念与行为的变迁》，复旦大学出版社，2008。

［104］朱羽君：《中国应用电视学》，北京师范大学出版社，1993。

［105］曾祥敏：《新媒体背景下的电视分众化传播》，中国广播电视出版社，2010。

二　期刊论文

［106］蔡雯：《对新闻策划的再思考》，《新闻战线》1997 年第 9 期。

［107］蔡雯：《媒介策划在传播流程中的意义》，《新闻大学》1997 年第 4 期。

［108］蔡雯：《新闻媒介定位：媒介创新的新课题》，《新闻与写作》2006 年第 8 期。

［109］蔡雯、陈卓：《媒介融合进程中新闻报道的突破与创新——基于 2008 年重大新闻报道案例研究的思考》，《国际新闻界》2009 年第 2 期。

［110］蔡雯：《媒介融合前景下的新闻传播变革——试论"融合新闻"及其挑战》，《国际新闻界》2006 年第 5 期。

［111］蔡雯：《从"超级记者"到"超级团队"——西方媒体"融合新闻"的实践和理论》，《中国记者》2007 年第 1 期。

［112］ 蔡雯、王学文：《角度·视野·轨迹——试析有关"媒介融合"的研究》，《国际新闻界》2009 年第 11 期。

［113］ 蔡雯：《融合：新闻传播正在发生重大变革》，《新闻战线》2009 年第 6 期。

［114］ 蔡雷鸣：《区域经济新闻的前瞻视角》，《视听界》2014 年第 3 期。

［115］ 曹莉：《从〈经济半小时〉节目生产流程看电视新闻选择》，《贵州大学学报》（社会科学版）2009 年第 4 期。

［116］ 常素莉：《也谈经济新闻的前瞻性报道》，《采写编》2008 年第 4 期。

［117］ 陈保平：《新民晚报：构建国际传播影响力》，《传媒》2006 年第 9 期。

［118］ 陈力丹：《经济新闻理论与实践的几个问题》，《今传媒》2005 年第 11 期。

［119］ 陈力丹：《关于经济新闻的几个问题——读尼尔·加文主编〈经济、媒体与公众知识〉一书》，《新闻大学》2000 年第 2 期。

［120］ 陈力丹：《试看传播媒介如何影响社会结构——从古登堡到"第五媒体"》，《视听纵横》2004 年第 6 期。

［121］ 陈培阳、朱喜钢：《基于不同尺度的中国区域经济差异》，《地理学报》2012 年第 8 期。

［122］ 陈颂清：《经济一体化给新闻报道带来什么》，《中国记者》2003 年第 10 期。

［123］ 程洁等：《从区域报道到区域报纸——从〈东方早报〉说起》，《中国记者》2003 年第 10 期。

［124］ 陈燕：《电视频道中运用施拉姆公式的实践研究》，《科技传播》2013 年第 22 期。

［125］ 程曼丽：《如何提高我国媒体的国际传播力——亦此亦彼辩证眼光的培养》，《新闻与写作》2010 年第 5 期。

［126］ 邓伽、胡俊超：《能源报道如何兼具专业性与大众性——以新华社部分报道为例》，《中国记者》2011 年第 S1 期。

［127］ 邓雅静：《〈中国经营报〉内容及传播分析》，《国际公关》2008 年第 5 期。

[128] 丁汉青、杨雅：《中美报业数字化转型现状之比较——基于〈中国经营报〉与〈华尔街日报〉的分析》，《中国出版》2014 年第 23 期。

[129] 丁柏铨、陈薇：《关于"新闻策划"的几点思考》，《新闻传播》2004 年第 2 期。

[130] 段鹏：《收视率与满意度的博弈——刍议电视节目传播影响力与收视率、满意度的关系》，《现代传播》（中国传媒大学学报）2007 年第 6 期。

[131] 范以锦、张天敕：《媒体善用策略传播才能化险为夷》，《新闻实践》2010 年第 12 期。

[132] 高钢：《提高新闻传播影响力的实务策略》，《新闻实践》2005 年第 10 期。

[133] 高钢：《媒介融合趋势下传播影响力的建构》，《新闻爱好者》2011 年第 22 期。

[134] 高钢：《传媒网站如何营造自身的传播强势》，《中国记者》2000 年第 9 期。

[135] 高红玲、董璐：《中美传播影响力比较研究——以〈人民日报〉、〈中国日报〉、〈纽约时报〉为例》，《国际关系学院学报》2007 年第 6 期。

[136] 高玉忠：《〈中国经营报〉营销策略浅析》，《青年记者》2007 年第 10 期。

[137] 龚维松：《从证券市场看新能源产业发展及其报道》，《中国记者》2011 年第 S1 期。

[138] 郭靖：《重塑纸媒传播力的三个向度》，《新闻战线》2014 年第 7 期。

[139] 郭立琦：《关注能源报道中的环境因素》，《中国记者》2011 年第 S1 期。

[140] 郭小平：《"怒江事件"中的风险传播与决策民主》，《国际新闻界》2007 年第 2 期。

[141] 郭小平：《风险沟通中环境 NGO 的媒介呈现及其民主意涵——以怒江建坝之争的报道为例》，《武汉理工大学学报》（社会科学版）2008 年第 5 期。

［142］ 官建文、刘扬、刘振兴：《大数据时代对于传媒业意味着什么？》，《新闻战线》2013 年第 2 期。

［143］ 郭岩等：《网络舆情信息源影响力的评估研究》，《中文信息学报》2011 年第 3 期。

［144］ 郭振玺：《创新机制 整合智库——从财经评论员队伍建设看央视财经频道专业化、国际化打造》，《电视研究》2010 年第 10 期。

［145］ 国正平：《〈华尔街日报〉财经报道要点》，《青年记者》2000 年第 2 期。

［146］ 韩龙根：《办好民族语广播电视 提升对外传播影响力》，《中国记者》2006 年第 12 期。

［147］ 韩运荣等：《"十一五"规划期间我国能源问题的媒介议程研究——以〈人民日报〉〈21 世纪经济报道〉为例》，《现代传播》（中国传媒大学学报）2010 年第 11 期。

［148］ 何春晖、毛佳瑜：《媒体影响力的量化指标》，《新闻实践》2006 年第 10 期。

［149］ 何磊：《比能源紧缺更具现实意义的……——兼谈〈中国青年报〉近两年能源报道》，《中国记者》2005 年第 3 期。

［150］ 何怡佳：《报纸的媒介融合之路该如何走》，《传媒》2011 年第 7 期。

［151］ 贺向东、苑书文：《论经济新闻的视角选择》，《河南大学学报》（社会科学版）2007 年第 5 期。

［152］ 华凌：《新能源报道如何更人性化、更贴近百姓生活》，《中国记者》2011 年第 S1 期。

［153］ 华文：《媒介影响力经济探析》，《国际新闻界》2003 年第 1 期。

［154］ 黄振民、王康：《我国电视财经节目现状与分析》，《新闻知识》2009 年第 8 期。

［155］ 黄宗治：《新闻产品组合营销与报纸跨媒体赢利模式探析——以〈21 世纪经济报道〉为例》，《新闻知识》2009 年第 8 期。

［156］ 黄华京等：《新媒体环境下电视媒体影响力的拓展》，《现代传播》（中国传媒大学学报）2011 年第 7 期。

［157］ 胡正荣：《传统媒体与新兴媒体融合的关键与路径》，《新闻与写作》

2015 年第 5 期。

[158] 季学根:《错位竞争 提升影响力》,《新闻战线》2012 年第 1 期。

[159] 姜徽、李经衡:《媒体联动:探索区域报道新形式》,《中国记者》
2005 年第 5 期。

[160] 蒋佶成:《理性互动:媒介影响力的助推器——兼对郑丽勇教授媒介
影响力指标体系质疑》,《新闻记者》2012 年第 7 期。

[161] 蒋晓丽、张放:《中国文化国际传播影响力提升的 AMO 分析——以
大众传播渠道为例》,《新闻与传播研究》2009 年第 5 期。

[162] 蒋志高:《能源报道的困境与突围》,《中国记者》2011 年第 S1 期。

[163] 蒋志高:《一本能源杂志的十条断想》,《中国记者》2011 年第 S1 期。

[164] 金乐敏:《综合性报纸能源新闻亟需突破三大瓶颈》,《中国记者》
2011 年第 S1 期。

[165] 江鸿:《〈经济学人〉的能源报道如何做出深度》,《中国记者》2011
年第 S1 期。

[166] 康军:《浅议广电传媒传播影响力》,《现代视听》2005 年第 8 期。

[167] 黎斌、马战英:《财经频道决胜未来三要素》,《中国广播影视》2009
年第 11 期。

[168] 蓝步华:《探寻提升专业频道媒体传播力之道》,《东南传播》2007
年第 3 期。

[169] 蓝燕玲:《解析"媒体影响力":内涵、价值与提升》,《新闻界》
2013 年第 23 期。

[170] 李海颖:《电视节目传播影响力与收视率、满意度的关系》,《青海师
范大学学报》(自然科学版)2010 年第 2 期。

[171] 李红秀:《媒体议程设置及其传播影响力——以"双百"评选活动为
例》,《重庆社会科学》2009 年第 12 期。

[172] 李道荣:《论经济新闻报道的策划与组织》,《当代传播》2010 年第
1 期。

[173] 李道荣:《提升经济新闻报道的影响力和可读性的几个问题》,《中南
民族大学学报》(人文社会科学版)2010 年第 3 期。

[174] 李凡:《新形势下石油报道的"三大纪律"与"八项注意"——兼

谈一本行业杂志的应对策略》，《中国记者》2011 年第 S1 期。

［175］李佩钰等：《经济类报纸双重定位战略的选择——基于〈中国经营报〉的实例研究》，《国际新闻界》2005 年第 1 期。

［176］李向阳：《讲好开拓故事 为能源企业"走出去"呐喊助威——〈中国石油报〉国际周刊的探索与实践》，《中国记者》2011 年第 S1 期。

［177］李阳丹：《新能源产业报道的国际视野》，《中国记者》2011 年第 S1 期。

［178］李阳阳、叶玉跃：《趣味性 易读性 共鸣性——浅议〈钱江晚报〉海洋能源报道》，《中国记者》2011 年第 S1 期。

［179］李宇、关世杰：《提高对外传播影响力的文化路径——以文化吸引力增强议程设置力》，《电视研究》2010 年第 10 期。

［180］李昕：《从"收视率"到"影响力"——电视文化价值体系建设的思考》，《现代传播》2007 年第 4 期。

［181］梁金河：《财经报纸的发展趋势与个性化定位》，《中国报业》2007 年第 8 期。

［182］刘畅：《财经新闻的平民化——广州日报投资理财版特色探微》，《当代传播》2005 年第 6 期。

［183］刘军：《从"热炒作"到"冷思考"——一个能源记者的十年感悟》，《中国记者》2005 年第 3 期。

［184］刘少宇、陈贞权、程道杰：《区域经济报道规律探踪——河南日报区域经济报道研讨会学术成果概说》，《新闻爱好者》2002 年第 8 期。

［185］刘艳：《论东部产业集群对西部开发的影响——对传统"梯度转移"理论的一种质疑》，《经济问题探索》2004 年第 1 期。

［186］刘冰：《坚守与发展：融合新闻报道原则》，《中国出版》2014 年第 18 期。

［187］刘文成：《受众收视习惯调研三题》，《当代电视》2006 年第 1 期。

［188］刘晓妍：《新财经时代的"分众"之争——从〈浙商〉看区域性财经杂志如何成长》，《新闻实践》2012 年第 9 期。

［189］刘凤军、李敬强、李辉：《企业社会责任与品牌影响力关系的实证研究》，《中国软科学》2012 年第 1 期。

[190] 刘章西：《编辑力：打造名专栏的一个实证》，《新闻战线》2004 年第 9 期。

[191] 林琛：《微博个体信息传播影响力评价指标分析》，《图书情报工作》2014 年第 1 期。

[192] 林忠礼：《区域化竞争中的报纸地方版》，《中国记者》2004 年第 10 期。

[193] 陆军：《试论传媒影响力的构成》，《传媒观察》2008 年第 11 期。

[194] 陆小华：《新时期传播转型的思考》，《新闻战线》2013 年第 4 期。

[195] 罗建华：《报纸竞争力与传播影响力的有效转换》，《中国记者》2002 年第 5 期。

[196] 罗雪：《区域电视传播影响力研究——以佛山电视集团为例》，《新闻窗》2012 年第 6 期。

[197] 栾双军：《浅议美国著名财经杂志的编辑特色及启示》，《中国报业》2011 年第 24 期。

[198] 孟建、赵元珂：《媒介融合：粘聚并造就新型的媒介化社会》，《国际新闻界》2006 年第 7 期。

[199] 牛鸿英：《优化品质 多元共赢——央视"年终行动"的传播影响力分析》，《中国电视》2009 年第 5 期。

[200] 牛鸿英：《金融危机情境中媒体"议程设置"的传播影响力分析——以 2008CCTV 中国经济年度人物评选活动为例》，《中国广播电视学刊》2009 年第 4 期。

[201] 宁晨新：《通胀背景下理财报道新机遇》，《中国记者》2011 年第 1 期。

[202] 欧阳国忠：《有效传播 媒体的核心竞争力》，《传媒》2006 年第 8 期。

[203] 庞华：《早间新闻节目的传播影响力透析——以央视〈朝闻天下〉为例》，《新闻爱好者》2010 年第 9 期。

[204] 彭兰：《社会化媒体、移动终端、大数据：影响新闻生产的新技术因素》，《新闻界》2012 年第 16 期。

[205] 彭兰：《社会化媒体与媒介融合：双重旋律下的关键变革》，《新闻战线》2012 年第 2 期。

［206］彭兰：《从新一代电子报刊看媒介融合走向》，《国际新闻界》2006年第7期。

［207］彭兰：《如何从全媒体化走向媒介融合——对全媒体化业务四个关键问题的思考》，《新闻与写作》2009年第7期。

［208］齐超、陈鸿昶、于洪涛：《基于用户行为综合分析的微博用户影响力评价方法》，《计算机应用研究》2014年第7期。

［209］齐慧：《着眼大局 解惑正听——〈经济日报·能源周刊〉操作体会》，《中国记者》2011年第S1期。

［210］乔建华：《报纸跨区域报道的尝试——以北京日报〈聚焦京津冀协同发展〉专版为例》，《青年记者》2015年第1期。

［211］强月新、刘莲莲：《对主流媒体传播力公信力影响力关系的思考》，《新闻战线》2015年第5期。

［212］申红：《创新区域经济报道的三点体会》，《青年记者》2010年第7期。

［213］宋祖华：《提升媒体品牌竞争力的四个维度》，《新闻爱好者》2005年第12期。

［214］沈国民：《区域媒体增强对外传播力途径初探》，《新闻实践》2011年第12期。

［215］石宪亮：《专业化、规模化：理财报道的必由之路》，《青年记者》2007年第23期。

［216］史晓东：《以大型活动提升媒体影响力初探》，《新闻知识》2012年第3期。

［217］苏昕：《品味读者回馈，思考服务新闻创新——写在深圳商报投资理财版创刊周年之际》，《新闻知识》2004年第5期。

［218］童兵：《对新闻传播理论研究几个问题的观察与思考》，《国际新闻界》2006年第9期。

［219］唐朝：《传播学视野中的媒介影响力》，《郑州大学学报》（哲学社会科学版）2005年第1期。

［220］涂雯丹、周建青：《网台联动对传统电视节目传播影响力探析》，《长沙大学学报》2013年第7期。

［221］谭成训：《新闻策划中新闻事实的生成机制》，《当代传播》2007 年第 4 期。

［222］万智炯：《财经报纸核心竞争力分析》，《中国记者》2008 年第 3 期。

［223］王文：《自信：当前国际传播力建设的关键》，《中国记者》2011 年第 6 期。

［224］王彩平：《电视栏目定位刍议》，《当代传播》2005 年第 6 期。

［225］王晴川：《对我国财经类电视节目的思考》，《南方电视学刊》2004 年第 3 期。

［226］王辉：《从媒介影响力的视角浅析卫视的竞争策略》，《新闻传播》2012 年第 9 期。

［227］王小琴：《全媒体时代报纸以策划"突围"的行动准则》，《新闻知识》2012 年第 11 期。

［228］王洪珍：《能源企业如何正确对待媒体舆论监督——康菲漏油事件反思》，《中国记者》2011 年第 S1 期。

［229］王军、谭仕龙：《全球视野下的能源报道转型——以〈南方日报〉新能源报道实践为例》，《中国记者》2011 年第 S1 期。

［230］王时勤：《综合类媒体能源报道应从民生关切出发》，《中国记者》2011 年第 S1 期。

［231］王敏霞：《浅析省级党报能源报道的突围路径》，《中国记者》2011 年第 S1 期。

［232］王宇：《新能源报道的生态价值观——以〈人民日报〉〈南方周末〉为例》，《现代传播》2014 年第 2 期。

［233］王炎龙：《战略创新提升传播影响力——四川卫视的品牌路径》，《广告人》2007 年第 2 期。

［234］魏格军：《区域金融报道的几个问题》，《中国记者》2003 年第 10 期。

［235］吴琳琳：《六十年台湾财经杂志发展刍议（1949 - 2009）》，《国际新闻界》2011 年第 5 期。

［236］吴琳琳：《台湾财经杂志两岸经济关系报道研究——以〈天下〉和〈商业周刊〉（1981 ~ 2008）的封面文章为例》，《社会科学战线》

2009 年第 10 期。

[237] 吴小冰：《基于 ELM 视角的危机传播说服路径与态度改变》，《闽南师范大学学报》（哲学社会科学版）2014 年第 1 期。

[238] 吴绪亮：《论经济类报纸的市场定位》，《新闻大学》2000 年第 4 期。

[239] 吴焰：《破解区域经济的种种"关系"》，《中国记者》2005 年第 5 期。

[240] 武宇：《专栏的策划原则和艺术》，《新闻与写作》2003 年第 10 期。

[241] 徐宏：《从"吴晓波频道"看微信公众号如何通过线上线下互动增强用户黏性》，《中国记者》2015 年第 9 期。

[242] 徐龙河：《谈电视经济栏目的定位、定量与定式》，《电视研究》1998 年第 5 期。

[243] 谢文静：《财经杂志的品牌策略》，《当代传播》2003 年第 3 期。

[244] 杨正良：《电视媒体进入"影响力"与价值竞争时代》，《广告人》2011 年第 9 期。

[245] 杨健、黄玫：《经济结构调整下的区域经济报道》，《中国记者》2004 年第 7 期。

[246] 杨进军：《如何做好区域经济新闻报道》，《声屏世界》2005 年第 9 期。

[247] 尹明华：《破解媒介融合的相关性制约因素》，《新闻大学》2015 年第 3 期。

[248] 姚易彤：《把握区域财经深度报道立意的度》，《新闻爱好者》2012 年第 7 期。

[249] 袁冲、黄丹：《论媒体品牌的可持续发展要素》，《华中科技大学学报》（社会科学版）2004 年第 4 期。

[250] 袁薇佳：《媒介影响力与品牌打造》，《当代传播》2004 年第 4 期。

[251] 喻国明：《关于传媒影响力的诠释——对传媒产业本质的一种探讨》，《国际新闻界》2003 年第 2 期。

[252] 喻国明、宋美杰：《微电影、大数据、三网融合：中国传媒业跨入新传播时代的门槛——社会视角下的 2012 中国传媒业关键词》，《编辑之友》2013 年第 2 期。

[253] 喻国明：《〈经济半小时〉的品牌资产及问题分析》，《电视研究》2000 年第 3 期。

[254] 喻国明：《影响力经济——对传媒产业本质的一种诠释》，《现代传播》2003 年第 1 期。

[255] 喻国明：《"去碎片化"：传媒经营的新趋势》，《视听界》2005 年第 4 期。

[256] 喻国明：《关于传媒影响力的诠释——对传媒产业本质的一种探讨》，《国际新闻界》2003 年第 2 期。

[257] 喻国明：《微博：影响力的产生机制与作用空间》，《中关村》2010 年第 4 期。

[258] 喻国明：《媒介品牌形象及影响力指数的设计与分析》，《新闻前哨》2011 年第 6 期。

[259] 喻国明：《财经杂志的春天——解读美国财经传媒〈福布斯〉》，《财经界》2001 年第 5 期。

[260] 俞虹：《都市青年女性时尚消费中意见领袖的传播影响力研究》，《中国广播电视学刊》2004 年第 1 期。

[261] 俞虹：《分众时代电视社会影响力分析》，《中国广播电视学刊》2004 年第 1 期。

[262] 遇莹：《财经类报纸品牌竞争战略初探——以〈21 世纪经济报道〉为例》，《青年记者》2009 年第 6 期。

[263] 云燕、王轩：《财经电视频道品牌确立与频道定位探讨》，《中国广播电视学刊》2006 年第 1 期。

[264] 查国伟：《财经报纸 盛宴之后期待理性回归》，《传媒》2005 年第 11 期。

[265] 张冰：《微博传播影响力有多大》，《出版参考》2011 年第 33 期。

[266] 张勇：《如何提高中国互联网新闻传播的影响力》，《现代传播》2007 年第 6 期。

[267] 张庆园：《能源央企宣传的战略重心》，《中国记者》2011 年第 S1 期。

[268] 张小燕：《见微知著：ABB 集团与中国能源报道》，《中国记者》2011 年第 S1 期。

［269］张行舟：《重提"内容为王"——宽带网络媒体内容建设的思考》，《新闻实践》2002 年第 12 期。

［270］张立勤：《当前理财报道存在的问题及对策》，《青年记者》2007 年第 23 期。

［271］张立勤：《当前主流财经杂志的报道策略分析——以〈财经〉和〈新财富〉为例》，《新闻与写作》2007 年第 12 期。

［272］张静：《美国三大财经杂志的广告争夺战》，《出版广角》2006 年第 1 期。

［273］张世春：《试论区域经济宣传的视角与品位》，《新闻战线》1992 年第 4 期。

［274］张小国、康守永：《差异化竞争 特色化生存——经济日报重视培育新的竞争优势》，《新闻战线》2003 年第 10 期。

［275］张君昌：《媒体品牌的理念与运营》，《现代传播》2002 年第 4 期。

［276］张焱：《为经济决策提供参考——〈经济参考报·能源专刊〉的理念与措施》，《中国记者》2011 年第 S1 期。

［277］张子让：《个性是名专栏的生命》，《新闻战线》2002 年第 1 期。

［278］赵启正：《要高度重视区域形象报道在树立国家形象中的作用》，《中国记者》2000 年第 10 期。

［279］赵淑兰：《党报影响力及其市场因素的理论分析》，《新闻战线》2005 年第 11 期。

［280］赵彦华：《媒介影响力的质量标准》，《中华新闻报》2003 年 9 月 22 日。

［281］赵树清：《外宣电视文艺节目的创新与提高——兼谈提升央视国际传播影响力的策略》，《电视研究》2007 年第 6 期。

［282］赵振宇：《正确认识和实施新闻报道策划》，《当代传播》2006 年第 6 期。

［283］赵振宇：《新闻报道策划的发展历程及现实责任》，《中国记者》2007 年第 12 期。

［284］赵子忠：《加快发展新媒体，提升广播的传播力影响力》，《中国广播》2009 年第 4 期。

[285] 郑丽勇：《媒介影响力乘法指数及其效度分析》，《当代传播》2010年第7期。

[286] 郑丽勇：《提高媒介影响力的四个着力点》，《编辑学刊》2012年第1期。

[287] 郑丽勇、郑丹妮、赵纯：《媒介影响力评价指标体系研究》，《新闻大学》2010年第1期。

[288] 郑丽勇、郑春艳：《当前中国电视传媒影响力研究报告》，《中国广播电视学刊》2011年第8期。

[289] 郑瑜：《媒介融合：新媒体时代的发展观》，《当代传播》2007年第3期。

[290] 郑保卫：《强化传播力彰显影响力拓展创新力提升竞争力——试论当前我国新闻传媒业发展之要略》，《新闻与传播研究》2007年第2期。

[291] 郑保卫、樊亚平、彭艳萍：《我国媒介融合研究的回顾与前瞻》，《新闻传播》2008年第2期。

[292] 郑保卫、王亚莘：《论中国能源新闻传播的战略定位与策略思考》，《现代传播》2015年第7期。

[293] 朱春阳：《传播力：传媒价值竞争回归的原点》，《传媒》2006年第8期。

[294] 朱春阳、张亮宇、杨海：《当前我国传统媒体融合发展的问题、目标与路径》，《新闻爱好者》2014年第10期。

[295] 周潇潇：《我国财经类报纸的读者定位策略分析》，《新闻知识》2010年第7期。

[296] 周菁、刘家虹：《重视并提升投资理财新闻的公信力》，《新闻战线》2004年第1期。

[297] 周菁：《日报理财报道策略》，《青年记者》2008年第8期。

三 学位论文

[298] 陈雄：《媒介生态学视角下我国电视财经频道研究》，中南大学硕士学位论文，2012。

[299] 郭安霏:《央视经济频道品牌策略研究》,郑州大学硕士学位论文,2008。

[300] 郭玉真:《电视栏目改版研究》,山东师范大学硕士学位论文,2008。

[301] 何小霞:《电视栏目的品牌传播》,江西师范大学硕士学位论文,2010。

[302] 贺幸:《微博影响力传播模型的改进与验证》,中国科学技术大学硕士学位论文,2014。

[303] 贺小飞:《理财报道研究》,湖南大学硕士学位论文,2011。

[304] 华正伟:《我国创意产业集群与区域经济发展研究》,东北师范大学博士学位论文,2012。

[305] 黄晓丹:《"罗辑思维"微信公众号运营策略及其效果研究》,暨南大学硕士学位论文,2015。

[306] 林琳:《我国财经类报纸品牌化经营策略研究》,华中科技大学硕士学位论文,2011。

[307] 刘丹:《央视〈经济半小时〉栏目运作策略分析》,华中科技大学硕士学位论文,2008。

[308] 刘秋妤:《经济类报纸新能源产业报道研究》,湖南大学硕士学位论文,2013。

[309] 刘夏村:《国内新兴财经报纸区域经济报道研究》,西北大学硕士学位论文,2013。

[310] 石研:《中国财经媒体传播失灵现象研究》,武汉大学博士学位论文,2010。

[311] 宋岩:《解读〈第一财经日报〉的报道特色》,河北大学硕士学位论文,2009。

[312] 孙法磊:《电视财经栏目的创新与生存研究》,山东师范大学硕士学位论文,2009。

[313] 秦汉文:《人气博客的传播特征及影响力研究》,华中科技大学硕士学位论文,2013。

[314] 王坤:《传统媒体官方微博使用问题研究》,河南大学硕士学位论文,2012。

[315] 王莉红:《从央视经济频道改版谈经济频道专业化建设》,郑州大学硕士学位论文,2005。

[316] 王亚楠：《金融危机下我国电视财经新闻社会角色与现实功能研究》，西南政法大学硕士学位论文，2010。

[317] 吴婷：《〈第一财经日报〉的 SWOT 分析》，华中科技大学硕士学位论文，2007。

[318] 吴红雨：《当代中国电视受众需求研究》，复旦大学博士学位论文，2008。

[319] 杨朝娇：《财经新闻消息来源偏向研究》，暨南大学硕士学位论文，2012。

[320] 杨利：《〈经济半小时〉的节目模式与功能》，山东大学硕士学位论文，2011。

[321] 左晓娜：《微博的传播机制及影响力研究》，陕西师范大学硕士学位论文，2011。

[322] 赵雅文：《社会转型与新闻平衡报道》，复旦大学博士学位论文，2008。

四　网络文献

[323] "The Global Wealth Report 2015"，2015 年 10 月，https://www.credit-suisse.com/ch/en/about-us/research/research-institute/publications.html。

[324] 《腾讯：2016 年微信影响力报告》，2016 年 3 月，http://sanwen8.cn/p/2602ISM.html。

[325] 《"吴晓波频道"：300 天报告》，2015 年 3 月 4 日，http://tech.hexun.com/2015－03－04/173725601.html。

[326] 《"吴晓波频道"传播评估报告》，2016 年 5 月 7 日，http://report.newrank.cn/report_search.html? value =% u5434% u6653% u6CE2% u9891% u9053&bindType = report。

[327] 《CNNIC："2015 年第 37 次中国互联网络发展状况统计报告"》，2016 年 1 月，http://www.199it.com/archives/432667.html。

五　外文文献

[328] Alexander, A. Owers, Carveth, J., Hollifield, R., C. A., Greco, A. H., " Media Economics-theory and Practices", *Lawrence Erlbaum*, 1998.

［329］ Amit, R. , Shoemaker, P. J. H. , " Strategic Assets and Organizational Rents", *Strategic Management Journal*, 1993.

［330］ Baixiao Liu, McConnell, J. J. , " The Role of the Media in Corporate Governance: Do the Media Influence Managers' Capital Allocation Decisions", *Journal of Financial Economics*, 2013.

［331］ Biel, A. L. , " How Brand Image Drives Brand Equity", *Journal of Advertising Research*, 1992.

［332］ Spitzber, B. H. , Cupach, W. R. , *Handbook of Interpersonal Competence Research*, New York: Springer Verlag, 1989.

［333］ Spitzberg, B. H. , Cupach, W. R. , *Interpersonal Communication Competence*, New York: Sage Publications, 1984.

［334］ Bandler, J. , " Harvard Editor Faces Revolt over Welch Story", *Wall Street Journal*, 2002.

［335］ Casero-Ripollés, López-Rabadán, Pablo, "Media Engagement Boundaries and Political Influence in Europe", *American Behavioral Scientist*, 2014.

［336］ Cooley, C. H. , "Social Organization: A Study of the Larger Mind", *Ethics*, New York, 1910.

［337］ Cheng-Wen Lee, Chi-Shun Liao, "The Effects of Consumer Preferences and Perceptions of Chinese Tea Beverages on Brand Positioning Strategies", *British Food Journal*, 2009.

［338］ Clause, R. , "The Mass Public at Grips with Mass Communication", *International Social Science Journal*, 1968.

［339］ Carroll, C. E. , Maxwell McCombs, "Agenda-setting Effects of Business News on the Public's Images and Opinions about Major Corporations", *Corporate Reputation Review*, 2003.

［340］ McQuail, D. , *The Influence and Effects of Mass Media*, University of Southampton, 1977.

［341］ McQuail, D. , *Mass Communication and Society*, Sage Publications, 1979.

［342］ Katz, E. , Lazarsfeld, P. , *Personal Influence: The Part Played by People in the Flow of Mass Communication*, Glencoe: Free Press, 1955.

［343］Griffin，E.，*A First Look at Communication Theory*，New York，2001.

［344］Gans，H. J.，*Deciding What's News*，New York：Random House，1979.

［345］Gitlin，T.，"Media Sociology：Dominant Paradigm"，*Theory and Society*，1978.

［346］Victor，H. R.，Lawless，R. H.，*Television Within the Social Matrix*，Public Opinion Quarterly，1956.

［347］Mc Quail，*Audience Analysis*，Sage Publications，1997.

［348］Hogenraad，R.，"Paper Trails of Psychology：The Words That Made Applied Behavioral Sciences"，*Journal of Social Behavior and Personality*，1995.

［349］Yoo，J. J.，Hye-Young Kim，H. Y.，"Use of Beauty Products among U. S. Adolescents：An Exploration of Media Influence"，*Journal of Global Fashion Marketing*，2010.

［350］Katz，E.，Lazarsfeld，P. F.，*Personal Influence：The Part Played by People in the Flow of Mass Communication*，Glencoe：Free Press，1955.

［351］Lazarsfeld，P. F.，Menzel，H.，"Mass Media and Personal Influence in W. Schramm"，*The Science of Human Communication*，New york：Basic Books，1974.

［352］Little John，S. W.，*Theories of Human Communication*，Books/Cole Publishing Company，1991.

［353］Porter，M. E.，"Form Competitive Advantage to Corporate Strategy"，*Harvard Business Review*，1987.

［354］Castells，M.，"The Rise of the Network Society：The Information Age"，*Economy，Society，and Culture*，2009.

［355］Klass，O. S.，"The Forbes 400，the Pareto Power-law and Efficient Markets"，*The European Physical Journal B*，2007.

［356］Thaichon，P.，"Thu Nguyen Quach，From Marketing Communications to Brand Management：Factors Influencing Relationship Quality and Customer Retention"，*Journal of Relationship Marketing*，2015.

［357］Gardiner，P.，Quinton，S.，"Building Brands Using Direct Marketing—

A Case Study", *Marketing Intelligence & Planning*, 1998.

[358] Robinson, P. , " Theorizing the Influence of Media on World Politics, Models of Media Influence on Foreign Policy", *European Journal of Communication*, 2001.

[359] James, P. W. , " Conceptualizing Mass Media Effect", *Journal of Communication*, 2013.

[360] Bostrom, R. N. , *Competence in Communication: A Multidisciplinary Approach*, New York: Sage Publications, 1984.

[361] Wimmer, R. D. , Dominick, J. R. , *Mass Media Research an Introduction*, Wadsworth Publishing Company, 1997.

[362] Robbennolt, J. K. , "News Media Reporting on Civil Litigation and Its Influence on Civil Justice Decision-making", *Law Hum Behav.* , 2003.

[363] Srygley, S. K. , " Influence of Mass Media on Today's Young People", *Mass Media*, 1983.

[364] See Schramm, W. , *The Process and Effects of Mass Communication*, University of Illinois Press, 1954.

[365] Lowery, S. A. , DeFleur, M. L. , *Mile Stones in Mass Communication Research: Media Effects*, New York: Long Man Publishers USA, 2004.

[366] Matear, S. , Gray, B. J. , Tony Garrett, "Market Orientation, Brand Investment, New Service Development, Market Position and Performance for Service Organizations", *International Journal of Service Industry Management*, 2004.

[367] Shackelford, S. J. , "Fragile Merchandise: A Comparative Analysis of the Privacy Rights for Public Figures", *American Business Law Journal*, 2012.

[368] Pyo, S. , Kim, E. , Kim, M. , "Automatic and Personalized Recommendation of TV Program Contents Using Sequential Pattern Mining for Smart TV User Interaction", *Multimedia Systems*, 2013.

[369] Haas, T. , " What's 'Public' about Public Journalism?", *Public Journalism and the Lack of a Coherent Public Philosophy*, *Communication Theory*, 1999.

421

［370］ Gitlin, T. , *The Whole World is Watching*: *Mass Media in the Making and Making of the New Left*, Berkeley: University of California Press, 1980.

［371］ Schramm, W. L. , *The Science of Human Communication*, New york: Basic Books, 1963.

［372］ Wallace, P. , *The Psychology of the Internet*, Cambridge: Cambridge University Press, 1999.

附　录

第二章　《经济日报》《蹲点笔记》栏目报道目录统计

序号	时间	标题
1	2011 年 8 月 23 日	水务村里话水务
2	2011 年 8 月 24 日	西源村印象
3	2011 年 8 月 24 日	培训课堂听课记
4	2011 年 8 月 24 日	高原油桃分外甜
5	2011 年 8 月 25 日	美丽渔村　幸福生活
6	2011 年 8 月 26 日	忙措村里致富忙
7	2011 年 8 月 27 日	芷江小鸭越重洋
8	2011 年 8 月 28 日	笑看风起电能来
9	2011 年 8 月 29 日	自主创新的动力之源
10	2011 年 8 月 30 日	"种出充满信心的未来"
11	2011 年 8 月 31 日	温暖万家的重建之路
12	2011 年 9 月 1 日	上寮村的"绿色"转变
13	2011 年 9 月 2 日	大伯之忧与"农家乐"
14	2011 年 9 月 3 日	"小事不出社区，大事帮您跑腿"
15	2011 年 9 月 4 日	潍坊为啥不见小广告
16	2011 年 9 月 4 日	葡萄熟了　农民乐了
17	2011 年 9 月 5 日	"我从心里为住保障房的群众高兴"
18	2011 年 9 月 6 日	老手艺做成了产业链

序号	时间	标题
19	2011 年 9 月 9 日	小村庄的音乐梦
20	2011 年 9 月 9 日	千里之外不荒田
21	2011 年 9 月 10 日	千里赴疆摘棉忙
22	2011 年 9 月 10 日	健康服务送到家
23	2011 年 9 月 11 日	清泉润民心
24	2011 年 9 月 11 日	转型惠农家
25	2011 年 9 月 11 日	雨中徒步走
26	2011 年 9 月 12 日	北芹村的蔬菜不愁卖
27	2011 年 9 月 13 日	农民结缘"洋乐器"
28	2011 年 9 月 13 日	"北大仓"探秋粮
29	2011 年 9 月 15 日	大荒地村的集约化之路
30	2011 年 9 月 18 日	实事该咋办群众说了算
31	2011 年 9 月 19 日	南荒村里探肉价
32	2011 年 9 月 21 日	"吃饱了氧气好登高"
33	2011 年 9 月 22 日	黔东南抗旱记
34	2011 年 9 月 23 日	"大手牵小手"迈向"新三农"
35	2011 年 9 月 24 日	让我的心做你的眼睛
36	2011 年 9 月 24 日	用爱点亮心中明灯
37	2011 年 9 月 25 日	保障房的故事
38	2011 年 9 月 26 日	新发地市场看流通
39	2011 年 9 月 27 日	金秋时节访蕉农
40	2011 年 9 月 28 日	3 小时消解 5 年积怨
41	2011 年 9 月 29 日	徐述铎的喜与忧
42	2011 年 10 月 1 日	丹东:转身向海新跨越
43	2011 年 10 月 2 日	边检战士"枕轨而眠"
44	2011 年 10 月 2 日	渔船巡查保平安
45	2011 年 10 月 2 日	友谊桥上边检忙
46	2011 年 10 月 2 日	微笑服务细心贴心
47	2011 年 10 月 3 日	一个产业小镇转型升级中的行与思
48	2011 年 10 月 3 日	源头活水在基层
49	2011 年 10 月 4 日	华西村里话转型

序号	时间	标题
50	2011 年 10 月 5 日	让净水滋润人间
51	2011 年 10 月 6 日	用心服务解决"老大难"
52	2011 年 10 月 6 日	"暖房子"工程暖民心
53	2011 年 10 月 11 日	治沟造地增农田 再造陕北南泥湾
54	2011 年 10 月 11 日	顺应自然以人为本
55	2011 年 10 月 12 日	安居梦圆闹市间
56	2011 年 10 月 14 日	数字电影人气旺
57	2011 年 10 月 16 日	新粮新棉上市，期货市场如何定价避险
58	2011 年 10 月 17 日	内蒙古：擦亮草原文化金字招牌
59	2011 年 10 月 18 日	《印象丽江》：农民演员印象深
60	2011 年 10 月 18 日	从"送文化"到"种文化"
61	2011 年 10 月 18 日	公益书屋惠乡亲
62	2011 年 10 月 18 日	舞台搭到村里头
63	2011 年 10 月 18 日	画虎画出财富来
64	2011 年 10 月 18 日	文化大院节目多
65	2011 年 10 月 18 日	火龙灯舞舞向川外
66	2011 年 10 月 21 日	农村电影市场的空间有多大
67	2011 年 10 月 22 日	畜禽"集中圈养"带来了什么
68	2011 年 10 月 23 日	成在僻壤企业兴
69	2011 年 10 月 24 日	在痛定思痛中浴火重生
70	2011 年 10 月 25 日	老翟的信心
71	2011 年 10 月 25 日	差的不仅仅是钱
72	2011 年 10 月 27 日	多给他们一些阳光吧
73	2011 年 10 月 27 日	所有梦想都开花
74	2011 年 10 月 30 日	垃圾分类　贵在坚持
75	2011 年 10 月 31 日	"争气机"的底气哪里来
76	2011 年 11 月 1 日	区域间能耗量交易换来什么
77	2011 年 11 月 1 日	逼出来的好办法
78	2011 年 11 月 6 日	北大荒里"访"好米
79	2011 年 11 月 6 日	保粮创效的"稳定增值器"
80	2011 年 11 月 7 日	农村社会化养老迈出坚实一步

序号	时间	标题
81	2011 年 11 月 7 日	社会保障的最后一公里
82	2011 年 11 月 8 日	茶乡富民路越走越宽广
83	2011 年 11 月 8 日	富裕了莫停步
84	2011 年 11 月 9 日	新闻战线以"走转改"实际行动迎接记者节
85	2011 年 11 月 10 日	让养"快乐猪"的农户也快乐
86	2011 年 11 月 11 日	牧民新居暖意浓
87	2011 年 11 月 12 日	中兴通讯:追求卓越的长跑者
88	2011 年 11 月 12 日	采访中兴的三个没想到
89	2011 年 11 月 16 日	把供暖工作做成"暖心"工程
90	2011 年 11 月 16 日	为了千家万户的温暖
91	2011 年 11 月 16 日	北京:冬季"暖意融融"
92	2011 年 11 月 16 日	哈尔滨:室内暖户外净
93	2011 年 11 月 16 日	沈阳:今冬供暖不一样
94	2011 年 11 月 16 日	天津:早准备保运行
95	2011 年 11 月 16 日	秦皇岛:低保户取暖享补贴
96	2011 年 11 月 16 日	玉林小区里的"热"传递
97	2011 年 11 月 16 日	百姓心声:供暖起止期可否调控
98	2011 年 11 月 19 日	街巷深处的藏族老艺术
99	2011 年 11 月 19 日	徐顶峰的新高度
100	2011 年 11 月 20 日	甘肃风电的"硬通道"与"软支撑"
101	2011 年 11 月 21 日	返乡农民工创出新天地
102	2011 年 11 月 24 日	金乡:大起大落说蒜情
103	2011 年 11 月 25 日	展望社会主义新农村的美好图景
104	2011 年 11 月 27 日	看沂源农业的新"定语"
105	2011 年 11 月 28 日	让群众过个"暖冬"
106	2011 年 11 月 30 日	搬出穷山窝摘掉贫困帽
107	2011 年 12 月 2 日	搬下大山,还要富起来
108	2011 年 12 月 2 日	种出特色,就会有市场
109	2011 年 12 月 3 日	乌恰:戈壁生长的"绿色希望"
110	2011 年 12 月 6 日	迎难而上建设世界级大桥
111	2011 年 12 月 9 日	为了蓝天白云

序号	时间	标题
112	2011 年 12 月 18 日	边陲遍种"树"和"草"
113	2011 年 12 月 23 日	夜访洋山港
114	2012 年 1 月 7 日	甘肃扶贫开发探新路
115	2012 年 1 月 8 日	退而不休的吴天祥

统计时间：2011 年 8 月 23 日—2012 年 1 月 31 日。

第三章　《经济日报》2015 年度区域版报道（200 版 1297 篇）

序号	标题
1	重庆布局长江上游现代化港口群
2	渝黔共建乌江大通道
3	河南实现省内高铁 4G 全覆盖 列车上平均下载速率达 30Mbps
4	上海开展合同能源管理进千家活动 推动节能服务与用能单位对接
5	广西超七成财政支出用于民生 加大向薄弱环节的倾斜力度
6	首都新机场启动京津冀协同发展新引擎
7	北京顺义打造科技创新产业功能区
8	深圳福田扶持社会建设项目 首期拟资助项目涵盖 11 个领域
9	四川出台 PPP 财政支持政策 已签项目协议 28 个
10	黑龙江启动"三个一"通关新模式 进出口报关最快仅需一分钟
11	"三关四港"共促环北部湾经济一体化
12	北京顺义布局"慢生活"圈
13	青岛西海岸新区加快打造滨海度假目的地
14	"区划大纷争"变"市场大开发"
15	哈尔滨建设冰雪旅游之都
16	上海去年新增就业岗位近 60 万
17	广东六条高速公路通车
18	天津滨海新区着力打造天津自贸区
19	粤桂黔携手共建高铁经济带

序号	标题
20	湖北孝感孝南经开区：波次供地提高土地利用率
21	陕西宝鸡：为钛产业"补钙"
22	北京启动老旧车淘汰新方案 报废补助车均提高 2000 元
23	贵广南广高铁将为我国产业结构新布局提速
24	海口免税店去年营收超 9 亿元 元旦 3 天销售额同比增 126%
25	广东公布首批省直部门权责清单 省市县三级纵向清单近期实施
26	西安去年技术交易额突破 530 亿元
27	上海国际航运中心建设提速
28	广西加快开发富硒农产品
29	山西朔州：建设雁门关生态畜牧经济核心区
30	国际邮轮港提升航运中心辐射力
31	青海成功申报全国最大有机牧场
32	贵州毕节发展特色农产品加工
33	新疆喀什综合保税区通过验收
34	甘肃打出"丝绸之路旅游"牌
35	天津启动中小微企业风险补偿机制
36	谋划高铁时代新旅游
37	广西铁路搭建全新通信网
38	辽宁污水处理厂实现监控全覆盖
39	京津冀开发区联手激活环渤海经济圈
40	京津冀三省市船检将互认
41	温州网企联合会助企业转型
42	重庆推进电子终端产业群发展
43	南宁及早谋划就业"春风行动"
44	京津冀一体化助北京"动批"商圈转型
45	甘肃引洮一期工程建成通水
46	江西崇仁引导脱贫典型反哺乡邻
47	柴达木发现巨型深层钾肥资源
48	广西今年 9 月前公布政府权责清单
49	城市群，尊重规律逐步推进
50	福建扶持实体经济和小微企业

序号	标题
51	河北衡水积极承接京津纺织业转移
52	"西部农交会"释放品牌效应
53	上海以物联网筑起城市防火墙
54	"新丝路"旅游串点成线
55	沈阳企业抱团出海
56	新能源跨省置换交易试点成功
57	促进丝路旅游互联互融
58	《东湖国家自主创新示范区条例》发布
59	海南探路"微城市社区"
60	国务院批复同意设立贵安综合保税区
61	"海铁联运"为京津冀运输提速
62	内陆首个进境木材国检监管区运营
63	浙江：百万高技能人才从哪来
64	北京至廊坊开通高铁旅游列车
65	图片新闻
66	大连长兴岛海关正式开关
67	"十二五"低碳经济科技创新成果发布
68	福建守住生态安全底线
69	中欧班列架起货运大通道
70	农民赶"文化大集"
71	北京亦庄转型科技创新中心主阵地
72	江西财政专项项目压缩50%
73	蓉欧快铁助力建设"新丝路"
74	桂林建全国重要电信产业基地
75	成都打造国际会议目的地城市
76	青岛打破城乡就业创业壁垒
77	"苏满欧"让"苏州制造"走出去
78	政府出租资产由市场定价
79	上海去年外贸进出口增速首超全国
80	广西实施"商贸强桂"战略 重点抓"倍十百千万亿"工程
81	苏州工业园区实现加工贸易"一窗式"审批

序号	标题
82	湖南泸溪加速电网改造工程 投入改造资金 300 余万元
83	广东东莞试行内资企业"多证联办"10 个证照的办理时间压缩 95%
84	铁海联运构筑西南内陆出海通道
85	甘肃骨干企业抱团"走出去"
86	重庆忠县做好农民工工资清欠工作 排查"清"渠道"畅"联动"强"处置"快"
87	青海建成首家航空旅游实体 推动玉树文化旅游发展
88	内蒙古呼包集形成"一小时经济圈"城际动车"公交化"开行
89	"东莞制造 2025"战略实施
90	安徽探索新型城镇化制度体系
91	四川成都深化投融资体制改革
92	广西将取消 10 项行政事业性收费
93	湖北以改革促基层气象服务精细化
94	长三角城市群,要走出"国际范儿"
95	"木头经济"转型生态经济
96	四川彭州启动"一窗一章"改革措施
97	北京海淀打造创新人才"追梦"首选地
98	宁夏"丝路驿站—宁夏号"列车开行
99	福建完成"四绿"工程 33.9 万公顷
100	协同创新 提升"长三角"发展能级
101	广东人均 GDP 首超一万美元
102	长江中游城市群,要打造"核心增长极"
103	关键在于一体化
104	贵州民族地区经济提速 今年将扶贫资金 60% 投入民族地区
105	河北电子商务交易额去年突破万亿元
106	图片新闻
107	鄂西渝东湘北加快三峡城市群建设
108	重庆推动中小微企业聚集发展 培育市级楼宇产业园 124 个
109	新疆国际货运班列实现常态化运行
110	成渝城市群:要增强"双核"驱动力
111	"品牌杠杆"撬动"智慧经济"
112	青岛保税港区以"功能区"扩大辐射力

序号	标题
113	上海超额完成工业节能年度目标 今明两年拟进一步压缩高耗能产业
114	西南大学经济管理学院教授祝志勇——建立资源共享跨区域市场体系
115	深圳发布机器人产业发展白皮书 涉及发展规划、产业发展分析等
116	京津冀休闲农业旅游连点成片
117	图片新闻
118	广西南宁启动"就业援助月"活动 首场招聘会提供就业岗位 1976 个
119	大连花园口经济区新兴产业形成初步集群
120	为现代农业装上"芯片"
121	北京平谷口岸获准进口肉类产品 减轻企业运输和时间成本
122	武汉长江中游航运中心扬帆起航
123	贵州致力"湿地零净损失"
124	南昌推首批 PPP 模式项目清单
125	上海加速布局"产业互联网"
126	天津苏伊士经贸合作区初具规模
127	图片新闻
128	新疆铁路吐库二线投入运营
129	海口力保市民吃上平价蔬菜
130	长江上游航运物流中心建设迈出新步伐
131	甘肃经济结构调整实现新突破
132	福建诏安着力培育青梅产业
133	棚户区改造为抚顺增活力
134	南宁多举措建设清洁家园
135	让棚户区居民"住得进、住得稳"
136	青海三江源二期保护工程扩容
137	琼北九市县构筑融合发展新格局
138	皖东老区:"法制年货"受欢迎
139	九江:打造"宁汉"区域发展增长极
140	西安至上海动车组列车开行
141	重庆打造林下经济示范基地
142	万吨级江海轮洪水期可从长江入海口直达武汉
143	吉林白山膜棚经济"鼓钱袋"

序号	标题
144	上海浦东：发展总部经济成为重大战略
145	天津对排污超标处罚"升级"
146	内蒙古二连浩特：打造向北开放"桥头堡"
147	第二批全国质量强市示范城市揭晓
148	广西南宁推进"快递下乡"
149	二连浩特铁路口岸打通中蒙俄经贸物流通道
150	贵州年专利授权量突破万件
151	青岛西海岸新区推行城市建筑"绿强度"指标
152	江西城乡收入差距持续缩小
153	长三角城市群：城市品牌与企业品牌良性互动
154	江西划定生态保护红线
155	京津冀共推渤海湾沿海开发
156	广西进京推介"融安金桔"
157	南京打造江海转运枢纽
158	京冀企业共建环京津农产品物流园
159	图片新闻
160	浙江启动民工工资清欠行动
161	上海推进"四新"经济发展
162	重庆保税港区探路"贸易多元化"
163	黑龙江开通农业电商平台
164	图片新闻
165	海关特殊监管区仍将大有可为
166	广东惩治"欠薪"见成效
167	深圳推进民生领域改革
168	长江中游城市群四省会城市签署《合肥纲要》
169	天津自贸区将建高标准电网
170	青岛西海岸新区市场主体准入"三证合一"
171	新疆冲刺"千亿旅游产业"目标
172	重庆保税港区双功能进境食品口岸运行
173	成都启动"创业天府"行动
174	海南推出7条南海旅游线路

序号	标题
175	江西农民专业合作社发展快 十分之一农户入社
176	甘肃农产品出口稳步增长 安排专项资金扶持龙头企业
177	珠三角高速公路4G覆盖率达90% 预计上半年实现各路段全覆盖
178	贵州启动生态移民"三年攻坚"计划
179	带着"文化地图"走浙江
180	大连海工产业借"海上丝路"出海
181	温州设立小微企业信保基金
182	武铁开行免费农民工动车专列
183	"广佛肇"经济圈扩容
184	新疆变"通道经济"为"加工贸易经济"
185	长三角小微企业景气度好转
186	广东环境执法更严了
187	不再"捡到筐里就是菜"
188	江西组建通用航空公司 促进航空与旅游产业紧密结合
189	天津普惠性培训新纳342个工种 40%以上为非常紧缺职业
190	海南西线高速路面完成改造 海口至三亚只需3个多小时
191	用新村点建设推动土地综合整治
192	京津冀区域产业调整巧用"加减法"
193	北京计划关停300家污染企业
194	10种热销商品单次购物数量放宽 海南离岛免税新纳17种消费品
195	"小菌头"催生"大商机"
196	加快实施"道路硬化"专项活动 广西将实现建制村通畅率100%
197	重庆加快生产性服务业发展
198	"轨道上的京津冀"破题
199	青海打造高原生态旅游目的地
200	广西建设100个乡村旅游基地
201	小刷子成就富民大产业
202	宁波鄞州:"机器换人"换出高效益
203	津保铁路年底将通车
204	京津城际延伸线预计8月通车
205	三万农民赴沿海租地种菜

序号	标题
206	吉林设立长吉产业创新发展示范区
207	河北推进环首都生态建设
208	广铁怀化货运中心保障春节运输 完成装车同比增加19.2%
209	广西昭平：给茶业插上"科技翅膀"
210	北京开征施工扬尘排污费
211	图片新闻
212	江苏新增4个国家级出口工业品示范区
213	兰新高铁首次开行重联动车组 缓解春运客流压力
214	格尔木：丝路夜明珠今更亮
215	如何疏解北京非首都功能？
216	政府送"红包"农民乐"村淘"
217	现代服务业将成厦门经济发展新引擎
218	铁路快运三招争市场
219	广西首个PPP试点项目落地
220	图片新闻
221	天津布局自主创新示范区
222	"三地七方"共促环北部湾地区经济一体化
223	小面馆用上"机器人"
224	上海绘出城乡发展一体化路线图
225	广东中山：让红木家具走入寻常百姓家
226	山东莱芜农信社推出个性化金融服务
227	图片新闻
228	京津携手构筑欧亚大陆运输桥头堡
229	成都打造区域性国际交通枢纽
230	山东试点尾气排污"云检测"
231	上海浦东穿梭巴士线路达百条
232	甘肃创新重点领域融资方式
233	山东出台深化国企改革"1＋5"方案
234	"海铁联运"打通陕西向东出口通道
235	争让"海淘"变"即淘"
236	传统毛织业升级"智造"

序号	标题
237	广西着力提升食品农产品质量
238	陕西苹果坐着班列"闯"世界
239	图片新闻
240	长三角铁路建设再掀高潮
241	福建省建立网格化环保监管体系
242	瑞兴于经济振兴试验区规划获批
243	带着感情下基层
244	浦东探索开发区与镇分工联动新体制
245	广西创新型企业增至 143 家
246	瑞金市推进重点领域改革
247	呼和浩特海关融入东北通关一体化
248	广东推出工业转型升级计划
249	深圳前海进口电商业务迅猛增长
250	长三角港口群支撑大通道
251	"境内关外"推动成都外向型经济发展
252	广西电信产业跻身"千亿方阵"
253	图片新闻
254	天津服务贸易进出口逾200亿美元
255	山东以"蓝黄战略"拥抱"一带一路"
256	上海首笔农村土地经营权抵押贷款发放
257	兰州出台扶持万企创业实施方案
258	廊坊对接北京推进电信产业投资合作
259	武汉黄陂政务服务网络全覆盖 便民中心走进16个街乡
260	图片新闻
261	广东中山打造智慧产业生态圈 推出国内首个"智慧教育集聚区"
262	北部湾港：有机衔接"一带一路"
263	海口港：港城融合协调发展
264	长三角：建设更高水平世界级城市群
265	青岛西海岸新区打造创新创业地标
266	北京向社会资本全面开放7大重点领域
267	辽宁"三证合一"释放企业发展活力

序号	标题
268	江西九江实行启运港退税政策
269	图片新闻
270	四川加快会展业升级步伐
271	甘肃鼓励社会投资生态保护
272	城"老"人不老 产业谋转型
273	长三角探索集装箱公铁水联运模式
274	示范区助力两岸民营经济合作
275	新业态成产业发展新焦点
276	南宁西安海关签订合作备忘录
277	图片新闻
278	内蒙古铁路建设提速
279	九省区5月启动通关一体化改革
280	浙江服饰品牌走进博鳌论坛
281	产业为城镇化注入源头活水
282	南宁全面推进生态乡村建设
283	东北地区通关一体化重在简政放权
284	自驾游汽车运输专列将开行
285	广州构建现代金融服务体系
286	广西重点打造30个产城互动试点园区
287	福州以港兴城融入"海上丝绸之路"
288	广西北海高新区升级为国家级高新区
289	山西出台减轻企业负担"六十条"
290	鲜食玉米成富民强县"黄金产业"
291	甘肃泾川借外力扶贫攻坚
292	福州海关推出简化便利措施
293	青岛成立汽车口岸电商平台
294	图片新闻
295	北京石景山区多管齐下促减排
296	广州加速建设国际航运中心
297	草根创业有了"专用钱袋"
298	拓展合作新领域 打造发展新格局

序号	标题
299	民资来造林 绿地变"金山"
300	河北涞水野三坡盛装迎客
301	图片新闻
302	福建互联网经济发展提速
303	武汉争当跨区域合作龙头
304	武汉长沙南昌携手发展
305	福建推进基本医保付费方式改革
306	西宁构建对外开放新格局
307	甘肃民企外贸首超国企
308	广东将投516亿元支持工业转型
309	铁路襄阳客运段推行服务标准化
310	图片新闻
311	广西新增亿元以上工业企业189家
312	江西携手湘鄂互联互通
313	青岛启动建设大数据工程研究中心 推进互联网产业集群式发展
314	浙江组建省内最大民营投资公司 带动民企和金融机构投资
315	海南将建58万亩高标准基本农田 改善农村生产生活条件
316	"流动银行"开进茶市
317	创新驱动发展责任重
318	广西财政支持奖励专利发明
319	山西晋城打破"一煤独大"格局
320	山东德州"招才引智"见成效
321	图片新闻
322	为有创新活水来
323	重庆多措并举扶持小微企业
324	赣鄂湘携手打造经济发展第四极
325	上海自贸区负面清单还将缩短
326	甘肃整合近389亿元精准扶贫
327	浙江德清城乡环境不再"多头管"
328	广西电力直接交易正式落地
329	图片新闻

序号	标题
330	天津扶持 4500 家企业转型升级
331	甘肃扶持战略性新兴产业
332	广西开展农民工创业园建设试点
333	资源枯竭地建起绿色生态城
334	重庆设小微企业融资担保基金
335	建设"有特色、有就业、有内涵"的城镇化
336	大连海关:"三互"通关打破区域局限
337	图片新闻
338	陕西宝鸡:变区位短板为开放优势
339	贵州推介百余个 PPP 项目
340	宜宾南京唐山携手开辟江海联运通道
341	首批"海关特殊监管区域通关一体化"货物验放
342	滨海新区推进配电自动化建设 今年覆盖范围将达 70%
343	图片新闻
344	重庆保税展销额逾 3000 万元 涉及上万种商品
345	创新型企业稳健发展
346	高新企业对增长贡献率超八成
347	用互联网金融服务"三农"
348	京津冀三地联合组建节水公司
349	京津冀推进区域大气污染联防联控
350	发展生态茶 念好"山字经"
351	北京超额完成"十二五"减排任务
352	辽宁阜新转型忙
353	武汉新港新增 5 个开放港区 构建长江经济带重要支点
354	中国南方稀土集团在赣州挂牌 发展壮大高端矿产业
355	济南长清区:加快融入省会中心城区
356	甘肃:投入 30 亿元驱动技术创新
357	青岛:战略性新兴产业成投资重点
358	上海浦东新区:首家政府出资创客中心开业
359	深圳龙岗:从生产基地到研发高地
360	海口工业企业总产值同比增 5.2% 新能源产业市场回暖

续表

序号	标题
361	天津开发区互联网企业超 300 家 涵盖 11 个业务领域
362	图片新闻
363	清华大学与青岛共建大数据工程研究中心
364	赣湘共建开放合作试验区
365	山西"小微"享减税"大礼包"
366	广西建立重大项目审批核准快速通道
367	安徽权力清单平台上线试运行
368	"云上贵州"领跑大数据产业
369	图片新闻
370	河南实行城乡用电同价
371	广东天津福建三大自贸区挂牌
372	推进粤港澳合作 创造营商环境
373	赣南老区 54 个项目牵手民企
374	图片新闻
375	构筑区域新平台 打造开放新高地
376	新疆喀什综合保税区封关运营
377	减冗提速力促投资贸易便利化
378	人才问计人才 专家服务专家
379	对接两岸经贸 实现深度融合
380	广东自由贸易试验区珠海横琴新区片区启动
381	转贷互助基金解企业"钱荒"
382	横琴与澳门合作日趋紧密
383	东莞致力创新驱动走在前列
384	福建：新起点上谋求新跨越
385	上海吴淞口国际邮轮港扩容
386	草原动车实现呼包集三地"公交化"百日发送旅客 90.6 万人次
387	图片新闻
388	天津自贸区先行实施 18 项海关创新举措
389	江西推进农业人口落户城镇
390	只为"丝路"变坦途
391	河北正定打造京津冀投资高地

序号	标题
392	北京门头沟区创新税务服务
393	清真产业"走出去"
394	丝绸之路经济带通关一体化改革试运行
395	重庆江津：港口产业互动共赢
396	江苏张家港建全国质检科普基地
397	深圳海关快速通关助力自贸区发展
398	广东自贸区前海蛇口片区揭牌
399	图片新闻
400	赣鄂湘皖携手畅通长江黄金水道
401	上海自贸区建设开启"升级版"
402	浦东新区公布首批"两张清单"
403	"泛珠"区域通关5月1日起实现一体化
404	北京丰台产业跨界布局
405	发布10项创新服务举措 深圳国税支持自贸区发展
406	"单锅小炒"的引资魅力
407	保定·中关村创新中心正式揭牌
408	图片新闻
409	对社会力量办养老给予补助 贵州鼓励社会资本参与养老产业
410	为经济发展和科技进步提供支撑 西安运营三大科技服务电商平台
411	黑龙江省构筑向北开放大通道
412	河北香河家具产业实现集群发展 形成完整产业链条
413	图片新闻
414	重庆奉节打通农民工返乡创业渠道"四通道"多管齐下
415	江西新余壮大接续替代产业
416	义乌小商品出口"网上丝路"再提速 通关量突破100万件
417	"一带一路"建设加速黑龙江转型升级
418	东北地区通关一体化 企业降通关成本三成
419	安徽最大限度减少和下放核准事项
420	陕西：下好贯通东西"先手棋"
421	海南新建改造万亩蔬菜基地
422	找准城市转型突破口

序号	标题
423	黑龙江鹤岗：由"一煤独大"转向多业并举
424	图片新闻
425	推动创新资源聚集共享
426	上海陆家嘴打造财富管理基地
427	广西：畅通北上南下国际大通道
428	打造"中国西部众创园"
429	陕西："净油""改气"保蓝天
430	吉林：为科技创新"架桥造船又荡桨"
431	湖南吉首推进农田水利建设
432	首张城际动车组市场"通行证"颁发
433	新疆巴州促自驾游产业升级
434	赣鄂敲定对接合作路线图
435	北京亦庄形成科技创新生态圈
436	甘肃："古丝路"成旅游投资新热点
437	山东滨州培育通用航空产业
438	赣鄂湘协作发展水运
439	海南打造国际旅游岛升级版
440	厦门片区进口食品实现快速验放
441	楼宇经济风生水起
442	海关总署支持粤津闽自贸区建设发展
443	由"世界工厂"到产业创新高地
444	海南离岛免税累计销售额超134亿元
445	《中国连片特困区发展报告》发布
446	图片新闻
447	广西重点推进六大民生项目
448	内蒙古打造中俄蒙国际经济合作走廊
449	引进项目"避重就轻"
450	广西出台48条稳增长措施
451	天津传统企业发力电子商务
452	内蒙古锡盟清洁能源输出基地电源项目开建
453	"一元快递"疏通农村"最后一公里"

序号	标题
454	300 家微企成重庆政府供货商
455	青海：全方位交流合作抢先机
456	在家门口买洋货
457	福建多措并举"盘活"工业园区
458	渤海新区：港产城互动集聚要素
459	打造面向东北亚农产品市场
460	图片新闻
461	生物医药产业规模将达千亿元
462	外贸优势助推浙江融入"一带一路"
463	村资产委托镇管理
464	江西构建衔接长江经济带发展大格局
465	天津自贸区东疆片区首批企业落户
466	新疆一季度旅游消费超百亿
467	图片新闻
468	广西柳州实施企业融资行动
469	宁波着力开拓中东欧市场
470	"成都制造"热销俄罗斯
471	白山黑水涌动创新创业潮
472	西安开播"一带一路"天气预报 涉及 17 个国家 28 个城市
473	山西赴广东发布 122 个招商项目 总投资额 2676.3 亿元
474	图片新闻
475	"中国海上丝绸之路旅游推广联盟"成立
476	陕西鼓励企业境外投资
477	新疆生产建设兵团将参展哈展会
478	河北赤城筑牢首都生态屏障
479	广西保障重点项目用地
480	上海提升对接"一带一路"能级
481	从"管理纳税人"到"服务纳税人"江西万载县国税局提高服务质量
482	上海初步形成推进"一带一路"实施方案
483	集聚高端现代服务业 东北首家融资租赁产业园区启动
484	举行招商推介会 河北涿州加快承接京津产业转移

序号	标题
485	江西出台措施促经济平稳发展
486	智能识别产业"花开"天津滨海
487	安徽营造良好法治环境
488	重庆鼓励社会资本进入 6 大领域
489	江苏拓展开放新空间
490	湖北襄阳引领汉江流域协同发展
491	河南开展传统文化进校园活动
492	图片新闻
493	成都加大投资促进力度
494	重庆：构建西部开发开放重要支撑
495	"科技农业"显身手
496	广东佛山：智能机器人迈向"全产业链"
497	安徽淮北食品产业成支柱
498	渝新欧班列实现再次提速
499	图片新闻
500	上海政府数据服务网升级
501	东北地区交通建设提档升级
502	福建发布自贸区三十一项创新举措
503	新疆推动企业转身向西"走出去"
504	湖北恩施：茶产业引入互联网
505	青岛"出海口"搬到郑州"家门口"郑州至青岛港直通班列开行
506	图片新闻
507	甘肃加大对革命老区扶贫投入 设立 1 亿元庆阳老区建设专项资金
508	河北搭建大平台承接京津产业转移
509	辽宁建立"三互"合作通关试验区
510	福建：笑迎八方"海丝"客
511	加快开放开发 实现合作共赢
512	广东：借道"走出去"远航拓空间
513	天津滨海新区与京冀签约项目逾五百个
514	温州实施"人才新政十条"
515	老企业搬走了 新产业顶上来

序号	标题
516	陕西自然保护区总数达 48 个
517	图片新闻
518	福建促进城乡居民医保一体化
519	广西防城港：沿边沿海经济带双双发力
520	童装小镇清洁转型
521	上海加快建设具有全球影响力科创中心
522	辽宁：抢占世界装备制造业制高点
523	河北与发达国家开展环保合作 11 个项目集中签约
524	图片新闻
525	贵州完成页岩气摸底工作
526	安徽推进战略性新兴产业集聚发展
527	互联互通 共建共赢
528	东北敞开向北开放窗口
529	上海物联网产业规模达千亿元 关键环节具备国际竞争力
530	青岛首创"施工弹性许可制度"便利社会投资类项目
531	农邮直通 蔬果畅销
532	赣港签下百亿美元项目大单
533	六省区市协同治理大气污染
534	陕西成立首个工业云中心 率先采用"众筹""众创"方式建设
535	川渝共筑成渝城市群
536	京津冀携手促生态环境改善
537	台湾水果在厦门口岸进口量持续攀升 通关速度加快
538	黑龙江鼓励 大学生创业
539	安徽以城市群带动县域经济"十强县"大多得益核心城市
540	"2.0 版上海自贸区"谋深层次转变
541	小小黄瓜走"丝路"
542	广西重点发展 13 个服务产业
543	成都："航空大都市"建设再发力
544	安徽创新乡村医生服务模式 按照标准配备乡村医生
545	图片新闻
546	甘肃加强投资类企业监管 重点防范非法集资

续表

序号	标题
547	"选择性征税"落地厦门自贸区
548	上海虹桥航空服务业创新试验区挂牌
549	河北昌黎推动皮毛产业转型
550	浙江余杭发布县区级质量指数
551	陕西网上抢跑"一带一路"
552	哈尔滨至欧洲货运班列本月中旬首发
553	成都发放电子营业执照
554	烟台蓬莱国际机场投入运营
555	安徽:"拎包银行"走进大别山
556	长沙启动首个微信智慧商圈
557	宁波搭建与中东欧国家合作平台
558	图片新闻
559	辽宁:港城联动做强沿海经济带
560	广州促进融资租赁支持实体经济
561	北京亦庄:最靠近产业生态的创客乐园
562	上海成立信息服务产业基地联盟 推动集聚创新、联动发展
563	厦门海关联手海沧区完善营商环境 推出20条服务措施
564	广东发布推进"一带一路"实施方案
565	江西金融扶持油茶产业发展 引入"政府增信"机制
566	京津冀及周边地区共治机动车污染
567	天津实施引进人才"绿卡"制
568	邯郸控煤降尘保蓝天
569	广西推出PPP模式示范项目
570	广州穗佳华南空陆联运集散枢纽项目启动
571	福建出台水污染防治计划
572	中部6省"内陆"变"前沿"
573	甘肃鼓励科技人员创业创新 科技成果入股比例不设上线
574	图片新闻
575	广西促进革命老区振兴发展 实施重大工程3年行动计划
576	烟台中韩产业园探索合作新模式 重点围绕新兴产业展开合作
577	河南焦作:从"灰色印象"到"绿色主题"

续表

序号	标题
578	总部经济转型升级
579	江西建设对外开放内陆战略通道
580	安徽出台新型城镇化试点三年行动计划
581	天津环境治理见成效
582	产能合作向西走
583	图片新闻
584	全方位呵护生态环境
585	山东东营综合保税区获批成立
586	山西运城苹果打入美国市场
587	"互联网＋小微贷款"解融资难
588	广东东莞空气质量稳居城市 20 强
589	45 万多票一体化报关单通关
590	北京发布大气污染物排放新标准
591	打造国际陆海联运核心区——吉林：借"港"出远海
592	甘肃实施市场主体抽查监管
593	湖北宜昌构建沿江经济走廊
594	重庆为中小企业建"助保池"
595	拓宽对外通道促产业合作
596	图片新闻
597	广西打造 13 个重点服务产业
598	长三角联动节能治霾
599	福建自贸区再推 27 项创新举措
600	新疆对企业出口货物实现"零等待"
601	江西南昌："专业＋团队"促税收增长
602	海口港区整车进口口岸开启
603	粤闽自贸区建立税收交流合作机制
604	图片新闻
605	重庆推广普及电子印章
606	安徽新一代信息技术产业乘势而上
607	上海快速跟进"一带一路"战略
608	贵阳推进"蓝天""碧水""绿地"保护计划

续表

序号	标题
609	塌陷区"变身"生态园
610	新疆将开行百列旅游列车 打造"坐火车游新疆"品牌
611	图片新闻
612	京津冀3高校协同创新联盟成立 师资共享 联合培养
613	辽宁旅游不再"单打独斗"
614	干饭渠村的"团圆饭"
615	上海浦东发布国资国企改革18条
616	陕西严格督查税收政策落实
617	店企对接助"电商创业"
618	"一带一路"沿线省份成立旅游联盟
619	青岛"海鸥行动计划"培养大学生创客
620	重庆提前完成"十二五"节能目标
621	内蒙古阿尔山：老林区兴起新产业
622	图片新闻
623	丝绸之路经济带检验检疫实施"9+1"一体化
624	广西多措并举保舌尖安全
625	图片新闻
626	青海有"锂"走天下
627	兰州将开行7大货运品牌列车
628	成都高新区获批国家自主创新示范区
629	黔渝合作实现互补共赢
630	江西九江：新材料产业集聚沿江
631	湖北潜江：开发新资源 培育新支柱
632	广铁集团怀化货运中心快步转型"阳光厂务"覆盖率达100%
633	重庆800亿元股权投资基金投向战略性新兴产业
634	图片新闻
635	福建推动信息通信业跨越发展 加快实现全省建制村光纤全覆盖
636	东莞启动水运口岸"三互"通关模式 打造"一站式"进出境船舶申报平台
637	西部旅游业实现联动发展
638	山东启动"工业绿动力"计划
639	江苏盐城成中韩产业园合作城市

序号	标题
640	青海：借助藏毯编织锦绣丝路
641	广西出台就业创业新政策
642	皖苏各地齐心协力防汛抗洪
643	北京实施离境退税政策 享受商品价格11%的退税额
644	图片新闻
645	大连设立中小企业发展基金 将采取市场化运作模式
646	建立"四位一体"合作机制
647	福建搭建创新成果产业化"鹊桥"
648	上海海关推出深化自贸区改革八项制度
649	汛情三问
650	"青岛号"中亚班列开行
651	沈阳制造借"一带一路"出海
652	福建规划建设铁路新线1374公里 2020年快速铁路覆盖90%以上县市
653	河北曹妃甸获意向授信4834亿元 进一步拓宽企业融资渠道
654	南宁4年投入扶贫资金9.12亿元 开展到村到户精准扶贫
655	湖北崇阳：绿色产业成"摇钱树"
656	图片新闻
657	四川等六省市税收征管服务实现一体化
658	围绕"一带一路"开展系列经贸活动
659	大别山革命老区：扶贫攻坚 精准发力
660	图片新闻
661	贵州放开32项省级定价项目 下放9项省级定价权限
662	"东北货运快车"提升铁路散货运力
663	国务院批复设立南京江北新区
664	厦台海运快件实现双向运营 利用夜间直航可夕发朝至
665	长三角城市环境绩效指数发布
666	广西建国家级高技能人才培训基地 计划新增高技能人才2.8万人
667	青岛成立互联网工业联合会
668	青岛出台互联网工业发展行动方案
669	甘肃成立大数据产业技术创新联盟 推动创新成果快速产业化
670	福建全面推动农村电子商务发展 将建闽货网上专业市场

序号	标题
671	上海自贸区前 5 月合同外资增 5 倍
672	辽宁对稳岗企业实行补贴
673	渝东北构建长江上游特色经济走廊
674	青海引大济湟工程全线贯通
675	"北京高科"与秦皇岛合作对接
676	广东实行城乡户籍"一元化"登记管理
677	砟窑沟村的"开心农场"
678	京冀共筑首都"绿色屏障"
679	重庆加快云计算创新发展
680	河北张北绿化工程涵养京津生态
681	南京江北新区总体规划公布
682	广东自贸区南沙片区 试点政府购买查验服务
683	图片新闻
684	安徽：农村土地有了"二代身份证"
685	"武汉制造"结缘铁路"快递哥"
686	哈长城市群打造两小时经济圈
687	上海浦东陆家嘴新兴金融创业街区揭牌
688	"借"来产业促增收
689	武汉做大对外经贸交流平台
690	天津海关 8 项举措助自贸区提速 涉及新兴业态和领域
691	贵州政府门户网站云平台上线运行 实现"7＋N"数据无障碍调用
692	上海新疆对接动漫项目
693	贵州发挥优势融入"一带一路"
694	滨海新区从五方面推动京津冀协同发展
695	深圳海关向"E 时代"迈进
696	青海格尔木吸引五大项目落地
697	股权众筹平台企业可在广东自贸区登记注册
698	河北六大举措推进京津冀协同发展
699	百万锭纺纱项目落户新疆阿克苏 总投资约 50 亿元
700	成都构建跨国农产品直通体系
701	横琴口岸率先启动"一机一台"模式

序号	标题
702	贵州促健康医药产业扩量提质
703	北京丰台与河北保定共建科技园区
704	贵州侗乡建大健康产业示范区
705	"渝新欧"班列货源稳增
706	广东计划 5 年建成质量强省
707	北京绍兴企业商会成立
708	上海普陀："互联网＋电影"提升影视产业
709	图片新闻
710	北京上半年淘汰 185 家污染企业
711	贵州发布新核准投资项目目录 取消下放转移 47 项权限
712	咸阳实现 E 终端金融服务"村村通"打通农村金融服务最后一公里
713	东北港城跨省合作畅通物流
714	新疆旅游产业各项指标实现"强劲反弹"8 家 5A 级景区收入均增 24％以上
715	天津开发区改善创新创业"生态"
716	厦门启动跨境电商直购进口试点 量身定制系列便利措施
717	新疆兵团首个创客基地揭牌 打通创业服务最后一公里
718	甘肃灵台养殖大户受益"寄养代繁"模式
719	广西为农民工创业提供担保贷款 安排财政贴息资金
720	煤矸石里淘出"金"
721	京津冀携手建设环首都国家公园体系
722	帮扶合作"对子"越结越紧
723	青海柴达木云数据中心落成
724	不锈钢产业有了"升级版"
725	东莞 123 名柔性人才援南疆
726	图片新闻
727	天津打造千亿级新能源产业
728	郑欧班列实现常态化运行
729	长三角基本实现高铁"公交化"
730	深圳海关创新举措支持自贸区发展
731	河南扣缴七千多万元生态补偿金
732	广东自贸区前海蛇口片区建设方案发布

续表

序号	标题
733	德州主动融入京津冀协同发展
734	安徽歙县：高铁带活旅游资源
735	广西出台多项举措支持就业创业 进一步扩大就业总量
736	图片新闻
737	福建金融助力智能制造发展 加强智能装备融资租赁服务
738	吉林：定向精准调控效应显现
739	"千年药乡"以品牌占据市场制高点
740	曹妃甸成为京冀卫生对接合作示范区
741	皖江示范区高标准承接产业转移
742	郑州"E贸易"业务量大增
743	南宁筹建"一带一路"重大项目储备库
744	图片新闻
745	滇沪商务合作项目在昆明签约
746	"串珠成链"构筑中原城市经济隆起带
747	京冀互派百名干部挂职
748	广东工业技改投资增长快
749	全力打造国际电子商务中心城市
750	电气化率达55.6%
751	图片新闻
752	支持互联网金融企业上市
753	甘肃出台20条措施扶持非公经济
754	南宁晒出首批权力责任清单
755	长三角经济转型亮点凸显
756	重庆签千亿元PPP合作项目 涉及轨道交通等基础设施
757	河南推进电能替代战略显成效 上半年替代电量37.7亿千瓦时
758	图片新闻
759	温州加快工业生态化发展
760	"新宜萍"抱团融入长江中游城市群
761	黄骅港口岸扩大开放获批
762	老工业区"转"出新兴产业
763	年增加货物吞吐量100万吨以上

序号	标题
764	累计发运出口货物 14 万吨
765	图片新闻
766	比普通货物列车运时缩短 24 小时
767	上海宝山区：拉长邮轮产业链空间
768	"粤创粤新"活力迸发
769	京津冀将联建充电设施服务走廊
770	广东将建成智能制造示范引领区
771	福建诏安举办龙眼购销对接会
772	贵州中药民族药业快速发展
773	图片新闻
774	合福高铁拉动安徽旅游业
776	上海浦东全力推进科创中心建设
777	湘黔共建高铁经济带
778	武汉打造中部航空枢纽
779	河南西峡"择业选商"提升发展质量
780	向环保要动力 向开放要活力
781	武汉将开通直达澳大利亚黄金海岸市往返航线
782	图片新闻
783	广西确定电子商务发展六大重点 2020 年交易总额争超万亿元
784	广东顺德建家电全产业链中心 发布家电产业发展五年规划
786	天津推动京津冀交通一体化
787	兰新高铁带活新疆经济
788	海岛居民喝上自来水
789	江苏农业"触网"增活力
790	宁夏中宁智能化大物流中心揭牌
791	兰州上半年进出境航班同比增 3 倍
792	图片新闻
793	上海出台意见促跨境电商发展
794	北京顺义发布"创业摇篮"计划
795	皖江皖北结对子 共建园区显成效
796	福州城市总体规划获批

序号	标题
797	把握新常态 实现新作为
798	新疆富蕴可可托海机场通航 首航客座率达93%
799	皖江示范区生产总值年均增12.9%
800	图片新闻
801	吉图珲客专今起开始试运行 设计运行时速250公里
802	贵州加快融入珠江—西江经济带
803	群众办事不出村
804	银地联手打造上海"金融谷"
805	荒漠深处绽放"紫色希望"
806	广西南宁推进"创客城"建设
807	图片新闻
808	南方五省区电源结构优化
809	天津海关出台第三批 创新措施支持自贸区建设
810	贵州：城市综合体促城镇化扩量提质
811	无中生有 有中生新
812	青岛海关实施加工贸易无纸化改革
813	从低端生产向服务经济转型
814	重庆新办鼓励类"小微"可享财政补贴
815	图片新闻
816	产城融合激发 老工业区后发优势
817	黑龙江企业借路出海抓商机 有助于形成外向型产业带
818	莞韶对口帮扶："送产业"难题
819	国贸"纸黄金"给力"温州制造"
820	国内最大空港跨境电商服务平台沪上启用
821	山东蓬莱：面朝大海谋划产业升级远航
822	广西合理布局农村电商项目 电商进村按"五个一"标准实施
823	古昭高速接线路通车
824	海南发放"惠农贷"2600余万元 惠及60家农民合作社
825	山东十月起大幅提高企业排污收费
826	海南助力"走出去"企业拓市场
827	承德围场风电广受资本青睐

序号	标题
828	陕西上半年境外投资增长 87.3%
829	构筑"蔚蓝智谷"做强新材料"长板"
830	河北开建国内首个风电制氢项目
831	图片新闻
832	快递下乡 电商进村
833	北京提前完成老旧车淘汰年度任务
834	武汉构筑中部铁路交通枢纽
835	哈尔滨打响经济突围攻坚战
836	西部地区增速"领跑"释放发展能量
837	江西高安让发展真正"绿"起来
838	广西培养千名紧缺职业高技能人才 满足重点产业发展人才需要
839	图片新闻
840	重庆发展三大战略性新兴产业集群 构建和完善配套服务体系
841	东中西部产业梯度渐趋合理
842	广东自贸区南沙片区 建设实施方案出炉
843	"中三角"融合发展稳步推进
844	重庆大力化解产能过剩见成效 上半年五大重点行业运行正常
845	江西崇仁县因地制宜开展金融扶贫 根据致富项目投放扶贫贷款
846	青岛与"一带一路"沿线国家经贸合作成效明显
847	图片新闻
848	广西对"一带一路"沿线国家贸易激增
849	四川连片扶贫步伐越走越稳
850	广西北部湾经济区启动第二批人才项目
851	江西出台方案推广自贸区改革试点经验
852	黑龙江绥芬河：建设俄罗斯有机食品产业链
853	青海发布旅游业 5 年行动规划
854	图片新闻
855	厦门开通中欧、中亚国际货运班列
856	福建发展壮大智能制造产业
857	重庆：小片区开发带动大片区攻坚
858	广州黄埔区打造创新发展新高地

序号	标题
859	中欧班列得到国内外客户认可
860	青海搭建丝路文化交流平台
861	重庆：3 年 450 个贫困村整村脱贫
862	图片新闻
863	跨境电商成温州外贸增长新引擎
864	珠江西岸打造先进装备制造品牌
865	遵义厦门加强产业合作
866	浙江金华国税为企业"走出去"护航
867	东盟成广西最大贸易伙伴
868	重庆服务贸易快速发展
869	贵州营造良好环境激发市场活力
870	内蒙古晋冀联手打造"长城金三角"
871	推行通关减免税改革
872	从木材采伐到生态旅游
873	温州派出 919 名机关干部进村挂职
874	我国首个先进技术光伏示范基地落户山西大同
875	图片新闻
876	福建公布 10 条措施助力体育产业
877	广西南宁对县区实行差异化考核
878	长三角：用"创意"推进品牌建设
879	安徽：政府定价项目精简七成
880	让创业者"拎包入驻"
881	陕西成立创业投资联盟
882	上海创意产业中心助铜陵企业转型升级
883	图片新闻
884	广东加快发展健康服务业
885	贵阳试点"大数据产业技术创新试验区"
886	新疆电子商务快速发展
887	宝鸡高新区解"中小微"融资难
888	重庆黔江：借力"东桑西移"形成蚕桑全产业链
889	呼和浩特构建城市立体交通

序号	标题
890	福建自贸区产业发展规划出炉
891	中朝边民互市贸易区落户辽宁丹东 采用"互联网＋互市贸易"运营模式
892	泰州地税五分局完善责任链条 避免有岗无责、有岗不为
893	嘉峪关丝绸之路文化博览园开建 现代旅游与文化体验相结合
894	北京发布新增产业禁限新版《目录》
895	成都打造西部铁路枢纽
896	甘肃建设综合性云服务平台
897	海南试点重点公路项目代建制
898	山西启动煤炭行政审批制度改革
899	丝绸之路上的那达慕
900	陕西西安成立设计联合会
901	山东让信用成为企业"身份证"
902	图片新闻
903	广西动员社会力量实施扶贫开发
904	江苏出台推动长江经济带交通发展方案
905	大连启动大连湾综合交通枢纽工程 集多种配套服务及交通方式于一体
906	西安高新区千万资金支持"小巨人"力争年内小巨人企业达400家
907	宁夏吴忠：转型念好"三字经"
908	广西出口食品农产品示范区达14个 有效提高出口产品质量
909	国务院批复设立福州新区
910	重庆多举措落实"一带一路"战略
911	连云港首座跨海大桥辅通航孔合龙
912	国内跨境电商物流联盟成立
913	上海：创意产业"园区"变"社区"
914	西安高新区获批国家自主创新示范区
915	站上新起点 实现新跨越
916	国家级新区："多核引擎"效应渐显
917	锦绣华章正起笔
918	用实干精神做好"大考"题
919	谋定思变舞正酣
920	共绘一张"交通图"

续表

序号	标题
921	大气治霾：主动作为　联防联控
922	水源保护：协同修复　生态补偿
923	植树造绿：涵养生态　固沙建"屏"
924	重在转变发展理念
925	宁波推进传统产业与互联网融合
926	粤桂黔区域合作开启新板块
927	河南许昌："淘宝村"里的甜蜜产业
928	江西宜春："制度＋科技"提升纳税服务效能
929	形成全面开放交通新格局 贵州将实现县县通高速
930	粤桂合作特别试验区显现蓬勃生机
931	图片新闻
932	新增一条国际江海联运通道
933	皖南全域旅游发展格局初显
934	福建8月份外贸止跌回升
935	青岛："三个一千"消除发展"堵点"
936	广西电子信息产业快速发展
937	新疆乌鲁木齐综合保税区开建
938	呼包鄂城市群建设"草原硅谷"
939	西藏前8月实现旅游总收入190亿元
940	河北涿州与农大共建现代农业示范区
941	浙江吴兴打造区域金融中心
942	食品安全第三方检测联盟落户珠海横琴
943	四川旅游实现跨省区"一程多站"
944	浙江敲响"农地入市"第一槌 村级集体土地40年使用权成功出让
945	福建将建100个休闲集镇 提升乡村旅游发展水平
946	陕西10县（区）开展电商扶贫试点 以贫困户为扶持重点
947	重庆渝中区："商旅文"联动发展
948	江西规划建设昌铜高速生态经济带
949	格尔木与敦煌联手打造旅游景区
950	河南新乡：盘活工业存量 激活一池春水
951	河北优势产能"走出去"

续表

序号	标题
952	苏浙沪集装箱物流企业联手建信息平台
953	山东章丘营造引才引智"磁场"
954	重庆新增财力七成用于区县和基层
955	河北钢铁集团加快融入全球市场
956	江西九江国地税打通服务"肠梗阻"
957	百万吨级煤制油项目在陕西投产
958	贵州出台"雁归兴贵"计划
959	呼包银榆共建"一带一路"战略支点
960	河西走廊做强葡萄酒产业
961	北京雅宝路将变身创意时尚空间
962	横琴自贸片区简化归类出口货物
963	西北五省区毗邻地区打造区域经济共同体
964	吉林有4条高速年内通车
965	"旅游购物商品"模式落地福建自贸区
966	上海自贸区成立境外投资服务联盟
967	交通改善助推区域发展
968	广东多举措推动就业创业 发挥小微企业吸纳就业作用
969	推进京津冀形成"一小时交通圈"
970	黑龙江密山建优质稻米种植基地 提升密山大米整体品质
971	图片新闻
972	河北促进北京周边房地产市场健康发展
973	图片新闻
974	图片新闻
975	图片新闻
976	着眼区域合作 助力产业造血
977	"点对点"落实重大项目用地
978	区区联动：通关一体化改革再升级
979	农村变社区 产业来支撑
980	哈尔滨投资百亿建地下管廊工程 今年将再完成11.42公里
981	跨境电商服务平台重庆上线 为消费者提供安全风险管理服务
982	青海组建锂镁产业创新联盟 打造产学研用平台

序号	标题
983	上海自贸区境外投资服务平台功能显现
984	海南：港口串联 物流畅通
985	盘活"闲地"建厂房
986	东莞对"一带一路"沿线国家出口大幅增长 广东海博会本月底在东莞举办
987	河北廊坊与北京大兴签署电商合作协议 共建京冀电子商务协同发展示范区
988	青岛多式联运简化通关手续
989	"文化汇"项目在武汉启动
990	天津实施信息产业重大科技专项 预计 2017 年实现产值 200 亿元
991	江西鼓励企业全方位"走出去"
992	泛珠三角区域合作加快升级
993	京津冀货物快运超百万吨
994	贫困村来了"第一书记"
995	山东试点国有资本投资运营公司 创新国资监管模式
996	西咸保税物流中心通过预验收 陕西新增一个对外开放通道
997	图片新闻
998	中俄搭建海关口岸铁路合作平台 进一步推动区域经济建设
999	挖掘"金点子"甩掉"穷帽子"
1000	广东梅兴华丰产业带挂牌
1001	广西实施大县城发展战略
1002	上海自贸区海关制度创新效应凸显
1003	河北赤城再为北京输水 计划输水 2000 万立方米
1004	深圳海关搭建高效陆海通道
1005	关检"监管互认"正式落地厦门
1006	图片新闻
1007	福建全面取消不必要的证照证明 重点整治"办事难办证难"
1008	甘肃为小微企业提供风险补偿金 首批贷款 11 月底发放
1009	广交会凸显"一带一路"战略成效
1010	北京：打好有序疏解非首都功能攻坚战
1011	启用商事主体信用信息公示平台
1012	263 亿元打造首都国际人才港
1013	新疆中小微企业向"专精特新"发展 政府采购和投资三成投向中小微企业

续表

序号	标题
1014	甘肃出台食品仓储配送管理规范 完善全过程监管制度
1015	图片新闻
1016	广西提前超额完成今年棚改任务 已开工 15.85 万套
1017	葡萄"染"绿双河村
1018	甘肃：丝路古通道 开放新前沿
1019	江西建设通用航空产业基地
1020	贫困县念起"电商经"
1021	河北万全农业合作社升级
1022	银川电商创业园打造"青年创业谷"
1023	甘肃进出境航运繁忙
1024	哈尔滨推进智能装备制造业发展
1025	河北白洋淀科技城平台启动
1026	新疆"人字形"铁路公交网成形
1027	江西赣州综合保税区封关
1028	富镇帮村 产业惠民
1029	贵州全力推进重点项目建设
1030	武汉加快建设中部门户航线
1031	浙江加大高层次人才引进力度
1032	内蒙古建成公铁联运物流基地
1033	四川电子商务交易额逾万亿元
1034	国家级新区："多核"引擎并举
1035	曹妃甸石化产业基地建设提速
1036	上海启动电动汽车分时租赁 加速新能源充电桩布局
1037	江西上饶打造"科技金融"品牌
1038	广东肇庆建设枢纽门户城市
1039	115 个 PPP 项目落户新疆 总投资达 1916 亿元
1040	长江中游城市群共促金融融合
1041	第六届中国（泰州）医药博览会举办
1042	成都构建西部综合交通主枢纽
1043	深圳前海跨境电商快速增长
1044	社会资本"热投"农业

序号	标题
1045	南翔镇栽下"梧桐树"
1046	天津滨海新区对接京冀达成多项合作
1047	重庆支持中小微企业知识产权质押融资
1048	打造长江经济带大健康产业集聚区
1049	广西筹措人才专项资金 1.25 亿元 培养和引进高层次人才
1050	四川攀枝花桐子林水电站投产 完成雅砻江下游水能资源开发
1051	图片新闻
1052	甘肃设立丝路交通发展基金 总规模达 1000 亿元
1053	上海新的增长动力不断增强
1054	北京：特色文化产业园转型呈亮点
1055	全球城市气候专家聚首武汉探讨低碳发展
1056	"中国轻纺城杯"创意设计大赛闭幕 汇集 2000 余件海内外设计作品
1057	福建泉州："智能制造"带动传统产业升级
1058	横琴餐饮企业签订行业诚信公约 助推诚信岛建设
1059	图片新闻
1060	南宁综合保税区获国务院批准 规划面积 2.37 平方公里
1061	江西将自筹资金实施跨流域生态补偿
1062	33 座城市合奏"丝路"旅游乐章
1063	科技治污 变废为宝
1064	湖北咸宁：以茶为媒融入"一带一路"
1065	北京加快建设环球主题公园 各项配套工程陆续启动
1066	甘肃敦煌打造国际文化旅游名城
1067	图片新闻
1068	贵州实施现代服务业"十百千"工程 推动服务业转型升级
1069	强化创新驱动力 打造区域发展极
1070	筑得良巢凤自来
1071	辽宁"三力合一"稳增长
1072	渝新欧班列开行突破 200 班 比去年增加近一倍
1073	广西扶持建设 39 个农民工培训基地 区财政对基地给予补助
1074	前三季度区域协调发展呈现新亮点
1075	河南郑州：跨境电商"秒通关"

序号	标题
1076	高新区逆势飘红
1077	图片新闻
1078	丹大快速铁路全线试运行
1079	实体经济态势强劲
1080	防城港创新"互联网＋进出口"模式
1081	图片新闻
1082	审计"加减法"换来市场"乘法"
1083	环保部启动东三省重污染天气督查工作
1084	东三省拉响防霾警报
1085	东北亚区域旅游合作再结硕果
1086	进一步完善区域旅游合作机制
1087	观点集萃
1088	构建东北亚旅游"金三角"
1089	图片新闻
1090	新疆着力破解南疆发展瓶颈
1091	海南推进重点项目建设
1092	深圳将建国际会展中心
1093	中法武汉生态示范城总体规划出炉
1094	贵州开通扶贫专线电话
1095	西咸新区探路现代田园城市建设
1096	河北文安帮扶企业过"坎"
1097	广东自贸区发布检验检疫创新制度
1098	上海普陀区：并购金融异军突起
1099	南昌青山湖区：转型升级中获动力
1100	2015 中国石油流通协会年会举办
1101	江苏淮安开展优质服务竞赛活动
1102	图片新闻
1103	贵州电力交易中心成立
1104	华北五省区家庭服务业对接
1105	河南南阳：保一渠清水源不断北送
1106	伊犁河谷"紫色经济"绚丽绽放

序号	标题
1107	实干兴区 创新添力
1108	图片新闻
1109	薰衣草产业需迈过两道"坎"
1110	呼和浩特现代物流助电商"快跑"
1111	京冀国税协同共建互促发展
1112	浙江嘉善归谷引入高端人才
1113	厦门释放自贸区改革红利
1114	东莞"智造"渐行渐近
1115	山东泗水发展纯绿色食品产业
1116	广东国际机器人及智能装备博览会举行
1117	北京密云、延庆撤县设区
1118	河北将实行排污权有偿使用
1119	四川试点财政惠农补贴担保贷款
1120	用新科技优化水环境
1121	山西晋城国税借力"互联网+"
1122	河北张家口市国税服务绿色奥运
1123	青岛金家岭：金融味道渐浓
1124	安徽马鞍山打造台商投资新高地
1125	深圳海关促外贸企业稳定增长
1126	《东北东部经济带发展规划》开编
1127	烟台港铺设亚非"海上铝土通道"
1128	厚植区域发展优势
1129	"圆桌会议"搭建合作平台
1130	图片新闻
1131	呼和浩特着力引进高新产业
1132	广西14县试点农民工创业园
1133	特色集镇串起乌江经济走廊
1134	浦东新区推行"窗口无否决权"举措
1135	蔬菜"出远门"带着"身份证"
1136	山东平度制造业涌现大批"单打冠军"
1137	河北对"一带一路"钢材出口大增

序号	标题
1138	图片新闻
1139	陕西与意大利共建"中意航空谷"
1140	山东实施最严格水资源管理制度
1141	京津冀共促文化产业联动
1142	武汉推行"城市合伙人"计划
1143	哈尔滨传统商贸借电商升级
1144	边陲小城电商多
1145	广西出台建筑"立体绿化"指南
1146	图片新闻
1147	江西产品搭上赣欧国际班列
1148	东莞推广实施项目投资建设"直接落地"
1149	上海迎来民营金融投资"航母"
1150	湖北远安促磷煤企业转型升级
1151	甘肃"走出去"建农产品集散中心
1152	郑州航空港加速开放
1153	新疆维吾尔语O2O电商平台上线
1154	广西防城港开启农村金融服务新模式
1155	哈大盘营两高铁明起 实行冬夏一张运行图
1156	河南西峡引导在外人才回乡创业
1157	宁波:"引进来"与"走出去"并重
1158	中塔农产品"绿色通道"开通
1159	"大东北旅游"下江南
1160	青岛世界博览城奠基
1161	重庆丰都建"牛都"
1162	宁夏"三轮驱动"帮扶企业脱困
1163	"长安号"东进西行畅通丝路贸易
1164	安徽安庆政法部门实施"三项清单"
1165	冰雪旅游成为黑龙江新引擎
1166	图片新闻
1167	京滨城际天津段规划方案公布
1168	构建煤电铝循环经济产业链
1169	北京修改城市总体规划对接津冀

序号	标题
1170	湘鄂赣皖打破"门槛"扶创业
1171	深圳机场口岸实施 24 小时通关
1172	文化与旅游相融相促
1173	综合利用秸秆一举多得
1174	上海海关查获一起金银纪念币走私案
1175	河南实现光纤网络全覆盖
1176	设立小微企业扶持基金
1177	黔南州构建西南商贸物流枢纽
1178	用大数据"导航"税收征管
1179	北京通州布局文化创意产业
1180	温州推出农民资产授托代管融资
1181	精准扶贫要敢"破"善"立"
1182	山东聊城高新区打造高新产业
1183	西藏墨脱告别"电力孤岛"历史
1184	浙江义乌发展电商配套产业链
1185	临哈铁路额哈段开通运营
1186	深圳实施税收"黑名单"联合惩戒
1187	京津冀签署区域环保合作框架协议
1188	川滇藏共圆"香格里拉"梦
1189	福建联合执法维护海洋渔业生态
1190	从"卖商品"到"送服务"
1191	宁陕携手促西部冬季游升温
1192	银川机场年旅客吞吐量突破 500 万人次
1193	中关村互联网金融服务河北中心成立
1194	东莞农村资产管理进入"互联网＋"时代
1195	富硒产业促农增收
1196	贵州实施 12 项"互联网＋"专项行动
1197	国际货运班列为"一带一路"带来活力
1198	深圳跨境贸易电商试点通过验收
1199	激活创新创业的中坚力量
1200	上海对"一带一路"沿线投资大增达 24.8 倍
1201	图片新闻

序号	标题
1202	河北黄骅港开通海铁联运列车
1203	甘肃用大数据服务"双创"
1204	东莞全面实施全程电子化工商登记
1205	苏冀电煤航线让"北煤南运"更快捷
1206	医药工业按下"快进键"
1207	甘肃庆阳：国有林场在改革中迸发活力
1208	横琴北大创业训练营服务创业者
1209	山东巨野推进电子商务发展
1210	图片新闻
1211	新疆开展农村土地清理试点
1212	深圳前海推出百余项创新举措
1213	自有品牌联盟成零售业亮点
1214	诚信纳税人可享融资便利
1215	"智慧门牌"补公共服务短板
1216	图片新闻
1217	福建认定49家省级"众创空间"
1218	广西打造人才小高地"升级版"
1219	武汉筹建商业航天技术产业园
1220	西咸新区探索城市发展新方式
1221	现代农业成气候
1222	广西区域协调战略实现大提速
1223	江苏无锡推出"智慧地税"应用平台
1224	青岛出口加工区实施"选择性征税"
1225	闽赣海铁联运效益凸显
1226	成都铁路保税物流中心获批
1227	黔桂携手振兴革命老区建设
1228	广州"十三五"重点发展三大战略枢纽
1229	安徽搭建中小企业"走出去"平台
1230	中国产业互联网促进中心落户上海
1231	陕西：科研之火点亮产业之灯
1232	天津实现户户通光纤
1233	成都：对标上海自贸区 探索改革升级版

序号	标题
1234	陕北沙棘红茶开始"走出去"
1235	山西着力做好煤与非煤两篇文章
1236	河北提前完成"十二五"节能减排目标
1237	天津从五方面推进京津冀协同发展
1238	东莞出台对接自贸区 28 条
1239	立足交会点 培育新亮点
1240	"腾笼换鸟"促转型
1241	贵州黔西引导农民工回乡创业
1242	打造长三角 CBD 升级版
1243	西安—罗马国际航线开通
1244	海南着力建设互联网农业小镇
1245	《广东珠海西部生态新区总体规划》出台 打造多元化协同发展生态新格局
1246	喀什借"空中走廊"扩大开放
1247	深圳发布全球首份超材料国家标准 明年 10 月 1 日起实施
1248	江苏：区域互补 南北联动
1249	青岛首条地铁 3 号线北段开通
1250	河北供销社八方联采电商平台上线
1251	家门口搞培训 满世界开饭馆
1252	广西 14 个地级市将全部通高铁
1253	厦门柔性直流输电科技示范工程投运
1254	东北首条滨海快速铁路开通
1255	河南驻马店税银合作帮企业降成本
1256	武汉空中"丝路"通罗马
1257	支农扶微的"主力军"
1258	陕西洛川苹果大规模进入上海
1259	河北环京津地区集聚大数据产业
1260	贵阳留学人员创业园共建工作启动
1261	银川：相约世界电子竞技盛宴
1262	大连开建年产 2000 万吨石化项目
1263	江西信丰：脐橙搭上"互联网＋"快车
1264	广西昭平：生态人文之美为绿色崛起加油
1265	上海临港布局人工智能产业

序号	标题
1266	河北廊坊新兴产业示范区：主导产业已具雏形
1267	东北地区大通关建设提速
1268	老仓库变身创意产业园
1269	服务业新业态亮点纷呈
1270	"一煤独大"转向"多元支撑"
1271	图片新闻
1272	黑龙江将淘汰 10 吨及以下小锅炉
1273	创新监管推动航空业发展
1274	地方政府效率研究报告发布
1275	精准扶贫 要下"真"功夫
1276	图片新闻
1277	珠澳 3 口岸"延关"成效显著
1278	安徽出台振兴举措促皖西老区加快发展
1279	江西上高打造绿色食品产业
1280	中吉农产品开启通关"绿色通道"
1281	湖北发起设立长江经济带产业基金
1282	广西水电发受电量破 500 亿千瓦时
1283	武汉出台"新三十条"促文化产业发展
1284	银川至西安铁路甘肃段开建
1285	"智慧"引领城市发展
1286	图片新闻
1287	霍尔果斯口岸站三年过货 425 万吨
1288	打造良好营商环境
1289	广西南宁设 5 亿元创业引导基金
1290	广西公共资源交易向"电子化"迈进
1291	兰州新区综合保税区正式运营
1292	促优势产业形成集群
1293	中国物品编码中心公告（1718）
1294	沈阳启动石油产品交易中心
1295	三亚"指尖平台"提升办公效能
1296	现代农业助农增收
1297	承接东部产业谋转型

第四章 "能源化工"栏目报道标题与形式统计

报道形式	序号	标题
深度报道	1	陕煤化陷资金困局 亚洲最长输煤管未如期竣工
	2	分析报告"预警"榆林神陶项目将"搁浅" 神华"单飞"世界最大煤化工项目前途未卜
	3	4年8起事故 大连中石油难破"魔咒"
	4	大唐多伦煤化工被指"三废"重灾区或危及重组交易
	5	华能甘肃煤矿项目成"鸡肋"央地矛盾激化
	6	中国特高压"走出去"更进一步 国家电网斩获巴西输电项目
	7	山西"救市"红利有限,中小煤企亏损面超70% 一月六降价 神华集团"抗击"山西救市
	8	21亿欧元收购意大利公司 国家电网国际化步伐加快
	9	超过45人被调查,多处业务受影响 旗下分公司两高管失联 中石油反腐波及中层干部
	10	十年七事故,资金捉襟见肘 兰州石化深陷搬迁之困
	11	中国石油系统现首例反垄断案 生物柴油云南陷困境
	12	称将建成国内最大煤制烯烃项目,计划三年完工六年仍未建成 开工六年疑似仍未立项 陕煤化蒲城项目将再投百亿
	13	三月四事故,"管道老化"成借口 长庆油田原油泄漏危及当地生态
	14	中核集团未来建设的3个核电站将全部采用处于摸索阶段的AP1000技术 呼吁核工业重归"大一统"中核集团被指"倒行逆"
	15	危及水源遭抵制神华鄂尔多斯煤矿项目被叫停
	16	民资参与尚需降低"门槛",中石油混改两步走 中石油混改扩围管道业务或成民资试水首单
	17	"2014年启动、2015年准备、2016年开工"或成内陆核电重启时间表 湘鄂赣力推核电内陆"首核"2016年或开闸
	18	大石化搬不动 南京"十年搬迁计划"暂搁浅

报道形式	序号	标题
深度报道	19	八折回购公司债 华锐风电经营惨淡存退市之患
	20	未来10年全球核电市场将达万亿规模 "超级推销员"推动三大核电企业"走出去"
	21	6000亿被拒门外 中石化混改：放开30%限制要看前期效果
	22	回购方案遭否 华锐风电年底面临债务兑付危机
	23	新能源、煤化工等大项目急需"输血" 神华叫卖50亿发电资产华能系或接盘？
	24	工信部提出河北每年关停1000万吨铁的产能，300万吨钢的产能 河北"削钢"加速 铁矿石压港煤炭库存
	25	国五标准成品油暂不涨价 治霾倒逼油品升级数百亿成本谁埋单？
	26	每年新增1000口井、500亿元投资，形成万亿产业链 各方跑马圈地四川筹建"国家页岩气试验区"
	27	核电"谨慎"重启 料难集中开工
	28	原料涨价"无米下炊"，补贴和贷款是主要诉求 生物质发电"退潮"政府补贴成"裸泳者"救命稻草
	29	遭遇大客户诉讼 华锐风电或难自救
	30	国内页岩气布局或作调整，多数公司只停在勘探阶段 壳牌看重中国市场否认缩减四川投资
	31	兖矿1380亿债务高悬 "大国企病"缠身 山东煤老大翻盘不易
	32	2020年中国风电装机容量将达2亿千瓦，最近3年海上风电项目多达44个 退出光伏市场 ABB抢滩中国风电市场
	33	生产商、经销商利润可观 煤制油变现加速项目布局升温
	34	推动电工设备出口大幅增长 国网开工11条特高压5000亿电源投资井喷
	35	到2020年，中国页岩气总投资将达8000亿元，设备业投资2000亿元 川渝鲁竞逐页岩气装备基地
	36	前三季度利润降六成 包钢稀土2014年预势难掩

报道形式	序号	标题
深度报道	37	2014 年连续三个季度亏损，总部管理层年薪降 50% 钢铁业进入"熬"时代　山钢集团 3 年裁减 1 万人
	38	《能源发展战略行动计划（2014－2020）》发布，非化石能源迎来发展机遇 "十三五"能源战略定调：控煤增气
	39	"电力天路"川藏联网工程正式投运
	40	华润湖南火电厂直排煤灰填平山沟再调查 华润郴州电厂："合法排污"
	41	紧盯中国能源革命 ABB 加速西北布局
	42	多个外资石油巨头频频收购中国公司 道达尔联手中远航运觊觎中国百亿润滑油市场
	43	民资参与"混改"门槛高 中石油"混改"上游业务两油田称未接通知
	44	每口井成本 1 亿元，相当于美国 3 倍以上 页岩气开发面临成本压力第三轮招标"无时间表"
	45	华润郴州电厂排污：杨冲灰坝建在国家地质公园内
	46	发改委论证"十三五"重启内陆核电
	47	2015 年全球超过 1500 亿美元油气勘探项目可能被搁置 减投资、裁员过冬壳牌购 BP 传言再起
	48	煤制油企业消费税上调幅度达 40% 油价暴跌税负窜升 煤制油项目坠入"寒冬"
	49	扩张产能至 1000 万吨伊泰千亿煤制油迷局待解
	50	原油期货如何提升现货实物交割率？ 上海国际能源交易中心功能待考
	51	每生产一吨煤制甲醇净亏损接近 100 元 兖矿百万吨煤制甲醇"赌局"难料
	52	甲醇期货再现大合约弊端
	53	多名高管被调查神华反腐"不会草草收场"
	54	华能试水超低排放机组　补贴缺位导致推广难
	55	水电、煤电、风电基地并网需求巨大，西电东送、北电南供需要特高压 180 亿浙北—福州工程投运国网特高压加快步伐
	56	140 亿投资暂停 大唐阜新煤制气项目成"烫手山芋"
	57	数亿股权转让款 7 年未付 威立雅遭兰州官方审计

续表

报道形式	序号	标题
深度报道	58	2014 年 15 次发债，共计 475 亿元 1500 亿债台高筑 陕煤集团高负债扩张致资金困局
	59	5 煤矿手续不全 彬长矿业未批先建遭质疑
	60	质检总局叫停"油改气"新兴重工等遭点杀
	61	此前曾遭环保部点名批评被暂停审批 争议华电平江火电厂重启
	62	彬县煤炭三煤矿涉嫌违规生产
	63	贡献 16% 利润经常停水 郴电国际自来水业务应急预案缺失遭质疑
	64	利润空间缩水 1200 元/吨 近 40 亿产能扩张 丹化科技煤制乙二醇"钱"途未卜
	65	数百村民围堵厂门 百亿投资卡壳环评 陕煤化 70 万吨煤制烯烃项目争议不断
	66	村民晚上戴口罩睡觉 大唐克旗煤制气排污扰民环保门成重组障碍
	67	未来 3 年，电改深圳试点减收约 24 亿元 告别暴利时代南方电网削权在即
	68	BP 中国换帅或加强成品油销售布局
	69	违规排放矿井废水，下游居民生活用水存隐患 杭来湾煤矿再次被叫停 陕西有色成环境违规"重灾区"
	70	省长郭树清喊话 2000 万吨进口配额 山东地炼企业未来 3 年或将淘汰一半
	71	新加坡、瑞士、沙特有意引进中国高温气冷堆核电技术 石岛湾核电站开建 三、四代核电展开出口竞赛
	72	圈定七行业 施耐德转型：从卖产品到卖方案
	73	"嘉兴模式"遭炮轰 光伏业"高补贴"样本调查
	74	每年将净亏超 3 亿 汇能煤制气生不逢时
	75	煤改"假整合"触雷 同煤受损 3.8 亿成"冤大头"
	76	致 2 人溺亡 陕南"小水电"安全隐患凸显
	77	产业政策疏通销售通道 生物柴油春天来了？
	78	中电投国核技重组启动 王炳华陆启洲共任组长 新公司名称或为中国核电投资公司

报道形式	序号	标题
深度报道	79	国网力推全球能源互联网 "一带一路"或是突破口
	80	现货平台疯狂推原油 上海国际能源交易中心不解释
	81	先锋煤制油：遭遇"环保门"
	82	跨界能源 周大福石油贸易为哪般
	83	挥别陶氏 神华或拉陕企入伙陕北千亿煤化工
	84	月亏 2000 万 榆能化甲醇项目沦为兖矿"鸡肋"
	85	资金承压 兖矿千万吨煤制油未来难料
	86	"调和油"事发"3·15" 调油商与山东地炼并非同类
	87	P2B 乌龙乍现 平煤神马减薪渡难关
	88	廖永远续写塌方式腐败 中石油混改谁来接班？ 洲际油气或借机收购多个海外油气资源
	89	噬水煤化工 能源金三角遭遇水危机
	90	苏新煤制气遭环保部阻击背后
	91	油价暴跌给力 百亿巨资在握 洲际油气或借机收购多个海外油气资源
	92	施耐德力推中国原创 敦煌样本竞夺中西部市场
	93	"抢装"大戏激情上演 行业大佬携手扩产 光伏业新一轮大跃进跃然纸上
	94	另类海润： 高送转暗藏套利悬疑
	95	郁闷晶科：高增长难掩用工荒
	96	兰州"4·11"自来水苯污染事件周年考 中石油亿元埋单 兰州水污染背后 威立雅不解释
	97	大唐发电业绩锐降 47%　煤化工板块重组成谜
	98	投资者投诉无门 深油所原油交易被指对赌
	99	十年波折 神华榆林千亿煤化工项目开工
	100	漠视环评处罚决定 浙能伊犁新天煤制气项目未批先建已完工 80%
	101	渭南化工企业吃百万"罚单" 陕西上百家化工企业遭遇环保重压

报道形式	序号	标题
深度报道	102	东明石化引入外资 卡塔尔布局中国
	103	昔日风电老大如今市场份额仅占全国的 3.14% 华锐风电管理层"大换血"难掩业绩败象
	104	内忧外患：江苏舜天关闭光伏业务调查
	105	PX 源头失控 国内 PTA 巨头远东石化被迫停产
	106	进军新能源受挫 中海油要过紧日子？ 专家称中海油在非常规油气领域败迹连连
	107	污染严重 屡教不改 陕西黄河矿业多个项目被指手续不全
	108	英利困局调查：为何四年巨亏 15 亿美元？ 多个信源称英利已经将部分车间外包
	109	斥资 700 亿美元收购 BG 之后 壳牌中石油：四川页岩气合作项目困顿
	110	左腾右挪 煤化工大省的水指标难题
	111	中电投达尔合资煤制烯烃项目"卡壳"环评
	112	神华被动减产 或触发煤炭行业新一轮洗牌
	113	化工巨头阿科玛的中国策 访阿科玛董事长兼首席执行官雷埃纳夫
	114	宁夏指标不足 中民投百亿光伏版图开门遇阻
	115	村民堵路讨补偿 榆林中能榆阳煤矿深陷矿群利益危机
	116	"越停产越超产" 煤炭业现并购趋势
	117	涉嫌违规征占土地 污染问题经年难解 甘肃刘家峡开发区遭遇多重诟病
	118	负债率超过 90% 英利资本困局难解
	119	海润光伏巨亏 杨怀进谋变救赎
	120	管理混乱 县级经理职位明码标价 300 万 南方电网腐败溯源
	121	押宝光伏电站 晶科下游大跃进面临多重风险
访谈	122	"能源央企长远发展要看'绿色'基因" 访中国五矿总裁周中枢
	123	出口一个核电站相当于出口 100 万辆桑塔纳轿车 核电走出去：挑战在自主产权三代项目落地
	124	延长石油转型升级："永远在路上" 访延长石油（集团）有限责任公司总经理贺久长

续表

报道形式	序号	标题
访谈	125	年均增长率超 25% 德国威能加速布局中国市场 访德国威能中国区总经理王伟东
	126	访内蒙古伊泰煤制油有限责任公司董事长齐亚平 "国际油价再暴跌都不怕"
	127	"把煤化工领域的害群之马踢出去" 访中国石化联合会副秘书长胡迁林
	128	煤化工真正要解决的是煤的清洁利用问题 对话煤化工业内专家韩保平
	129	"为什么现在是油气并购好时节" 访洲际油气董事长姜亮
	130	GE 预言：中国将步入分布式能源新时代　对话 GE 分布式能源业务亚洲区总裁 Paul Corkery、GE 可再生能源业务中国区总裁李枫
	131	在华增速赶超中国 GDP 郑大庆：中国将成为巴斯夫更重要的阵地
	132	曹湘洪：中国现有石油储备能力仍然很差
	133	沙尘暴来袭：王文彪曾预警"不能好了伤疤忘了痛"
	134	化工巨头阿科玛的中国策 访阿科玛董事兼首席执行官雷埃纳夫
	135	要想解决雾霾问题 就必须重构能源体系　对话新奥集团董事局主席王玉锁
	136	中国有条件成为全球第二大页岩气供应国　对话 BP 集团首席经济学家戴思攀
约稿	137	陈九霖：石油战略储备机不可失

第六章　《与老板对话》栏目报道受访者职位分析

刊发时间	篇目	受访者	职位
2011 年 01 月 10 日	突破 1000 亿元之后	郁亮	万科总裁
2011 年 01 月 17 日	泰山集团：实现全民健身梦想	卞志良	泰山集团董事长
2011 年 01 月 24 日	UPS 来迟了吗	斯科特·戴维斯	UPS 董事长兼首席执行官
2011 年 01 月 31 日	让每个员工走进客户	小池清文	爱普生（中国）有限公司董事长兼总经理

刊发时间	篇目	受访者	职位
2011 年 02 月 21 日	借资本渗透全产业链	于冬	博纳影业集团董事长兼 CEO
2011 年 02 月 28 日	日立"本土化决策"革新	山田健勇	日立民用电子株式会社常务董事
2011 年 03 月 07 日	柳传志：战略探索 兑现局部超越	柳传志	联想控股董事长兼总裁、联想集团董事局主席
2011 年 03 月 14 日	探索转型的"变"与"不变"	钱大群	IBM 大中华区董事长及首席执总裁
2011 年 03 月 21 日	企业家必须具备冒险精神	魏新	方正集团董事长
2011 年 03 月 28 日	"全倾全力"探索品牌年轻志	高嘉礼	阿迪达斯集团大中华区董事总经理
2011 年 04 月 04 日	华谊："大娱乐"帝国梦想	王中军	华谊兄弟传媒股份有限公司董事长
2011 年 04 月 11 日	更积极主动的营销市场	金荣夏	三星电子大中华区总裁
2011 年 04 月 18 日	季克良：茅台不做奢侈品	季克良	茅台酒厂集团党委书记、董事长
2011 年 05 月 02 日	推进数字化转型必须坚定不移	乔纳森·米勒	新闻集团首席数字官
2011 年 05 月 09 日	收购竞速的强者法则	李福成	燕京啤酒集团公司董事长兼总经理
2011 年 05 月 16 日	企业时刻要有"危机思维"	徐瑞馥	富士胶片（中国）投资有限公司副总裁
2011 年 05 月 23 日	供应链革新需要本土化提速	伊东孝绅	本田技研工业株式会社社长
2011 年 06 月 06 日	完善沟通可以弱化风险	颜志荣	安利大中华区总裁
2011 年 06 月 20 日	专业化就是背水一战	董明珠	格力电器股份有限公司副董事长、总裁
2011 年 06 月 27 日	全面进军中国快递业时机未到	许克威	DHL 快递亚太区首席执行官
2011 年 07 月 04 日	用价值观管理员工更有效	陈嘉良	联邦快递中国区总裁
2011 年 07 月 11 日	中国式管理蕴涵王道精神	施振荣	宏碁集团创始人、智融集团董事长
2011 年 07 月 18 日	中国已具备"创新发源地"基因	David Simmons	辉瑞公司新兴市场及成熟产品总裁兼总经理
2011 年 07 月 25 日	"央企市营"善用"七三法则"	宋志平	中建集团董事长
2011 年 08 月 01 日	中国式管理要"儒法并行"	茅忠群	方太集团总裁
2011 年 08 月 08 日	本土化管理从"数字"回归"组织"	李彦	惠而浦全球副总裁兼北亚区总裁

刊发时间	篇目	受访者	职位
2011 年 08 月 15 日	传统广告公司要补"新媒体课"	郑香霖	实力传播大中华区总裁
2011 年 08 月 22 日	企业家是思考者亦是实践者	吴长江	雷士照明控股有限公司董事长
2011 年 08 月 29 日	米其林：做回报率最高的轮胎	贺立业	米其林集团 CEO 兼米其林集团总管理合伙人
2011 年 09 月 05 日	国际化战略：需要打破"中国思维"	许志华	匹克集团 CEO
2011 年 09 月 12 日	为创新建立制度保证	欧阳德	汉高集团全球高级副总裁
2011 年 09 月 19 日	用业绩引导员工做正确的事	杰克·韦尔奇	原通用电气董事长兼 CEO
2011 年 09 月 26 日	低头拉车抬头看路	郭本恒	光明乳业总裁
2011 年 10 月 10 日	除了专注我们别无选择	蒋岚	沃尔沃（中国）投资有限公司副总裁、沃尔沃建筑设备（中国）有限公司董事长
2011 年 10 月 17 日	摆脱"价格战""品牌力"配套"技术力"	李亮耀	中国石化润滑油公司副总经理
2011 年 10 月 24 日	"有价阅读"乃新媒体传播大势所趋	刘江	时尚传媒集团总裁
2011 年 10 月 31 日	"百年老店"：传统蜕变与技术更新	梅群	北京同仁堂集团有限责任公司副董事长、总经理
2011 年 11 月 07 日	耐克"密码"	Charlie Denson	耐克品牌总裁
2011 年 11 月 14 日	"我不是乔布斯的门徒"	周鸿祎	360 公司董事长
2011 年 11 月 21 日	对新兴市场须稳步渗透	马库斯·阿克曼	瑞士豪瑞集团 CEO
2011 年 11 月 28 日	公司创新要有所选择和集中投入	菅野信行	夏普株式会社首席常务执行董事、大中华区 CEO
2011 年 12 月 05 日	光线传媒：要上市更要"有效控制"	王长田	光线传媒 CEO
2011 年 12 月 12 日	GE"自革命"创始人亦是终结者	Maryrose Sylvester	GE 照明全球总裁兼首席执行官
2011 年 12 月 19 日	雷诺"排雷"	陈国章	雷诺大中华区执行总裁
2011 年 12 月 26 日	从 B 到 C 东软拐大弯	刘积仁	东软集团董事长兼总裁
2012 年 01 月 02 日	走出柯达光环	刘杰	锐珂医疗大中华区总裁
2012 年 01 月 16 日	广药重组的变数与定数	李楚源	广药集团总经理
2012 年 02 月 13 日	行业资金断流 捂紧口袋过日子	顾备春	麦考林 CEO
2012 年 02 月 20 日	耐得住寂寞 等得到机会	黄鸣	皇明太阳能股份有限公司董事长

续表

刊发时间	篇目	受访者	职位
2012 年 02 月 27 日	风险里的中国机会	韦朴	达信大中国区董事长兼首席执行官
2012 年 03 月 05 日	减法制胜	俞永福	UC 优视公司董事长兼首席执行官
2012 年 03 月 12 日	86 岁家族企业的创业经	Jean-Yves Naouri	阳狮集团首席运营官
2012 年 03 月 19 日	"霸道"背后的"王道"	董明珠	格力电器副董事长兼总裁
2012 年 03 月 26 日	市场不好企业未必不好	向文波	三一重工副董事长兼总裁
2012 年 04 月 02 日	对万科的管与不管	王石	万科股份有限公司董事长
2012 年 04 月 16 日	到农村市场去	杨马腾	可口可乐瓶装投资集团中国、新加坡及马来西亚区域总裁
2012 年 04 月 30 日	"创新是为了更好地解决问题"	王兴	美团网创始人兼 CEO
2012 年 05 月 07 日	"不颠覆自己，就会被颠覆"	曹国伟	新浪首席执行官
2012 年 05 月 21 日	过程管理者的"变"与"不变"	杨绍曾	美国艾默生电气公司亚太区总裁
2012 年 05 月 28 日	"我不守业，我是再创业"	朱鼎健	观澜湖集团主席兼行政总裁
2012 年 06 月 04 日	用传教的精神做事	雷军	小米公司创始人、董事长兼 CEO
2012 年 06 月 18 日	让数据说话	陈年	凡客诚品（北京）科技有限公司 CEO
2012 年 07 月 02 日	立足西部 布局高端	马儒超	嘉士伯中国首席执行官
2012 年 07 月 09 日	汲取事故中的教训	Pedro Baranda	奥的斯电梯全球总裁
2012 年 07 月 16 日	得增量者得天下	关国光	快钱公司 CEO
2012 年 08 月 13 日	只快半步	苗鸿冰	北京白领时装有限公司董事长
201 2 年 08 月 20 日	雷达表：制胜的关键是敢于和别人不一样	万志飞	瑞士雷达表中国区副总裁
2012 年 08 月 27 日	进攻百度 防范 360	王小川	搜狗公司 CEO
2012 年 09 月 24 日	新华转型不走极端	康典	新华保险董事长
2012 年 10 月 15 日	格拉苏蒂：德国臻品手工制造	迪特·帕赫纳	格拉苏蒂全球销售副总裁
2012 年 10 月 29 日	靠"相对高端"抵御价格战	许祐嘉	华硕电脑全球副总裁
2012 年 11 月 05 日	"只要跟着趋势走就可以了"	孙陶然	拉卡拉支付有限公司董事长
2012 年 11 月 19 日	万宝龙 因梦想而创新	詹兆安	万宝龙亚太区主席及总裁

刊发时间	篇目	受访者	职位
2012 年 12 月 03 日	张力军：中国赴美"介绍上市"第一人	张力军	第一视频集团董事局主席
2012 年 12 月 17 日	用时间换技术	杨叙	英特尔公司全球副总裁
2012 年 12 月 24 日	资本与运营驱动转型	刘爽	凤凰新媒体 CEO
2012 年 12 月 31 日	越复制经验越容易失败	陈晓东	银泰百货集团 CEO
2013 年 01 月 14 日	创新是一种艺术	余俊雄	3M 大中华区总裁
2013 年 01 月 21 日	宝珀：雕刻出来的时光	廖昱	宝珀中国区副总裁
2013 年 03 月 11 日	"二次创业"在路上	横田孝二	富士胶片（中国）投资总裁
2013 年 03 月 18 日	一个千载难逢的机会到了	马化腾	腾讯 CEO
2013 年 03 月 25 日	从产业发展高度来思考企业的问题	董明珠	格力 CEO
2013 年 04 月 01 日	从 1% 到 17% 中国市场让我们充满自信	莫凯瑞	捷豹路虎全球执行董事
2013 年 04 月 15 日	中国正在变成世界的市场	德·狄维士	安利全球总裁
2013 年 04 月 29 日	中国创造局部创新赢得持久生命力	李东生	TCL 集团董事局主席
2013 年 05 月 13 日	朗格：收藏家最后的激情	Franck	朗格亚太区董事、总经理
2013 年 05 月 20 日	用最短时间 把无线业务做好	梁建章	携程旅行网董事会主席
2013 年 05 月 27 日	"扩张中国，以每小时百万英里速度前进"	赛理格	COACH 中国 CEO
2013 年 06 月 03 日	让速度降下来	周少雄	福建七匹狼实业股份有限公司董事长
2013 年 06 月 10 日	做互联网时代的电影公司	张昭	乐视影业 CEO
2013 年 06 月 17 日	并购成功的关键是无缝整合	李梓煌	美国航空大中华区董事、总经理
2013 年 06 月 24 日	5100：西藏好水走向世界	佟利	西藏冰川矿泉水有限公司副总经理
2013 年 07 月 01 日	退二进三	李如成	雅戈尔集团股份有限公司董事长
2013 年 07 月 15 日	卖出与收购中的抉择	Graig	杜邦营养与健康总裁
2013 年 08 月 05 日	曹德旺：接班要靠团队的力量	曹德旺	福耀集团董事长
2013 年 08 月 12 日	帮企业"诊病"开人才"良方"	Robert Morgan	CEB 总经理兼 SHL 总裁
2013 年 08 月 19 日	用"工业精神"制造中国品牌	董明珠	格力 CEO

续表

刊发时间	篇目	受访者	职位
2013 年 09 月 02 日	新能源要找到新盈利模式	南存辉	正泰集团董事长
2013 年 09 月 23 日	"健检行业利润增长首先靠高效率"	张黎刚	爱康国宾健康体检管理集团董事长 CEO
2013 年 09 月 30 日	优衣库的"迅销"哲学	潘宁	迅销集团全球高级执行副总裁
2013 年 10 月 21 日	电商格局已定，门槛变高	郝鸿峰	酒仙电子商务有限公司董事长
2013 年 11 月 04 日	迅雷：向用户收费的模式最可靠	邹胜龙	迅雷公司 CEO
2013 年 11 月 18 日	接受误解比追求真理更困难	陈菊明	空中客车中国公司商务机对外事务高级副总裁
2013 年 11 月 25 日	时尚运动"步"向何方	丁水波	特步（中国）有限公司总裁
2013 年 12 月 02 日	制片人须引领创作人尊重市场	王中磊	华谊兄弟传媒集团执行总裁
2013 年 12 月 09 日	垂直电商靠差异化与平台抗衡	纪文泓	走秀网 CEO
2013 年 12 月 16 日	沈东军的 CEO 营销术	沈东军	通灵珠宝总裁

第七章 一 《角落里的中国》栏目文本分析编码表

1. 报道年份：［单选］

（1）2012 年 　　　　（2）2013 年 　　　　（3）2014 年

2. 报道月份：［单选］

（1）1 月 　　　　（2）2 月 　　　　（3）3 月

（4）4 月 　　　　（5）5 月 　　　　（6）6 月

（7）7 月 　　　　（8）8 月 　　　　（9）9 月

（10）10 月 　　　　（11）11 月 　　　　（12）12 月

3. 报道时间段：［单选］

（1）第 1 周 　　　　（2）第 2 周 　　　　（3）第 3 周

（4）第 4 周　　　　（5）第 5 周

4. 报道时间：［单选］

（1）周一　　　　　（2）周二　　　　　（3）周三

（4）周四　　　　　（5）周五

5. 传播渠道：［多选］

（1）纸质媒体　　　（2）官方微博、微信等（3）21 世纪网

（4）专题网站　　　（5）报纸 APP　　　（6）其他

6. 版面是否第 7 版：［单选］

（1）是　　　　　　（2）否

7. 是否有图片：［单选］

（1）是　　　　　　（2）否

8. 关注领域：［单选］

（1）第一产业　　　（2）第二产业　　　（3）第三产业

（4）综合　　　　　（5）其他

9. 具体关注领域为：［填空］

10. 是否有小人物：［单选］

（1）是（跳转至第 11 题）

（2）否（跳至第 12 题）

11. 小人物报道方式：［单选］

（1）以 1 个人为主

（2）以多个人为主

12. 标题类型：［单选］

（1）主谓短语

（2）动宾短语

（3）偏正短语

（4）并列短语

（5）以"城市名：短语"的格式

（6）完整的句子

13. 是否采用华尔街日报体：［单选］

（1） 是 　　　　　　（2） 否

14. 报道关注的问题：［多选］

（1） 转型问题

（2） 资源利用不当、资源枯竭及其他隐患

（3） 行业衰落导致的发展问题

（4） 资金困局导致的发展问题

（5） 城镇化、贫富差距等社会问题

（6） 受宏观经济形势影响导致的发展问题

（7） 生态环境问题

（8） 文化资源传承和保护问题

（9） 基础设施建设不足的问题

（10） 教育问题

（11） 其他

15. 是否关注资源问题 ［单选］

（1） 是 （跳至第 16 题）

（2） 否 （跳至第 17 题）

16. 关注哪些资源问题：［多选］

（1） 国土资源

（2） 水资源

（3） 矿产资源

（4） 海洋资源

（5） 环境资源

（6） 生物资源

（7） 农业资源

（8） 森林资源

（9） 旅游资源

（10） 文化资源

（11） 教育资源

（12） 可再生资源

17. 报道视角：［单选］

（1）从宏观的政治视角进行分析，用政治的眼光分析经济现象

（2）运用相关的经济学专业知识，对经济现象进行客观、深入的描述和剖析

（3）用社会学视角进行分析，将其与社会、文化联系起来，从社会的、文化的甚至哲学的角度来把握和剖析经济活动和经济现象

（4）以平民视角进行报道，从小处着眼，关注老百姓关心的问题

18. 报道方式：［单选］

（1）直接揭示经济问题

（2）小人物的命运牵扯出地方经济发展问题

（3）由当地风土人情、历史发展揭示经济问题

（4）人物专访

19. 图文是否相关：［单选］

（1）是　　　　　　　　（2）否

20. 报道体裁：［单选］

（1）通信　　　　　（2）人物专访　　　　　（3）特写

（4）随笔

21. 报道字数：［单选］

（1）1000 字以内

（2）1001—2000 字

（3）2001—3000 字

（4）3001 字及以上

22. 消息来源：［单选］

（1）政府

（2）学者、社会团体、人大代表、意见领袖

（3）相关业者

（4）普通群众/一般公众

（5）记者/媒体

（6）不可信消息来源

（7）其他

23. 报道中是否引用数据：［单选］

（1）有（转至第 24 题）

（2）无（转至第 25 题）

24. 数据类型：［单选］

（1）概数　　　　　（2）精确数据　　　　（3）两者皆有

25. 报道立场：［单选］

（1）正面报道

（2）负面报道

（3）正负皆有的报道

（4）没有明确的倾向

26. 是否有问题意识：［单选］

（1）是　　　　　　（2）否

27. 报道对象城市级别：［单选］

（1）一线城市（北京、上海、广州、深圳）

（2）二线城市

（3）三、四线城市

（4）农村

28. 报道主要内容：［多选］

（1）地理环境

（2）文化

（3）历史

（4）政治

（5）自然资源

（6）综合

（7）其他

第七章　二　《角落里的中国》栏目调查问卷

您好！我是中南财经政法大学新闻与文化传播学院的研究生。由于研究生毕业论文需要，正在做《21世纪经济报道》《角落里的中国》的学术调查，非常需要您的参与，回答本问卷只需占用您几分钟的时间。问卷采用不记名形式，可以保证您的个人信息不被泄露，谢谢您配合我的调查。

1. 您阅读财经类报纸的频率多高？（单选）（　　　）

（1）每天必看　　　　（2）一周2—4次　　　（3）隔几周看一次

（4）从来不看

2. 您阅读一份财经类报纸注重的是？（可多选）（　　　）

（1）价格　　　　　　　　　　　（2）内容质量

（3）获取与自己相关的最新信息　　（4）报纸的权威公信度

（5）报纸的版面设计　　　　　　　（6）已形成固定的订阅习惯

（7）其他

3. 您平时看《21世纪经济报道》吗？（单选）（　　　）

（1）是　　　　　　（2）否

4. 您对《21世纪经济报道》《角落里的中国》栏目的了解情况？（单选）（　　　）

（1）非常了解　　　（2）比较了解　　　（3）一般了解

（4）不了解

5. 您看过《角落里的中国》吗？（单选）（　　　）

（1）是　　　　　　（2）否

6. 您是如何知道这个栏目的？（单选）（　　　）

（1）自己浏览报纸发现

（2）周围人的推荐

（3）通过微博、微信等

（4）自己浏览网站发现

（5）单位传达

（6）报纸APP

（7）其他

7. 您平时阅读该栏目的渠道是？（可多选）（　　　）

（1）报纸纸质版　　　（2）报纸电子版　　　（3）21世纪网

（4）微博、微信等　　（5）天涯、豆瓣等网络社区

（6）报纸 APP　　　　（7）其他

8. 您平时阅读该栏目使用最多的途径是？（单选）（　　　）

（1）报纸纸质版　　（2）报纸电子版　　（3）21 世纪网

（4）微博、微信等　　（5）天涯、豆瓣等网络社区

（6）报纸 APP　　　　（7）其他

9. 您一般阅读该栏目的时间是？（可多选）（　　　）

（1）早晨（8：00 以前）

（2）早上（8：01—11：00）

（3）中午（11：01—13：00）

（4）下午（13：01—17：00）

（5）傍晚（17：01—19：00）

（6）晚间（19：01—22：00）

（7）深夜（22：01 以后）

10. 您每天阅读该栏目的时间是？（单选）（　　　）

（1）1 分钟及以内

（2）1—5 分钟

（3）5—10 分钟

（4）10—30 分钟

（5）30 分钟及以上

（6）不确定

11. 您平时阅读《21 世纪经济报道》的习惯是？（单选）（　　　）

（1）先看标题，感兴趣的才往下看

（2）挑自己喜欢的栏目看

（3）从头到尾仔细看

（4）阅读习惯不固定

12. 您阅读《角落里的中国》栏目的习惯是？（单选）（　　　）

（1）先看标题，感兴趣才往下看

（2）大致把内容看一下

（3）认真看完所有内容

（4）仅仅浏览图片

（5）阅读习惯不固定

13. 您在阅读《角落里的中国》栏目时，主要关注点是？（单选）（　　　）

（1）标题是否吸引人

（2）图片是否好看

（3）内容是否吸引人

（4）报道的地区是否熟悉

（5）发表报道的记者是否熟悉

14. 您是否会专门挑《角落里的中国》这个栏目看？（单选）（　　　）

（1）会　　　　　　（2）不会　　　　　　（3）不确定

15. 您对《角落里的中国》栏目的第一印象是？（单选）（　　　）

（1）好看　　　　　（2）有用　　　　　　（3）新奇

（4）无趣　　　　　（5）没感觉　　　　　（6）其他

16. 您对《角落里的中国》栏目和板块设置的印象是？（单选）（　　　）

（1）专业严肃　　　（2）活泼时尚　　　　（3）中规中矩

（4）呆板、单调

17. 您对《角落里的中国》栏目中图片使用的看法是？（单选）（　　　）

（1）很完美，与文章内容相得益彰

（2）还不错，能够与文字相配合

（3）能起到一般性的版面装饰作用

（4）不美观，图文经常不协调

18. 您对《角落里的中国》栏目报道文风的看法是？（单选）（　　　）

（1）真实、实在　　（2）简洁明了　　　　（3）生动活泼

（4）尖锐、泼辣　　（5）内容空洞　　　　（6）夸张、虚构或造假

19. 您对《角落里的中国》栏目语言运用的看法是？（单选）（　　　）

（1）通俗易懂　　　（2）朴实无华　　　　（3）晦涩难懂

（4）华而不实

20. 您认为《角落里的中国》栏目在报道文风和语言运用方面？（单选）（　　　）

（1）保持现状即可

（2）应更通俗化、大众化

（3）应加强深度

（4）应该更专业一点

（5）其他

21. 您认为《角落里的中国》栏目的稿件质量（单选）（　　）

（1）非常好　　　　（2）比较好　　　　（3）一般

（4）很差　　　　　（5）非常差

22. 您对《角落里的中国》栏目哪方面选题更感兴趣？（最多选2个）
（　　）

（1）工业　　　　　（2）农业　　　　　（3）第三产业

（4）资源　　　　　（5）交通　　　　　（6）文化

（7）经贸　　　　　（8）生态环境　　　（9）其他

23. 您认为目前《角落里的中国》栏目篇幅？（单选）（　　）

（1）过长　　　　　（2）适中　　　　　（3）过短

24. 您认为《角落里的中国》主要在哪些方面存在问题？（可多选）
（　　）

（1）栏目和板块设置　（2）图片使用　　　（3）报道文风

（4）语言运用　　　（5）报道选题　　　（6）稿件质量

对此，您的改进建议是 _____

_____

25. 您阅读《角落里的中国》的目的是？（可多选）（　　）

（1）了解财经知识

（2）体察中国未来走向，以推进自我决策

（3）了解二、三、四线城市发展现状

（4）扩充知识面，了解其他地方发展史

（5）获得阅读乐趣和消遣放松

（6）扩大知识面，有利于社交

26. 您认为《角落里的中国》主要满足了您的（　　）要求？（单选）

（1）了解财经知识

（2）体察中国未来走向，以推进自我决策

（3）了解二、三、四线城市发展现状

（4）扩充知识面，了解其他地方发展史

（5）获得阅读乐趣和消遣放松

（6）扩大知识面，有利于社交

27. 您认为《角落里的中国》满足您要求的程度？（单选）（　　　）

（1）非常高　　　　（2）比较高　　　　（3）一般

（4）不高　　　　　（5）完全没有

28. 您是否把栏目报道的内容告诉过其他人？（单选）（　　　）

（1）是　　　　　　（2）否　　　　　　（3）不确定

29. 您曾经是否把这个栏目推荐给其他人？（单选）（　　　）

（1）是　　　　　　（2）否　　　　　　（3）不确定

30. 如果有一个财经栏目关注中国基层的真实生活，您希望它主要报道的内容是？（单选）（　　　）

（1）三、四线城市的经济现状

（2）底层小人物的生活状态、喜怒哀乐

（3）三、四线城市的风土人情、风俗习惯等新奇好玩的内容

（4）主要发现经济问题，并提出对策

（5）三、四线城市的历史

（6）专访地方政府或专家学者，剖析当地经济发展问题

31. 如果有一个财经栏目关注中国基层的真实生活，您希望它如何报道？（单选）（　　　）

（1）从宏观的政治视角进行分析，用政治的眼光分析经济现象

（2）运用相关的经济学专业知识，对经济现象进行客观、深入的描述和剖析

（3）用社会学视角进行分析，将经济发展与社会和文化相联系，从社会、哲学、文化等角度把握和分析经济活动与经济现象

（4）以平民视角进行报道，从小处着眼，关注老百姓关心的问题

32. 假如有这样一个栏目，您希望它的栏目和板块设置（单选）（　　　）

（1）专业严肃　　　（2）活泼时尚　　　（3）中规中矩

（4）没有要求

33. 假如有这样一个栏目，您希望它在图片使用方面（单选）（　　）

（1）与文章内容相得益彰

（2）能够与文字基本配合

（3）能起到一般性的版面装饰作用

（4）不使用图片

（5）无所谓

34. 假如有这样一个栏目，您希望它的报道文风（单选）（　　）

（1）真实、实在　　　（2）简洁明了　　　（3）生动活泼

（4）尖锐、泼辣　　　（5）无所谓

35. 假如有这样一个栏目，您希望它在语言运用方面（单选）（　　）

（1）通俗易懂　　　（2）朴实无华　　　（3）华丽大气

（4）专业，不介意有很多专业术语　　　（5）无所谓

36. 假如有这样一个栏目，您希望它关注哪些领域的内容？（最多选 2 个）（　　）

（1）工业　　　　　（2）农业　　　　　（3）第三产业

（4）资源　　　　　（5）交通　　　　　（6）文化

（7）经贸　　　　　（8）生态环境　　　（9）其他

37. 假如有这样一个栏目，您希望它的篇幅（单选）（　　）

（1）长一点　　　（2）适中就行　　　（3）短一点

（4）无所谓

38. 假如有这样一个栏目，您希望它能满足什么要求？（单选）（　　）

（1）了解财经知识

（2）体察中国未来走向，以推进自我决策

（3）了解二、三、四线城市发展现状

（4）扩充知识面，了解其他地方发展史

（5）获得阅读乐趣和消遣放松

（6）扩大知识面，有利于社交

39. 假如有这样一个栏目，您认为采用哪种渠道传播效果最好？（单选）（　　）

（1）报纸纸质版

（2）报纸电子版

（3）21 世纪网

（4）微博、微信等

（5）天涯、豆瓣等网络社区

（6）报纸 APP

（7）其他

40. 如果有这样一个栏目，您是否会感兴趣？（单选）（　　　）

（1）是　　　　　　　　（2）否　　　　　　　　（3）不确定

41. 如果有这样一个栏目，您是否会推荐给其他人？（单选）（　　　）

（1）是　　　　　　　　（2）否　　　　　　　　（3）不确定

（个人基本信息）

42. 您的性别

（1）男

（2）女

43. 您的年龄（单选）（　　　）

（1）18 周岁以下

（2）18—24 周岁

（3）25—30 周岁

（4）31—40 周岁

（5）41—50 周岁

（6）51—60 周岁

（7）61 周岁及以上

44. 月收入（单选）（　　　）

（1）1000 元及以下

（2）1001—3000 元

（3）3001—5000 元

（4）5001—8000 元

（5）8001 元及以上

45. 学历（单选）（　　　）

（1）初中及以下

（2）高中、中专、技校

（3）大专

（4）本科

（5）研究生及以上

46. 目前所在地区（单选）（　　　）

（1）北京、上海、广州、深圳等城市

（2）省会城市

（3）地级市城市

（4）县级市城市

（5）农村

47. 您目前的职业是（单选）（　　　）

（1）企业中高层管理人员

（2）企业普通员工

（3）事业单位中高层领导

（4）事业单位普通员工

（5）党政机关公务员

（6）教师、医生、律师等专业技术人员

（7）私营企业主

（8）个体工商户

（9）企业工人＼商业服务业人员

（10）警察及军人

（11）农民

（12）学生

（13）其他

第八章　《环球财经连线》受众调查问卷

尊敬的先生/女士：

您好！我是一名学生。我们正在进行一项关于《环球财经连线》栏目传播影响力调查。您是我们按照科学的抽样方法抽中的人员，希望您能配合我们真实回答问题。本次调查不用填写姓名和单位，答案无所谓对与错，信息只用作统计，保密问题请您放心！

一、以下内容是被调查受众基本情况，请在符合的选项中打"√"。

1. 年龄：a. 30 岁及以下（　　） 　　b. 31—40 岁（　　） 　　c. 41—50 岁（　　） 　　d. 51—60 岁（　　） 　　e. 61 岁及以上（　　）

2. 文化程度：a. 初中及以下（　　） 　　b. 高中、中专（　　） 　　c. 大专（　　）d. 本科（　　） 　　e. 研究生及以上（　　）

3. 月收入状况：a. 3000 元及以下（　　） 　　b. 3001—4999 元（　　）c. 5000—7999 元（　　） 　　d. 8000 元及以上（　　）

4. 职业：a. 机关干部及公务员（　　） 　　b. 企业管理人士（　　） 　　c. 公司职员（　　） 　　d. 教育及科研人员（　　） 　　e. 文体卫生工作者（　　）f. 工人（　　） 　　g. 农民（　　） 　　h. 学生（　　）

5. 工作所属行业：a. 金融行业（　　） 　　b. 非金融行业（　　）

二、以下内容是主观意向调查，请仔细阅读，并将您认为最合适的答案在选项中打"√"。

6. 您对环球财经时事是否关注：

a. 非常关注（　　） 　　b. 比较关注（　　） 　　c. 不关注（　　）

7. 是否知道并收看《环球财经连线》栏目：

a. 完全不知道、没看过（　　） 　　b. 听说过，但没看过（　　） 　　c. 知道，偶尔观看（　　） 　　d. 非常了解，经常观看（　　）

8. 观看《环球财经连线》的基本途径：

a. 电视（　　） 　　b. 网络（　　）

9. 看《环球财经连线》的频率：

a. 每天都看（　　） 　　b. 隔一两天看（　　） 　　c. 偶尔看（　　） 　　d. 隔较长时间看（　　）

10. 观看《环球财经连线》栏目的时间倾向：

a. 午间档 11：50—12：30（　　） 　　b. 晚间档 22：30—23：10（　　）c. 周日特别策划《领导人》22：00（　　）

11. 若收看过《环球财经连线》栏目，是否会继续观看：

a. 会继续观看（　　）　　b. 偶尔观看（　　）　　c. 不会再看（　　）

12. 请您选出您知道的央视电视财经栏目：（本题可多选）

a.《环球财经连线》（　　）　　b.《交易时间》（　　）　　c.《经济与法》（　　）　　d.《中国财经报道》（　　）　　e.《经济信息联播》（　　）
f.《经济半小时》（　　）　　g.《生财有道》（　　）　　h.《市场分析室》（　　）

13. 请选出您知道的栏目主持人：（本题可多选）

a. 芮成钢（　　）　　b. 章艳（　　）c. 秦方（　　）　　d. 史小诺（　　）
e. 姚雪松（　　）　　f. 马洪涛（　　）　　g. 谢颖颖（　　）

14. 您是否喜欢芮成钢主持的栏目《领导者》：

a. 非常喜欢（　　）　　b. 比较喜欢（　　）　　c. 不怎么喜欢（　　）　　d. 很不喜欢（　　）

15. 是否登录过《环球财经连线》栏目官方网站或者微博：

a. 经常登录（　　）　　b. 偶尔登录（　　）　　c. 从不登录（　　）

16. 如果您有微博，是否会关注《环球财经连线》栏目：

a 会关注（　　）　　b. 不会关注（　　）

17. 是否希望栏目有受众与主持人、嘉宾等互动：

a. 希望有互动（　　）　　b. 不希望有互动（　　）　　c. 无所谓（　　）

18. 您觉得栏目与路透社等外籍财经媒体的合作是否对您有启示：

a. 很有启示，希望继续合作（　　）　　b. 比较有启示，可以继续合作（　　）
c. 没有启示，不必要（　　）

19. 您认为《环球财经连线》栏目信息量如何：

a. 很大（　　）　　b. 较大（　　）　　c. 一般（　　）　　d. 较小（　　）
e. 很小（　　）

20. 您对《环球财经连线》栏目内容评价：

a. 很好（　　）　　b. 较好（　　）　　c. 一般（　　）　　d. 较差（　　）
e. 很差（　　）

21.《环球财经连线》栏目提供的环球新闻对您是否有帮助或启示：

a. 非常有帮助（　　）　　b. 比较有帮助（　　）　　c. 无明显帮助（　　）
d. 完全没帮助（　　）

22. 您觉得《环球财经连线》栏目的内容的社会意义：

a. 提供正面、积极的信息（ ） b. 提供负面、消极的信息（ ）
c. 无明显的启示作用（ ）

23. 您觉得《环球财经连线》栏目在您心中公信力如何：

a. 报道非常公平公正公开（ ） b. 报道比较公平公正公开（ ）
c. 一般（ ） d. 报道未能站在公平角度（ ） e. 报道完全不符合事实（ ）

24. 《环球财经连线》栏目品牌影响力综合评价：

a. 很强（ ） b. 较强（ ） c. 一般（ ） d. 较低（ ） e. 很低（ ）

25. 是否推荐给别人：

a. 经常（ ） b. 偶尔（ ） c. 从不（ ）

感谢您抽出宝贵的时间参加此次调查问卷！

第九章 《经济半小时》研究样本统计

月份	日期	标题	选题领域	选题类型
七月	1	民营资本路在何方：牵手国企	工商业	产经
	2	创业板：谁将退市？	财政金融	财经
	3	创业板：高价股是如何炼成的？	财政金融	财经
	4	创业板：业绩变脸为哪般？	财政金融	财经
	5	创业板："减持"减掉了什么？	财政金融	财经
	6	小产权房里的故事	社会保障	社经
	7	变冷的煤炭	工商业	产经
	8	"营改增"：我的税赋能降下来吗？	政法领域	政经
	9	广州限购	政法领域	政经
	10	北京拍卖新地王	工商业	产经
	11	出口调查：创新总动员	财政金融	财经

续表

月份	日期	标题	选题领域	选题类型
七月	12	出口调查：反倾销陷阱	财政金融	财经
	13	中国经济半年报：从小商品看出口	工商业	产经
	14	钢贸业的"饥荒"	工商业	产经
	15	暴雨来袭	生态环保	社经
	16	年中经济观察：订单的表情	工商业	产经
	17	年中经济观察：棉花围城	工商业	产经
	18	暴雨袭来	生态环保	社经
	19	年中经济观察：水产攻坚战	农林牧副渔业	产经
	20	年中经济观察：压力下的希望	社会保障	社经
	21	年中经济观察：纺织业的突破（二）	农林牧副渔业	产经
	22	暴雨突袭北京城	生态环保	社经
	23	追问北京暴雨	生态环保	社经
	24	爸爸 求你快回家	生态环保	社经
	25	寻找贾晓涵	生态环保	社经
	26	北京暴雨：京港澳高速惊魂记	生态环保	社经
	27	冥币厂里的假币窝点	政法领域	政经
	28	传销披上网络"画皮"	政法领域	政经
	29	新加坡的"水龙头"	公共事业	社经
	30	地下钱庄覆灭记	政法领域	政经
	31	希望西藏越来越美好	社会保障	社经
	32	请农民工兄弟吃顿饭	社会领域	社经
八月	1	钢铁贸易困局	工商业	产经
	2	中药突围	工商业	产经
	3	直击双台风	生态环保	社经
	4	黄金期货大劫案	财政金融	财经
	5	原始股票诈骗记	财政金融	财经
	6	独家专访：闽灿坤 B 股退市之忧	财政金融	财经
	7	家电是怎样补贴的？	社会保障	社经
	8	LED 产业的乱战	工商业	产经

续表

月份	日期	标题	选题领域	选题类型
八月	9	月度经济数据观察：停工背后	工商业	产经
	10	解码韩国经济：全球最快网速是如何炼成的？	科教体文卫	产经
	11	解码韩国经济：掘金旅游业	服务业	产经
	12	解码韩国经济：韩流为何风靡亚洲？	科教体文卫	产经
	13	督查房地产	工商业	产经
	14	永不合格的代加工	工商业	产经
	15	煤炭滞销	工商业	产经
	16	煤炭压港	工商业	产经
	17	股市迷途	财政金融	财经
	18	解码韩国经济：汽车启示录	工商业	产经
	19	解码韩国经济：电子产业的迷思	工商业	产经
	20	明天我们如何养老（一）：空寂的家	社会保障	社经
	21	明天我们如何养老（二）：九旬"保姆"	社会保障	社经
	22	明天我们如何养老（三）：民营养老院的故事	公共事业	社经
	23	明天我们如何养老（四）：遭遇拆迁	公共事业	社经
	24	明天我们如何养老（五）：一床难求	公共事业	社经
	25	明天我们如何养老（六）：失独之痛	社会保障	社经
	26	明天我们如何养老（七）：谁的尴尬	社会保障	社经
	27	明天我们如何养老（八）：留守老人	社会保障	社经
	28	明天我们如何养老（九）：两成民办	公共事业	社经
	29	明天我们如何养老（十）：何时退休	政法领域	社经
	30	明天我们如何养老（十一）：商业养老保险有保障吗？	社会保障	社经
	31	明天我们如何养老（十二）：社区养老可行吗？	公共事业	社经
九月	1	诱人的炒股培训	政法领域	政经
	2	明天我们如何养老（十三）："421"家庭的一天	社会保障	社经
	3	温州民间借贷调查	财政金融	财经
	4	为民间投资"开闸"	财政金融	财经
	5	2012CCTV 中国经济年度人物 评选启动：实业的使命	社会领域	社经
	6	小秸秆撬动千亿市场	农林牧副渔业	产经
	7	圣诞"成绩单"	工商业	产经
	8	海外投资新观察	财政金融	财经

月份	日期	标题	选题领域	选题类型
九月	9	月度经济数据观察：CPI深度调查	社会保障	社经
	10	明天我们如何养老（十四）：五星级养老	社会保障	社经
	11	明天我们如何养老（十五）：突围老年城	社会保障	社经
	12	寻找"火箭蛋"的价格推手	农林牧副渔业	产经
	13	追访特劳特定位之谜	工商业	产经
	14	老农保的新希望	社会保障	社经
	15	中国光伏遭遇反倾销	政法领域	政经
	16	明天我们如何养老（十六）：养老院拆迁再追踪	社会保障	社经
	17	通航产业待起航	交通通信	产经
	18	家居建材业进入冬天？	工商业	产经
	19	金九银十看楼市	工商业	产经
	20	三星的中国未来	工商业	产经
	21	出口企业调查：寒潮与春意	财政金融	财经
	22	全球经济新观察	财政金融	财经
	23	免费的高速好走吗？	交通通信	社经
	24	如何圆我就业梦	社会保障	社经
	25	春暖2012梦想夏令营·心舞	社会领域	社经
	26	春暖2012梦想夏令营·航天	社会领域	社经
	27	载满梦想的校车	社会领域	社经

《经济半小时》节目受众调查问卷

一、以下内容是被调查受众基本情况，请在符合的选项序号上打"√"。

1. 年龄：

a. 30岁及以下　　　　b. 31—40岁　　　　c. 41—60岁

d. 60岁以上

2. 性别：

a. 男　　　　　　b. 女

3. 文化程度：

a. 初中及以下　　　　　　　　　　　b. 高中或中专

c. 本科或大专　　　　　　　　　　　d. 研究生及以上

4. 月收入状况：

a. 3000 元及以下　　　　　　　　　　b. 3001—4999 元

c. 5000—7999 元　　　　　　　　　　d. 8000 元及以上

e. 尚无收入

5. 专业或职业是否与经济、金融相关：

a. 相关　　　　　　b. 不相关

二、以下内容是主观意向调查，请仔细阅读并将您认为最合适的答案填在选项中。

6. 您对经济、金融是否了解（　　　）

a. 非常了解　　　　b. 不太了解

7. 您对经济信息是否感兴趣（　　　）

a. 很感兴趣　　　　b. 不太感兴趣

8. 您平常收看经济新闻节目的频率（　　　）

a. 每天都看　　　b. 隔两三天看一次　　c. 偶尔看

d. 几乎不看

9. 您平时会选择收看哪个频道的经济新闻节目（　　　）

a. 中央电视台　　　b. 省级卫视　　　c. 本地电视台

d. 凤凰卫视等港澳电视台

10. 您会选择收看央视的哪一档经济新闻节目（　　　）

a. 经济半小时　　　b. 经济与法　　　c. 经济信息联播

d. 环球财经连线

11. 您会有兴趣收看哪一类型的经济新闻（可多选）（　　　）

a. 政治经济新闻　　　b. 产业经济新闻　　　c. 金融证券新闻

d. 自然经济新闻　　　e. 人物经济新闻　　　f. 经济社会新闻

g. 边缘经济新闻　　　f. 其他

12. 您在生活中有没有收看 CCTV2（中央电视台经济频道）的途径（电视或网络皆可）（　　　）

a. 有　　　　　　b. 没有

13. 在收看或想到 CCTV2（中央电视台经济频道）时是否会联想到《经济半小时》这一品牌栏目（   ）

a. 会   b. 不会

14. 曾经是否收看过《经济半小时》节目（   ）

a. 看过   b. 没有收看过

15. 是否经常收看《经济半小时》节目（   ）

a. 几乎每期都看   b. 经常看，大约看了一半

c. 偶尔看   d. 几乎不看

16. 收看《经济半小时》的动机（多选）（   ）

a. 自己有意愿主动收看

b. 无明确目的，遇上了就看

c. 被动收看，陪别人看

17. 平时收看《经济半小时》时的状态是怎样的（   ）

a. 专注地收看节目   b. 边做事边看   c. 以听为主

18. 为什么愿意收看《经济半小时》（多选）（   ），其中最吸引您的优点是（   ）

a. 播出时间与个人收视时间相符   b. 可信度高

c. 贴近生活   d. 故事性、娱乐性强   e. 经济信息丰富

f. 发布信息迅速   g. 经济专题报道全面   h. 视角独特，内容新颖

i. 前瞻性强   j. 调查有深度   k. 全球视野

l. 其他

19. 在下列《经济半小时》节目中，您更有兴趣观看哪些（多选）（   ）

a. 股市迷途   b. 钢贸业如何涅槃重生？

c. 明天我们如何养老 d. 全球经济新观察   e. 直击双台风

f. 中药突围   g. 请农民工兄弟吃顿饭

20. 《经济半小时》节目信息对您态度和行为的影响（   ）

a. 未曾有过任何影响

b. 改变您对某一事物或事件的态度和看法

c. 改变过您的行为

d. 既改变过态度，也改变过行为

21. 是否曾向别人推荐过《经济半小时》节目（　　）

　　a. 是的，曾经推荐过　　　　　　　b. 没有推荐过

22. 收看过的《经济半小时》节目内容是否曾在生活中或网络上参与讨论（　　）

　　a. 是的，曾经讨论过　　　　　　　b. 没有讨论过

23. 《经济半小时》节目曾对您生活的哪些方面造成过影响（多选）（　　）

　　a. 无影响　　　　　　b. 态度　　　　　　c. 购物

　　d. 理财　　　　　　　e. 投资　　　　　　f. 其他

24. 您觉得《经济半小时》节目还存在哪些问题（多选）（　　）

　　a. 信息量小　　　　　b. 表现形式呆板　　　c. 有时报喜不报忧

　　d. 服务性差，不能对生活起到指导作用　　　e. 内容枯燥

　　f. 时效性差　　　　　g. 其他

感谢您参与此问卷调查！

第十章　一　腾讯财经微信公众平台研究样本

单位：次

日期	标题	阅读数	来源
2015 年 8 月 31 日 15：43	沪指 8 月跌逾 12% 9 月起如何布局	27271	腾讯财经
	【自媒体热评】揭秘巴菲特的投资精髓 关于房子的 4 个超级谎言	9681	自媒体
	4 个一线城市 天平已经倾斜	17100	自媒体
	发改委：不同意"东北振兴战略失败"说法	4777	一财网
	9 月起这些新规将影响你的生活	19895	人民网
2015 年 8 月 31 日 08：28	副财长朱光耀力挺救市　828 国务院专题会释放啥信号	24159	腾讯财经
	中信证券 4 名高管涉内幕交易被查 已交代犯罪事实	11171	新华社
	22 股二季度遭王亚伟"抛弃"大动荡中仍坚守 5 股	11512	一财网
	一周投资指南：央企地产商加速并购重组	5729	腾讯财经

日期	标题	阅读数	来源
2015 年 8 月 30 日 17：28	油价大跌 产油国为何还产油	41026	腾讯财经
	全球经济震荡下 欧元为何成为避险天堂	7679	腾讯财经
	学童金融广州第一课：钱能生钱吗？	10624	腾讯财经
	PE 大佬的新生意：走向广阔农村去种地	11191	腾讯财经
2015 年 8 月 30 日 09：09	透过李嘉诚公司业绩看全球经济形势	38871	腾讯财经
	盛希泰：我拯救了联合证券	5268	腾讯财经
	美股投资人"黑色星期一"后的新课题	5535	腾讯财经
	如何在印度抛售中寻找商业机会	3497	腾讯财经
	创维约战海信开出 3 万元赌局	6015	腾讯财经
	"冲上云霄"前 国产大飞机做了哪些工作	7080	腾讯财经
2015 年 8 月 29 日 17：14	高频交易如何影响股市？	27991	腾讯财经
	美国股市不会崩盘的五大原因	10383	腾讯财经
	老品牌遇到新问题：百年老店能俘获 90 后的心么？	6585	腾讯财经
	全球众筹行业出现四大新趋势	9674	腾讯财经
2015 年 8 月 29 日 09：12	少帅盛希泰：鏖战自我江湖	12500	腾讯财经
	证监会向公安部移送 22 起涉嫌犯罪案件	6799	证券时报
	廉价石油意味着什么 油价究竟会走向何方	10417	腾讯财经
	中国首富王健林如何看待中国经济	17763	腾讯财经
2015 年 8 月 28 日 15：41	沪指涨近 5% 收复 3200 点 揭秘大爆发真相	43208	腾讯财经
	【自媒体热评】养老金入市为了什么而来 谁是稳增长重要抓手	4282	自媒体
	A 股投资受挫 投资者转向房地产长期配置	4901	腾讯财经
	人民网总裁廖玒、副总裁陈智霞被立案侦查	9007	财新网
	可从此次股市震荡中学到的 7 个启示	16260	腾讯财经
2015 年 8 月 28 日 12：23	一文读懂养老金入市六大焦点（附独家图解）	21865	自媒体
2015 年 8 月 28 日 08：25	重磅！传证金再筹 1.4 万亿资金 读懂当前市场五大关键问题	6062	腾讯财经
	国际油价大涨超 10% 创六年来最大单日收盘涨幅	6063	腾讯财经
	好消息！养老金投资吹风会今举行 预计数千亿资金入市	4092	新京报
	【要闻早餐】这些重磅资讯今天不能错过！	7200	腾讯财经
	【策划】图解融资租赁不能说的秘密	3605	腾讯财经

日期	标题	阅读数	来源
2015 年 8 月 27 日 16：12	沪指深 V 反弹涨逾 5% 揭秘五大利好	33987	腾讯财经
	曾被日本搅局的中泰铁路 10 月终于要开工了	11248	腾讯财经
	【自媒体热评】A 股上行依然可期 再降逆回购利率有何意图	4523	自媒体
	党报反击：中国不是全球金融市场动荡之源	4506	腾讯财经
	一线城市房价涨幅创新高	7648	21 世纪经济报道
2015 年 8 月 27 日 08：20	一张图看懂市场危机传导链条	22688	腾讯财经
	三大因素压制市场 A 股还有戏吗？高盛称买入时机已到	10052	腾讯财经
	美股大涨结束六连跌 创近四年来最大单日涨幅	4837	腾讯财经
	遭遇二次股灾 90 后股民们学会忍痛割肉了	9984	第一财经
	国企改革顶层设计已征求完意见 混改方案等拍板	3983	华夏时报
	【要闻早餐】这些重磅资讯今天不能错过！	8210	腾讯财经
2015 年 8 月 26 日 16：10	沪指巨震 8% 且战且退或为上上策	38488	腾讯财经
	双降不够！图解央妈七种新武器	11884	腾讯财经
	【自媒体热评】双降后中央还有三件事要做 别拿股市涨跌绑架改革	7783	自媒体
	知情人指多家券商被查与配资有关	4459	腾讯财经
	明星大佬炒股钱包集体大瘦身 看看他们赔了多少	18639	新京报
2015 年 8 月 26 日 08：21	策划	一张图还原全球金融市场如何倒下	22612	腾讯财经
	四问"双降"：央妈救了全球股市 救得了 A 股吗	13062	腾讯财经
	全球股市巨震莫恐慌"美股章鱼哥"有答案	6686	腾讯财经
	证监会等多人被令协助调查 涉嫌内幕交易	7107	澎湃新闻
	【要闻早餐】这些重磅资讯今天不能错过！	9429	腾讯财经
2015 年 8 月 25 日 18：32	央妈终于出手了：双降再现！影响及后市策略全解读	100000 +	
2015 年 8 月 25 日 15：41	沪指跌近 8% 重回"2"时代 证监会不加班	40666	
	全球央妈将上演联手救市大戏？	11455	
	【自媒体热评】四大利空导致全球股市暴跌 A 股缘何领跌全球？	5209	
	6 导火索引全球市场动荡 5 原因告诉你无需惊慌	9285	
	海通姜超：风暴下最重要是活着	8970	

续表

日期	标题	阅读数	来源
2015 年 8 月 25 日 07：57	全球股市黑色星期一 警惕 98 年式金融危机再现	37922	
	股灾 2.0 版来袭 银行股权质押业务拉响警报	6756	
	全球股市恐慌：大家都在看中美央行怎么做	7798	
	管清友：A 股升级为系统性流动危机 冲击超过想象	6760	
	华尔街投行怎么看 A 股"黑色星期一"	7742	
	历史上的金融危机都是怎么发生的	12749	
2015 年 8 月 24 日 15：27	逾 8%！暴跌三大黑手显现 97 风暴会重现么	56055	
	股市大跌 下一步货币政策怎么出招？	10854	
	石油价格战：低油价下的博弈	7612	21 世纪 经济报道
	全球市场为何恐慌	14591	腾讯财经
2015 年 8 月 24 日 08：29	周末 13 大消息影响本周股市（附一周投资指南）	35039	腾讯财经
	投资者投降式抛售股票 各国央妈还剩下多少子弹	9655	腾讯财经
	抗战胜利大阅兵临近 周一军工股会再被引爆吗？	5014	第一财经
	未来住在京津冀生活咋改变？北京二三环房价不再 飞涨	5672	新京报
	周末降准"失约"央行主管报纸发文谈流动性	4294	腾讯财经
2015 年 8 月 23 日 19：02	养老金或带动万亿资金入市 三类股受青睐	49682	腾讯财经
	中国高校富豪榜出炉 看看你的学校排第几（附榜单）	16457	东方网
	时代周刊：别搞错了"中国 10 年"刚开始	13322	腾讯财经
	委内瑞拉经济陷极端恶化困境：民众拿钱当餐巾	12769	腾讯财经
2015 年 8 月 23 日 08：22	再融资重启 A 股又迎利好？	53126	腾讯财经
	我是如何告赢奥巴马的	7781	腾讯财经
	深圳楼价完爆洛杉矶 开发商投资客转移阵地	9505	腾讯财经
	机器人与人争工作：科技正在创造更多就业机会	6373	腾讯财经
	外国投资者逃离韩国股市和债市	7341	腾讯财经
	美国亿万富翁们的生活新趋势：抛弃奢华回归清贫	18634	腾讯财经
2015 年 8 月 22 日 18：29	"外资做空 A 股"到底是谁的阴谋论？	35108	腾讯财经
	中国企业 500 强出炉："两桶油"、国网位列三甲	11116	央视网
	默多克：新一轮全球经济危机正在到来	31382	腾讯财经
	出租车行业改革意见将出 向利益垄断者下重手？	8113	腾讯财经

日期	标题	阅读数	来源
2015 年 8 月 22 日 08：52	向文波：中国制造的"斗士"	12589	腾讯财经
	97 金融危机幽灵重返亚洲	17265	腾讯财经
	俄罗斯经济有多糟糕：83 个联邦主体 60 个现危机	7313	腾讯财经
	环球经济转差港股承压 已现熊市趋势	6048	腾讯财经
	黑色星期五！美股创近四年来最大单日跌幅	9238	腾讯财经
	油价自 2009 年以来首次跌破 40 美元大关	6923	腾讯财经
2015 年 8 月 21 日 15：16	沪指重挫险守 3500 暴力杀跌意欲何为	46791	腾讯财经
	【自媒体热评】谁赚走了救市砸进去的钱 震荡行情如何活下来	15814	自媒体
	京津冀交通一体化蓝图浮现 如何利好楼市股市	6600	腾讯财经
	电信运营商要集体换帅 又一场大合并酝酿？	6706	腾讯财经
	"超人"李嘉诚的投资之道	13391	腾讯财经
2015 年 8 月 21 日 08：27	一张图看懂央行新班子	43220	腾讯财经
	A 股今日迎交割日关键战	18952	中国证券报
	谁是亚洲货币战争的赢家	8565	腾讯财经
	翻修车当新车卖 全国 300 名路虎车主欲发起诉讼	17694	经济参考报
	【要闻早餐】这些重磅资讯今天不能错过！	9864	腾讯财经
2015 年 8 月 20 日 15：53	沪指失守 3700 A 股背后暗藏多方重大战术变化	38578	腾讯财经
	悬在 A 股市场的两把"利刃"	10318	腾讯财经
	【自媒体热评】8 句话看清当前股市的玄机 揭秘投资逆向思维	8351	自媒体
	周小川谈政策性银行改革：资本约束是核心	3294	第一财经
	央行三天投 3500 亿 降准还多远？	9894	腾讯财经
2015 年 8 月 20 日 08：32	特别策划	你为何会抱着炸弹睡觉	17912	腾讯财经
	通州限购升级 有人一次性斥资 2000 万购房 19 套	6582	华夏时报
	美银美林：人民币 2016 年年底将贬值近 10%	9593	腾讯财经
	V 型大反弹后 A 股面临 5 大挑战	10888	腾讯财经
	【要闻早餐】这些重磅资讯今天不能错过！	10637	腾讯财经
2015 年 8 月 19 日 15：43	央行再放大招 沪指反转逼近 3800	47641	腾讯财经
	天津港：与瑞海无隶属关系	5845	腾讯财经
	【自媒体热评】A 股巨震国家队为何陷两难地 股市上涨基础变了？	8163	自媒体

日期	标题	阅读数	来源
2015 年 8 月 19 日 15：43	2000 亿国家队基金入市渐提速 三大谜底浮出水面	8441	每日经济新闻
	胡润华人富豪榜出炉 李嘉诚 20 年来首次被大陆富豪超越	19264	腾讯财经
2015 年 8 月 19 日 08：26	恒生铭创同花顺均被立案调查 股灾中为场外配资提供便利	18039	腾讯财经
	安监局长杨栋梁被查与天津爆炸无关 或涉及国资流失	4920	腾讯财经
	A 股 4000 点前大溃败：国企改革之后谁扛大旗？	9495	腾讯财经
	外媒：中国富裕者正撤离股市 利用国家队救市机会变现	13652	腾讯财经
	【要闻早餐】这些重磅资讯今天不能错过！	9192	腾讯财经
	五大妖股集体落幕 A 股花落何处	12394	中国证券网
2015 年 8 月 18 日 15：31	A 股重挫逾 6％！如何在震荡行情中分得"一杯羹"	39508	中国证券报
	瑞海公司实际控制人被控制 李亮母亲承认儿子是替人代持	22671	腾讯财经
	【自媒体热评】天津港爆炸受害者谁来赔？涉及 9 大法律问题	7241	自媒体
	危化品生意链：全国都知道走天津港便宜方便	6538	时代周报
	国内油价今晚将迎"五连跌"	11068	腾讯财经
	国企改革顶层方案出台倒计时	8528	腾讯财经
2015 年 8 月 18 日 08：23	瑞海第一大股东李亮身份揭晓（附核心人物关系图）	73466	腾讯财经
	十三五规划纲要将出台 A 股投资四主题值得关注	7789	证券时报
	A 股巨震中产最受伤：百万市值账户消失 55 万个	11673	21 世纪经济报道
	别错过！这些股票今天很有可能涨停（附名单）	17964	腾讯财经
	【要闻早餐】这些重磅资讯今天不能错过！	8645	腾讯财经
2015 年 8 月 17 日 17：38	抽丝剥茧瑞海国际关键人物的关系之谜	37597	腾讯财经
	生化部队称瑞海爆炸因金属钠遇水 氰化钠仍未处理	8522	腾讯财经
	【自媒体热评】股市保卫战告一段落 A 股将如何演变？	11065	自媒体
	公务员加薪这本账：细数增减项	5275	第一财经
	中证金 30 日维稳账本：借了多少钱买了多少股票	10572	第一财经
2015 年 8 月 17 日 08：19	三利好撑腰 A 股打响 4000 点攻坚战 四大板块迎布局良机	13093	证券日报
	别错过！这些股票今天很有可能涨停（附名单）	17013	腾讯财经
	【一周投资指南】这些财经重磅本周不能错过！	6395	腾讯财经

日期	标题	阅读数	来源
2015 年 8 月 16 日 20：45	【棱镜】瑞海到底归谁所有？第二大股东承认替人代持	39788	腾讯财经
	河北诚信确认 700 吨氰化钠存在瑞海仓库	8161	腾讯财经
	官方确认两个空气监测点氰化氢超标	3480	腾讯财经
	安监总局称爆炸现场目前只允许生化部队进入	4558	腾讯财经
	天津市将开展安全生产检查活动	2190	腾讯财经
2015 年 8 月 16 日 09：41	揭秘天津港 700 吨剧毒氰化钠来源（附：国外如何管理危化品）	48196	腾讯财经
	中国经济有问题？看看日本你就不这么说了	22469	腾讯财经
	"金砖之国"巴西正在褪色：经济为何一团糟？	8315	腾讯财经
	中概股私有化后遗症：出价低让小股民心寒	10544	腾讯财经
	熊晓鸽：一个记者的 VC 之路	4449	腾讯财经
2015 年 8 月 15 日 17：19	钱流去了国外 A 股会再震吗？	38399	腾讯财经
	不错过每一天收益 微众银行首款 App 上线	11074	腾讯财经
	IMF 再促中国及时退出救市措施	17209	腾讯财经
	三因素叠加 央行降准如箭在弦	11517	证券日报
2015 年 8 月 15 日 09：04	熊晓鸽：寻找未来的 BAT	12197	腾讯财经
	七问通州限购：房价怎么走？谁还可以买？	7093	腾讯财经
	天津爆炸保险赔付或达 100 亿	21427	腾讯财经
	石油价格大跌背后的较量：OPEC 或将获胜	8156	腾讯财经
	高福利成欧洲发达国家陷阱：给中国带来什么启示？	7624	腾讯财经
	美国股市牛了 6 年后开始疲软：投资者正在逃离	10989	腾讯财经
2015 年 8 月 14 日 15：42	起底天津爆炸涉事企业董事长	71724	每日经济新闻
	【自媒体热评】人民币贬值后资产配置策略 巴菲特为何不做股神了	9139	腾讯财经
	揭秘证金公司的选股逻辑	9734	上海证券报
	爆炒国企改革 也要当心半途熄火	9642	腾讯财经
	四利好助力 沪指或将继续冲高	14706	腾讯财经
2015 年 8 月 14 日 08：31	【棱镜】滨海"伤城"24 小时：曝危险品靠近居民"绿色通道"	26202	腾讯财经
	腾讯财经视频 PGC 平台大发招贤令 有种你就来！	2081	腾讯财经
	3 天贬值 3%接近新均衡 新汇改"闪电战"初告捷	3753	第一财经日报
	房地产税启动立法程序，狼真的来了？	7891	新京报

日期	标题	阅读数	来源
2015 年 8 月 14 日 08：31	别错过！这些股票今天很有可能涨停（附名单）	16966	腾讯财经
	【要闻早餐】这些重磅资讯今天不能错过！	7996	腾讯财经
2015 年 8 月 13 日 16：23	读懂央行汇改吹风会：六大看点必须知道	22592	腾讯财经
	天津爆炸理赔工作已启动 一企业损失至少 2 亿	19623	腾讯财经
	【自媒体热评】起底天津爆炸企业瑞海物流 人民币贬值摧毁哪个国家	13784	自媒体
	图解美元债如何从"金项链"变"金绞索"	4333	腾讯财经
	管理层传递重要信息 大盘反弹须逾越四座大山	11898	腾讯财经
2015 年 8 月 13 日 08：29	人民币贬值最新消息和解读都在这儿	36436	腾讯财经
	天津滨海新区突发爆炸！本地上市公司或受影响	14003	腾讯财经
	人民币贬值将以这五种方式影响全球市场	12604	腾讯财经
	国企改革与迪士尼概念齐飞 震荡市投资新风口？	5629	第一财经日报
	别错过！这些股票今天很有可能涨停（附名单）	16066	腾讯财经
	【要闻早餐】这些重磅资讯今天不能错过！	7362	腾讯财经
2015 年 8 月 12 日 16：06	一篇文章读懂人民币贬值秘密	50473	腾讯财经
	人民币贬值连锁反应：全球市场开始震动了	17648	腾讯财经
	摩根：下半年或将有一轮降息两轮降准	6695	第一财经日报
	三大不利因素令股指下挫 股市维稳增添变数	12063	腾讯财经
	中国开出优厚条件 与日本竞夺印尼高铁项目	8704	腾讯财经
2015 年 8 月 12 日 08：33	央行猛砸人民币的秘密（附五大概念股）	43471	腾讯财经
	宋城集团独家回应：举报齐奇收受新湖集团利益改变官司判决	4658	腾讯财经
	人民币意外"贬值"震撼全球 美股欧股全线下挫	17262	腾讯财经
	【涨停板预测】梅花生物等 10 股有望冲涨停	15147	腾讯财经
	【要闻早餐】这些重磅资讯今天不能错过！	9313	腾讯财经
2015 年 8 月 11 日 16：22	中日竞标印尼高铁 有这些优势	24799	腾讯财经
	【自媒体热评】人民币贬值怎样影响股市 证金炒股推高金融数据	12652	自媒体
	中国为何不发 500 元大钞	22782	腾讯财经
	巴菲特"六大金刚"版图显现	8154	腾讯财经
	大摩：A 股的价值顶是 4600 点	16037	腾讯财经

日期	标题	阅读数	来源
2015 年 8 月 11 日 10：39	重磅！人民币一次性贬值近 2%（附最全解读）	100000 +	腾讯财经
2015 年 8 月 11 日 08：24	敌人变亲家 阿里苏宁为啥	15834	腾讯财经
	A 股二次探底结束 谁是反弹领军人？	7198	腾讯财经
	注意了！发改委将出台汽车反垄断指南	3851	腾讯财经
	央企改革概念股上演涨停秀 最大投资机会在五大板块	6997	腾讯财经
	【涨停板预测】永辉超市等 9 股有望冲刺涨停	9890	腾讯财经
	【要闻早餐】这些重磅资讯今天不能错过！	6126	腾讯财经
2015 年 8 月 10 日 15：46	沪指暴涨重返 3900 下一个热点领域浮现	45122	腾讯财经
	【自媒体热评】国家队如何才能战胜 A 股狼群 货币政策要转向吗	4652	腾讯财经
	2400 万散户离场？7 月仍有 110 万入场	10682	每日经济新闻
	揭秘国企兼并重组四类型	11415	每日经济新闻
	10 年后 中国最富裕的城市	34584	腾讯财经
2015 年 8 月 10 日 10：09	新版百元大钞要来了，快来找不同	100000 +	腾讯财经
2015 年 8 月 10 日 08：26	周末 15 大消息影响本周股市（附一周投资指南）	24075	腾讯财经
	【棱镜】高层动荡销量大跌 奇瑞转型痛了五年还要痛多久	4462	腾讯财经
	央企年中会议透底：一带一路等三大风口渐聚	4415	上海证券报
	"证金概念股"赚钱效应明显 三大渠道捕捉扫货路径	2463	每日经济新闻
	"中国制造"压力加大？"印度制造"开始崛起	5282	第一财经日报
	【涨停板预测】银润投资等 10 股有望冲刺涨停	7727	腾讯财经
2015 年 8 月 9 日 17：15	成交量大降 A 股底在哪里？5 大主线寻突破口	25958	证券时报
	7 月 CPI 上涨 1.6% 创年内新高 猪肉涨价系主因	2693	腾讯财经
	大预测：两大领域投资机会凸显 待您来淘金？	7040	腾讯财经
	中国这 5 个大城市正在衰落？	32654	自媒体
	央企重组最全的投资策略在这里	12114	每日经济新闻
2015 年 8 月 9 日 09：12	全面开征房产税还有多远？	18927	北京晚报
	互联网医疗就像八年前的电商	7904	腾讯财经
	7 月 CPI 今公布或被猪肉拉升 涨幅恐创年内新高	2964	中国新闻网
	救市击中要害 A 股灾式的下跌该结束了	13747	自媒体
	养老金入股市：次次优的选择？	7298	经济观察报

日期	标题	阅读数	来源
2015 年 8 月 8 日 17：10	A 股休整期后热点股有望反攻 国家队数万亿弹药待发	26844	腾讯财经
	我国 7 月进出口双降 贸易顺差收窄 10%	2430	腾讯财经
	【智库】人民币适度贬值有利缓解当前经济困局	5593	腾讯财经
	下半年债市压力源于何处？	2241	自媒体
	导游一句话康师傅市值蒸发 30 亿港元	25667	腾讯财经
2015 年 8 月 8 日 10：09	于刚：“悲情的”创客	11624	腾讯财经
	中远中海重组或仅限集装箱业务 许立荣有望接新公司	5642	腾讯财经
	你知道人民币纳入 SDR 有多重要吗？	9245	新华网
	一周牛股：复牌股超跌反弹 金利科技本周涨 61%	11560	腾讯财经
2015 年 8 月 7 日 15：14	做空情绪释放沪指大涨收复 3700 短线确认反弹关注一点位	28341	腾讯财经
	【自媒体热评】警惕股市这些蛛丝马迹 万亿专项金融债有啥用	4229	腾讯财经
	中国房价未来究竟还会涨不涨？	11840	自媒体
	七句话读懂民间借贷司法解释	8577	第一财经日报
	人民日报海外版：下半年中国经济需防三大风险	8022	人民日报 海外版
2015 年 8 月 7 日 08：25	最高法规定 P2P 理财不兜底 你还参与吗？	23876	腾讯财经
	救市满月成绩大考：如何继续“救”引争议	4301	第一财经日报
	证金公司救市储备金高达 5 万亿？持股路线图曝光	7386	腾讯财经
	三周缩水 54 亿美元！中俄成金价暴跌最大受害者	7201	腾讯财经
	【要闻早餐】这些重磅资讯今天不能错过！	8674	腾讯财经
2015 年 8 月 6 日 16：27	最高法明确民间借贷：哪些不受法律保护（附全文）	86290	中新网
	【自媒体热评】本周股市最大玄机 IMF 对人民币说了啥？	5944	自媒体
	高盛猜国家队底牌：已出 9 千亿	11112	腾讯财经
	沪指争夺 3700 点 8 月 A 股机遇大于风险	11124	腾讯财经
	任志强：进入 9 月份许多城市将涨价	10351	21 世纪 经济报道
2015 年 8 月 6 日 08：18	房地产税真的来了 你要交多少？（附影响）	81277	中国新闻网
	一图看懂央妈七种新武器	8659	腾讯财经
	解密日内回转交易：月入数万 业务受限停工度假	6209	21 世纪 经济报道

日期	标题	阅读数	来源
2015 年 8 月 6 日 08：18	四个关键词揭示 A 股新动向	9407	证券时报
	【要闻早餐】这些重磅资讯今天不能错过！	9393	腾讯财经
2015 年 8 月 5 日 16：23	A 股冲高杀跌释放三大信号 区间震荡或是新常态	31605	腾讯财经
	【自媒体】还原本轮股市暴跌逻辑 李嘉诚为何抛售内地物业	9418	腾讯财经
	到底是谁在"异常交易"中国石油	9051	21 世纪经济报道
	"幌骗"？一文读懂大资金如何做盘	4808	腾讯财经
	房价还会再度暴涨吗？首富王健林怎么看	14492	人民日报海外版
2015 年 8 月 5 日 08：36	揭秘释永信的少林寺商业帝国（附最全图解）	48538	腾讯财经
	油价暴跌 93 号汽油回归五元时代 1.3 万亿美元市值蒸发没了	13141	腾讯财经
	超级空头翻多 8 月 A 股到底该怎么玩	9338	腾讯财经
	【要闻早餐】这些重磅资讯今天不能错过！	7722	腾讯财经
	【自媒体】券商做好了为国牺牲的准备 股灾后牛市往那里去？	7983	自媒体
2015 年 8 月 4 日 15：51	多家券商暂停融券 管理层再亮三道救市金牌	25803	腾讯财经
	揭秘 A 股救火队长：中证金公司掌门人聂庆平	7272	腾讯财经
	渣打：中国对全球 GDP 贡献位居首位	3507	腾讯财经
	德银：四大理由看好下半年中国股市	10988	腾讯财经
	四大超级散户被限制交易 账户席位曾现频繁"对倒"	8635	21 世纪经济报道
2015 年 8 月 4 日 08：27	沪深交易所融券改为 T+1 了打击日内跨品种套利	24393	腾讯财经
	揭秘 38 个被限交易证券账户的前生	6774	自媒体
	"土十条"将引爆万亿盛宴 龙头股尽享政策礼包	8881	腾讯财经
	【要闻早餐】这些重磅资讯今天不能错过！	10095	腾讯财经
	【自媒体】怎样才能让 A 股重返牛市？	8877	自媒体
2015 年 8 月 3 日 15：54	A 股险守 3600 两大变量决定八月走势	40529	腾讯财经
	【棱镜】环保部"首虎"落马 将引出环保部反腐窝案	9539	腾讯财经
	管窥"国家队"买股路线图：买入 58 股超一成流通市值	12302	第一财经日报
	7 月私募密集调研逾百家上市公司 泽熙去了这 5 家	6384	第一财经日报
	支付账户跨行转账将被叫停（附新规目的及影响）	17226	华西都市报

续表

日期	标题	阅读数	来源
2015 年 8 月 3 日 08：34	A 股"灾后重建"国家队还有什么牌可以打？	23877	腾讯财经
	被禁的 34 个账户究竟做了啥	14906	中国证券报
	人民日报五问收费公路改革：收费期限为何延长？	5284	人民日报
	冬奥会催热 3000 亿"白色经济"三类公司分享投资机会	8065	每日经济新闻
	一周投资指南	6224	腾讯财经
2015 年 8 月 2 日 16：40	九券商仅一家看空下周走势 八月 6 只金股蓄势待发	37311	中国证券报
	沪深两市再限制 10 个账户交易	10079	北京青年报
	樊纲：中国经济还有二三十年高增长	5588	中新网
	股市学堂 ｜ 股债动态平衡投资法	4895	自媒体
2015 年 8 月 2 日 08：37	全球最大贸易协议赢家和输家	18552	腾讯财经
	徐小平对话创业者：创业不是做公益	4262	腾讯财经
	国内调价窗口下周二开启 成品油或迎"四连跌"	7145	证券日报
	银行业一年超百人因贪腐落马 支行长占比 50%	7592	21 世纪 经济报道
2015 年 8 月 1 日 16：23	A 股八月静待防守反击	34915	腾讯财经
	怎样利用市场的特点赚钱	12064	自媒体
	网络支付每日最高 5 千元的背后	10256	自媒体
	今天起这些新规影响你的生活	18259	人民日报
2015 年 8 月 1 日 09：03	"盗梦者"徐小平：我投资的是我自己	15390	腾讯财经
	网络支付每日最高 5000 元 iPhone6 买不了了？	10307	腾讯财经
	当冬奥会遇上京津冀概念股	10264	腾讯财经
	除了陆家嘴项目 李嘉诚还抛售了哪些内地物业	9824	第一财经
	股市与赌场的真正区别	20773	腾讯财经
2015 年 7 月 31 日 16：15	国家队围而不攻改变策略 8 月 A 股看什么	35398	腾讯财经
	股市里赔的钱都去哪了？	24784	自媒体
	楼市调控再去"行政化"：多地解禁"9070 政策"	4492	21 世纪 经济报道
	地方钱袋子盘点：财政收入冰火两重天	3629	第一财经
	7 个"强二线城市"发展前景一览	13041	自媒体

日期	标题	阅读数	来源
2015 年 7 月 31 日 08：22	【棱镜】军队大老虎郭氏成败录	60425	腾讯财经
	国家队托底清单图谱：护盘手法变了 青睐个股曝光	13488	21 世纪经济报道
	【要闻早餐】这些重磅资讯今天不能错过！	7480	腾讯财经
	【涨停板预测】四环生物等 9 股有望冲涨停	8986	腾讯财经
	巴菲特最青睐指标显示中国股市并非泡沫	6704	腾讯财经
	【自媒体】靠什么治愈中国经济的"反腐后遗症"	4658	自媒体
2015 年 7 月 30 日 20：11	腾讯财经自媒体矩阵向你发出邀请函 来不来？	14383	腾讯财经
2015 年 7 月 30 日 16：35	揭秘沪指突然跳水 2% 内幕 救市援军再度集结	46175	腾讯财经
	魔鬼经济学：为什么说牛市根基还在？	6887	腾讯财经
	4 张图告诉你美国经济到底如何（附美联储决议最全解读）	4288	自媒体
	A 股鸡肋：进退维谷 多空混战中如何自保	6702	腾讯财经
	中金：中国或已度过通缩最严重阶段	7558	腾讯财经
2015 年 7 月 30 日 08：27	多空决战第二季再现 V 型反弹 离黎明还有多远	18567	腾讯财经
	中航资本总经理违规减持被免职 集团董事长曾高调护盘	8823	腾讯财经
	美联储维持利率不变 不排除 9 月加息可能性	2083	腾讯财经
	大跌抄底众生相：国家队爱券商 市场青睐高送转	5192	第一财经日报
	【要闻早餐】这些重磅资讯今天不能错过！	7938	腾讯财经
	【涨停板预测】章源钨业等 8 股有望冲涨停	9466	腾讯财经
2015 年 7 月 29 日 15：56	四路王牌军驰援 A 股 三信号暗示短期企稳	35122	腾讯财经
	国家队救市完美一击 近期走势看三关键点	10955	腾讯财经
	猪肉涨价过快的连锁反应	10915	腾讯财经
	救市 AB 面：暗藏证金机构净卖出	8370	每日经济新闻
	央行吹风谈物价究竟想拯救谁	5001	自媒体
2015 年 7 月 29 日 08：38	国家队涨停板抢筹遭质疑 A 股进入决战第二季	28819	腾讯财经
	全国股民两日人均亏损 5.4 万 上半年 1 成股民白忙	7105	华商报
	【要闻早餐】这些重磅资讯今天不能错过！	8106	腾讯财经
	中概股普涨率先反弹 A 股今天会涨吗	6808	腾讯财经
	股市遭遇 7 个"史无前例"普通股民怎么破？	7652	自媒体

续表

日期	标题	阅读数	来源
2015 年 7 月 28 日 15：45	A 股巨震释放两大信号 救市策略或转变	57360	腾讯财经
	"救市者"证金公司：73 名员工掌管数千亿资金	9298	时代周报
	烟民钱包遭遇"重创"6 月多缴税 40 亿	6186	每日经济新闻
	日本对抗亚投行：斥 2400 亿日元帮菲律宾修铁路	7962	腾讯财经
	如何从股市中赚钱并全身而退	24340	自媒体
2015 年 7 月 28 日 08：53	证监会深夜否认国家队撤出 不排除有人恶意做空	21730	腾讯财经
	【独家】见死不救 暴跌时国家队去哪儿？	13410	自媒体
	HOMS 关闭端口传言不实 配资存量账户仍可交易	1341	自媒体
	【外盘】中概股周一普遍大跌 畅游重挫 11.73%	2716	腾讯财经
	【要闻早餐】这些重磅资讯今天不能错过！	8735	腾讯财经
	上半年地方 GDP 增速排名：重庆第一 东北三省倒数	5611	21 世纪经济报道
2015 年 7 月 27 日 15：28	A 股创 8 年最大单日跌幅！跳水元凶曝光	100000 +	腾讯财经
	证金"扫货"49 家公司 七成涨幅超 20%（跟着买靠谱么）	10402	腾讯财经
	国库运作解密：财政资金使用路线图	3712	21 世纪经济报道
	高善文：反思暴跌 建议废除涨跌停板	16100	腾讯财经
	起底基层医院工资：工作 17 年月薪 3000 元	9792	第一财经
2015 年 7 月 27 日 08：08	涨停板预测：利欧股份等 19 股有望冲刺涨停	12633	腾讯财经
	27 省份上半年城乡居民收入出炉 你拖后腿了吗？	4281	中国新闻网
	24 家营业部趁大跌抄底 大宗交易抢入 22 只个股	9461	证券时报
	房产税开征！多套房业主将破产？（好文推荐）	19377	自媒体
	本轮反弹股民人均回本 17 万 您做到了吗？	6948	天府早报
	A 股四大资本势力都买了啥？下周大盘搏杀将更激烈	34989	腾讯财经
2015 年 7 月 26 日 17：38	魔鬼经济学：股权质押是股市的"定时炸弹"吗？	4088	腾讯财经
	王均金：与复星联姻失败内幕	3933	腾讯财经
	基金二季度持仓浮出水面 蓝筹股增仓较大	5739	自媒体
	人民日报评论文章向股市传递 9 个信号（好文推荐）	16128	自媒体
2015 年 7 月 26 日 10：16	A 股下跌不会影响中国人消费	23343	腾讯财经
	【姿势】中日东海油气田争端，到底在争什么？	8383	自媒体
	重磅！京津冀协同，中央明确 8 件事	12125	人民日报

日期	标题	阅读数	来源
2015 年 7 月 26 日 10：16	任志强：那些骂我的，大多数是还没有买房的人	13135	21 世纪经济报道
	俄媒：中俄联手力挺人民币 美元好日子屈指可数	12654	腾讯财经
2015 年 7 月 25 日 19：36	魔鬼经济学：悬崖边的股权质押	15166	腾讯财经
	重磅！房地产税已有初步方案 有望设置豁免征收面积	9385	中国经营报
	李小琳履新后首次露面 调研亚洲最大燃煤发电企业	7583	澎湃新闻
	证金扫货清单曝光：进驻 48 家公司 平均涨幅超 60%	11270	证券时报
	期货传奇人物逍遥刘强自杀身亡 斯人已逝幽思长存	17972	腾讯财经
	牛股汇｜本周大涨的股票你买了几个	15047	腾讯财经
2015 年 7 月 25 日 09：45	王均金：企业长寿不能说的秘密	14296	腾讯财经
	A 股反弹众生相：投资者难解套 下周斩仓 or 抄底？	17161	腾讯财经
	黄金投资不安全了：离危险处境还有多远	5050	腾讯财经
	救市家电企业众生相：57 家之中有你们么？	6242	腾讯财经
	猪肉价格 4 个月上涨 50% 或引发货币政策转向	9528	华夏时报
2015 年 7 月 24 日 16：57	资本推动下媒体转型路在何方	7626	腾讯财经
	A 股面临四大不确定性 三大猜想看下周走势	17661	腾讯财经
	A 股三度站上 4000 点传递什么信号	9195	腾讯财经
	回顾 A 股八次政策大救市："救市神器"有哪些	3864	中国证券网
	这些城市新房市场潜力无限	7061	自媒体
2015 年 7 月 24 日 08：39	资本市场五大政策红利或将释放	24162	新华网
	复盘汉能暴跌：一个销售合同终止引发的"血案"	10918	腾讯财经
	日经新闻宣布 12.9 亿美元收购金融时报	2413	腾讯财经
	【要闻早餐】这些重磅资讯今天不能错过！	9463	腾讯财经
	涨停板预测：三湘股份等 24 股有望冲涨停	14360	腾讯财经
2015 年 7 月 23 日 16：13	22 省上半年 GDP 出炉 看看你的家乡排第几	38435	新京报
	沪指突破 4100 点"赚钱效应"下如何投资	17417	腾讯财经
	楼市股市你必须知道的 20 句话	17189	自媒体
	年入 50 万难买北京新房	10148	自媒体
	德林爆语｜证金救市似宝黛：只哄不娶	7420	自媒体
2015 年 7 月 23 日 08：28	A 股震荡中迎重建 新投资主题曝光	27190	第一财经日报
	财富世界 500 强出炉 这三家中国公司挤入前十（附榜单）	17434	财富中文网

续表

日期	标题	阅读数	来源
2015 年 7 月 23 日 08：28	40 家公司公布半年报 机构资金青睐其中 11 家	7704	证券日报
	【要闻早餐】这些重磅资讯今天不能错过！	9159	腾讯财经
	涨停板预测：中孚实业等 18 股可重点关注	15063	腾讯财经
2015 年 7 月 22 日 16：18	沪指死磕 4000 点 国家队钦点操盘手策略曝光	41797	腾讯财经
	一文看懂影子银行如何影响股市	7533	腾讯财经
	评论称房地产税三年内没戏	4688	自媒体
	四问收费公路改革：高速路会否成永久提款机	5394	中国新闻网
	德林爆语 ‖ 现在的散户应该追着谁跑	11778	腾讯财经
2015 年 7 月 22 日 08：25	外资撤离中国股市：真相？假象？	37940	21 世纪 经济报道
	急跌砸出投资机会 各路资本密集举牌	7547	第一财经日报
	油价年内第六次下调 私家车一箱油少花 10 元	4935	腾讯财经
	黄金暴跌创 5 年新低了 中国大妈盲目抄底遭套牢	14000	腾讯财经
	【要闻早餐】这些重磅资讯今天不能错过！	9206	腾讯财经
	【涨停板预测】江淮汽车等 16 股有望爆发	16764	腾讯财经
2015 年 7 月 21 日 17：20	揭秘 A 股站稳 4000 点的真相	46379	腾讯财经
	投资如棋局 11 句话全概括	9410	自媒体
	谁是汇改十年的最大赢家	3058	北京商报
	揭开日本扫货真相：部分产自大马 电子产品一用就坏	8143	法制晚报
	房地产即将出现的十大颠覆现象	21328	自媒体
2015 年 7 月 21 日 08：35	千亿净资产撬动万亿投资 证金如何还本付息	17584	21 世纪 经济报道
	历史上的"国家队"如何运作并退出	9764	证券时报
	股市暴跌居民财富缩水 6.8 万亿 谁最受伤	14173	21 世纪 经济报道
	中央单位晒工资福利 津贴补贴超基本工资 2 倍多	9194	参考消息
	【要闻早餐】这些重磅资讯今天不能错过！	12244	腾讯财经
2015 年 7 月 20 日 15：56	沪指激战 4000 点 证监会为何紧急辟谣"国家队退出"	46529	腾讯财经
	为房死磕：深圳二手房违约潮调查	8065	腾讯财经
	8 大因素左右下半年股市	13636	自媒体
	中航工业披露护盘全过程：敌人是冲五星红旗来的	15513	澎湃新闻
	究竟是谁在砸黄金的盘	11906	腾讯财经
	德林爆语 ‖ 千万别让庄家变成混蛋	6559	自媒体

日期	标题	阅读数	来源
2015 年 7 月 20 日 08：32	公司半年报出炉：27 家业绩增幅超 10 倍（四大板块突出）	34174	中国证券网
	周末 13 大消息影响本周股市	14142	自媒体
	人民日报：政府对股市危机出手干预是国际惯例	3712	人民日报
	财政部副部长称 A 股动荡已结束	6400	证券日报
	【要闻早餐】这些重磅资讯今天不能错过！	9400	腾讯财经
2015 年 7 月 19 日 16：05	A 股企稳 市场或重回慢牛轨道	35716	证券日报
	A 股保卫战如何打：可向美国学习	6816	腾讯财经
	我们为什么应该适应低油价	6821	腾讯财经
	一个中国人眼中的堕落希腊	13590	自媒体
2015 年 7 月 19 日 08：06	证金公司获银行输血 1.22 万亿 申请规模堪比 "4 万亿"	28112	财新网
	A 股惊魂 30 天舆情全记录 市场信心正在恢复	11394	证券时报
	俞敏洪：O2O 不会颠覆传统教育	5271	腾讯财经
	看看你的收入落在世界的哪个阶层？	19128	自媒体
2015 年 7 月 18 日 17：26	互联网金融 "基本法" 来了 对股市有何影响	31662	每日经济新闻
	个股分化愈发明显 一因素或成后市行情 "指路灯"	10298	腾讯财经
	6 月股民伤情报告 这么多大户都 "消失" 了	19776	每日经济新闻
	王石：不要在我面前说 "大数据"	13828	腾讯财经
2015 年 7 月 18 日 09：09	俞敏洪：我为什么不同意新东方回 A 股	33849	腾讯财经
	5000 点目标背后的逻辑	13299	第一财经日报
	政策窗口期股市楼市要这么选	5898	腾讯财经
	盘点暴涨暴跌中的 A 股怪像	14155	自媒体
2015 年 7 月 17 日 16：02	四大利好为交割日护航 个股再度迎来波段做多周期	28697	腾讯财经
	图解股市规律：很多股民做反了	29299	腾讯财经
	盘点增持那些事：20 家上市公司高管增持仅一手	9061	新京报
	养老金入市五大误区：入市不是 "炒股"	8086	证券日报
	德林爆语丨空头正在伺机杀回马枪	11815	腾讯财经
2015 年 7 月 17 日 08：34	揭秘贸易公司恶意做空资金路径	29775	腾讯财经
	策划丨央企重组大棋局	18368	腾讯财经
	汉能要求取消停牌指令 调查始末全还原	5621	腾讯财经
	中美最大跨境并购 还有这些坎儿要过	3962	腾讯财经
	【要闻早餐】这些重磅资讯今天不能错过！	10599	腾讯财经

日期	标题	阅读数	来源
2015 年 7 月 16 日 18：59	沪指死磕 3800 点 多空决战一触即发	34281	腾讯财经
	7.17 期指交割也许是只纸老虎	16272	自媒体
	房产税暂时还不会来	5749	自媒体
	A 股非晴雨表 牛市何时结束看一指标	13402	腾讯财经
	改革牛证伪 A 股第三级火箭未点火	7272	腾讯财经
2015 年 7 月 16 日 08：27	多部门加入围剿 场外配资摇摇欲坠	23523	腾讯财经
	香港证监会勒令汉能停止交易 过往类似案例凶多吉少	9436	腾讯财经
	希腊议会通过救助议案 IMF 警告需要更多债务减免措施	1268	腾讯财经
	重磅！公安部发现涉嫌恶意做空资金来源	28582	华夏时报
	瑞银：抄底 A 股的良机来了	20371	腾讯财经
	【要闻早餐】这些重磅资讯今天不能错过！	8886	腾讯财经
	健康体检行业"体检表"：哪家机构更强壮？	20003	腾讯财经
2015 年 7 月 15 日 15：52	沪指险守 3800 点 周五激战在即系好安全带	51149	腾讯财经
	一万亿！地方债置换获李克强力挺	9499	腾讯财经
	7%！中国经济半年报全解读	5824	腾讯财经
	危险！杠杆的十大风险	9362	自媒体
	分析称数据证明散户确实是 A 股的主角	12091	自媒体
2015 年 7 月 15 日 08：23	国家队入市投资策略首次曝光	37041	证券时报
	一汽大众上半年业绩大幅下滑 多位高管职务被调整	5027	腾讯财经
	救市后时代 A 股存隐忧：成长股或将"独霸武林"	10727	腾讯财经
	万亿"影子银行"入市！银行加码上市公司增持配资	5861	经济参考报
	【要闻早餐】这些重磅资讯今天不能错过！	9053	腾讯财经
	散户必读！一个本轮牛市 55 倍收益率草根股民的实操总结	17660	腾讯财经
2015 年 7 月 14 日 15：31	三大因素或致股指巨震 机构预测下半年走势	49194	腾讯财经
	如何把握复牌潮中的机遇和风险	9124	证券时报
	场外配资生存大考	3863	北京商报
	三大国际投行支招抄底 A 股	10585	每日经济新闻
	养老金入市 这三类人将受影响	13974	人民日报

日期	标题	阅读数	来源
2015 年 7 月 14 日 08：30	沪指三连涨飙升 13.2% 千股涨停盛况能持续几天	26314	腾讯财经
	五问 A 股做空机制（一文为你科普"做空"）	7342	新京报
	调控 A 股要打赢三大战役	3509	自媒体
	证监会新规遇身份尴尬 无力追杀场外配资	7400	腾讯财经
	【要闻早餐】这些重磅资讯今天不能错过！	9790	腾讯财经
2015 年 7 月 13 日 16：07	沪指逼近 4000 点 五大利好夯实反弹根基	37410	腾讯财经
	李少君：规范高风险场外配资 给疯牛打疫苗	3220	腾讯财经
	"国家队"抄底偏好这些股	20725	北京商报
	券商保险公募携手救市：是抄底还是自救	6407	第一财经日报
	散户炒股 赚钱还是比傻	22904	新京报
2015 年 7 月 13 日 08：25	还原国家队的救市一周：初战告捷后现隐忧	29427	腾讯财经
	证监会再出狠招围剿配资业务 股市影响几何？	4903	腾讯财经
	335 只股票今日复牌 分析师建议关注超跌股	16852	腾讯财经
	【要闻早餐】这些重磅资讯今天不能错过！	7043	腾讯财经
	【棱镜】十八大后两高首虎奚晓明与"司法掮客"的故事	4487	腾讯财经
2015 年 7 月 12 日 18：44	重磅！公安部发现操纵证期交易线索	53327	腾讯财经
	英媒眼中的肖钢：聪明、勤奋及谦逊	11915	腾讯财经
	救助会议无果而终 希腊距离退出欧元区渐行渐近	5100	腾讯财经
	一张图告诉你大跌之后买什么	24297	腾讯财经
	刘积仁：制造业如何互联网 +	6020	腾讯财经
	网信办：全面清理"配资炒股"等违法宣传广告	6382	腾讯财经
2015 年 7 月 12 日 09：41	救市新政下另类配资潮涌 银行加杠杆配合高管增持	23398	腾讯财经
	多重救市政策见效！大盘企稳后 A 股该买啥	15404	腾讯财经
	著名经济学家成思危今晨去世！被誉为创业板之父	18110	腾讯财经
	证金公司手握 4000 亿如何操盘？	9692	北京青年报
	股市暴跌时刻内地与香港唇齿相依	7430	腾讯财经
2015 年 7 月 11 日 23：25	魔鬼经济学：场外配资如何使人一夜返贫？	26861	腾讯财经
	曹卫东：暴涨暴跌后 A 股逛到横盘期	15547	腾讯财经
	A 股涨跌重塑富豪版图 中国富豪缩水 1000 亿美元	8960	腾讯财经
	谢百三：救市后股民应牢记八大教训	32931	腾讯财经

日期	标题	阅读数	来源
2015 年 7 月 11 日 09：15	刘积仁：60 岁再"创业"	29563	腾讯财经
	证监会定义"恶意做空"：如"跨市场、跨期现市场操纵"	9028	第一财经
	盘点本轮股市的影响与启示	11241	腾讯财经
	涨停来了算算多久能解套	30022	腾讯财经
2015 年 7 月 10 日 21：08	股市涨了配资客眼红了！还想用杠杆资金翻本	46323	腾讯财经
	A 股保卫战第五日：公安部副部长傅政华参与部署打击证期违法	12161	腾讯财经
	美财政部否认做空中国：外资在中国股市占比小	13612	腾讯财经
	股市大跌它是凶手？其实"做空者"并不邪恶	30114	腾讯财经
2015 年 7 月 10 日 16：49	A 股爆发两天收复 10% 失地 新兴市场教父发话买入	27348	腾讯财经
	A 股保卫战：救市全记录（实时更新中）	6449	腾讯财经
	银河证券董事长陈有安：我们和国家队这样救市	20986	腾讯财经
	牛市已伤痕累累但灵魂还在（民生宏观中期报告）	2900	腾讯财经
	高善文：A 股暴跌结束 进入"灾后重建"式震荡	6077	腾讯财经
	中概股回 A 浪潮中 还有这些坑	6374	腾讯财经
2015 年 7 月 10 日 08：35	独家揭秘国家队控盘轨迹 后市仍有三大风险	42630	腾讯财经
	【策划】绝地大反击：看国家队如何调整救市策略	6417	腾讯财经
	国家队投资决策团队揭秘 四大券商贡献人力支持	5048	腾讯财经
	他们在股灾中选择增持一手	13123	腾讯财经
	【要闻早餐】这些重磅资讯今天不能错过！	10183	腾讯财经
2015 年 7 月 9 日 22：07	十几个人恶意做空被查！带队的公安部副部长是谁？	100000 +	中国证券报
	保卫战第四日：十记重拳力挺 A 股	12043	腾讯财经
	4000 亿减持资金仅回吐 1/10 大股东爱上"躲猫猫"	19723	腾讯财经
	恒指大幅反弹 后市走势取决 A 股能否扛住复牌潮	18341	腾讯财经
2015 年 7 月 9 日 15：31	沪指绝地反击涨近 6% 国际投行集体唱多 A 股	33293	腾讯财经
	人民日报：关于股市的六个基本判断	18696	人民日报
	站在分众筹背后的 PE 基金：为什么推动他们回国	2521	腾讯财经
	股市动荡如何蔓延至实体经济	6376	自媒体
	七件事印证 A 股是调整非金融危机	12384	证券时报
2015 年 7 月 9 日 08：32	A 股一日连发 17 金牌 大佬称机会生于恐慌之中	36509	腾讯财经
	人民日报：股市连续暴跌 稳市政策真的没用吗？	13716	人民日报

续表

日期	标题	阅读数	来源
2015 年 7 月 9 日 08：32	亚洲需要印新钞来对抗油价暴跌	7037	腾讯财经
	拯救中国股市的证金公司是何方神圣	15708	腾讯财经
	【要闻早餐】这些重磅资讯今天不能错过！	11098	腾讯财经
2015 年 7 月 8 日 23：22	救市第三日：A 股新增 12 道"金牌"护身	46236	腾讯财经
	产业资本护盘：大股东增持真相调查	12293	腾讯财经
	A 股暴跌恐慌蔓延 港股成为"套现提款机"	12002	腾讯财经
	今年逾千家上市公司大股东减持 套现超 4000 亿	12682	腾讯财经
2015 年 7 月 8 日 15：49	沪指险守 3500 点 央行、证监会、保监会、国资委齐发声撑股市	49482	腾讯财经
	吴晓波：无论涨跌如何都别慌	27422	自媒体
	未来还会有中概股么？这是个伪命题	5371	
	李想：我为什么不炒股	23918	自媒体
	股市跌了 楼市会涨吗？	18912	每日经济新闻
2015 年 7 月 8 日 08：39	A 股超 1400 股停牌躲大跌！杠杆另一头是不定时炸弹	46016	腾讯财经
	中概股再现崩盘：14 支个股跌超 10%	14260	腾讯财经
	多方和空方，根本不在同一个战场上！	17169	自媒体
	股市暴跌加大人民币贬值压力 汇率跌至近 3 个月新低	14382	腾讯财经
	【要闻早餐】这些重磅资讯今天不能错过！	14305	腾讯财经
2015 年 7 月 7 日 15：55	银行股大涨 A 股跌 1% 谨慎抄底勤调研	38747	腾讯财经
	亚太城市峰会及市长论坛：腾讯展示"智慧城市"	2846	腾讯财经
	历史上华尔街投资大师是如何抄底的	18022	腾讯财经
	希腊真的退欧又如何	7102	自媒体
	中国股市调整众生相	20840	腾讯财经
2015 年 7 月 7 日 08：24	中金所救市新招！限制中证 500 开仓	26722	腾讯财经
	证金公司砸 58 亿买入 30 股护盘 国家队后援正在集结	14504	腾讯财经
	【策划】以史为鉴"王炸"次日 股市将怎么走	11647	腾讯财经
	一篇文章读懂国家队昨天买了什么	14435	腾讯财经
	【要闻早餐】这些重磅资讯今天不能错过！	8721	腾讯财经
	段子救不了你，短期跟着救市资金走就是了	13572	中信证券 研究部

日期	标题	阅读数	来源
2015 年 7 月 6 日 17：01	沪指逼近 3800 金融石油暴涨 救市背景下不可盲目抄底	36659	腾讯财经
	政府大招解围 A 股无脑疯涨模式结束	12635	腾讯财经
	21 家券商 1200 亿元资金集结完毕 中国版平准基金呼之欲出	6714	腾讯财经
	【策划】债务危机恶化！希腊公投之后走在脱欧边缘	2174	腾讯财经
	到底是谁在操纵中国股市？	36520	自媒体
	港股周一重挫逾 3% 报 25236 点 创 4 年来最大跌幅	5435	腾讯财经
2015 年 7 月 6 日 08：51	12 剂猛药救市！A 股周一大概率上涨（附后市操作策略）	32051	腾讯财经
	希腊公投否决债务救助方案 退出欧元区预期加大	2564	腾讯财经
	新华社人民日报两大官媒齐发声：力挺救市政策	7115	腾讯财经
	别错过！这些股票今天很有可能涨停（附名单）	15974	腾讯财经
	【要闻早餐】这些重磅资讯今天不能错过！	5532	腾讯财经
	牛市不再，中概股回 A 傻不傻？	8138	腾讯财经
2015 年 7 月 5 日 20：55	还原 A 股寻求原罪救赎的 9 日 9 夜	30936	腾讯财经
	救市再发大招：汇金入市！	17396	腾讯财经
	央行也出手了！将给予证金公司流动性支持	7784	腾讯财经
	周末救市连环出招 A 股将迎"真金白银"入市	9580	腾讯财经
	美国投资人严重中国救市有必要 需警惕创业板致系统性风险	9913	腾讯财经
2015 年 7 月 5 日 09：51	拯救 A 股重磅利好全解读（关于股市的权威信息都在这里）	45263	腾讯财经
	一张图读懂监管层救市大招	10530	腾讯财经
	股市是否已成功绑架政策？看看 25 年前政府如何拯救股灾	12072	腾讯财经
	当泡沫崩溃之后还能留下来什么	12210	自媒体
	【抉择】"落草者"于冬：如何"空手"造博纳	4495	腾讯财经
2015 年 7 月 4 日 20：50	【策划】二十年救市回溯：政府还有哪些大招可以出	27338	腾讯财经
	大招来了！IPO 发行被要求暂停	26066	腾讯财经
	正实时直播 A 股保卫战 1200 亿资金周一到位	14172	腾讯财经
	25 家公募基金救市方案：高管积极申购偏股型基金	6141	腾讯财经
	揭穿大跌以来 18 条股市谣言	28743	腾讯财经

日期	标题	阅读数	来源
2015 年 7 月 4 日 17：58	【重磅】21 券商出 1200 亿联合救市！	25518	腾讯财经
	监管层工具箱仍有救市利器 金融联席机制接受检验	3942	腾讯财经
	用政府力量救股市 你支持吗？	6766	腾讯财经
	一张图告诉你监管层救市失效？	10003	腾讯财经
	【智库】目前股市不仅仅要查处恶意做空者	5636	腾讯财经
	【智库】化解股灾需要明确的国家意志	5963	腾讯财经
2015 年 7 月 4 日 09：11	博纳于冬谈退市回 A 股：价值被低估	32995	腾讯财经
	A 股一周狂跌 12%！你该学会这些求生技能	19143	腾讯财经
	中投去年境外投资净收益超 5%	2745	腾讯财经
	谁是本轮股市大跌的受益者？	28664	新京报
2015 年 7 月 3 日 16：03	沪指巨震失守 3700，《金融时报》点名一投行恶意做空	84943	腾讯财经
	历次股灾原因及救市、效果和启示	17390	腾讯财经
	除了北上广深，还有哪些地方适合置业？	7086	每日经济新闻
	八问股市暴跌：做空主力是谁？	39633	自媒体
	股市对实体经济的作用只有 5%	9178	腾讯财经
2015 年 7 月 3 日 08：24	A 股惊魂 13 日人均亏 32 万 证监会求救市良方	47654	腾讯财经
	5 位经济学家呼吁救市：提出降印花税等八大药方	12253	腾讯财经
	别错过！这些股票今天很有可能涨停（附名单）	20213	腾讯财经
	【要闻早餐】这些重磅资讯今天不能错过！	9614	腾讯财经
	周小川最新表态释放重磅信号！不发生金融风险是 底线	17544	腾讯财经
2015 年 7 月 2 日 16：19	A 股无视政策利好继续暴跌，谁是元凶？	69709	腾讯财经
	"国家牛市"是一招险棋	21434	腾讯财经
	1.86 万亿地方债压顶，多地现"大尺度"救市	11900	华夏时报
	牛市不稳定，散户最需要做什么？	21870	腾讯财经
	年轻人，不要把时间浪费在股市上	52008	新京报
2015 年 7 月 2 日 08：36	重磅！监管层深夜连发三大利好 A 股迎来"政策底"？	37894	腾讯财经
	历次降低交易费后 A 股表现（附解读）	11575	腾讯财经
	别错过！这些股票今天很有可能涨停（附名单）	17897	腾讯财经
	【要闻早餐】这些重磅资讯今天不能错过！	8718	腾讯财经
	注意！酮康唑口服制剂存严重肝毒性 被停产停售停用	11543	腾讯财经

续表

日期	标题	阅读数	来源
2015 年 7 月 1 日 15：31	沪指暴跌逾 5% 失守 4100，历史数据告诉你后市行情	85680	腾讯财经
	政府呵护股市的四个理由	19721	自媒体
	一线城市房价，会像创业板一样崩溃吗？	11615	腾讯财经
	希腊违约之后，下一步是脱离欧元区	6777	腾讯财经
	救市者首先是为了救自己	18306	自媒体
2015 年 7 月 1 日 08：37	希腊成 IMF 史上首个违约发达国家 对 A 股市场影响几何？	24856	腾讯财经
	还原股市 72 小时黄金大救援 该反弹出逃还是补仓抄底？	16355	腾讯财经
	别错过！这些股票今天很有可能涨停（附名单）	15436	腾讯财经
	【要闻早餐】这些重磅资讯今天不能错过！	8359	腾讯财经
	报告称企退养老金月均 2061 元 你退休能拿多少？	8133	腾讯财经
2015 年 6 月 30 日 21：37	【年中策划】敢挑战吗？来测测你的财商	22433	腾讯财经
2015 年 6 月 30 日 16：03	沪指大逆转涨逾 5%，三大救市组合拳或祭出	44425	腾讯财经
	一张图读懂亚投行协定	9258	腾讯财经
	1.2 万亿！A 股增量在敲门	15476	腾讯财经
	最重要的不是怎么赚大钱，而是守住风险门户	11293	自媒体
	王亚伟等 13 位私募大佬为你解读 A 股！	16230	腾讯财经
2015 年 6 月 30 日 08：22	大跌之下救市政策频出 多空对决将进入下半场	33530	腾讯财经
	监管层还有大招！传下调印花税正在走流程（附历次调整影响）	13167	腾讯财经
	别错过！这些股票今天很有可能涨停（附名单）	21834	腾讯财经
	【要闻早餐】这些重磅资讯今天不能错过！	10150	腾讯财经
	联想控股 H 股上市未来或回归 A 股 柳传志将退休朱立南接班	3697	腾讯财经
2015 年 6 月 29 日 15：33	沪指巨震 10% 险守 4000 点，勿任性抄底	58689	腾讯财经
	"双降"救不了股市也难利好房市	18206	自媒体
	中国经济需要股市泡沫	17131	腾讯财经
	车市遇冷车企降价揽量，奥迪拟首推员工内购优惠	13710	腾讯财经
	万亿养老金入市方案渐行渐近：投资股市不超 3 成	11043	第一财经日报

日期	标题	阅读数	来源
2015 年 6 月 29 日 08：37	两大重磅利好来袭！牛市逻辑再现？（附后市操作策略）	35428	腾讯财经
	甜蜜的陷阱：出租车司机和他的"敌人们"	4948	腾讯财经
	别错过！这些股票今天很有可能涨停（附名单）	19308	腾讯财经
	【要闻早餐】这些重磅资讯今天不能错过！	7858	腾讯财经
	2015 年下半年投资路线图：三季度股市怎么走？	12003	第一财经日报
2015 年 6 月 28 日 18：43	A 股惊魂 48 小时后：机构周一约战配资盘	56505	腾讯财经
	7 月 A 股策略曝光：两大主题翻身可期	26265	投资快报
	美国经济正以上个世纪 50 年代以来最慢速度增长	3026	腾讯财经
	降准降息之后股市无非两种逻辑	24921	腾讯财经
2015 年 6 月 28 日 09：10	降息降准后，买股还是买房？	63679	新京报
	栅栏建好之前，不要把市场放养	6181	自媒体
	VC 教父阎焱：盛大中海油京东，投资有得	5544	腾讯财经
	三大历史规律揭下跌极限	20933	每日经济新闻
2015 年 6 月 27 日 19：59	央行双降激活 7000 亿资金，A 股或报复性反弹（五大板块最受益）	90502	腾讯财经
	央行双降救的不只是股市，一二线城市房价必涨！（附五大影响）	20571	腾讯财经
	央行双箭齐发对市场影响全解读，投资者应这样操作	11261	腾讯财经
	央行双降托市，黑周一警报解除！	20443	腾讯财经
2015 年 6 月 27 日 17：34	降息降准一起来了！六大影响与你息息相关，组合拳会打出什么效果？	100000 +	腾讯财经
2015 年 6 月 27 日 09：12	VC 教父阎焱：A 股得了什么"病"	33451	腾讯财经
	配资盘大面积爆仓致连锁踩踏 A 股风向已变	21798	腾讯财经
	魔鬼经济学：降关税就能降物价吗？	5396	腾讯财经
	你跌停了吗？昨日最全股市段子来了！	36017	腾讯财经
2015 年 6 月 26 日 15：15	暴跌近 8%！四类个股或持续杀跌，大浪淘沙后谁是金子？	62531	腾讯财经
	中国股市的"六月变局"	21016	自媒体
	盘点 丨 中美战略经济对话有这些经济成果	3003	腾讯财经
	神州专车应如何避免"非理性营销"危机	4863	腾讯财经
	问题金额 169 亿！彩票审计结果触目惊心	9857	第一财经日报

续表

日期	标题	阅读数	来源
2015年6月 26日08：23	重磅！央行货币政策已经发生微调	50826	腾讯财经
	陆家嘴论坛今开幕肖钢将演讲 会给股民信心吗？	9609	腾讯财经
	别错过！这些股票今天很有可能涨停（附名单）	19852	腾讯财经
	【要闻早餐】这些重磅资讯今天不能错过！	10862	腾讯财经
	是谁拯救了美国经济和股市？看奥巴马怎么说	7912	腾讯财经
2015年6月 25日15：30	沪指失守4500点，主力后市布局曝光（附投资主线）	57656	腾讯财经
	牛市下半场聚焦"国企改革"，机构布局主线曝光（附选股策略）	14385	21世纪 经济报道
	"钱荒"两周年，A股大跌会重演么？	14250	财新网
	万亿养老金入市路径曝光！	13808	华夏时报
	图解｜大股东减持套现的股票还值得跟吗？	13908	人民网
2015年6月 25日08：47	【策划】一张图读懂中日高铁实力哪家强	25305	腾讯财经
	国务院推出一揽子利好政策 一类股有望大爆发（附股）	18421	腾讯财经
	别错过！这些股票今天很有可能涨停（附名单）	15088	腾讯财经
	【要闻早餐】这些重磅资讯今天不能错过！	6757	腾讯财经
	制造强国领导小组成立 工业4.0再获政策红包	4969	腾讯财经
2015年6月 24日21：54	商业银行法20年来首次大修 摘除75%存贷比"紧箍咒"	31659	腾讯财经
	没有存贷比 银行将会怎样？	24606	腾讯财经
2015年6月 24日15：29	三大利好力挺A股，请换上突击步枪重返股市（附投资主线）	56522	腾讯财经
	孙宏斌与李嘉诚的楼市分歧	7411	自媒体
	刘姝威的分析报告不专业之处	5227	腾讯财经
	涉及金额46亿！银行巨额存款失踪真相	16622	中国经济周刊
	新股民的奇葩事：收盘后要出货，赔了钱要退货	24178	武汉晚报
2015年6月 24日08：28	A股再现"深V"反转 五类股跌出黄金坑（附股）	30123	腾讯财经
	学者炮轰乐视五宗罪 贾跃亭惹上啥麻烦了？	3697	百度百家
	别错过！这些股票今天很有可能涨停（附名单）	16968	腾讯财经
	【要闻早餐】这些重磅资讯今天不能错过！	8128	腾讯财经
	抗战胜利日将盛大阅兵 军工股将享万亿蛋糕（附股）	10869	腾讯财经
	收入多少算是中国真穷人	17363	腾讯财经

日期	标题	阅读数	来源
2015 年 6 月 23 日 16：23	沪指上演逆转逼近 4600，回光返照还是起死回生？（附重点关注个股）	47701	腾讯财经
	【棱镜】上市公司追逐 P2P 为哪般？	4392	腾讯财经
	大牛市带来大逃亡	18406	自媒体
	机构战胜大妈的阶段到了	12958	腾讯财经
	公务员薪酬调整期限将至，有人工资涨 71 元称"很满足"	8624	中国新闻网
2015 年 6 月 23 日 08：22	本周股指或反弹，勇敢抄底还是逢高减磅？	34771	证券时报
	李嘉诚要回内地抄底了？	22562	时代周报
	别错过！这些股票今天很有可能涨停（附名单）	21473	腾讯财经
	【要闻早餐】这些重磅资讯今天不能错过！	10613	腾讯财经
	全国超 20 家景区涨价，变相涨价方式要认清	4574	新京报
2015 年 6 月 22 日 19：45	端午假期 13 大消息影响节后股市（附点评）	85695	自媒体
	盘点全球增长最慢的 10 个经济体	5749	腾讯财经
	炒房客进军海外！加拿大人埋怨华人推高房价	5525	腾讯财经
	中国拥有百万美元资产家庭达 400 万	8836	腾讯财经
2015 年 6 月 22 日 09：19	中国经济正改写亚洲格局 远超当年日本	30613	腾讯财经
	全球股市前瞻：本周投资者需关注的五大件事	24289	腾讯财经
	希腊经济有多糟糕：25 岁以下年轻人半数失业	10081	腾讯财经
	亚洲将会取代北美成为世界上最富有的地区	11851	腾讯财经
2015 年 6 月 21 日 17：20	619 暴跌一口气跌出 10 项纪录 五类股砸出黄金坑（附：操作攻略）	59616	重庆商报
	中国高铁修到莫斯科 海外首单全长 770 公里	13801	新闻晨报
	国际油价未来能否上涨取决中国	11503	腾讯财经
	市场最危险信号：投资者对全球两大风险全无警觉	20734	腾讯财经
2015 年 6 月 21 日 09：30	巴菲特教你如何面对股市暴跌时刻	55364	腾讯财经
	"用英语和美国人吵架"的文青部长	9457	腾讯财经
	北上广深拉涨全国房价 暴涨又要了吗？	10927	腾讯财经
	【警惕】牛市里最可怕的几种常见错误！	19255	腾讯财经
2015 年 6 月 20 日 18：25	6·19 惨案缉凶：配资罪与罚	56086	腾讯财经
	A 股一周蒸发 9 万亿 户均亏 5 万元（附后市操作指南）	17083	腾讯财经
	市场要小心了，央妈们开始变脸了	15496	腾讯财经

续表

日期	标题	阅读数	来源
2015 年 6 月 20 日 18：25	【图说】哪些央企涉腐最严重？	15497	腾讯财经
	10 年内这些城市将变得非常富有	26014	腾讯财经
2015 年 6 月 20 日 09：09	《抉择》：部长龙永图是怎样炼成的？	12376	腾讯财经
	6·19 惨案！A 股遭遇端午"劫"市值蒸发 4 万亿	14289	腾讯财经
	A 股深调为何风险主要由散户承担?!（深度好文）	20235	腾讯财经
	买保险不知道的事：就算保险公司还你钱你还是亏大了	21348	自媒体
	端午节消费轰炸又来 5 点理财小技巧防止钱包空空	5763	腾讯财经
2015 年 6 月 19 日 15：18	反弹随时出现，三招教你如何"捡便宜"（附：如何克服恐惧理性操作）	47472	腾讯财经
	楼市正在股市身后"挖坑"？	14558	腾讯财经
	这才是现在你该投资的地方	15509	腾讯财经
	关于中国股市，你必须知道的一件事	21963	腾讯财经
	这轮股市调整的 4 个目标	25172	腾讯财经
2015 年 6 月 19 日 08：27	楼市数据明显回暖 逾 17 亿元大单逆袭 18 只地产股	6388	证券时报
	别错过！这些股票今天很有可能涨停（附名单）	16175	腾讯财经
	【要闻早餐】这些重磅资讯今天不能错过！	8393	腾讯财经
	散户到底是怎么赔钱的：一张血淋淋的散户炒股操作图	31966	自媒体
	澳门政府又要派钱了：永久居民每人发 9000 元	8746	腾讯财经
2015 年 6 月 18 日 16：02	A 股黑周四释放三大信号，买什么品种能在短时间内扭亏？	44785	腾讯财经
	终结这场牛市的外部威胁全解析	11609	自媒体
	魔鬼经济学：工业 4.0 打造私人定制？	5622	腾讯财经
	这次的 A 股爆发只是历史重演	25417	腾讯财经
	收入相对房价，我们距国际接轨有多远？	6166	自媒体
2015 年 6 月 18 日 08：29	国务院发万亿红包稳增长 一类股迎重大机遇（附股）	44023	腾讯财经
	A 股暴跌之下竟谁在抄底！哪些板块会接着涨？	13645	腾讯财经
	别错过！这些股票今天很有可能涨停（附名单）	15714	腾讯财经
	【要闻早餐】这些重磅资讯今天不能错过！	7608	腾讯财经
	大盘新股常出没 打新怎么玩？（附今日打新指南）	8807	腾讯财经
	若放开外资购买中国楼市 房价会暴涨吗？	5831	华夏时报

日期	标题	阅读数	来源
2015 年 6 月 17 日 19：08	四座大山成反弹拦路虎，可积极配置三条主线	34583	腾讯财经
	一图看懂"中澳自贸协定"如何影响你的生活	7682	商务部网站
	股市和楼市谁能笑到最后？	13192	腾讯财经
	起底银行员工过桥贷款乱象：3000 万借 7 天付 90 万利息	14254	新京报
	招商策略会魔咒再现，盘点 A 股那些"无厘头"魔咒	6482	第一财经日报
2015 年 6 月 17 日 08：13	揭秘 A 股踩踏式暴跌真相 三招教你如何活过震荡期！	44924	腾讯财经
	中央通报 9 大央企巡视清单 领导层问题触目惊心	10513	新京报
	别错过！这些股票今天很有可能涨停（附名单）	20228	腾讯财经
	【要闻早餐】这些重磅资讯今天不能错过！	10235	腾讯财经
	注意了！场外配资撤离股市 仍有券商未关接口	6048	腾讯财经
	中车 6 天蒸发 3800 亿市值 整整一个北车跌没了！	19316	第一财经日报
2015 年 6 月 16 日 15：09	沪指失守 4900，多股现买入机会！暴跌后你应这做	81331	腾讯财经
	揭秘妖股背后机构投资者	11077	时代周报
	股票配资利益链曝光：场外配资规模或超 5000 亿	7584	21 世纪 经济报道
	2014 年平均工资出炉，一省份超 10 万！	10598	中国新闻网
2015 年 6 月 16 日 08：24	A 股高位跳水释放三大信号 五类股千万别拿！	54972	腾讯财经
	牛市催生配资炒股热 90 后老板卷款 3 亿嚣张跑路	10778	第一财经日报
	别错过！这些股票今天很有可能涨停（附名单）	19600	腾讯财经
	【要闻早餐】这些重磅资讯今天不能错过！	8995	腾讯财经
	改个名就涨停，在 A 股为啥行？	8952	腾讯财经
	中石油落马老总纵情声色 返乡时送礼车队排数里	12729	澎湃新闻
2015 年 6 月 15 日 19：15	5 大利空来袭两类股有望逆袭！6100 点内会有大调整吗？	48033	腾讯财经
	证监会正在调查的大牛股们：已部署 50 起案件	18186	北京青年报
	人民日报刊文房价会不会再度暴涨	9120	人民日报
	历史最全！2015 国企改革热点全景表	16911	每日经济新闻
	最全数据解析：看看你的职业在美国能挣多少钱	14173	自媒体
2015 年 6 月 15 日 08：36	明星基金经理激辩 5000 点机会 三季度炒什么看这里	22984	北京晚报
	【棱镜】FIFA 贪腐高官的生钱之道	2952	腾讯财经
	别错过！这些股票今天很有可能涨停（附名单）	21963	腾讯财经

续表

日期	标题	阅读数	来源
2015 年 6 月 15 日 08：36	【要闻早餐】这些重磅资讯今天不能错过！	9922	腾讯财经
	股民必看！证监会 8 大消息影响本周股市	17164	腾讯财经
	大数据解读"汽车后市场"：北上广是主战场	5027	腾讯财经
2015 年 6 月 14 日 19：23	史上最大申购规模即将来临，下一轮新股 25 连发怎么打？	43073	腾讯财经
	深圳出手摁楼市"疯牛"，智囊称还有后招	10061	第一财经
	非洲规划 26 国大自贸区，中企受益几何？	7861	第一财经
	大学毕业生各职业收入如何？	13785	新华网
2015 年 6 月 14 日 09：17	5000 点之上是进是退，小散们靠什么赚钱？	36095	证券时报
	刘永好自述：我不嫉妒马云马化腾	10572	腾讯财经
	最受求职者欢迎的那些公司：苹果只排了第二	13486	腾讯财经
	天下评丨东南亚民众如何看一带一路？	12144	腾讯财经
2015 年 6 月 13 日 19：07	银行资金炒股路线图曝光：民间配资八倍杠杆助烧	38731	华夏时报
	时隔六年，全国住房公积金家底再次晒出	7689	央广网
	中国地方债违约风险升温，温州成下一个底特律	10944	腾讯财经
	你的钱被谁"吃"了？看看金融圈里的"食物链"	27898	经济日报
2015 年 6 月 13 日 08：54	"80 后老农"刘永好的绝望与希望	32063	腾讯财经
	本轮牛市不可不知的七大问题	23130	腾讯财经
	拆解涌金系千亿帝国：切割实业 归核 PE	6582	证券时报
	这些话，戳到中国股民的要害！	32508	自媒体
2015 年 6 月 12 日 19：14	多项利好将至！下半年这十大政策红利值得期待！	32115	证券时报
	四只"黑天鹅"可能威胁牛市！	34281	自媒体
	京津冀协同发展规划颁布在即，逾 16 亿元大单席卷 7 只龙头股（附股）	18694	证券时报
	这些国企真要改革？股东借势频频套现	15902	第一财经日报
	5 个小故事告诉你为何及如何买保险	17113	自媒体
2015 年 6 月 12 日 08：41	三大利空诱发股指频频跳水 5000 点后机会在这	37581	第一财经
	大额存单来袭，我们该如何应对？	6591	新京报
	别错过！这些股票今天很有可能涨停（附名单）	22802	腾讯财经
	【要闻早餐】这些重磅资讯今天不能错过！	10404	腾讯财经
	白话股市丨老外买 A 股门道迥异 中东土豪喜欢啥	7574	腾讯财经

日期	标题	阅读数	来源
2015 年 6 月 11 日 19：29	又一个"1 万亿"来了！这五个问题你必须知道！	51406	腾讯财经
	大盘频频跳水传重磅信息 机构：个股疯狂行情才刚开始	26938	腾讯财经
	降准降息"有效而有限"，下一步货币政策向何处去？	6712	21 世纪经济报道
	中国中车两天暴跌超过 20%的背后	31468	自媒体
	5 月央行最新数据全解读！	8521	腾讯财经
2015 年 6 月 11 日 08：19	发改委 2000 亿大红包来了！三类股有望爆发	77109	腾讯财经
	增速仅 3%！这一次车市拐点真的来了	12723	腾讯财经
	别错过！这些股票今天很有可能涨停（附名单）	26153	腾讯财经
	【要闻早餐】这些重磅资讯今天不能错过！	11795	腾讯财经
	为什么说这一轮股市泡沫还没到尽头？	13872	自媒体
	房子 40 年、50 年、70 年产权的区别（最全解释）	43290	央视网
2015 年 6 月 10 日 19：14	看地图挖牛股，牛市后半程告诉你如何选股	38226	第一财经
	央行发布 2015 年中国宏观经济预测：GDP 增速下调至 7.0%	6882	
	暴风科技掩藏着什么样的秘密？	17520	南方人物周刊
	美联储迟迟不加息，到底在等什么？	6564	第一财经日报
	炒股盈亏背后的这些数字，你算明白了么？	23153	人民网
2015 年 6 月 10 日 08：30	MSCI 暂未将 A 股纳入，对市场影响几何？	28846	腾讯财经
	A 股两度跳水释放三大信号 阶段性低点是吸筹机会	16405	证券日报
	【要闻早餐】这些重磅资讯今天不能错过！	11223	腾讯财经
	别错过！这些股票今天很有可能涨停（附名单）	19821	腾讯财经
	股票投资，怎样追涨不被套？	14582	腾讯财经
	第二个中石油？中国神车上演涨停"一日游"	13893	腾讯财经
2015 年 6 月 9 日 19：22	激战 5100 点！四大因素或令股指巨震，三大主线成抗震避风港	34814	腾讯财经
	易纲时隔 17 年再解通缩，通缩的"幽灵"是否再次来到中国？	5562	财新网
	中国核电明日上市，A 股影响几何？	28976	证券时报
	五问东方之星沉船：两次改造都通过审核	5960	财经
	中国富豪集中在这七个省！看看他们 2015 怎么投资	19543	腾讯财经

续表

日期	标题	阅读数	来源
2015 年 6 月 9 日 08：27	5100 点后该买房还是炒股?!	39195	腾讯财经
	54 岁"电力一姐"李小琳出局国电投 拟任大唐副总经理	2234	腾讯财经
	别错过！这些股票今天很有可能涨停（附名单）	27478	腾讯财经
	【要闻早餐】这些重磅资讯今天不能错过！	12788	腾讯财经
	吴晓波：中国股市的任性与理性（深度好文）	17068	腾讯财经
2015 年 6 月 8 日 19：13	大限将至，中国高尔夫的下一站	25957	腾讯财经
	四问 5000 点之上的牛市逻辑，哪类股可笑到最后？	22230	腾讯财经
	中国最值得投资的六大行业	25953	新华网
	大宗交易额与股指齐飞，机构接盘股潜藏机会	10745	每日经济新闻
	都"听消息"炒股：散户和专业投资者区别在这里	17743	第一财经日报
2015 年 6 月 8 日 08：24	周末 15 大消息影响本周股市 5000 亿活水将入市（附股）	37289	腾讯财经
	股市跃上 5000 点，有人急了 你可别被这些谣言忽悠了！	16402	金融投资报
	别错过！这些股票今天很有可能涨停（附名单）	24166	腾讯财经
	【要闻早餐】这些重磅资讯今天不能错过！	1033	腾讯财经
	为什么 60% 的企业拒绝重返职场的创业者？	10927	腾讯财经
2015 年 6 月 7 日 18：32	十大券商论后市：5000 点后看这三点！（附下周操作策略）	47106	腾讯财经
	常用心脏药价格暴涨 10 倍 您还生的起病吗？	9490	北京晨报
	情侣创业，能否将事业和爱情都进行到底？	7362	腾讯财经
	注意了！可影响股市行情的 7 个"负能量"	17315	腾讯财经
	产业观察｜把过剩的钢铁产能都搬到国外吗	8941	腾讯财经
2015 年 6 月 7 日 09：13	五大理由告诉你 A 股将冲破 6000 点（附后市操作策略）	66918	腾讯财经
	香港大家族迎来接班潮：超人股神都退休了	13364	腾讯财经
	姚劲波：创业老兵的忠告	8248	腾讯财经
	一个成功登顶的人的自述：如何在股市中活得更久（绝对好文）	32900	腾讯财经
2015 年 6 月 6 日 18：26	楼市一信号最危险！十年后一对夫妻 6 套房，谁还买房？	74632	腾讯财经
	牛股汇：本周大涨的股票你买了几个	22054	腾讯财经
	A 股公司竞得巴菲特天价午餐 235 万美元值得吗？	8884	腾讯财经
	人工成本比东南亚高 10 倍！中国制造业困境怎么破？	11489	中国经营报
	新股民牢记16 条军规：暴跌时小散应如何从容应对	33531	新华网

日期	标题	阅读数	来源
2015 年 6 月 6 日 09：31	冒险王姚劲波：打一场未来的仗	18815	腾讯财经
	【抄底 5000 点】大数据告诉你大顶未至，五类股最有前途	24398	腾讯财经
	重磅！国企改革明确大方向 成资本市场下个战略热点	13147	腾讯财经
	房地产商们的"众愁"：楼市繁荣结束日子难过	8336	腾讯财经
	【实用贴】牛市五条投资要点赶紧收藏↓↓↓	13329	腾讯财经
2015 年 6 月 5 日 15：22	7 年新高！5000 点后的大盘，还有哪些反弹强龙头？	45488	腾讯财经
	35 城市买房难度排行出炉，还在涨！	12309	财新网
	六张图看清 A 股与中国基本面偏差有多大	13803	腾讯财经
	美联储一旦加息新兴亚洲经济体谁最受伤	6800	第一财经日报
	为什么账单总是还不清？信用卡潜规则远比想象多！	21814	第一财经日报
2015 年 6 月 5 日 08：24	【棱镜】令家关系人金融界董事长或已失联	23295	腾讯财经
	最后 30 分钟从地狱到天堂 A 股如此走势减仓还是加码	17884	腾讯财经
	别错过！这些股票今天很有可能涨停（附名单）	19984	腾讯财经
	【要闻早餐】这些重磅资讯今天不能错过！	10393	腾讯财经
	抉择 ｜ 58 同城姚劲波的野心	4522	腾讯财经
2015 年 6 月 4 日 15：27	沪指上演"惊魂时刻"，如何操作规避震荡调整？	47348	腾讯财经
	大额存单来了：有保障的人民币"大超市"该怎样投资？	8293	腾讯财经
	对不起委内瑞拉，你的钱一文不值	17303	腾讯财经
	图解 ｜ 如何保护好你的手机钱包	10271	第一财经
	百元错币估值超百万，告诉你到底什么是错币！	19378	重庆晚报
2015 年 6 月 4 日 08：18	牛市何时结束看 6 大指标！下半场还有两笔钱可赚（附操作策略）	45542	腾讯财经
	为让房价上涨 地方政府都出了啥大招	7923	腾讯财经
	别错过！这些股票今天很有可能涨停（附名单）	20454	腾讯财经
	【要闻早餐】这些重磅资讯今天不能错过！	9141	腾讯财经
	一张图读懂奢侈品降价潮（附扫货省钱指南）	5135	腾讯财经
	"投资风口"大数据解读：移动医疗企业融资排行榜	5058	腾讯财经
2015 年 6 月 3 日 19：18	A 股已到敏感时期，后市主攻股已现（附后市操作策略）	56032	腾讯财经
	国管公积金新政出炉，购政策房无须贷款结清满 5 年	8090	腾讯财经
	中国股市 1 个月催生百名亿万富翁，新近富翁名单曝光	2085	腾讯财经

续表

日期	标题	阅读数	来源
2015 年 6 月 3 日 19：18	房价还能涨多久？只有这些地方还有投资价值	12819	财经
	关于吸烟，你不知道的几个数字（一生吸掉一个房子！）	16487	人民网
2015 年 6 月 3 日 08：43	大额存单来了，这些好处你必须知道！（风险低，收益较高……）	40512	腾讯财经
	暴跌暴涨后所有股民必须思考这个问题（牛市逃命三大锦囊）	26908	中国证券网
	别错过！这些股票今天很有可能涨停（附名单）	22687	腾讯财经
	【要闻早餐】这些重磅资讯今天不能错过！	10477	腾讯财经
	私募调研报告：机构看上哪些牛股，五行业最受关注	11785	理财周刊
2015 年 6 月 2 日 15：31	A 股 5000 点前巨震释放重磅信号 六月市场重点关注 4 大风口（附股）	63739	腾讯财经
	楼市或袭来一重磅炸弹！房价真的要变天？	23063	腾讯财经
	国家大通道图纸曝光：确定 3 纵 5 横线路 37 城获利好（图）	19656	腾讯财经
	长江沉没游轮归属国企 意外事件凸显高龄人群承保难	8792	腾讯财经
	你的信息被撞库了吗？小心泄露致倾家荡产	17833	央视网
	"互联网＋农业"概念股全拆解 风口上的农业你怎可错过？	15554	第一财经
2015 年 6 月 2 日 08：32	央行释放重磅利好，相当于两次降准！	46199	第一财经日报
	历史数据告诉你六月要选什么股，五大信号值得关注（附股）	17025	证券时报
	别错过！这些股票今天很有可能涨停（附名单）	21173	腾讯财经
	【要闻早餐】这些重磅资讯今天不能错过！	9046	腾讯财经
	中国核电登陆 A 股，超级大盘股 IPO 股市就要跌？看看历史数据怎么说！	13520	腾讯财经
2015 年 6 月 1 日 15：04	超 400 股涨停！沪指大反弹你解套了吗？牛市赚钱抓住三大主线	48067	腾讯财经
	楼市行情会否延续红五月？这些城市房价有望暴涨	9071	腾讯财经
	联通 8 元 1.9G 流量的套餐你见过吗？内部员工倒卖获刑↓↓↓	12405	环球时报
	回望 530：盘点两次股灾的异同之处（好文推荐）	11833	腾讯财经
	中韩自贸协定正式签署对你有何影响？四大概念股将受益	13002	腾讯财经

续表

日期	标题	阅读数	来源
2015 年 6 月 1 日 08：22	【棱镜】徐明即将归来：没有他的三年实德变成了什么样	18607	腾讯财经
	周末这 14 大消息影响本周股市（附点评）	14200	腾讯财经
	别错过！这些股票今天很有可能涨停（附名单）	20015	腾讯财经
	【要闻早餐】这些重磅资讯今天不能错过！	10165	腾讯财经
	上市国企高管薪酬揭秘：29 位年薪涨幅超 100%	3687	腾讯财经

第十章　二　腾讯财经微信公众平台受众调查问卷

您好！我是中南财经政法大学的研究生，为论文"腾讯财经微信公众平台传播影响力研究"撰写需要，希望您能配合进行此次问卷填答。本问卷调查内容为微信用户对微信公众平台的使用状况、使用动机与堆积阅读的原因。所有资料仅供学术研究之用，采用不记名方式，个人信息绝不对外公开。您的回答将成为此项研究的重要数据来源，答案没有对错之分，请根据自身实际情况如实填写。衷心感谢您的支持！

part1 个人情况基本问题

1. 您的性别：

A. 男　　　　　　　　B. 女

2. 您现在所处的年龄阶段：

A. 20 岁及以下　　　B. 21—30 岁

C. 31—50 岁　　　　D. 50 岁以上

3. 您的文化程度：

A. 小学　　　　　　　B. 初中

C. 高中（包含中专）D. 大学（本科和专科）

E. 研究生及以上

4. 您的职业：

A. 公务员　　　　　　B. 企事业/公司管理人员

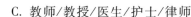

C. 教师/教授/医生/护士/律师

D. 金融从业人员　　E. 媒体人士

F. 学生　　　　　　G. 自由职业

H. 退休　　　　　　I. 农民

J. 工人　　　　　　K. 无业

L. 其他（请注明）

part2 关于腾讯财经微信公众平台的问题

1. 您是否关注腾讯财经微信公众平台

A. 是（跳转到下题）

B. 否（跳转到第 13 题）

2. 您得知、添加腾讯财经微信公众平台的渠道

A. 朋友推荐　　　　B. 微博上看到

C. 官网上的介绍　　D. 已关注的其他账号推荐

E. 扫二维码　　　　F. 朋友圈得知

G. 其他社交网站上得知

3. 您阅读腾讯财经微信公众平台推送的消息的频率

A. 一有推送就看　　B. 一天 1 次或以上

C. 一个星期 2—3 次　D. 一个星期 1 次

E. 一个月或以上看 1 次

4. 你最经常关注腾讯财经微信公众平台信息的时间段：

A. 7：00 之前　　　　B. 7：01—9：00

C. 9：01—11：00　　D. 11：01—14：00

E. 14：01—18：00　　F. 18：01—22：00

G. 22：01—2：00　　H. 2：01 及以后

5. 你在腾讯财经微信公众平台上最喜欢看哪种内容

A. 以视频为主　　　B. 以图片为主

C. 以文字为主　　　D. 图文结合

6. 腾讯财经微信公众平台有哪些内容吸引到您

A. 股市行情预测与投资策略

B. 及时发布的最新信息

C. 国家大政方针解读

D. 财经花边轶事

E. 棱镜、抉择、魔鬼经济学板块

F. 财经眼、财经观察、要闻早晚餐板块

G. 外媒看中国、全球 7×24 小时直播板块

7. 请选择您对以下观点的认可程度（非常不同意、不同意、中立、同意、非常同意）

A. 腾讯财经微信公众平台使用方便，每天只推送两条信息，相比门户网站与微博内容少而简洁

B. 您使用腾讯财经微信公众平台是为了获取新闻

C. 您使用腾讯财经微信公众平台是为了获取活动信息

D. 您使用腾讯财经微信公众平台是为了迎合社交需要

E. 您使用腾讯财经微信公众平台是为了追踪所感兴趣领域的最新动态

F. 您使用腾讯财经微信公众平台是为了扩充知识

8. 请选择您对以下观点的认可程度

A. 腾讯财经微信公众平台推送内容太多您无法阅读全部内容

B. 平时太忙您没有时间阅读全部内容

C. 腾讯财经微信公众平台推送内容您不感兴趣

D. 您只有在有特殊需求时才会阅读推送信息（例如您要炒股，所以您关注了腾讯财经订阅号，在牛市过去后不再查收该订阅号推送内容）

E. 您在其他平台（例如微博、人人）看到过类似内容，所以没有重复阅读

F. 腾讯财经微信公众平台推送内容与您期待不符

9. 你转发腾讯财经微信公众平台中信息的频率是

A. 从不　　　　　　　B. 一天 2 次以上

C. 一天 2 次　　　　　D. 一天 1 次

E. 两天 1 次　　　　　F. 三天 1 次

G. 一周 1 次

10. 您认为腾讯财经微信公众平台的优势在哪里

A. 内容丰富精彩　　　B. 资讯符合自己的需要

C. 实用性强　　　　D. 形式、功能多样

E. 内容简单清晰　　F. 好玩有趣

11. 您认为腾讯财经微信公众平台的不足在哪里

A. 每天推送消息数量过少

B. 推送消息缺乏权威性难以辨别

C. 阅读体验差

D. 图文形式过于单调，缺乏视频、H5 等

12. 您会选择购买腾讯财经微信公众平台推荐的股票吗

A. 会　　　　　　　B. 不会

C. 可能会买　　　　D. 不知道

13. 您是否愿意关注腾讯财经微信公众账号，并接受我们的后期调查

A. 是　　　　　　　B. 否

后 记

这本书对于我来说可谓"难产"。

2011 年 6 月我申报的"媒介融合背景下提升我国财经媒体传播影响力策略研究"获得了国家社科基金立项（项目批准号：11BXW008）后，我便带领我的研究生投入研究中，我们通过南下北上调研，多方访谈专家、学者，确立研究的对象，先后发表了 10 余篇 C 刊论文，并且我以课题研究的相关内容指导我的研究生完成了 10 余篇硕士毕业论文，2014 年按原定计划准备结题时，我体检发现身体出现了一点小问题，然后手术、治疗、恢复，课题结项的事也就此搁浅。

2017 年科研处赖老师通知我抓紧结项时，我几乎觉得这是一个不可能完成的任务。我带领我的研究生，经过两个多月的辛苦努力，2017 年 7 月提交结项材料和成果后，我如释重负。经过一年漫长又焦虑的等待，2018 年 7 月 19 日，我在瑞士琉森湖旅行时，收到师弟的一条微信："师姐，恭喜你，国家社科基金项目以良好结项！"那一刻我比当初获知课题立项还要开心！真的要特别感谢赖老师一路的鼓励和帮助！感谢门下"宝贝们"的努力与合作！

课题结项通过后，我又开始修改完善书稿。本书初稿的写作分工是：李萌（第一章、结语），郭凡凡（第二章），向盼（第三章），张楠（第四章），冯仕超（第五章），商霁雯（第六章），肖青（第七章），章一凡（第八章），景皓丹（第九章），宣天（第十章），刘佳宇（第十一章），王蕾（第十二章）。作为课题的重要组成部分，这些章节从他们入门开始就被作为毕业论文的选题，几年中我们一次次讨论写作框架，寒暑假也是带着任务回家，我们一遍遍地修改，很多推倒重来。整理书稿时，当初的写作者都已毕业各奔东西。此外，我的同事袁满，在读研究生何强、熊亚雄也参与了部分书稿章节的修改工作：袁满（第六章、第八章），熊亚雄（第九章、第十章），何强（第一章、第七章、第十二章、结语）。

本书被列入中南财经政法大学新闻与文化传播学院"文澜学术文库"出版，得到学院全额资助，在此我要感谢学院及全体同人的帮助！社会科学文献出版社的编辑老师为此书付出了艰辛的劳动，在此，我和我的学生们表示深深的谢意！

由于当前媒介技术发展迅猛，媒介生态变化巨大，同时我国财经媒体种类繁多，报道形式不断出新，报道范围不断扩大，随着大数据时代的到来，如何有效运用大数据，运用数据挖掘的最新方法，将是未来财经媒体传播影响力研究的新路径，本课题组将持续关注该问题，为我国财经媒体传播影响力的提升与发展提供有益的借鉴。

吴玉兰

2020 年 4 月 9 日

图书在版编目（CIP）数据

财经媒体传播影响力研究／吴玉兰等著. -- 北京：
社会科学文献出版社，2020.9
（文澜学术文库）
ISBN 978 - 7 - 5201 - 6249 - 4

Ⅰ.①财… Ⅱ.①吴… Ⅲ.①经济 - 传播媒介 - 研究
- 中国 Ⅳ.①G219.2

中国版本图书馆 CIP 数据核字（2020）第 028851 号

·文澜学术文库·
财经媒体传播影响力研究

著　　者／吴玉兰 等

出 版 人／谢寿光
组稿编辑／恽　薇
责任编辑／冯咏梅
文稿编辑／张春玲

出　　版／社会科学文献出版社 （010）59367226
　　　　　　地址：北京市北三环中路甲 29 号院华龙大厦　邮编：100029
　　　　　　网址：www.ssap.com.cn
发　　行／市场营销中心 （010）59367081　59367083
印　　装／三河市尚艺印装有限公司

规　　格／开 本：787mm × 1092mm　1/16
　　　　　　印 张：34.5　字 数：547 千字
版　　次／2020 年 9 月第 1 版　2020 年 9 月第 1 次印刷
书　　号／ISBN 978 - 7 - 5201 - 6249 - 4
定　　价／168.00 元

本书如有印装质量问题，请与读者服务中心 （010 - 59367028）联系